Wat is onderzoek?

Voor Jan Willem, Sharon en Sander

Wat is onderzoek?

Praktijkboek voor methoden en technieken

Nel Verhoeven

Vijfde druk

Boom Lemma uitgevers
Den Haag
2014

Omslagontwerp: BuroLamp, Amsterdam
Opmaak binnenwerk: Textcetera, Den Haag

ISBN 978-94-6236-363-2
ISBN 978-94-6094-960-9 (e-book)
NUR 741

www.boomlemma.nl
www.watisonderzoek5edruk.nl

Voorwoord

Bij het ontwikkelen en verzorgen van onderwijs op het gebied van methoden van onderzoek wordt niet zelden meer dan één boek gebruikt. Dat merkte ik toen ik in de afgelopen jaren bij dit onderwijs op hogescholen en universiteiten betrokken raakte. Behalve een standaardwerk wordt vaak een reader aangeboden met daarin een aantal hoofdstukken uit andere boeken, artikelen en voorbeelden. Bovendien gebruiken docenten bij de leerstof voor hogescholen meestal boeken die ook voor studenten aan universiteiten worden voorgeschreven. Kortom, één overzichtelijke inleiding in methoden en technieken van onderzoek voor hogescholen was er niet echt. Met *Wat is onderzoek?* wil ik in die behoefte voorzien.

Vakken als 'onderzoeksmethoden' en 'statistiek' behoren niet tot de populairste cursussen onder studenten. Studenten zien vaak tegen deze cursussen op, ze zijn bang dat ze de stof niet zullen begrijpen, laat staan toepassen. Het gebruiken van formules bezorgt hun angstzweet en ze zijn van mening dat ze in het dagelijkse leven nooit (meer) met onderzoek te maken zullen hebben. Bij het tot stand komen van *Wat is onderzoek?* heb ik geprobeerd om het verrichten van onderzoek en het kennismaken met statistiek zo toegankelijk mogelijk te maken. Uit de vele reacties die ik ontving, kon ik opmaken dat ik in die opzet al heel goed geslaagd ben.

Onderzoeksvaardigheden aanleren

Dit boek bevat een inleiding in methoden en technieken van onderzoek voor studenten. Het is gericht op de praktijk, voorzien van veel recente voorbeelden, en op het stapsgewijs aanleren door studenten van onderzoeksvaardigheden. Er is daarom gekozen voor een specifieke opbouw, van eenvoudig naar complex. Het doel is om studenten op heldere, eenvoudige wijze kennis te laten maken met het onderzoeksproces in al zijn facetten. Daarbij wordt echter het onderzoek als geheel, het cyclische proces, niet uit het oog verloren. Dat gebeurt door van elk onderdeel de plaats in het onderzoeksproces aan te geven.

De vijfde druk

Bij het maken van de vijfde druk is veel aandacht besteed aan de balans tussen kwantitatief en kwalitatief onderzoek. Omdat *Wat is onderzoek?* een inleidend boek is, behandelt het elementen van beide vormen van onderzoek, zonder de diepte te zoeken. Voor het verdiepen van de kennis over elementen uit het boek is op de website www.watisonderzoek5edruk.nl een aantal literatuurverwijzingen opgenomen.

De extra aandacht voor kwalitatief onderzoek heeft zich onder andere vertaald in de discussie over kwaliteit van onderzoek en de betekenis van validiteit en betrouwbaarheid voor kwalitatief onderzoek. Op de website zijn verder voorbeelden opgenomen van alternatieve analysemethoden, zoals de Matrixbenadering. Waar nodig en mogelijk zijn kwalitatieve onderzoekstechnieken uitgediept en aangescherpt, daarbij gebruikmakend van recente inzichten en commentaren van docenten uit het veld. Ook kwantitatieve methoden zijn onder de loep genomen, waarbij het stuk over experimenteel onderzoek is herschreven.

Naast nieuwe voorbeelden zijn er diverse nieuwe opdrachten opgenomen. De opdrachten in het boek zelf bestaan voornamelijk uit toepassingsvragen. Daarnaast is op de website een aantal kennisvragen opgenomen, in multiple-choice-vorm. De website biedt, naast uitwerkingen, ook tips voor docenten die onderzoek moeten gaan begeleiden. Meer aandacht voor afstudeerprojecten dus, waarbij in hoofdstuk 11 een paragraaf over eindpresentaties is opgenomen. De aandacht voor afstudeerbegeleiding is ook aanleiding geweest om verwijzingen op te nemen naar naar de uitgave *Statistiek in stappen* (Verhoeven, 2013) en de nieuwe onderzoekstool.

Nieuw: digitale onderzoekstool

Nieuw in deze vijfde druk is de digitale onderzoektool. Met deze onderzoekstool kun je als student stapsgewijs je complete onderzoek opzetten en uitvoeren volgens de fases uit het boek. De tool bevat bovendien een studentvolgsysteem. Zo wordt het doen en het begeleiden van onderzoek een stuk makkelijker. Via www.watisonderzoek5edruk.nl krijg je toegang tot deze tool.

Met het voortschrijden van het digitale tijdperk is in het boek ten slotte hernieuwde aandacht voor e-learning, sociale media en het gebruik voor online tools voor het verwerken van referenties.

Veel dank
Bij het tot stand komen van alle drukken van dit boek is een groot aantal mensen behulpzaam geweest. Bij het schrijven van de eerste druk heb ik advies gehad van Bob Bouhuijs van de Christelijke Hogeschool Windesheim, Annette Bogstra van de Hogeschool van Utrecht en Jan van Leeuwen van Fontys Hogeschool te Eindhoven. Bovendien adviseerden Jan Willem Zeijseink bij hoofdstuk 6 en Rika Verhoef bij onderdelen van hoofdstuk 7. Voor latere drukken namen Peter Swanborn, Siep van der Werf van de Hogeschool van Amsterdam en Anya Luscombe de tekst nauwgezet door en zij deden een aantal suggesties voor wijzigingen. Voor de vierde druk gaf Mirca Groenen gedetailleerd redactioneel commentaar en zij ploos de indexwoorden voor het register nauwkeurig na. Bij de vijfde druk is Desiree Joosten-ten Brinke behulpzaam geweest met adviezen over peer feedback. Een groot aantal docenten heeft de moeite genomen een vragenlijst over het boek in te vullen en mij van bruikbare suggesties te voorzien. Ten slotte wil ik Esther den Hollander, Olga Koppenhagen, Rianne de Klerk en (natuurlijk) Astrid van der Schee bedanken voor hun snelle en bruikbare adviezen en natuurlijk voor hun niet aflatende steun tijdens het schrijfproces.

Het vakgebied 'onderzoeksmethoden' is voortdurend in ontwikkeling; het doceren van dit vak en het ontwikkelen van lesmaterialen zijn dat ook. Daarom blijf ik graag via www.nelverhoeven.nl jullie opmerkingen en suggesties ontvangen.

Veel leesplezier!

Nel Verhoeven
Middelburg, maart 2014

Inhoudsopgave

Inleiding

Voor je ligt het praktijkboek voor methoden en technieken in het hoger onderwijs. Dit boek biedt een algemene inleiding in de methoden en technieken die je gebruikt bij het opzetten en uitvoeren van – voornamelijk praktijkgericht – onderzoek, oftewel: het beantwoorden van onderzoeksvragen uit de beroepspraktijk.
Welke beroepspraktijk? Tegenwoordig wordt in elke beroepsrichting onderzoek verricht. Opdrachtgevers en werkgevers willen het door hen uitgezette beleid goed kunnen onderbouwen en evalueren, ze willen bedrijfsresultaten uitgedrukt zien in cijfers, ze willen een juiste diagnose kunnen stellen. Het op de juiste manier verrichten van praktijkonderzoek wordt steeds belangrijker.

Wat is dat eigenlijk: onderzoek doen? Het wil zeggen dat onderzoekers op een systematische manier gegevens verzamelen en analyseren om daarmee een kennis- of praktijkvraag te beantwoorden.
Oefening baart kunst! Onderzoek leer je door het te doen! Maar ook door erover te lezen, door met praktijkvoorbeelden te oefenen. Tijdens je opleiding kun je dus op diverse manieren met onderzoek in aanraking komen.
Dit boek gaat over het ontwerpen en opzetten van onderzoek, het verzamelen en analyseren van gegevens en het evalueren van onderzoek. Dit alles met een praktijkgerichte invalshoek.

Transferprobleem

Tijdens je opleiding kom je veel vragen tegen. Bijvoorbeeld:

- Hoe kan ik mijn onderzoek het beste opzetten?
- Welke methoden moet ik gebruiken?
- Hoe kan ik een goede probleemstelling formuleren?
- Wat is een handig tijdpad?
- Hoe kan ik informatie zoeken over het onderwerp en waar vind ik betrouwbare bronnen?
- Hoe verzamel ik gegevens? Welke methode kan ik het beste gebruiken?
- Welke analyses moet ik doen?

- Hoe kan ik goede conclusies trekken?
- Hoe kan ik de resultaten van mijn onderzoek het beste presenteren?

Vanaf het eerste jaar krijg je het vak statistiek, vaak vergezeld van een 'knoppencursus' SPSS. Verder wordt in delen aandacht besteed aan kwalitatief en kwantitatief onderzoek, methodenleer dus.
Als je vervolgens tijdens het laatste jaar van je opleiding bij een afstudeerproject een praktijkonderzoek moet uitvoeren, wordt kennis van methoden en technieken verondersteld aanwezig te zijn. Door de veelal versnipperde opzet ontstaan er dan vaak problemen, waardoor je niet voldoende in staat bent om het geleerde in de (onderzoeks)praktijk te brengen. De helikopterview ontbreekt. Je kunt de versnipperde kennis die je in de voorbije jaren hebt opgedaan, niet goed combineren en integreren tot een goede onderzoeksopzet, en daarmee tot een gedegen praktijkonderzoek.
Met de informatie in dit boek kun je dit transferprobleem (Pieters & Jochems, 2003) te lijf gaan. Je krijgt niet alleen 'weetjes', maar ook veel oefenstof, voorbeelden uit de praktijk, suggesties om zelf onderzoek te doen. In zo'n volgorde dat je stukje bij beetje de losse onderdelen van 'onderzoek doen' met elkaar in verband kunt brengen, en alle aspecten ervan tot één geheel samenvloeien. Nogmaals: onderzoek moet je gewoon doen!

Doelstelling van dit boek

De *hoofddoelstelling* van dit boek is je voldoende instrumenten te geven zodat je jezelf kunt bekwamen in het opzetten, uitvoeren en beoordelen van een eenvoudig praktijkgericht onderzoek. Een onderliggende doelstelling is dat je leert om de aangeleerde kennis, vaardigheden en houding zó te integreren en te coördineren dat je daarmee een betrouwbaar (onderzoeks)antwoord op een goede (onderzoeks)vraag kunt geven.

Bedenk dat 'goed onderzoek doen' niet zozeer betekent dat je de juiste antwoorden kunt geven; het betekent dat je de juiste vragen kunt stellen! Kortom: leer nieuwsgierig zijn!

Opbouw van het boek

Het boek telt vier delen. Ze volgen de *werkfasen* in een onderzoek, zoals weergegeven in figuur 1 (zie ook paragraaf 1.6).

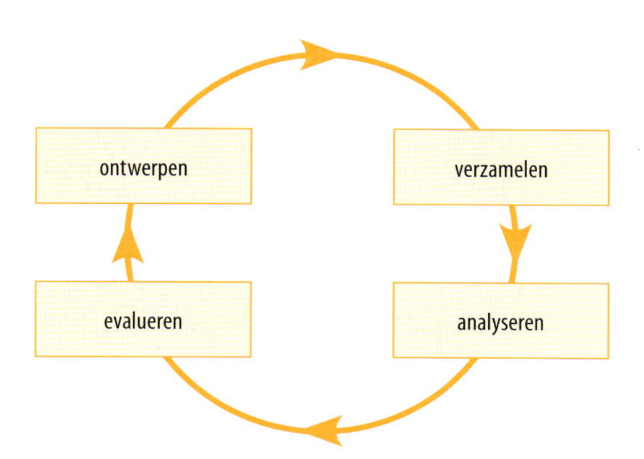

Figuur 1 *Werkfasen in een onderzoek*

Methodologie of 'methodology'

Voordat je gaat oefenen met de praktijk van het onderzoek doen, maak je kennis met de basisprincipes van 'onderzoek doen', theorie dus. In het eerste hoofdstuk is dan ook theorie over de *leer der methodologie* opgenomen. Dit behoeft enige toelichting. Met 'methodologie' wordt een aantal basisprincipes voor onderzoek bedoeld. Zeg maar 'normen'. Hoewel dit boek hoofdzakelijk over de opzet en uitvoering van praktijkgericht onderzoek gaat, vinden we het toch belangrijk om je over een aantal van deze basisprincipes te informeren. Deze uitgangspunten van onderzoek (en methodologie) zijn zeker belangrijk voor fundamenteel onderzoek (meer gericht op theorie en minder op de praktijk). Fundamenteel onderzoek wordt meestal aan universiteiten verricht. Deze basisprincipes geven je praktijkonderzoek echter de nodige verdieping en ze zorgen dat je met een juiste houding naar je onderzoek kunt kijken. Kennis hebben van deze basisregels van onderzoek is belangrijk om het doel en de functie van onderzoek te begrijpen.

'Methodologie' moet niet worden verward met het Engelse woord 'methodology', dat een meer praktische betekenis heeft voor de uitwerking van onderzoeksmethoden in de praktijk, 'methoden en technieken' dus. Volgens Swanborn (1987, p. 41) is het gebruik van het woord 'methoden' algemener, meer overkoepelend. In dit boek houden wij de door Swanborn gebruikte definities aan.

Indeling van *Wat is onderzoek?*

Vragen die in hoofdstuk 1 worden beantwoord, zijn: wat is dat nu eigenlijk, onderzoek verrichten? Hoe begin je, wat zijn de uitgangspunten van onderzoek, welke stappen moet je als onderzoeker zeker zetten? Je krijgt een inleiding op al deze zaken in de vorm van een overzicht van meer theoretische uitgangspunten van onderzoek. Hoofdstuk 1 is daarmee het minst 'praktijkgerichte' hoofdstuk van het boek. Het behandelt niet één specifiek aspect van onderzoek, maar algemene uitgangspunten en visies op onderzoek doen. Het is daarmee een inleiding op de volgende hoofdstukken, die in vier delen zijn opgesplitst.

Deel I Ontwerpen

Deel I behandelt alles wat komt kijken bij het afbakenen van het onderzoek, evenals het opzetten van een onderzoeksontwerp en -planning. Hoofdstuk 2 gaat over de aanleiding tot je onderzoek, de keuze voor een onderwerp, onderhandelingen met opdrachtgevers en dergelijke. In hoofdstuk 3 komen de afbakening van de probleemomschrijving, de doelstelling en de theoretische begrippen aan de orde.

Deel II Verzamelen

Deel II gaat over de dataverzameling. Hoofdstuk 4 gaat in op de keuze van een kwantitatieve dataverzamelingsmethode, terwijl in hoofdstuk 5 de kwalitatieve methoden aan de orde komen. De operationalisatie van begrip naar meetinstrument komt in hoofdstuk 6 aan de orde; ook worden begrippen geïntroduceerd om 'kwaliteit van onderzoek' te bepalen en wordt het afbakenen van de steekproef behandeld. Hoofdstuk 7 behandelt alle aspecten die komen kijken bij het praktisch opzetten van je onderzoek, zoals het benaderen van mogelijke deelnemers aan je onderzoek. De opzet is uitgewerkt voor surveyonderzoek én voor open interviews.

Deel III Analyseren

In de hoofdstukken 8 en 9 komen mogelijkheden voor kwantitatieve en kwalitatieve analyse aan de orde. Verder krijg je in deze hoofdstukken informatie over software die bij deze analyses kan worden gebruikt, en over literatuur die over deze software is verschenen. Voor de liefhebbers is op de website die bij dit boek hoort (www.watisonderzoek5edruk.nl), extra statistische informatie opgenomen.

Deel IV Waarderen en evalueren

Deel IV beschrijft hoe conclusies tot stand (kunnen) komen, hoe je terugkijkt op je onderzoek, hoe je onderzoek kunt evalueren en hoe je rapporteert. In hoofdstuk 10 worden begrippen als validiteit en betrouwbaarheid behandeld (de kwaliteit van onderzoek) en hoofdstuk 11 laat zien hoe je een rapport schrijft en beoordeelt. Overigens wordt vanaf hoofdstuk 6 al ingegaan op de kwaliteit van je onderzoek.

Wat elk hoofdstuk terugkeert

Een aantal elementen komt steevast ieder hoofdstuk terug. We laten ze de revue passeren.

Leerdoelen

Aan het begin van elk hoofdstuk zijn de leerdoelen voor dát hoofdstuk opgenomen. Ze lijken heel gemakkelijk, maar je zult begrijpen dat je met de kennis in de hoofdstukken aan de slag moet om deze doelen te bereiken. Voordat je in staat bent om daadwerkelijk een goed onderzoek op te zetten, moet je er veel ervaring mee opdoen.

Paragraafstructuur

De opbouw van de paragrafen is in elk hoofdstuk als volgt. In korte alinea's wordt per paragraaf de benodigde informatie gepresenteerd; waar nodig is de tekst voorzien van kopjes. Margewoorden verhelderen soms de tekst, of ze geven een bondige samenvatting. De meeste figuren zijn bedoeld ter illustratie, zodat je de tekst beter begrijpt. In de gele blokken (kaders) vind je voorbeelden over de opzet van een onderzoek, plannen, probleemomschrijvingen, onderzoeksplannen, analyses, resultaten en conclusies.

Samenvatting

Elk hoofdstuk wordt afgesloten met een samenvatting in de vorm van een overzicht. In dit overzicht vind je de belangrijkste gebruikte begrippen (in dat hoofdstuk) en hun betekenis.

Opdrachten

Aan het einde van elk hoofdstuk staat een aantal opdrachten. Er wordt een klein aantal kennisvragen gesteld, maar de meeste vragen zijn toepassingsvragen. Soms wordt een oplopende graad van moeilijkheid gehanteerd. Dat houdt in dat je de opdrachten in een bepaalde volgorde moet maken. Denk erom dat je bij groepsopdrachten de taken goed verdeelt. De uitwerkingen van de opdrachten uit het boek vind je op www.watisonderzoek5edruk.nl.

Leeswijzer

Is onderzoek doen nieuw voor je, begin dan voor in het boek en werk het door. Doe vaardigheid op met onderzoeken door telkens via de opdrachten de fasen te doorlopen, in oplopende graad van moeilijkheid.

Heb je al ervaring met onderzoek opgedaan, dan kun je volstaan met het doornemen van specifieke hoofdstukken in dit boek, zoals de hoofdstukken over interviewtechniek, kwalitatieve analyse of rapportage. Via de index vind je snel de plek in het boek waar een begrip dat voor jou van belang is, aan de orde komt. Het is raadzaam om in elk geval hoofdstuk 3 te lezen, vooral de informatie over het opstellen van een onderzoeksplan. Een goed plan is dé basis voor een gedegen onderzoek.

Website

Internet is voortdurend in beweging: daarom raakt de informatie over interessante en relevante sites in een boek snel achterhaald. Een 'webstek' (URL) wijzigt, verwijzingen verouderen en zo kun je de door ons gepresenteerde informatie na een tijdje niet meer vinden. De inhoud van deze informatie blijft echter vaak relevant.

Op www.watisonderzoek5edruk.nl vind je daarom nieuwe leerstof, voorbeelden en actuele links. Verder zijn per hoofdstuk één of meer PowerPoint-presentaties beschikbaar, evenals de uitwerkingen van alle opdrachten, de uitwerkingen van de ontwerpcasussen en extra materiaal. Ook vinden docenten hier tips voor het begeleiden van studenten bij het uitwerken van de ontwerpcasussen en de opgaven in het boek, en waar nodig opleidingsgerichte verdieping (zoals extra analysetechnieken, specifieke voorbeelden, opgaven en dergelijke). Daarnaast worden tips gegeven voor het opzetten, begeleiden en uitvoeren van projectonderzoek en afstudeeropdrachten. Verder is er een archief met opdrachten en uitwerkingen. Ten slotte is op deze website een inleiding in de werking van SPSS te vinden. Wanneer in de tekst naar de website wordt verwezen, is deze voorzien van het website-symbooltje.

Op de website staan twee doorlopende *ontwerpcasussen*: zij vormen de rode draad in de opdrachten die in het boek staan. Oefening baart kunst: onderzoek leer je door het veelvuldig te doen, door elke keer de cyclus opnieuw te doorlopen, en door tijdens je onderzoek niet alleen vooruit te kijken, maar ook terug.
Door de opdrachten met behulp van de ontwerpcasussen te maken kun je deze vaardigheid als het ware 'trainen'.
De casussen beginnen met een fictieve vraag van een opdrachtgever. Per onderdeel wordt in opdrachten geoefend met de keuzes waar je voor staat, de stappen die je kunt en moet zetten, en de technieken die aan de orde zijn. Bij elke onderzoeksstap worden deze casussen dus uitgebreid. Na het doorlopen

van alle opdrachten heb je een volledig onderzoeksontwerp, dataverzameling, analyse, evaluatie en verslag in handen.
De casussen worden opgebouwd in verschillende richtingen, parallel aan de lijnen van het gepresenteerde onderzoekstype. Met de ene casus kun je bijvoorbeeld een ontwerp maken voor een aantal open interviews, met de andere ontwerp je een vragenlijst voor een grote groep respondenten.

Nieuw: digitale onderzoekstool

Ben je – naast het boek – op zoek naar handige hulpmiddelen en begeleiding bij het opzetten en uitvoeren van je onderzoek? Dan ben je bij de onderzoekstool aan het juiste adres. Deze tool wordt als extra service bij het boek aangeboden. Ze biedt stap voor stap begeleiding bij het uitvoeren van je onderzoek aan de hand van formulieren, templates, hulpvragen en checklists. Ook je docent kan meekijken.

Hulpmiddelen per fase

De onderzoekstool volgt in grote lijnen de opbouw en de fases van het boek. De materialen worden per fase aangeboden. Welke hulpmiddelen vind je in de tool?

- inspirerende instructievideo's;
- hulpvragen en invulformulieren om het denkproces op gang te brengen;
- keuzediagrammen bij ontwerp en analyse;
- links naar analyse- en rekentools;
- templates in Word en Excel om je onderzoek te documenteren;
- checklists om je resultaten te controleren;
- tips om de projectadministratie te verzorgen.

Verwijzingen over en weer

De onderzoekstool kan ter ondersteuning van het onderzoek naast het boek worden gebruikt. In ieder hoofdstuk van het boek tref je dan ook verwijzingen naar de tool aan via een apart icoontje (zie hiernaast in de marge). Andersom zijn in de onderzoekstool per fase ook leeswijzers opgenomen voor verdere bestudering van de tekst.

Handig voor docenten: het volgsysteem

In het volgsysteem van de onderzoekstool kun je zien hoe ver je al bent met je project. Ook docenten en onderzoeksbegeleiders kunnen vorderingen van studenten bekijken (en downloaden). Ze moeten dan wel gekoppeld zijn aan een student. Daarvoor gebruiken zij een speciaal docentaccount. Met dit account kun je als docent:

- de antwoorden volgen die de student gegeven heeft;
- nagaan hoever de student gevorderd is;
- documenten van de student downloaden;
- docentopmerkingen in de tekst plaatsen.

De begeleiding kan zowel individueel als voor groepen plaatsvinden; ze is tijd- en plaatsonafhankelijk.

Logboek

De vorderingen en de keuzes die je tijdens je onderzoek hebt gemaakt, kun je bijhouden in een 'onderzoekslog'. Het logboek stelt je in staat om alle afzonderlijke delen van het onderzoek te integreren tot één ontwerp én om het overzicht over je onderzoek te bewaren. Ook helpt het logboek je om je onderzoek goed te plannen. We komen hierop terug als we het ontwerpen van onderzoek bespreken. Dat gebeurt voor het eerst in hoofdstuk 2. In de onderzoekstool is een template voor een logboek opgenomen.

Werkwijze

Meestal zal je eerst de tekst in het boek doornemen. Vervolgens kun je in de tool de hulpvragen, invulformulieren en keuzediagrammen gebruiken om je plannen vorm te geven. Tijdens en na afloop van iedere fase documenteer je de vorderingen en hou je online een logboek bij. Rapporteren kan met behulp van de templates; controles kun je aan de hand van de checklists uitvoeren. Ten slotte upload je het rapport en het logboek naar je docent of begeleider, zodat het beoordeeld kan worden.

Statistiek in stappen

Heel specifiek wordt in de tekst verwezen naar het boek *Statistiek in stappen* (Verhoeven, 2013). Deze inleiding in statistiek is vooral handig wanneer je kwantitatief onderzoek doet. De verwijzingen zullen dan ook voornamelijk in hoofdstuk 8 worden gegeven. Ga naar www.statistiekinstappen.nl voor meer informatie.

Blog over methodologie

Nelverhoeven.nl is mijn persoonlijke website. Hier vind je behalve nuttige links, een blog met ervaringen en tips uit de onderwijs- en onderzoekspraktijk.

1

De functie van onderzoek

Stel je een onderzoek eens voor als een reis: een onderzoeksreis. Op de weg van je onderzoek – van beginpunt naar eindpunt (je rapport) – kom je langs allerlei kruisingen en zijwegen. Deze vertegenwoordigen de keuzes die je tijdens je onderzoek kunt maken. Bill Trochim laat deze route tot leven komen in zijn 'research road' (zie figuur 1.1). Ontwerp, uitvoering en evaluatie van onderzoek, zo stelt Trochim, zijn onderling afhankelijk, staan niet los van elkaar. Op deze weg geldt tweerichtingsverkeer. Daarmee wil hij zeggen dat je altijd kritisch naar je eigen onderzoek kijkt, zowel tijdens het project als achteraf. Ook beoordeel je het onderzoek van collega's; door naar elkaars methoden te kijken leer je van elkaar.

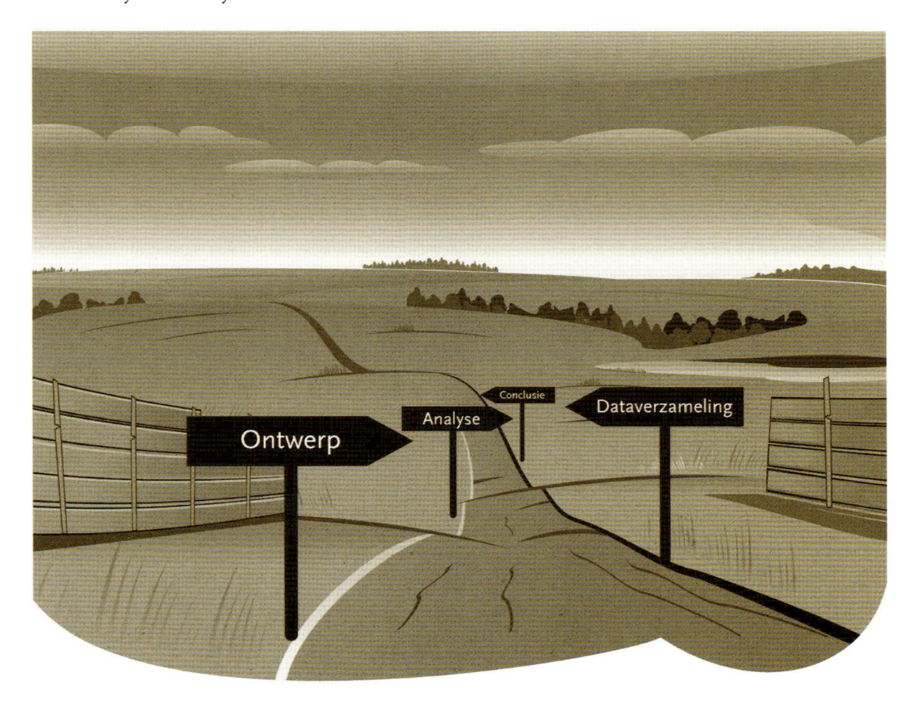

Figuur 1.1 *De onderzoeksweg volgens Trochim (bron: www.socialresearchmethods.net)*

Zonder basis en zonder uitgangspunten lijkt het onderzoek een onregelmatige en hobbelige zandweg vol kuilen, modder en stenen. De basis voor onderzoek, de uitgangspunten, doelen, onderzoeksvragen en -methoden vormen het asfalt om de weg te effenen. Zonder de structuur van deze uitgangspunten (zeg maar de verkeerstekens en -regels) verzandt het onderzoek en kun je het niet uitvoeren (Trochim, 2006). Zomaar aan een project beginnen lijkt een hachelijke onderneming, zoals ook het voorbeeld in kader 1.1 laat zien.

Bezint, eer ge begint ...

Anna heeft zojuist de hbo-opleiding 'Personeel en arbeid' afgerond. Voor haar eerste project bij een grote accountant wordt haar gevraagd om het grote personeelsverloop vanuit de organisatie aan te pakken, een interventie dus. Anna is enthousiast: haar eerste grote opdracht. Meteen gaat zij aan de slag. Ze overlegt met de afdeling Personeel & Organisatie. Die weet wel wat er aan de hand is: er is een groot verloop in het personeelsbestand. Dat komt (volgens P&O) omdat de werknemers niet voldoende financiële prikkels krijgen om voor de accountant te blijven werken. Met *incentives* (ofwel 'beloningen'), verlofregelingen, studiemogelijkheden, een pensioenplan en extra bonussen kan het verloop in een jaar tijd worden teruggebracht tot een acceptabel niveau, zo wordt Anna verzekerd.

Anna schrijft haar plan van aanpak en bedenkt een aantal financiële prikkels. De presentatie van het plan aan de directie verloopt goed en ze mag haar maatregelen gedurende één jaar uitvoeren. Elk kwartaal wordt het verloop geëvalueerd (hoe gaat het, is het verloop al teruggelopen, hoeveel heeft het gekost?).

Al na een halfjaar blijkt dat de voorgestelde maatregelen erg veel geld kosten en dat het verloop niet echt afneemt. De maatregelen lijken geen effect te hebben. Het plan wordt voortijdig door de directie afgeblazen.

Een gedegen onderzoek had Anna kunnen helpen. Het was beter geweest als Anna niet zomaar de doelstelling van de organisatie had overgenomen. Ze had beter met alle betrokken afdelingen kunnen praten en bij het personeel een aantal interviews kunnen afnemen. Met zo'n onderzoek had zij het probleem tot de ware proporties kunnen terugbrengen en de volgende vragen kunnen beantwoorden:

- Is er sprake van personeelsverloop?
- Zo ja, in welke mate?
- Wat zijn de factoren die aan dit personeelsverloop ten grondslag liggen?
- Hoe kan het verloop worden teruggedrongen?
- Wat zijn de verwachte terugloopcijfers van deze maatregelen?
- Op welke termijn moeten deze effecten worden verwacht?

Kader 1.1

Vervolg

Met een onafhankelijke houding had zij zich niet laten verleiden door subjectieve uitspraken van de personeelsafdeling, maar had zij de mening van deze afdeling vergeleken met de mening van de overige betrokkenen. Anna had dan ontdekt dat geld bij de verminderende motivatie van de medewerkers helemaal geen rol speelt, maar dat machtsstrijd en een slechte werksfeer de oorzaken zijn van het verloop. Maatregelen waren dan niet in de financiële sfeer gezocht, maar in de relationele sfeer. Met coaching, teambuilding en waar nodig personeelswisselingen hadden de problemen kunnen worden aangepakt.
Kortom, Anna had een goed (voor)onderzoek moeten organiseren door een gedegen onderzoeksplan en een goede planning te presenteren. Dat kost misschien in het begin veel tijd en geld, maar dat had zich dan zeker terugverdiend. Nu druipt Anna teleurgesteld af.

Kader 1.1

De geschetste situatie lijkt een 'worstcasescenario'. In de praktijk komt het echter maar al te vaak voor dat men zonder goede basis een maatregel of verandering doorvoert. Dit kan voor een organisatie totaal verkeerd uitpakken en veel geld kosten. Vaak komt men er te laat achter dat de oorzaak van de gesignaleerde problemen heel ergens anders ligt (zie kader 1.2).

Onrust

Tijdens een periode van arbeidsonrust in een bedrijf organiseert de vakbond een staking om een loonsverhoging af te dwingen. Na de stakingsdag gaan de partijen (werkgever, werknemers en vakbond) opnieuw om de tafel zitten en ze spreken een kleine maandelijkse verhoging van 2,5% af. Toch wordt in de maanden daarna duidelijk dat er veel personen bij het bedrijf vertrekken. Had men onderzoek gedaan naar de reden van dit verloop, dan had men kunnen constateren dat de oorzaak van de onrust niet de te laag gewaardeerde lonen waren, maar dat de oorzaak bij de directeur van het bedrijf lag. Men had gehoopt dat hij door de staking zou verdwijnen. Toen dat niet gebeurde, veranderde een aantal werknemers alsnog van baan.

Kader 1.2

Leerdoelen

Aan het einde van dit hoofdstuk ben je bekend met enkele basisprincipes van (wetenschappelijk) onderzoek, kun je onderscheid maken tussen verschillende stromingen in onderzoek en ken je de voorwaarden voor een wetenschappelijke houding. Verder kun je de verschillende fasen in een onderzoek herkennen en weet je aan welke voorwaarden goed (wetenschappelijk) onderzoek moet voldoen.

Kader 1.3

1.1 Onderzoek moet je leren

Als je leert hoe je onderzoek moet doen, betekent dat niet alleen dat je kennis opdoet. Uit een boek kun je leren hoe je een plan maakt, een onderzoeksontwerp, een probleemstelling. Ook kun je leren hoe je een analyse maakt, daarna een rapport schrijft en verslag doet. Bij het daadwerkelijk *uitvoeren* van een onderzoek komt heel wat meer kijken. Je moet de opgedane kennis en vaardigheden kunnen combineren, je moet een soort helikopterview ontwikkelen ten aanzien van je onderzoek. Tenslotte moet je het geleerde in de praktijk kunnen brengen. Kortom, onderzoek doen is veel meer een vaardigheid dan een kunde. Kortom, je moet onderzoekservaring opdoen. Onderzoek moet je leren door het te doen!

De rij bij de kassa

Een bekende internationale band komt naar Nederland. Ze geven een concert in Ahoy. Samen met je vriendin ga je naar de kassa van Ahoy om kaarten te kopen. Als je bij de kassa aankomt, zie je dat er lange rijen staan. Als de kaarten maar niet uitverkocht zijn! Je kijkt naar de rijen en het aantal wachtenden voor de kassa. Je neemt de kortste rij.

Kader 1.4

Misschien heb je het niet zo snel in de gaten, maar als je een probleem hebt of een vraag, gebruik je vaak onderzoekstechnieken om het antwoord te vinden. Kijk eens naar het voorbeeld in kader 1.4:

- Je vraag is: hoe kom ik zo snel mogelijk langs de kassa?
- Om je vraag te beantwoorden observeer je de rijen. Verder tel je het aantal wachtenden.
- Je conclusie is dat de wachttijd gering is in de kortste rij.
- Je gaat staan in de rij met de minste wachtenden.

De treinreis

Je gaat 's avonds uit eten in Amsterdam met een vriendin. Je spreekt om 19.30 uur af op het Centraal Station van Amsterdam en daarvoor neem je de trein vanuit Utrecht. Het is druk, de treinen hebben kennelijk vertraging. Je kijkt eerst op het bord in de vertrekhal. Daar wordt vermeld dat de trein naar Amsterdam tien minuten vertraging heeft. Er loopt ook een NS-beambte, wellicht beschikt hij over de laatste informatie. Je vraagt hem naar de verwachte vertraging. Hij stelt je gerust, de trein heeft maar vijf minuten vertraging. Je loopt naar het perron. De reizigers staan bedrukt te kijken. Je informeert nog eens. Je medereizigers mopperen: '... nu wel een kwartier vertraging ...' Je belt je vriendin in Amsterdam dat je ongeveer tien minuten later aankomt.

Kader 1.5

Bij het voorbeeld in kader 1.5 heb je de volgende stappen gezet:

- Je vraag is: wat is de verwachte aankomsttijd in Amsterdam?
- Om je probleem op te lossen gebruik je verschillende methoden:
  - Je kijkt op het bord (tien minuten vertraging).
  - Je informeert bij de NS-beambte (vijf minuten vertraging).
  - Je vraagt het je medepassagiers (een kwartier vertraging).
- Het antwoord op je vraag is dat de verwachte aankomsttijd waarschijnlijk tien minuten na de geplande aankomsttijd ligt.

Zowel voor als tijdens je treinreis heb je een soort onderzoek opgezet: je hebt een vraag geformuleerd en een methode bedacht (observatie, vraaggesprek), je hebt informatie verzameld, een antwoord op je vraag geformuleerd en je conclusies getrokken.
In feite hebben we allemaal wel eens onderzoeksactiviteiten ondernomen, ook zonder het zelf te weten. In dit boek doe je ervaring op met de logische volgorde van elk onderzoek, neem je kennis van de stappen die in elk onderzoek gezet moeten worden. Deze stappen zijn overal hetzelfde, of je nu de treintijden wilt voorspellen (wat een hachelijke onderneming lijkt) of een complex onderzoek naar oorzaken van bepaalde ziekten wilt opzetten.
De geschetste voorbeelden zijn zeer eenvoudig. Verricht je onderzoek voor een opdrachtgever, praktijkonderzoek dus, dan komt daar heel wat meer bij kijken. De opzet van het onderzoek is meestal uitgebreid, er kunnen veel mensen aan je onderzoek meewerken, je voert omvangrijke en ingewikkelde analyses uit, je schrijft een lijvig onderzoeksrapport en je presenteert dit bij de opdrachtgever. Toch volgen zowel complexe als eenvoudige onderzoeken hetzelfde stramien.

Vakantieobservatie

Het is prachtig weer, het is eind augustus en je hebt vakantie. Je geniet van een biertje op een Utrechts terras. Er komt een groep jongeren aangeslenterd, camera in de aanslag, gekleed in korte broek en roze polo. Ze praten met elkaar in het Engels. Aha, zeker een groepje toeristen dat de stad komt bezoeken. Of niet? Eigenlijk keek je naar een groep aankomende studenten, die een internationale studie in Utrecht gaan doen. Het is introductieweek.

Kader 1.6

Is iedereen die iets onderzoekt, ook een echte onderzoeker? Nee, dat niet. Zoals je in kader 1.6 kunt lezen, neem je een gebeurtenis waar en daaruit trek je conclusies. Omdat je zelf vakantie hebt, ga je ervan uit dat de groep jongeren dat ook heeft. Je gebruikt dus je eigen referentiekader om conclusies te trekken. Hier is sprake van informele observatie, terwijl een onderzoeker gebruikmaakt van systematische observatie.

Kenmerken van een onderzoeker

Onderzoekers hebben een drietal kenmerken, eigenschappen waarop zij zich van niet-onderzoekers onderscheiden. Deze zijn: houding, kennis en vaardigheid.

Houding

Een onderzoeker onderscheidt zich allereerst door zijn of haar *houding*. Deze moet – we zagen het al in het voorbeeld van Anna – onafhankelijk zijn. Dat wil zeggen dat jouw persoonlijke voorkeuren geen rol spelen in het onderzoek. Maar dat is nog niet alles. Als onderzoeker streef je naar openheid van je onderzoek, je bent ontvankelijk voor commentaar van je collega's. Je legt verantwoording af over je resultaten. Als jouw resultaten door ander onderzoek worden tegengesproken, dan is jouw onderzoek niet minder van kwaliteit, maar het is 'weerlegd'. Daarmee kan jouw onderzoek het eerste zijn in een reeks van gedegen wetenschappelijke analyses. Er ontstaat als het ware een onderzoeksontwikkeling. Deze 'wetenschappelijke houding' is van belang omdat je onderzoeksresultaten hiermee veel sterker komen te staan.

Kennis

Natuurlijk kun je een onderzoeksmethode niet toepassen zonder eerst kennis daarvan te hebben verkregen. *Kennis* van methoden is en blijft een belangrijk onderdeel van het verrichten van onderzoek. Ook in dit boek kom je daar niet onderuit. Behalve kennis van methoden moet je ook kennis hebben over het onderwerp van je onderzoek. Dit is echter kennis die je per keer kunt opdoen of opfrissen. Je kunt informatie zoeken over het onderwerp, je kunt je inlezen. Kennis van methoden van onderzoek is echter constant, je moet altijd weten welke onderzoeksmethoden er zijn, welke criteria deze hebben en wat de voor- en nadelen van het toepassen van bepaalde methoden zijn.

Vaardigheid

Naast het opdoen van kennis over de opzet en inrichting van een onderzoek krijg je *vaardigheid* in het doen van onderzoek door er actief mee bezig te zijn. Als student maak je aan de hand van een voorbeeld of casus stap voor stap kennis met alle aspecten van onderzoek en vervolgens leer je die toepassen. De methoden die je daarbij gebruikt, bevatten niet alleen achtergrondkennis, ze bevatten ook een heleboel 'recepten' voor het gebruik van (statistische) technieken, software en dergelijke.

Soms is het bij het verrichten van onderzoek van belang dat je een aantal '*trucjes*' aanleert. Voorbeelden hiervan zijn: het selecteren van de onderzoeksgroep, het invoeren van gegevens in een softwarepakket, het aanmaken van een toets, het interpreteren van analyseresultaten, of het maken van een diagram. Zie bijvoorbeeld kader 1.7.

trucs

Atletiekvereniging Velox (1)

Elk jaar organiseert atletiekvereniging Velox een veldloop, ook wel cross genoemd. Dat is een hardloopwedstrijd die niet (alleen) over de weg, maar door veld, strand en bos wordt georganiseerd, over verschillende afstanden, voor verschillende (leeftijds)categorieën. Tijdens een onderzoek voor Velox is de vraag gesteld hoe oud de gemiddelde deelnemer aan deze cross is. Het doel van deze vraag is voor Velox na te gaan welke leeftijdsgroepen de meeste belangstelling voor haar cross tonen, zodat zij gerichter kan adverteren. Om antwoord op deze (onderzoeks)vraag te krijgen heeft een onderzoeker iedere deelnemer naar zijn of haar leeftijd gevraagd (in hele jaren). Vervolgens rekent de onderzoeker de gemiddelde leeftijd uit. Daarbij heeft hij de volgende keuze:

- ofwel alle leeftijden bij elkaar optellen en het totaal delen door het totale aantal gegeven antwoorden, met andere woorden: het gemiddelde wordt 'met de hand' berekend (in de praktijk meestal een rekenmachine);
- ofwel alle leeftijden in een computerprogramma invoeren en door middel van een druk op de knop de opdracht geven het gemiddelde uit te rekenen, een trucje dus!

De uitkomst: de gemiddelde leeftijd rapporteert hij aan de opdrachtgever, atletiekvereniging Velox.

Kader 1.7

1.2 Uitgangspunten van onderzoek

Onderzoek doe je niet vanuit het niets. Eerst maak je een onderzoeksplan; je formuleert een probleemstelling; je kijkt of andere mensen al eerder onderzoek naar jouw probleem hebben gedaan en wat hun conclusie was; je bepaalt de deadline en kijkt hoeveel budget er nodig (en beschikbaar) is voor het uitvoeren van je onderzoek; je overlegt met je begeleider, met je opdrachtgever, met je medeonderzoekers. Dit zijn de praktische aandachtspunten voor onderzoek. Behalve deze praktische zaken bestaan er ook diepgaander uitgangspunten. Met deze uitgangspunten kun je onderzoek op vele manieren typeren. Zo kun je onderscheid maken tussen fundamenteel en praktijkgericht onderzoek, tussen kwalitatief en kwantitatief onderzoek, tussen inductie of deductie. Ook kun je onderzoek doen binnen een bepaalde 'stroming', ook wel' 'paradigma' genoemd. In deze paragraaf bespreken we de uitgangspunten van onderzoek. In de volgende paragraaf komen de onderzoeksstromingen aan de orde.

Fundamenteel of praktijkgericht?

In de eerste plaats kan (in de leer van de methodologie) onderscheid worden gemaakt tussen twee 'hoofdtypen' van onderzoek, te weten *fundamenteel* (empirisch) onderzoek en en *praktijkgericht* onderzoek. Studenten aan de universiteit krijgen vaker met fundamenteel onderzoek te maken; als student op een hogeschool zul je meestal praktijkgericht onderzoek uitvoeren.
Het belangrijkste onderscheid tussen deze uitgangspunten is het type problemen dat wordt opgelost. Bij fundamenteel onderzoek zul je meestal vragen beantwoorden die niet primair gericht zijn op toepassing in de praktijk; we noemen dat een kennisvraag. Bij praktijkgericht onderzoek houd je je meestal wél bezig met het oplossen van problemen uit de praktijk; een praktijkvraag dus.

kennis- en praktijkvragen

Een kennisvraag is een vraag over een wetenschappelijke theorie die met behulp van *fundamenteel onderzoek* wordt beantwoord. Een praktijkvraag is afkomstig uit de dagelijkse praktijk, uit de samenleving. Praktijkgericht onderzoek heeft daardoor vaak een hogere maatschappelijke relevantie. Fundamenteel onderzoek is vaker wetenschappelijk relevant.

Het kan natuurlijk zo zijn dat in fundamenteel onderzoek een theorie wordt getoetst waarmee ook een maatschappelijk probleem kan worden opgelost. Zo kan fundamenteel onderzoek naar de beweging (of dynamiek) van zandbanken in de Noordzee maatschappelijke relevantie hebben als daarmee een betere bescherming van het Nederlandse laagland kan worden verkregen. Je snapt het al: het onderscheid is niet heel zuiver: in praktijkgericht onderzoek kunnen ook kennisvragen worden beantwoord en in fundamenteel onderzoek worden ook praktijkvragen onderzocht.

Kader 1.8 geeft een voorbeeld van fundamenteel onderzoek. De vraag voor dit onderzoek is geen praktische vraag. De onderzoekster wil een ontwikkelde theorie testen op de houdbaarheid door er in Nederland nieuwe experimenten mee uit te voeren.

Komt er wel een vraag uit de samenleving, zoals in het geval van atletiekvereniging Velox (kader 1.9), dan wordt praktijkgericht onderzoek verricht. Het doel is om bijvoorbeeld een situatie bij een organisatie te verbeteren of te veranderen.

Spinnenangst

Tussen 1995 en 2000 deed Birgit Mayer (2000) onderzoek naar fobieën. Een fobie is een onberedeneerbare angst voor bepaalde objecten (bijvoorbeeld spinnen) of situaties. Mayer wilde de verwachting toetsen dat het lichaam van de persoon met een fobie al reageert op het object of de gebeurtenis vóórdat deze bewust wordt waargenomen. Je lichaam wordt als het ware al automatisch in gereedheid gebracht voor de reactie vóórdat je bewust een spin ziet. Deze theorie had zij niet zélf bedacht, die was afkomstig van een Zweedse onderzoeker, Ohrman. In Nederland voerde Mayer een aantal experimenten uit om na te gaan of de theorie van Ohrman klopte. Met de resultaten van haar experimenten kon de verwachting dat je al een angstreactie vertoont vóórdat je de spin bewust waarneemt, niet worden bevestigd.

Kader 1.8

Atletiekvereniging Velox (2)

Al tientallen jaren organiseert atletiekvereniging Velox een internationale crosswedstrijd. Jaarlijks zijn vele vrijwilligers bij dit evenement betrokken, en de wedstrijd wordt uitgezonden op de televisie. De jaarlijkse evaluatiebijeenkomst levert de vraag op hoe deelnemers, medewerkers en toeschouwers deze wedstrijd eigenlijk waarderen. Graag wil het bestuur van de organisatie de waardering uitgedrukt zien in cijfers. Zo kan het zijn sponsors tevreden houden en eventueel nieuwe sponsors aantrekken. Bovendien kan men met de resultaten van deze evaluatie veranderingen doorvoeren die tot een verbetering van de organisatie van het evenement leiden. Er wordt onderzoek uitgevoerd naar de tevredenheid bij de drie genoemde groepen.

Kader 1.9

Kwalitatief of kwantitatief?

Een ander veel gemaakt onderscheid is dat tussen *kwalitatief* en *kwantitatief* onderzoek. Dit onderscheid wordt belangrijk als je moet kiezen welke methode van onderzoek je gaat gebruiken. Het spreekt vanzelf dat deze keuze afhankelijk is van de probleemstelling voor je onderzoek.
Bij *kwantitatieve* methoden wordt gebruikgemaakt van cijfermatige (numerieke) informatie, gegevens in cijfers over objecten, organisaties en personen. Vervolgens worden worden statistische technieken gebruikt om een beschrijving van de resultaten te geven en om verwachtingen over de resultaten te toetsen. Statistische technieken zijn de instrumenten van kwantitatieve methoden. De onderzoeker neemt afstand van kenmerken van objecten of eenheden (personen) van onderzoek door deze kenmerken een nummer toe te kennen en ze zo in een bepaalde volgorde te zetten, zoals in kader 1.10. Er zijn onderzoekers die kwantitatieve methoden de beste vinden, omdat ze uitgaan van het principe ‘meten is weten’.

Atletiekvereniging Velox (3)

Om de tevredenheid van deelnemers aan de cross (de atleten dus) te onderzoeken wordt een onderzoeksplan geschreven. Als methode van dataverzameling wordt een enquête gekozen, waarbij ongeveer 20% van de 2500 sporters wordt ondervraagd. De waardering voor de cross wordt gemeten op een aantal aspecten (zeg maar 'onderdelen') van het begrip 'waardering'. Ook wordt een aantal kenmerken van de atleten gevraagd. De antwoorden worden op cijfermatige wijze (kwantitatief) geanalyseerd door de waarderingscijfers met elkaar te vergelijken. Ook worden eventuele verschillen in waardering tussen groepen deelnemers (jong en oud, man en vrouw) vergeleken.

Kader 1.10

Bij *kwalitatieve* methoden voert de onderzoeker onderzoek uit in het 'veld' ofwel 'in de werkelijkheid'. Hij (zij) is geïnteresseerd in de betekenis die onderzochte personen zelf aan situaties geven. Zo worden 'onderzoekseenheden' (onderzochte personen) in de omgeving als geheel onderzocht. Dit wordt ook wel holisme genoemd. Daarmee wordt bedoeld dat een ervaring als onderdeel van het geheel van de belevingswereld van personen moet worden gezien, niet als een opzichzelfstaand feit. Bij kwalitatief onderzoek is het verzamelen van gegevens open en flexibel; er kan worden ingesprongen op onverwachte situaties. De gegevens worden niet numeriek opgemaakt, maar in alledaagse taal verwerkt (Maso & Smaling, 1998).

Kwalitatieve onderzoeksresultaten worden door sommige (kwantitatieve) onderzoekers als minder betrouwbaar en precies gezien, vergeleken met resultaten van kwantitatief onderzoek. Kwalitatieve onderzoekers zijn echter van mening dat cijfers niet voldoende diepgang bieden, omdat numerieke gegevens het verhaal achter de cijfers niet vertellen. Daarom pleiten kwalitatieve onderzoekers voor onderzoeksmethoden waarin niet alleen wordt afgegaan op cijfers, maar ook naar de verhalen van mensen wordt geluisterd (Wester, 1991).

Parlementaire enquêtecommissie

Vanaf de jaren tachtig van de vorige eeuw maakt de Tweede Kamer veelvuldig gebruik van haar recht op enquête. Door vraaggesprekken met deskundigen en betrokkenen te houden en door ministers en ambtenaren (onder ede) te horen kan zij niet alleen gedetailleerd achter de feiten komen, maar ook achterhalen wat deze personen daarvan vinden, hoe zij de situatie hebben ervaren. Zo zijn er enquêtes geweest rond de bouwfraude, de Bijlmerramp, Srebrenica enzovoort. 'Enquêtecommissie' is in methodologisch opzicht een foutieve benaming, want het betreft kwalitatief onderzoek, namelijk open interviews met een aantal betrokkenen.

Kader 1.11

In de kaders 1.11 en 1.12 kun je voorbeelden lezen van kwalitatief onderzoek: diepte-interviews met experts en observatieonderzoek.

Non-verbale agressie

Stel, je wilt nagaan of er verschillen zijn in non-verbale uitingen van agressief gedrag tussen 6- en 10-jarige kinderen in een speelsituatie. Je kunt er dan voor kiezen om het gedrag van kinderen in groep 3 en groep 7 gedurende de pauze te observeren. Eén dag observeer je de kinderen uit groep 3, één dag die uit groep 7. De waarnemingen worden op een observatieformulier genoteerd en vergeleken. Hier is sprake van kwalitatief onderzoek.

Kader 1.12

Triangulatie

We bespreken in dit boek zowel kwalitatieve als kwantitatieve methoden, simpelweg omdat ze naast elkaar bestaan en gebruikt worden. Natuurlijk zijn er verschillen tussen deze methoden. Zo worden bij kwalitatief onderzoek vaak veel gegevens van enkele personen verzameld en bij kwantitatief onderzoek weinig (nou ja, minder) gegevens bij een grote groep personen. De nadruk bij kwalitatief onderzoek ligt op betekenisverlening en context, terwijl deze bij kwantitatief onderzoek meer ligt bij het meetbaar maken van verschijnselen en bij generalisatie. Ze zijn echter niet elkaars tegenpool, maar ze kunnen elkaar heel goed aanvullen om een compleet antwoord op de probleemstelling te krijgen.
Tegenwoordig worden vaak verschillende kwalitatieve en kwantitatieve dataverzamelingsmethoden gecombineerd om één probleemstelling te beantwoorden. Dat wordt ook wel *triangulatie* genoemd. De probleemstelling wordt zo vanuit meerdere invalshoeken belicht. Het verhoogt de geldigheid van onderzoeksresultaten. Dit begrip wordt in hoofdstuk 6 uitgebreid besproken.

Inductief of deductief?

Als we *inductief* onderzoek doen, zijn de thema's of theorieën van tevoren niet bekend. Het doel van de onderzoeker is dan ook om gaandeweg deze theorie te ontwikkelen. Formeel gezegd is de onderzoeker op zoek naar 'empirische regelmatigheden' (Tijmstra & Boeije, 2011, p. 31).
Onderzoekers die inductieve methoden gebruiken, verrichten vaak (maar niet altijd) kwalitatief onderzoek waarbij ze werken vanuit het 'bijzondere' (de verzamelde gegevens) naar het 'algemene' (de te vormen theorie). Inductief onderzoek is zo *theorievormend*. *Iteratie* is daarbij een leidend principe, want het leidt tot een hogere kwaliteit van resultaten (vanwege de herhaling). Daarbij gaat de onderzoeker als volgt te werk: hij verzamelt en analyseert de

iteratie

gegevens en trekt zijn eerste conclusies. Dan komt vast te staan welk type aanvullende informatie nodig is. Vervolgens verzamelt en analyseert hij nieuwe gegevens om zo een iteratief proces te volgen. Telkens worden de resultaten gekoppeld aan eerder verkregen resultaten en zo ontstaat een theorie. Meer hierover in hoofdstuk 3.

Zo kun je bijvoorbeeld onderzoek doen naar het gebruik van sociale media door studenten in het hoger onderwijs. Je verzamelt gegevens met behulp van interviews, je analyseert de gegevens en je ontdekt dat een bepaald type zelfwerkzaamheid ontstaat. Vervolgens verzamel je aanvullende data over zelfwerkzaamheid, je analyseert de gegevens andermaal en je trekt conclusies over de werkhouding van de studenten.

Tegenover inductief onderzoek staat *deductief* onderzoek. Bij deductief onderzoek formuleert de onderzoeker verwachtingen aan de hand van (bestaande) theorieën en modellen. Hij verzamelt en analyseert gegevens om zo na te gaan of deze theorieën standhouden. In gewoon Nederlands betekent dit dat je toetst of jouw model (theorie) geldig is (waar is) voor de door jou verzamelde gegevens. Dit uitgangspunt wordt vaak bij kwantitatief onderzoek gebruikt, waarbij gewerkt wordt van 'algemeen' (de theorie) naar 'bijzonder' (de gegevens). Deductief onderzoek is dus *theorietoetsend*.
Inductie en deductie vullen elkaar in die zin dus aan: je ontwikkelt een theorie op inductieve wijze, om vervolgens met behulp van deductie na te gaan of de theorie waar is.
De herziene taxonomie van Bloom (Anderson, Krahwohl & Meyer, 2001) bijvoorbeeld beschrijft verschillende denkvaardigheidsniveaus. Naar aanleiding van deze theorie vorm je aannames over de denkvaardigheidsniveaus bij het inzetten van sociale media in het hoger onderwijs. In feite pas je een theorie toe op een nieuw onderwerp (overigens ook een niveau van Bloom). Je verzamelt data en analyseert deze om te kijken of de theorie standhoudt voor deze toepassing.

We moeten overigens een kanttekening plaatsen bij het formuleren van verwachtingen. De indruk bestaat dat bij inductief onderzoek geen verwachtingen bestaan. Dat is natuurlijk niet zo. Op basis van kennis en expertise hebben onderzoekers bepaalde verwachtingen over de uitkomsten van hun onderzoek, maar die is niet op een model of theorie gebaseerd. Tijmsma en Boeije (2011) noemen dit een *exploratieve hypothese*. Deze hypothesen worden op kwalitatieve wijze getoetst.

1.3 Stromingen in onderzoek

We zagen al dat onderzoekers verschillende uitgangspunten hanteren bij het verrichten van onderzoek. Hoewel in dit boek praktijkgericht onderzoek wordt behandeld, is het toch van belang een aantal fundamentele uitgangspunten van onderzoek te beschrijven, paradigma's dus. Waarom? Ook aan praktijkgericht onderzoek ligt een aantal basisprincipes ten grondslag. Voor het begrijpen van deze basisprincipes moet je iets van de theorie weten. Naast de onderscheidende paren kwalitatief-kwantitatief en fundamenteel-praktijkgericht wordt hier een drietal stromingen beschreven. Bij deze onderzoeksstromingen horen bepaalde methoden van dataverzameling. Dat wil zeggen dat binnen elke stroming bepaalde onderzoekstypen de voorkeur hebben en dat onderzoekers van die groep eenzelfde kijk hebben op de uitgangspunten van wetenschappelijk onderzoek.

Empirisch-analytisch

Een eerste stroming neemt – net als in de natuurwetenschappen – afstand tot de onderzoekseenheden (of proefpersonen), net als in de onafhankelijke onderzoekshouding. Met eenheden worden alle elementen bedoeld waarop je onderzoek betrekking heeft (personen, situaties, objecten, enzovoort).
Empirisch wil zeggen dat je onderzoek verricht door met behulp van een bepaalde systematiek waar te nemen wat zich in je omgeving afspeelt. Een ander woord dat in de wetenschap voor 'omgeving' wordt gebruikt, is 'werkelijkheid'. Empirie betekent 'ervaring als bron van kennis'. Deze stroming is '*analytisch*' omdat ze kritisch en rationeel naar haar eigen resultaten kijkt: onderzoeksresultaten blijven als het ware 'geldig' tot het tegendeel wordt aangetoond. Daarmee zijn resultaten van eerder onderzoek niet slechter van kwaliteit. Er zijn simpelweg nieuwe gegevens beschikbaar die tot andere resultaten leiden. Dit laatste wordt vooruitgang van de wetenschap genoemd.
De onderzoekers binnen deze stroming willen graag objectief onderzoek verrichten en de onderzoekssituatie zo veel mogelijk beheersen. Ze laten daarbij niets aan het toeval over, ze ontwerpen een onderzoek dat *herhaalbaar* en *controleerbaar* is. Daarmee wordt bedoeld dat een onderzoek, als het nog een keer wordt uitgevoerd met dezelfde opzet, tot vergelijkbare resultaten zal leiden. Zij bekijken alle processen in hun onderzoek rationeel, ofwel logisch, doordacht. Ze gaan tijdens het onderzoek niet op hun gevoel af. Ze bedenken van tevoren een antwoord op hun onderzoeksvragen op grond van (bestaande) theorieën. Vervolgens toetsen ze of deze antwoorden overeenkomen met hun eigen gegevens. Dat doen zij door de werkelijkheid (het leven van alledag) te bekijken. Je kunt bijvoorbeeld een idee over gedrag van personen toetsen door dit gedrag

herhaalbaar

bij zo veel mogelijk personen te observeren en de verzamelde gegevens te analyseren. Hoe vaker je een bepaald gedrag bij grote groepen personen ziet, des te groter wordt de kans dat je beweringen over dat gedrag kloppen.
Binnen deze stroming wordt veel fundamenteel onderzoek verricht; praktijkonderzoek vindt in deze stroming niet veel plaats. Favoriete methoden van dataverzameling zijn onder andere het experiment en de enquête; kwantitatief dus en deductief, zoals in het spinnenonderzoek van Birgit Mayer (2000).

Interpretatief

Ben je geïnteresseerd in ervaringen van personen (onderzoeksdeelnemers)? Wil je achterliggende ideeën en ervaringen van personen onderzoeken? Zijn teksten, observaties en verhalen uitgangspunt van je onderzoek? Dan volg je de *interpretatieve* stroming in wetenschappelijk onderzoek. Het woord zegt het al: 'interpretatief' betekent dat je op zoek bent naar de interpretatie, de uitleg die personen aan een situatie geven, en niet slechts naar de 'kale' cijfers. Het onderzoek is over het algemeen kwalitatief en inductief van aard.
Een type onderzoek dat vaak binnen deze stroming wordt uitgevoerd, is de gevalsstudie (ook wel casestudy genoemd). Hier wordt in hoofdstuk 5 meer aandacht aan besteed. Ook de gefundeerde theoriebenadering, onderwerp van kwalitatieve analyse in hoofdstuk 9, kan binnen de interpretatieve stroming geplaatst worden (Boeije, 2012, p. 18-19).
Interpretatief onderzoek is ten slotte erg populair onder antropologen (wetenschappers die culturen bestuderen en beschrijven). Zo gaan ze bijvoorbeeld een tijd bij een bepaalde stam wonen en bestuderen het dagelijkse leven en de gebruiken van deze stam. Daarbij is het belangrijk dat de onderzoekers tijdens het onderzoek aan het dagelijkse leven in de stam meedoen. Ze kunnen zo nagaan waarom mensen in een groep zich op een bepaalde manier gedragen (door het hun te vragen, bijvoorbeeld) of welke gebruiken bij een groep heersen. Deze vorm van veldonderzoek wordt wel 'participerende observatie' genoemd, omdat de onderzoeker zich begeeft onder de groep personen die hij observeert, en met hen meedoet.
Ook in Nederland vinden onderzoeken binnen de interpretatieve stroming plaats. Zo deed onderzoeker Godfried Engbersen samen met zijn collega's in de jaren tachtig en daarna onderzoek naar de leefomstandigheden van werklozen in bepaalde wijken van grote steden in de Randstad, evenals in het oosten van het land (Engbersen, 1991). Een voorbeeld van meer empirisch interpretatief onderzoek is het onderzoek dat het Huygens Instituut verricht: dit instituut analyseert literatuur (teksten dus) vanaf de middeleeuwen tot heden met als doel deze werken voor een breed publiek toegankelijk te maken (www.huygensinstituut.knaw.nl).

Kritisch-emancipatorisch

De derde onderzoeksstroming, *kritisch* onderzoek, is niet uitgesproken kwantitatief of kwalitatief. Elke dataverzamelingsmethode kan worden gebruikt, behalve het experiment. Het woord 'kritisch' geeft het uitgangspunt van deze stroming aan: betrokkenheid bij de samenleving, praktijkgericht dus. In kritisch onderzoek wil men niet alleen kritisch naar de maatschappij kijken, maar ook naar de eigen onderzoeksresultaten. De onderzoekers in deze stroming willen bijdragen aan processen in de samenleving die de emancipatie van groepen (gelijke rechten voor bijvoorbeeld mannen en vrouwen) bevorderen. Vandaar de toevoeging *emancipatorisch*.
Hoewel deze stroming niet veel aanhangers meer kent (een belangrijke inspiratiebron vormen de ideeën van Karl Marx), worden nog steeds elementen ervan in het dagelijks onderzoek toegepast (Boeije, 't Hart & Hox, 2009; Van Dijk, 1984). Zo ligt de nadruk in onderzoek op observeren en ingrijpen. Een onderzoeker zet zich samen met zijn opdrachtgevers in om een veranderingsproces op gang te brengen. Dit wordt ook wel actie- of handelingsonderzoek genoemd en het vindt meestal plaats in de vorm van een casestudy (gevalsstudie). De onderzoeker en de organisatie trekken samen op om een bepaalde verandering in te zetten, te evalueren en waar nodig bij te stellen. Dit type onderzoek vindt veel plaats onder lerarenopleiders en in de zorg. Hierover meer in hoofdstuk 5. Soms vindt dit type onderzoek op maatschappijniveau plaats, zoals te lezen is in kader 1.13.

De grenzeloze generatie

Lampert en Spangenberg deden gedurende 25 jaar 'mentaliteitsonderzoek' onder de Nederlandse bevolking. Hun resultaten zijn begin 2010 gepresenteerd. Zo deden de onderzoekers een waarde- en opinieonderzoek naar de tegenwoordige 'grenzeloze generatie', hoe zij met regels omgaat, maar ook met alle vrijheid en flexibiliteit in Nederland. Uit de resultaten komt naar voren dat de tegenwoordige generatie inderdaad alle vrijheid heeft, dat ze voldoende middelen heeft om een toekomst op te bouwen, en dat ze daar positief tegenover staat. De medaille heeft ook een keerzijde, zo constateren beide onderzoekers. Obesitas, alcoholgebruik, schooluitval en agressie zijn maar een paar van die negatieve tendensen die de onderzoekers noemen. Er zijn veel hulpverleners nodig om deze in zelfstandigheid en vrijheid opgevoede jonge mensen te begeleiden, en dat gaat niet altijd goed. Kortom, een kritisch onderzoek, gericht op het aangeven van mogelijkheden tot verandering (Spangenberg & Lampert, 2010; Lampert, Haveman, Zuur & Sahin, 2005).

Kader 1.13

1.4 Kwaliteitscriteria van onderzoek

We hadden deze paragraaf ook 'Regels in onderzoek' of 'Onderzoeksdoelen' kunnen noemen. Er is een aantal criteria in wetenschappelijk onderzoek waaraan iedere onderzoeker zich houdt. Het zijn de criteria die het wetenschappelijk kwaliteitsgehalte van onderzoek bepalen. Deze criteria gelden ook in praktijkgericht onderzoek. Ook daarbij houdt een onderzoeker een aantal algemene regels voor ogen. Het is niet voldoende om hier alleen maar een set regels te geven en te zeggen: 'Houd je aan de regels, dan heb je een goed onderzoek verricht.' Zoals in paragraaf 1.1 al is aangegeven, moet je daarnaast over de juiste wetenschappelijke houding, kennis en vaardigheden beschikken. Bovendien zijn sommige criteria meer van toepassing op kwantitatief onderzoek, terwijl andere criteria weer worden toegepast in kwalitatief onderzoek.

Onafhankelijkheid

Onderzoek is allereerst *onafhankelijk*. Onafhankelijk van voorkeuren en meningen van betrokkenen (zoals een opdrachtgever of studiebegeleider). Het kan zijn dat het management in een organisatie erbij gebaat is dat de interventies een bepaalde richting aangeven, dat de organisatie wordt afgeleid van de werkelijke problemen. Dat hoeft helemaal niet bewust te gebeuren; vaak hebben organisaties niet door waar de werkelijke oorzaken van hun problemen liggen. Een onafhankelijk onderzoek kan deze oorzaken aan het licht brengen, ervoor zorgen dat er een goede oplossing wordt bedacht en dat deze oplossing ook effect heeft.

Onafhankelijkheid houdt ook in: onafhankelijk van invloeden door de onderzoeker. Over deze onafhankelijke houding spraken we al in paragraaf 1.1. Hoe zit dat ook weer precies? Welnu, als je onderzoek doet, houd je afstand van het onderwerp, je laat je persoonlijke voorkeuren geen rol spelen (althans zo min mogelijk). Jouw persoonlijke mening over situaties doet er niet toe. Deze

objectiviteit

objectiviteit kan niet altijd worden bereikt. Immers, onderzoekers zijn ook mensen met een eigen mening over bepaalde zaken. Met name in kwalitatief onderzoek kan dit een probleem zijn, omdat een kwalitatief onderzoeker vaak betrokken is bij de mensen of groepen die hij onderzoekt. Daarom wordt vaak

inter-subjectief

als criterium gebruikt dat onderzoek *intersubjectief* moet zijn: onderzoekers zijn het dan met elkaar eens over de resultaten. Dat betekent dat onderzoek, op dezelfde wijze opnieuw uitgevoerd door een andere onderzoeker, tot vergelijkbare resultaten leidt. Het is daarmee in de eerste plaats *herhaalbaar*; verder bestaat er *overeenstemming* tussen de onderzoekers over de resultaten.

Toetsbaarheid van uitspraken

Dit criterium is met name van toepassing op kwantitatief onderzoek. Een doel van onderzoek is resultaten te krijgen over zaken die waarneembaar zijn in de 'werkelijkheid'. Een onderwerp, vraag of uitspraak moet *toetsbaar* zijn. Dit betekent dat er geen uitspraken worden gedaan als 'engelen bestaan' of 'Oranje is de beste'. Dat zijn uitspraken over zaken die niet waar te nemen zijn, die niet zijn te controleren door ze te toetsen. Ze zijn speculatief en normatief. De bedoeling van onderzoek is juist om uitspraken te doen die getoetst kunnen worden.

Alle onderzoek wil daarmee *weerlegbaar* zijn. Dit betekent dat een idee of verwachting door middel van goed onderzoek moet kunnen worden *bevestigd* of juist *weerlegd* (verworpen). Dit heeft gevolgen voor de manier waarop je het onderwerp, de vraag of de verwachting voor het onderzoek formuleert. Er mag geen onduidelijkheid bestaan over de personen of objecten waarover iets wordt gezegd, over de tijd en plaats waarbinnen je de uitspraak doet, of over de begrippen die je gebruikt. Kortom, het onderwerp moet *eenduidig* zijn. Ook moet het *openbaar* zijn; een uitspraak kan niet worden bevestigd of weerlegd als je het onderwerp voor jezelf houdt en niet bereid bent om daarover feedback van anderen te ontvangen. Openbaarheid van uitspraken leidt er ten slotte toe dat uitspraken opnieuw getest kunnen worden. Zo wordt onderzoek *repliceerbaar*.

repliceerbaar

Betrouwbaarheid

Onderzoek wordt heel vaak beoordeeld op de *betrouwbaarheid* van de resultaten. De resultaten van een onderzoek worden gebruikt voor het nemen van belangrijke beslissingen in een organisatie, of voor het maken van beleid. Het onderzoek moet dus van goede kwaliteit zijn. *Toevallige fouten* in de opzet en uitvoering van een onderzoek kunnen de betrouwbaarheid aantasten. Zou je het onderzoek onder andere omstandigheden, in een andere periode herhalen, dan moet dat tot dezelfde resultaten leiden. Deze *herhaalbaarheid* van onderzoek is dus een belangrijke voorwaarde om de betrouwbaarheid te kunnen onderzoeken; het ligt daarmee in het verlengde van de criteria van toetsbaarheid en onafhankelijkheid. Onder betrouwbaarheid van onderzoek verstaan we de mate waarin het onderzoek vrij is van *toevallige fouten*. Betrouwbaarheid speelt zowel in kwalitatief als kwantitatief onderzoek een belangrijke rol, zij het op verschillende manieren. In hoofdstuk 6 komen we uitgebreid op dit criterium terug.

toevallige fouten

Informativiteit

Het *informatiegehalte* van je uitspraken moet maximaal zijn. Ook dit hangt samen met de toetsbaarheid van je uitspraken. Om een uitspraak te kunnen toetsen (kwantitatief dus: de toetsbaarheidseis) moet deze wel heel nauwkeurig geformuleerd worden, je moet immers weten wat je gaat onderzoeken, wanneer en met wie. Daarom is het belangrijk dat je *nauwkeurig* omschrijft wat je onderwerp is (Boeije et al., 2009; Swanborn, 2010, p. 243-244, 1987, p. 35 e.v.). Je moet heel goed aangeven:

- over welke situatie je een uitspraak doet;
- binnen welke grenzen je onderzoek zich afspeelt;
- welke groep daarbij betrokken is of wordt;
- in welke periode je onderzoek zich afspeelt;
- wat het '*domein*' is van je onderzoek, dat wil zeggen het gehele 'gebied' waarop je onderzoek betrekking heeft, alle eenheden waarop je onderzoek zich richt. Hoe groter je domein is, des te informatiever zijn je uitspraken.

Generaliseerbaarheid

Wat zou er gebeuren als we gewoon uitspraken doen over bepaalde situaties zonder ze te onderzoeken? We maken regels en voeren ze uit zonder ze te evalueren. Winkels leggen een voorraad van artikelen aan zonder vooraf te bekijken of de artikelen ook verkocht gaan worden. Personen krijgen medicijnen toegediend zonder dat vooraf is onderzocht wat de werking ervan is en of de werking wel van toepassing is op hun kwaal. Stel dat we op grond van uitspraken in de krant over bepaalde groepen regels maken waarin deze groepen harder aangepakt worden. We onderzoeken echter niet of deze aannames waar zijn, we kijken niet wat de achtergronden zijn van onze waarnemingen en/of conclusies.

Onderzoekers willen met hun resultaten uitspraken doen over een zo groot mogelijke groep personen of situaties. Zij analyseren een specifiek deel van de 'werkelijkheid' en doen daarover uitspraken. Zijn deze uitspraken precies volgens alle voorwaarden getoetst, dan kunnen ze geldig worden verklaard voor een grotere groep of andere situaties: ze kunnen worden *gegeneraliseerd*.

kwantitatief of kwalitatief

Bij *statistische generalisatie* wordt door middel van statistische testen (kwantitatief) getoetst of een bepaald resultaat generaliseerbaar is. Kwalitatieve onderzoekers streven vaker naar *inhoudelijke generalisatie*, dat is vergelijkbaarheid van de resultaten in soortgelijke situaties (Boeije et al., 2009, p. 280). Zo kan praktijkonderzoek plaatsvinden op een bepaalde afdeling van een organisatie. Het is dan niet nodig om met de resultaten van het onderzoek uitspraken te doen over de gehele organisatie, maar de resultaten kunnen wel belangrijke aanwijzingen opleveren voor vergelijkbare afdelingen (ook al heeft het onderzoek daar niet plaatsgevonden).

Validiteit

Validiteit hangt samen met de geldigheid en de zuiverheid van onderzoeksresultaten. Simpel gezegd: we willen er allereerst zeker van zijn dat we 'meten wat we meten willen' en dat bij het onderzoek geen *systematische fouten* zijn gemaakt. Bij *intern valide* onderzoek kun je de juiste conclusies trekken. Als je de conclusies uit je onderzoek mag toepassen op een grote groep personen of zaken (groter althans dan het aantal dat bij je onderzoek was betrokken), dan heten deze resultaten generaliseerbaar. Dat is de *externe validiteit* van het onderzoek, oftewel de statistische generalisatie die hiervoor besproken is. Ook dit criterium is belangrijk bij zowel kwalitatief als kwantitatief onderzoek, zij het op verschillende manieren. Meer over dit criterium vind je in hoofdstuk 6.

systematische fouten

Praktische criteria

Ten slotte is er ook een aantal praktische criteria voor iedere vorm van onderzoek te geven. Kader 1.14 geeft hier een voorbeeld van. Zo moet onderzoek *efficiënt* zijn. Dat betekent dat alle kosten in verhouding tot de resultaten moeten staan, dat het tijdpad haalbaar is. Een algemeen punt dat zeker voor praktijkgericht onderzoek geldt, is dat onderzoek *bruikbaar* moet zijn. Op veel van de genoemde criteria is af te dingen, maar niet op het criterium van van bruikbaarheid. Aan universiteiten, maar ook bij opdrachtgevers, heeft men niets aan onderzoek dat niet bruikbaar is, waarvan men de resultaten in de prullenmand kan gooien. Dit lijkt een logische eis. Toch zal nog blijken bij de behandeling van begrippen als betrouwbaarheid en validiteit, dat bruikbaarheid een geldig criterium is voor onderzoek. Hierop komen we in paragraaf 6.5 terug.

Atletiekvereniging Velox (4)

In een vervolgonderzoek onder de deelnemers aan de crosswedstrijd wordt in opdracht van het bestuur van de atletiekvereniging Velox nu gekeken naar de ervaringen en motivatie van de (vrijwillige) medewerkers. Dat zijn er 130. Er wordt een schriftelijke vragenlijst verstuurd, waarvan er 39 ingevuld terugkomen. Dat is een respons (reactie) van 30%. Zijn de resultaten bruikbaar? Ja!

Statistische generalisatie is geen harde eis, men wil met dit onderzoek de saamhorigheid onder de medewerkers vergroten en de organisatie optimaliseren. Hoewel de onderzoekers onafhankelijk zijn, zal een herhaling van dit onderzoek hoogstwaarschijnlijk andere resultaten opleveren. Het tijdstip van het onderzoek is van belang (de vragenlijst werd in het najaar verspreid, in een rustige periode ruim vóór de organisatie van de wedstrijd), de setting (de personen vulden de vragenlijst thuis in) en ga zo maar door. Voor de opdrachtgever zijn de resultaten waardevol, want de mensen kunnen in een aantal open vragen hun mening kwijt, er is voldoende ruimte voor suggesties en wensen, en ten slotte kunnen de ondervraagde personen ook een gesprek met het bestuur aanvragen. Kortom, de bruikbaarheid van de resultaten is hoog.

Kader 1.14

1.5 De onderzoekscyclus

Bij het opzetten en uitvoeren van een onderzoek stel je jezelf voortdurend vragen, bijvoorbeeld:

- Wat ga ik onderzoeken?
- Waarom ga ik onderzoeken?
- Wie ga ik onderzoeken?
- Hoe ga ik onderzoeken?
- Waar ga ik onderzoeken?
- Wanneer ga ik onderzoeken?

Dit stellen van vragen doe je niet alleen aan het begin, als je het onderzoek ontwerpt. Ook tijdens het onderzoek stel je jezelf voortdurend vragen naar de functie, naar de vorderingen, de veranderingen. Dan stop je met waar je mee bezig bent, en kijk je achterom en vooruit. Je doorloopt telkens het proces, als in een kringloop, een cyclus:

- Zit ik nog op het juiste spoor?
- Waar moet ik wat veranderen?
- Waar wil ik ook alweer heen?
- Wat was de onderzoeksvraag eigenlijk?
- Is het tijdpad nog haalbaar?

keuzemomenten

Zoals je ziet, tijdens je onderzoek kom je een aantal specifieke keuzemomenten tegen. Dat zagen we ook bij het voorbeeld van de 'onderzoeksreis' aan het begin van dit hoofdstuk. Onderzoek heeft een vaste structuur, kent een aantal zogeheten 'onderzoeksfasen'. Aan het einde van een reeks (fasen) doet zich vaak de situatie voor dat niet alleen de vraag voor het onderzoek wordt beantwoord, maar dat ook veel nieuwe onderzoeksvragen ontstaan, die bij een volgende onderzoeksgelegenheid weer beantwoord worden. In deze paragraaf bespreken we twee van zulke reeksen (ook wel *cycli* genoemd), waarna we een meer praktisch instrument voor onderzoeksfasen zullen presenteren.

Empirische cyclus

Tijdens colleges onderzoeksmethoden hoor je vaak dat onderzoek pas goed is als het meer vragen oproept dan het beantwoordt. In fundamenteel onderzoek wordt een theorie getoetst of ontwikkeld, zonder dat daaraan altijd een maatschappelijk probleem of een praktijkgerichte vraag voorafgaat: er worden kennisvragen gesteld. De onderzoeker beantwoordt deze kennisvraag met een model of theorie. Vervolgens gaat hij met behulp van onderzoek toetsen of deze theorie ook werkelijk het antwoord op zijn vraag geeft. Uit de resultaten van dit onderzoek trekt hij zijn conclusies: óf de theorie is het antwoord op

zijn vraag, óf niet. Dan volgt een nieuw onderzoek met nieuwe vragen, en ga zo maar door.
Dit proces kunnen we zien als een spiraal of kringloop. In fundamenteel onderzoek heet dat een *empirische cyclus*. De spiraalvorm geeft aan dat het meeste onderzoek tot nieuwe vragen leidt. Immers, je doorloopt de reeks wel keer op keer, maar begint niet steeds op hetzelfde punt. In meer interpretatieve stromingen wordt dit iteratie genoemd. Deze empirische cyclus kan op vele wijzen worden vormgegeven; wij volstaan hier met een eenvoudige weergave ervan.

iteratie

Figuur 1.2 De empirische cyclus

Maar het gaat verder: het antwoord op een kennisvraag roept weer nieuwe vragen op, vervolgens formuleer je weer een theoretisch antwoord en nieuwe onderzoeksvragen, enzovoort. Het schema hierna geeft aan hoe dit proces is opgebouwd; het wordt ook wel PTO-schema genoemd (Chalmers, 1987; Swanborn, 1987; Ultee, Arts & Flap, 1992). PTO staat voor Probleem, Theorie, Onderzoek.

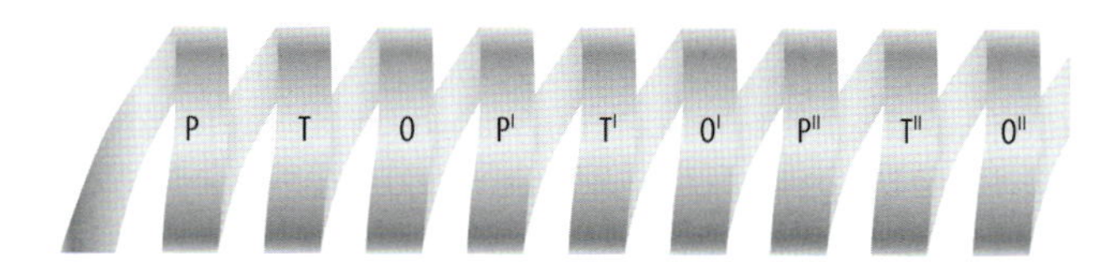

Figuur 1.3 PTO-schema in spiraalvorm

Bij praktijkgericht onderzoek wordt een afgeleide van de empirische cyclus gehanteerd. Door sommigen wordt deze cyclus' '*regulatief* genoemd, omdat deze meer is gericht op beslissingen en/of veranderingen (Van Strien, 1975, 1986). Er zijn vele afgeleiden van deze spiraal gemaakt. Doel van de praktijkgerichte cyclus is het bieden van een kader waarbinnen het oplossen van een praktijkprobleem ondersteund wordt. Deze cyclus is een handig hulpmiddel bij het vormgeven van je onderzoek.

regulatief

1.6 Fasen in onderzoek

Praktijkonderzoek *kan* uit de volgende fasen bestaan (*kan*, want er zijn heel veel variaties op een praktijkgerichte onderzoekskringloop denkbaar):

1 Probleemanalyse

Het belangrijkste doel in deze fase is dat je een goede afbakening van je doel- en probleemstelling bereikt. Doe je dat niet, dan loop je het risico dat je onderzoek alle kanten uit zwabbert en dat je geen heldere en bruikbare conclusies meer kunt trekken. Bij praktijkonderzoek houd je echter rekening met je opdrachtgevers. Misschien ligt er al een onderzoeksvraag, een probleem, een interventie of een diagnose, en de opdrachtgever wil graag dat je daarmee aan het werk gaat. Toch is het vaak nodig om het probleem nader af te bakenen, en werkbaar te maken. Je kunt hiervoor een vooronderzoek starten, waarbij je spreekt met deskundigen in de organisatie, stukken doorneemt, vergaderingen bijwoont, enzovoort.

2 Onderzoeksontwerp

Vervolgens maak je een ontwerp waarin je aangeeft hoe je de onderzoeksvraag gaat beantwoorden, welke dataverzamelingsmethoden je daarbij gebruikt, hoeveel tijd en welke middelen je daarbij nodig hebt, en wie er bij je onderzoek betrokken zijn. Ook laat je zien welke onderzoeksinstrumenten je inzet. Ten slotte geef je aan hoe je de gegevens gaat analyseren, en welke methode je daarbij gebruikt.

3 Dataverzameling

Na het vaststellen van het ontwerp ga je het onderzoek uitvoeren. Je gaat de gegevens verzamelen die je nodig hebt om een antwoord op de onderzoeksvraag (of -vragen) te geven. Daarvoor zijn vele strategieën te bedenken, afhankelijk van het aantal eenheden (personen, objecten, organisaties) dat je onderzoekt, de aard van je onderzoeksvraag (leent die zich bijvoorbeeld voor kwalitatief of voor kwantitatief onderzoek?), de beschikbare tijd en onderzoeksgelden (zie kader 1.15).

4 Data-analyse

Vervolgens analyseer je de verzamelde gegevens. Net als in fase 2 en 3 kan hier, afhankelijk van de gegevens, voor vele verschillende analysemethoden worden gekozen, kwantitatief (met cijfermatige gegevens) of kwalitatief. Verderop in het boek komen we hierop terug.

Atletiekvereniging Velox (5)

Voor het onderzoek onder de medewerkers van de atletiekvereniging luidt de vraag: 'Hoe kun je als organisator van een atletiekevenement de vrijwilligers motiveren?' De onderzoekers zetten een vragenlijstonderzoek op (ook wel survey genoemd) met daarin een aantal praktische vragen voor de medewerkers naar achtergrondkenmerken, tijdsbesteding, aard van het werk en motivatie. Voor het meten van de motivatie van deze vrijwilligers maken ze gebruik van een schaal die al eerder is gebruikt om de motivatie voor vrijwilligerswerk te meten (Lindeman, 1996). De onderzoekers leggen een aantal stellingen voor die te maken hebben met sociale contacten, zorg voor anderen, actieve stimulering van en investering in menselijk kapitaal (dit houdt in dat je actief gebruikmaakt van je contacten voor een bepaald doel, dat je het contact met personen onderhoudt en eventueel uitbreidt). De ondervraagde vrijwilligers geven aan in welke mate ze het met de stellingen eens zijn. Deze stellingen worden vervolgens gecombineerd tot één maat van motivatie voor vrijwilligerswerk (hoe dat moet lees je in hoofdstuk 6).

Kader 1.15

5 Rapportage

Tijdens de rapportagefase kijk je nog eens helemaal terug: wat hebben we ook alweer onderzocht, welke methoden zijn gebruikt, hebben we met de methoden een antwoord op onze vragen kunnen vinden, en zo ja, welke antwoorden zijn dat? Welke aanbevelingen kunnen worden gedaan? Zijn er nog andere onderzoeksmogelijkheden? Hoe is het onderzoek te waarderen? Is het goed, zijn er discussiepunten ten aanzien van de inhoud en/of opzet van het onderzoek? Vervolgens schrijf je je verslag.

Hoewel het achteraf terugkijken op je onderzoek een belangrijke laatste stap is, is het ook zaak om tussentijds stil te staan bij het verloop van het onderzoek. Verloopt alles nog naar wens? Zit je op het goede inhoudelijke spoor, wordt het tijdpad goed gevolgd, blijf je binnen je financiële budget? Soms moet je pas op de plaats maken, opnieuw je opzet bezien, overleggen met je opdrachtgever of terug naar de 'tekentafel'. Het resultaat van je onderzoek is immers belangrijk, omdat de organisatie waarvoor je het onderzoek doet, met je resultaten verder moet kunnen. Meestal is het onderzoek met de rapportage en de presentatie van de resultaten ten einde. Soms echter kun je op basis van de onderzoeksresultaten een vervolgonderzoek starten. Dat kan gebeuren als er vragen blijven liggen die met behulp van een nieuw onderzoek kunnen worden beantwoord, of als jouw onderzoek het eerste wordt in een reeks van onderzoeken, bijvoorbeeld in het kader van een monitor (daarbij worden gegevens verzameld over de ontwikkelingen op een bepaald terrein, zie ook hoofdstuk 4).

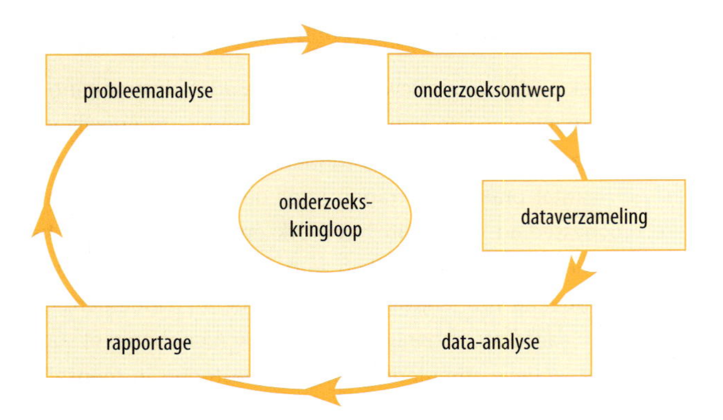

Figuur 1.4 De werkcyclus voor praktijkgericht onderzoek

Werkcyclus

Eerder bespraken we de empirische en de regulatieve cyclus. In figuur 1.4 wordt de onderzoekscyclus voor praktijkgericht onderzoek gepresenteerd. Deze is gebaseerd op de zojuist beschreven fasen van praktijkonderzoek. Het is een handig hulpmiddel bij het inrichten van je onderzoek. We noemen deze spiraal ook wel de werkcyclus van onderzoek, omdat deze *in grote lijnen* de werkvolgorde van de onderzoeksopzet en -uitvoering weergeeft. Ze vormt de basis voor de onderzoeksfasen in dit boek.

Wat opvalt in figuur 1.4, is dat de probleemafbakening en het onderzoeksontwerp als twee afzonderlijke fasen zijn weergegeven. Echter, in figuur 1 van de inleiding van dit boek worden beide 'subfasen' als één fase beschreven, namelijk de ontwerpfase. Hoewel beide 'subfasen' in het ontwerpproces plaatsvinden, zijn er inhoudelijk nogal veel verschillen. Daarom hebben we er hier voor gekozen om ze apart weer te geven. In hoofdstuk 3 wordt hier verder op ingegaan.

Afhankelijk van de probleemstelling, het aantal spelers en de gewenste verandering kan deze cyclus een groot aantal variaties kennen, maar de volgorde blijft gehandhaafd. Bij beleidsonderzoek bijvoorbeeld kan het zijn dat je de gevolgen van een bepaalde maatregel in kaart moet brengen. De maatregel is enige tijd geleden ingevoerd, de interventie heeft dus al plaatsgevonden. Je onderzoeksplan is er dan op gericht om *achteraf* een onderzoek te organiseren, te rapporteren over het succes van een interventie en eventuele veranderingsvoorstellen te formuleren.

Het is ook mogelijk dat je een onderzoek opzet dat niet duidelijk is afgebakend. Zo kan het nodig zijn dat je bij een onderzoek naar problemen op een bepaalde afdeling in een organisatie eerst nagaat wat precies het probleem is (diagnose stellen). Zo ontdek je het grote verloop op een afdeling als gevolg van allerlei communicatieproblemen. Daarna doe je een voorstel voor verandering (interventie, er wordt een communicatieplan ontwikkeld en er komen duidelijke afspraken voor werkoverleg en dergelijke). Je onderzoekt vervolgens of deze interventie het beoogde effect heeft. Kortom, soms ligt er een helder probleem, soms moet nog worden nagegaan wat precies het probleem is.
Ten slotte kan het zijn dat je op basis van je (kwalitatieve) analyse en resultaten besluit om extra gegevens te verzamelen. Met dit iteratieve proces doorloop je niet de gehele cyclus, maar slechts een deel ervan.

1.7 Belangrijkste gebruikte begrippen en hun betekenis

Begrip	Betekenis
Domein	Het hele 'gebied' waarop je onderzoek betrekking heeft.
Eenheden	Alle elementen, personen, objecten waarover je in je onderzoek uitspraken doet.
Fundamenteel onderzoek	Onderzoek dat kennisvragen beantwoordt.
Praktijkgericht onderzoek	Onderzoek dat praktijkvragen beantwoordt.
Kwantitatief	Onderzoek met behulp van cijfermatige gegevens.
Kwalitatief	Onderzoek met behulp van niet-cijfermatige gegevens.
Holisme	In onderzoek worden onderzoekseenheden in hun omgeving als geheel onderzocht.
Inductief	Theorie ontwikkelen.
Deductief	Theorie toetsen.
Iteratief	Herhaald data verzamelen en analyseren tot de probleemstelling kan worden beantwoord.
Triangulatie	Het belichten van de probleemstelling vanuit meerdere invalshoeken.
Paradigma	Onderzoeksrichting waarbij een bepaalde set van wetenschappelijke uitgangspunten en methoden wordt gehanteerd.
Empirisch-analytische stroming	Maakt gedrag objectief meetbaar, waarbij niets aan toeval wordt overgelaten en processen verstandelijk worden beredeneerd.

Interpretatieve stroming	Verklaart gedrag door achterliggende ervaringen te analyseren en het perspectief van de onderzochte centraal te stellen.
Kritisch-emancipatorische stroming	Kijkt kritisch naar de samenleving en naar eigen onderzoeksresultaten; wil bijdragen aan (veranderings)processen.
Onafhankelijke houding	Afstand nemen van houdingen en meningen van betrokkenen bij het onderzoek; objectief blijven.
Intersubjectiviteit	Onderzoekers zijn het met elkaar eens over de resultaten van onderzoek.
Toetsbaarheid	Uitspraken kunnen worden getoetst op hun houdbaarheid.
Informativiteit	Uitspraken worden heel goed (specifiek) weergegeven, zodat de juiste toetsbaarheid ontstaat.
Generaliseerbaarheid	Reikwijdte (zowel inhoudelijk als statistisch).
PTO-schema	Probleem, Theorie, Onderzoek: schema voor het oplossen van kennisvragen.
Empirische cyclus	Cyclus die alle fasen van empirisch onderzoek weergeeft.
Regulatieve cyclus	Cyclus voor praktijkgericht onderzoek, gericht op 'beslissingen'.
Werkcyclus	Cyclus die alle fasen van praktijkgericht onderzoek weergeeft.
Betrouwbaarheid	De mate waarin onderzoek vrij is van toevallige fouten.
Validiteit	De mate waarin onderzoek vrij is van systematische fouten.

1.8 Opdrachten

1. Welke methoden van dataverzameling zijn gebruikt bij:
   a. het onderzoek bij atletiekvereniging Velox;
   b. het onderzoek naar spinnenangst;
   c. de parlementaire enquêtecommissie;
   d. het onderzoek naar non-verbale agressie?
2. Lees kader 1.13 van 'de grenzeloze generatie' nogmaals door.
   a. Waarom behoort dit onderzoek tot de kritische stroming?
   b. Wat kun je als domein aangeven?
   c. Bespreek de statistische en inhoudelijke generaliseerbaarheid.
3. Lees kader 1.8 over spinnenangst nogmaals door.
   a. Waarom hoort dit onderzoek tot de empirische stroming?

   b. Wat kun je als domein aangeven?
   c. Bespreek de validiteit.
4. Beschrijf voor elk van de onderzoeken uit vraag 1:
   a. of het om kwalitatief of kwantitatief onderzoek gaat;
   b. of het om fundamenteel of praktijkgericht onderzoek gaat;
   c. of het om inductief of deductief onderzoek gaat.
5. Ga voor elk van de volgende voorbeelden na welke typering erbij past en geef aan waarom:
   - fundamenteel of praktijkgericht;
   - kwalitatief of kwantitatief;
   - inductief of deductief.

   a. Onderzoek naar het effect van informatie over huidkanker op het keuzegedrag van zonaanbidders op het strand van Vlissingen.
   b. Onderzoek naar de leefwijze van de Roma-gemeenschap in Nederland.
   c. Onderzoek naar de evaluatie van de kwaliteit van onderwijs bij ouders en leerlingen van basisschool 'De Klimop'.
   d. Onderzoek naar het profiel van bezoekers van de regionale bibliotheek.
   e. Onderzoek naar de culturele verschillen in leerstijlen van studenten op een international honors college.
   f. Experimenteel onderzoek naar de vraag of de kans dat iemand die op straat met agressie wordt geconfronteerd, verandert naarmate er meer omstanders zijn.
   g. Onderzoek naar factoren die van invloed zijn op de eindcijfers bij cursussen statistiek aan hogescholen in Nederland.
   h. Onderzoek naar eenzaamheid onder ouderen in verpleeghuizen in de Randstad.
6. Bij welke van de drie stromingen (empirisch, interpretatief of kritisch) zou je de onderzoeken uit vraag 5 indelen en waarom?
7. Lees het voorbeeld in kader 1.1 ('Bezint, eer ge begint ...') nog eens door. Hoe kan Anna een wetenschappelijke houding aannemen? Hoe kan dat bij het onderzoek uit het voorbeeld 'Onrust' (kader 1.2)? Geef advies over de vraag welke vorm van generaliseerbaarheid Anna het beste in haar onderzoek kan nastreven.
8. Studentenvereniging 'Argos' moet verhuizen. Ze hebben hun oog laten vallen op een oud postkantoor aan de rand van de binnenstad, waar ook een mensa komt, zeg maar een lunchgelegenheid voor medewerkers en studenten. Het komt de studentenvereniging echter ter ore dat de omwonenden van dit gebouw helemaal niet blij zijn met hun komst. Kortom, er moet een buurtpeiling worden georganiseerd. Stel dat je gevraagd wordt om deze peiling te doen.

a. Hoe zou je te werk gaan?
b. Bij wie ga je onderzoek doen?
c. Welke onderdelen komen daarbij aan de orde volgens jou?
d. In welke volgorde?
e. Bediscussieer de antwoorden in je studiegroep. Heb je nog nooit onderzoek gedaan?

Dat is helemaal niet erg. Ga uit van de stof in hoofdstuk 1 en van je eigen ervaringen en beantwoord de vraag vanuit die invalshoek.

9. In dit hoofdstuk zijn (onder andere) twee cycli besproken: het PTO-schema en de werkcyclus van onderzoek.
   a. Hoe zou je het onderzoek over non-verbale agressie (kader 1.12) met behulp van een PTO-schema uitwerken?
   b. Het onderzoek naar non-verbale agressie kan ook antwoord geven op vragen uit de samenleving, praktijkvragen dus. Bedenk zo'n praktijkvraag en maak een werkcyclus.
   c. Leg beide cycli (PTO-schema en werkcyclus) naast elkaar en vergelijk ze. Wat zijn de overeenkomsten en wat de verschillen?
   d. Maak zelf eens een dergelijke cyclus. Hoe zou jij dat doen? Bespreek de uitkomsten met je medestudenten.
10. Beschrijf hoe je de volgende situaties zou aanpakken. Bedenk vanuit je eigen ervaring welke stappen je neemt en welke vragen je stelt, voordat je een antwoord geeft. Hoe kom je aan je informatie en wat doe je ermee? Deel de probleemsituatie op in onderdelen.
    a. Je gaat studeren en je gaat voortaan e-boeken gebruiken in plaats van papieren boeken. Een handige nieuwe ontwikkeling, of niet soms?
    b. Je zoekt een zomerbaan om je vakantie te bekostigen. Hoe ga je te werk?
    c. Je voelt je helemaal niet lekker. Wat mankeert je?
    d. Je gaat een avond uit. Waar ga je naartoe?
    e. Je wilt heel graag in Amsterdam gaan studeren. Waarom eigenlijk?
    f. Je kunt niet goed werken, want de buren maken veel lawaai. Hebben anderen dat ook? Wat is eraan te doen?

    Bespreek de oplossingen in je studiegroep. Stel vervolgens voor een van de situaties een plan van aanpak op.
11. Lees de volgende paren uitspraken en geef telkens aan welke uitspraak het meest informatief is en waarom:
    a. I Het merendeel van de studenten in het hoger onderwijs heeft een bijbaan.

       II Het merendeel van de studenten in het hoger onderwijs heeft een bijbaan in de horeca.

b. I In de afgelopen periode is de verkoop van e-bikes flink toegenomen.
   II In de afgelopen drie maanden is de verkoop van e-bikes flink toegenomen.
c. I In de afgelopen periode is de verkoop van e-bikes flink toegenomen.
   II In de afgelopen periode is de verkoop van e-bikes met 20% toegenomen.
d. I Meisjes kiezen vaker voor 'internationaal recht' dan jongens.
   II Jongens kiezen vaker voor 'informatica' dan meisjes.

12. Lees het onderzoek over de grenzeloze generatie in kader 1.13.
    Bespreek de betrouwbaarheid en de informativiteit van de resultaten.
    Hoe is het gesteld met de onafhankelijke houding van de onderzoekers, denk je?

Op de website www.watisonderzoek5edruk.nl vind je onder meer de uitwerkingen van de opdrachten die aan het einde van elk hoofdstuk zijn opgenomen. Ze staan aangegeven per hoofdstuk (onder de tab Uitwerkingen). Verwijzingen naar de website herken je aan het hiernaast afgebeelde icoontje.

Deel I
Ontwerpen

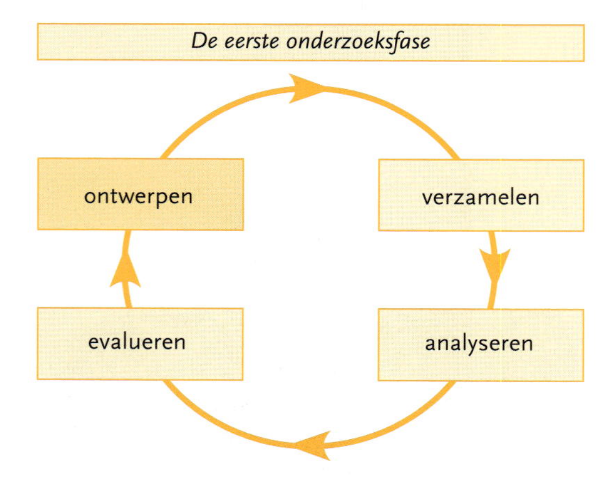

Deel I van het boek gaat over het ontwerpen van een onderzoek, door sommige onderzoekers ook wel aangeduid met 'vooronderzoek'. In deze eerste 'werkfase' van onderzoek komen vragen aan de orde als:

- Wat wordt onderzocht?
- Met welk doel wordt dit onderzocht?
- Op welke wijze wordt onderzocht?
- Wanneer wordt onderzocht?
- Wie wordt onderzocht?

Hoofdstuk 2 gaat over de aanleiding tot je onderzoek, de contacten met de opdrachtgever (of docent) over de functie van je onderzoek, het doel en de eerste stappen op het pad van de onderzoeksopzet. Verder wordt in dit hoofdstuk een tweetal methoden van informatie zoeken beschreven, en worden populaire zoeksites voor studenten besproken. Ook vind je in dit hoofdstuk aanwijzingen voor het opzetten van een logboek. Dat begint met een schriftje waarin je alle aantekeningen van het proces en van de inhoud bijhoudt. Meestal gebruikt men echter de computer: je kunt een mappenstructuur aanmaken die is gebaseerd op de verschillende onderzoeksfasen (die we nog zullen bespreken). Per fase kun je de aantekeningen ordenen in tijdseenheden, werkeenheden, enzovoort. Ten slotte bespreken we de samenwerking in groepen, en het gebruik van een cloud.

In hoofdstuk 3 baken je de doel- en probleemstelling af, evenals de begrippen die je voor het onderzoek gaat gebruiken. Je krijgt informatie over een aantal vraagtypen en leert hoe je het beste een model voor je onderzoek opbouwt, hoe je de begrippen omschrijft en hoe je een onderzoeksplan opbouwt. Ook wordt het opstellen van deelvragen behandeld, evenals dat van een tijdpad voor je onderzoek.

2

Aanleiding tot het onderzoek

In dit hoofdstuk leer je hoe je het onderzoeksontwerp kunt afbakenen en komt de aanleiding tot een onderzoek aan de orde. Naast de omgang met opdrachtgevers worden verschillende manieren van informatie zoeken behandeld. Informatie zoeken is een zeer belangrijk onderdeel van je onderzoek. Dat begint tijdens je vooronderzoek al, en het gaat het hele onderzoekstraject door. Goede 'tools' zijn daarbij onmisbaar. Verder lees je in dit hoofdstuk hoe je de verzamelde informatie in een onderzoekslogboek kunt verwerken.

Bij de opdrachten van dit hoofdstuk wordt een begin gemaakt met het opzetten van de ontwerpcasus. Dit gebeurt via de website. Een ontwerpcasus is een proefonderzoek dat je gedurende het doornemen van dit boek opbouwt. Als student zul je voor onderzoeksbureau Curiosa een onderzoek opzetten en uitvoeren. Op de website zijn twee casussen opgenomen, een voor kwalitatief en een voor kwantitatief onderzoek.
Het is raadzaam om eerst de introductie van de casussen op de website door te nemen, voordat je aan de uitwerking van de ontwerpcasussen begint. Aan het einde van elk hoofdstuk krijg je aanwijzingen om deze opzet verder uit te werken, keuzes te maken en te beargumenteren. In eerste instantie worden de aanwijzingen voor beide casussen gegeven; bij de analysehoofdstukken zal, naast de algemene aanwijzingen, telkens één casus worden gebruikt. Aan het einde van het boek heb je een eigen onderzoek opgezet (en misschien ook uitgevoerd) en kun je daarvan verslag doen.

Kader 2.1

Leerdoelen

Na het doornemen van dit hoofdstuk kun je een een onderzoeksonderwerp afbakenen en de aanleiding tot een onderzoek opstellen. Je bent in staat om een aantal eenvoudige zoekacties naar literatuur en andere bronnen in de bibliotheek en op internet uit te voeren. Ook weet je wat het doel is van het opzetten van een logboek en hoe je dit kunt aanpakken.

2.1 Keuze van je onderwerp

Het gebeurt niet vaak dat je zelf een onderwerp voor praktijkonderzoek kiest. Meestal komt er een vraag van een opdrachtgever en heb je eenvoudigweg niets te kiezen. Hooguit kun je beslissen om een onderzoek niet te doen.

Keuzemogelijkheden

Je kunt op een aantal manieren met de keuze voor een onderzoek te maken krijgen:

1. *Vrije keuze*: je stelt *zelf* een onderwerp voor, mits het aan een aantal voorwaarden voor je opleiding voldoet.
2. *Praktijkopdracht*: er komt een *verzoek* van een opdrachtgever om praktijkonderzoek te doen naar een bepaald probleem. Het leuke van dit soort onderwerpen is dat er met de resultaten daadwerkelijk iets gebeurt. Dat werkt heel motiverend.
3. *Opleidingsprogramma*: je bent niet vrij om zelf een onderwerp te zoeken, maar je moet een keuze maken uit wat je opleiding aanbiedt. Dat kan variëren van een lijst met onderwerpen die voldoen aan de voorwaarden die de opleiding stelt, tot en met een onderwerp dat binnen het *onderzoeksprogramma* van een faculteit past. In het laatste geval gaat het om fundamenteel onderzoek.

Zo op het eerste gezicht valt er niet veel te kiezen. Niets is minder waar: het onderzoeksgebied kan dan vastgesteld zijn, jij kiest nog altijd je eigen onderwerp. Het is het resultaat van:

- jouw ideeën over de inrichting van het onderzoek;
- je belangstelling voor een bepaald onderwerp (of gebied);
- het proces waarin je samen met de opdrachtgever het onderwerp zodanig omschrijft dat er ook echt iets te onderzoeken valt;
- je vermogen om het gebied van het onderwerp te begrenzen en de juiste (onderzoeks)keuzes te maken, zodat je met jouw onderzoeksopzet de uiteindelijke vraag kunt beantwoorden, het probleem kunt oplossen.

Op de website van *Wat is Onderzoek?* vind je aanvullende tips & trucs die je kunnen helpen bij het maken van een keuze voor een onderzoeksonderwerp.

Aanleiding

Er is altijd wel een aanleiding om een onderzoek te doen, zeker bij praktijkonderzoek. Deze aanleiding kan verschillende vormen hebben (zie figuur 2.1). We bekijken een aantal voorbeelden. Zo kan een onderzoeker een theorie willen testen en met dit onderzoek de kennis over een bepaald gebied uitbreiden of een praktijkvraag oplossen (kader 2.2). Het onderzoek naar kunstwaardering onder pabostudenten in kader 2.3 lijkt praktijkgericht, want het bevat aanbevelingen voor beleid. Toch is het fundamenteel onderzoek, omdat het pentagrammodel van Van Meel-Jansen (1998) werd getoetst. In praktijkonderzoek is meestal sprake van een praktijkprobleem dat met behulp van onderzoek wordt opgelost, zoals bij het onderzoek naar spijbelgedrag en uitval (kader 2.4).

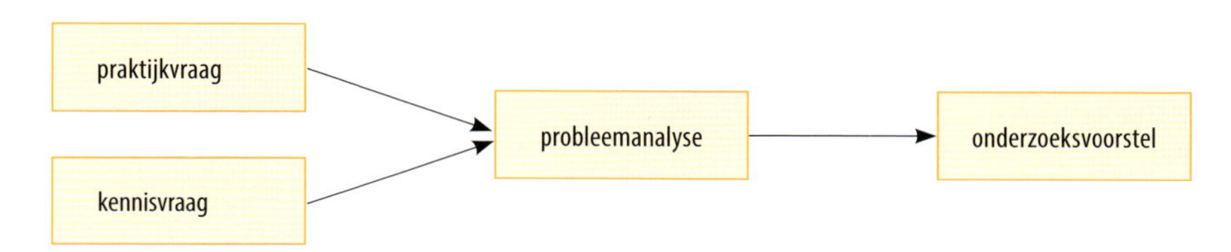

Figuur 2.1 Aanleiding tot onderzoek

Aanleiding tot onderzoek I
de keuze om vrijwilligerswerk te doen

Waarom doen mensen vrijwilligerswerk? Waarom zijn zij bereid om energie te steken in werk voor verenigingen, hulporganisaties, kerken en politieke partijen, zonder daarvoor een beloning in geld te ontvangen? Wat beweegt zulke mensen? Ellen Lindeman (1996, p. 13) deed voor haar promotie onderzoek naar *determinanten van vrijwilligerswerk*, dat wil zeggen: factoren die van belang zijn bij de keuze om vrijwilligerswerk te doen. Dit onderzoek had de volgende aanleiding: in voorgaande jaren waren al diverse studies verricht naar de omvang van en motivatie voor vrijwilligerswerk. Geen van deze studies had een theoretische achtergrond, waardoor de manier waarop deze factoren (van vrijwilligerswerk) werken, niet duidelijk werd. Een theoretische aanleiding dus, met als doel het verbreden en verdiepen van de kennis over het functioneren van de determinanten van vrijwilligerswerk.
Eén opmerking is nog op haar plaats. Met de kennis die tijdens dit onderzoek werd opgedaan, kan ook een praktijkdoel worden gediend: het ministerie van OCW kan zo'n fundamenteel onderzoek gebruiken bij het uitzetten en aanpassen van beleid ten aanzien van vrijwilligers in Nederland.

Kader 2.2

Aanleiding tot onderzoek II: kunstwaardering onder pabostudenten

Studenten op de pabo zijn toekomstige leerkrachten in het basisonderwijs. Kunnen zij straks kinderen leren kunst te waarderen? Hoe staat het eigenlijk met hun eigen ontwikkeling met betrekking tot kunstwaardering? Hoe kenmerkt zich die kunstwaardering? Is er ook een ontwikkeling zichtbaar in hun kunstwaardering? Deze vragen waren voor studenten aan de Hogeschool voor de Kunsten in Amsterdam aanleiding om fundamenteel onderzoek onder pabostudenten te doen. Zij keken naar het verschil in kunstwaardering tussen eerstejaars- en derdejaarsstudenten. Ze gebruikten daarbij het pentagrammodel van Van Meel-Jansen (1998).

Bron: Gootjes-Klamer, 2009

Kader 2.3

Aanleiding tot onderzoek III: spijbelgedrag

Vroegtijdig schoolverlaten en spijbelen kunnen zeer schadelijk zijn voor jongeren, voor hun toekomst, hun kansen en hun latere plek in de samenleving. Het is voor de overheid belangrijk om zicht te krijgen op dit uitval en het spijbelgedrag, en om maatregelen te bedenken om dit gedrag terug te dringen. Kortom, voldoende aanleiding om onderzoek hiernaar te doen. Dat gebeurt dan ook op grote schaal. Het Utrechtse instituut IVLOS publiceerde in 2010 de resultaten van een onderzoek naar spijbelgedrag en schooluitval bij mbo-studenten (Pauchli, 2010). In de discussie doet hij naar aanleiding van de resultaten suggesties om dit verzuim terug te dringen.

Kader 2.4

Aanleiding tot onderzoek IV: 'Met Ritalin had ik minder haast'

Er moet onderzoek komen naar de invloed van Ritalin op de rijvaardigheid, zo heeft een commissie de overheid geadviseerd. Steeds meer volwassenen gebruiken Ritalin. Die mogen niet zomaar achter het stuur, terwijl ze zonder pil vaak slechter af zijn.

Zo'n 2500 euro uitgegeven aan rijlessen en pas een nieuwe auto voor de deur. Maar Angelique Kieft moet sinds een maand met de bus naar haar werk. Kieft heeft ADHD en slikt Ritalin. Dat is een stimulerend middel, wat haar volgens de wet ongeschikt maakt als gemotoriseerd weggebruiker. Hoewel onderzoek aantoont dat ADHD'ers, met hun concentratieproblemen en impulsieve gedrag, zonder Ritalin een veel groter gevaar op de weg zijn dan met. Kieft heeft bezwaar laten aantekenen bij het Centraal Bureau Rijvaardigheidsbewijzen (CBR).

Kader 2.5

vervolg

Deze week buigt het ministerie van Verkeer zich over de problematiek. Een speciaal ingestelde commissie onder leiding van hoogleraar kinder- en jeugdpsychiatrie Jan Buitelaar adviseert onderzoek te doen naar het effect van Ritalin op de rijvaardigheid. Tot die tijd dienen Ritalingebruikers die willen autorijden te worden gekeurd. Anders ontstaat de 'merkwaardige situatie', zegt Buitelaar, 'dat onbehandelde ADHD'ers vrijuit kunnen rijden, met alle risico's van dien, terwijl patiënten die een medicijn slikken om de symptomen te bestrijden daarvan de dupe worden'. Uit onderzoek blijkt dat ADHD bij naar schatting 160.000 volwassenen voorkomt. Slechts enkele duizenden van hen worden ervoor behandeld.
Het ministerie beslist deze week of het pleidooi van de commissie wordt overgenomen. De Gezondheidsraad kan nog om nader advies worden gevraagd. Dan wordt besloten of de Wegenverkeerswet wordt aangepast.
De problematiek rond Ritalin is voor het CBR redelijk nieuw. Tot een paar jaar geleden was niet algemeen bekend dat ADHD ook bij volwassenen voorkomt en werd Ritalin louter aan kinderen voorgeschreven. Ritalin valt net als cocaïne farmacologisch gezien onder de stimulantia. Daarover staat in de wettelijke regeling over medische rijgeschiktheidseisen vermeld dat ze rijgevaarlijk zijn. ADHD-patiënten wijzen erop dat het geneesmiddel niet de gevreesde 'cocaïneachtige werking' heeft, maar hun klachten vermindert. Onbehandelde ADHD'ers blijken vier keer zo vaak betrokken te zijn bij ongelukken als andere weggebruikers.

ADHD-jongeren in verzet tegen CBR-rijverbod

Beroepschauffeur Hajo Hartman reed zes jaar zonder en vier jaar met Ritalin en merkte het verschil. 'Ik had veel minder haast, ik was er met mijn kop bij.' Hartman spande twee jaar geleden een proces aan tegen het CBR, toen hem het rijbewijs E werd geweigerd. Andere rijbewijzen had hij gehaald toen hij nog niet wist dat hij ADHD had en die dreigde hij door de Ritalin weer te verliezen. De rechtbank in Alkmaar vond dat de wettelijke regeling ruimte liet voor een individuele beoordeling: dat stimulantia rijgevaarlijk kunnen zijn, betekent nog niet dat ze het altijd zijn. De Raad van State bevestigde dat vonnis in hoger beroep. Hajo Hartman heeft begin dit jaar alsnog zijn rijbewijs gekregen. Hij wil een claim indienen bij het CBR. Zijn beroep als chauffeur heeft hij moeten opzeggen. Hij werkt nu in het magazijn. Angelique Kieft weet dat ze kan autorijden: drie jaar geleden haalde ze probleemloos haar rijbewijs. Met een medische indicatie weliswaar, dus met de verplichting van een regelmatige herkeuring. De keuring was goed dit jaar, het rijbewijs werd geweigerd.

Bron: De Visser, 2003

Kader 2.5

Kader 2.5 beschrijft nog een aanleiding voor onderzoek. In het krantenartikel komt de vraag op wat het effect is van het gebruik van Ritalin op de rijvaardigheid van personen. Mensen met ADHD die geen Ritalin gebruiken, mogen gewoon examen doen, met een verhoogd risico op ongevallen. Mensen die wel Ritalin gebruiken, zouden veiliger rijden, maar ze mogen dat niet omdat Ritalin volgens de wet een stimulerend middel is. Wat is wijsheid? Het antwoord is snel gevonden: met een gedegen onderzoek het effect van Ritalin op rijvaardigheid meten. Een en ander was in 2003 nog niet vaak onderzocht. Er was zeker een aanleiding om dit wél te doen (De Visser, 2003). Zo'n onderzoek zou zowel praktijkgericht als fundamenteel van aard kunnen zijn (zie de kaders 2.6 en 2.7).

Het meten van effecten van Ritalin-gebruik op rijvaardigheid

Inmiddels is er in de afgelopen jaren veel (voornamelijk praktijk)onderzoek verricht naar het gevolg van Ritalingebruik op de rijvaardigheid van mensen met ADHD. Een Nederlandse onderzoeksgroep heeft dit onderzocht door middel van een zuiver experiment waarbij de werking van het middel methylphenidate (in Ritalin) op een experimentele groep werd getest, terwijl de controlegroep het middel niet kreeg. Uit de resultaten blijkt dat het gebruik van Ritalin een positief effect heeft op de rijvaardigheid van mensen met ADHD (Verster et al., 2008).

Kader 2.6

Ritalingebruik en rijvaardigheid: het vervolg ...

In 2004 is het Rijvaardigheidsbesluit dusdanig gewijzigd dat het mogelijk is om je rijbewijs te halen, ook al gebruik je Ritalin. De geldigheidstermijn voor een gewoon rijbewijs is nu drie jaar; voor vrachtwagen en bus is dat één jaar.

Kader 2.7

2.2 Opdrachtgevers, balans tussen wens en mogelijkheid

Word je uitgenodigd om een onderzoeksvoorstel uit te brengen voor een mogelijke opdrachtgever, dan ben je meestal niet alleen. Een opdrachtgever laat vaak een aantal bureaus een voorstel doen en kiest vervolgens het geschiktste. Wat overigens niet betekent dat dit ook het goedkoopste voorstel is, terwijl duur ook niet altijd automatisch 'goed' betekent. Voordat je een opdracht binnenhaalt en aan je onderzoek begint, moet je meestal al heel wat (speur)werk verrichten.

Wensen van de opdrachtgever

Tijdens de eerste afspraak inventariseer je de wensen van de opdrachtgever. Vaak liggen er een vraag of probleem, een doelstelling en een aanleiding. Zo kan de doelstelling zijn dat een opdrachtgever de dienstverlening van het bedrijf wil optimaliseren. De bijbehorende vraag is op welke wijze dit het beste kan gebeuren.
Soms is sprake van een verborgen doelstelling. Achter de vraag van een (mogelijke) opdrachtgever ligt een heel ander doel verborgen dan je in eerste instantie zou vermoeden. Uitkijken geblazen dus! Het is jouw taak om de daadwerkelijke doelstelling boven tafel te krijgen en om de vraag die daarbij hoort, te formuleren. Dit is van groot belang. Als je zomaar aan de slag gaat, zonder dat je het werkelijke doel van het onderzoek goed kent, ontstaan er gemakkelijk misverstanden en wordt de kans dat je de onderzoeksopdracht binnenhaalt, kleiner. Bovendien: als onderzoeker moet je onafhankelijk en objectief zijn. Je helpt mee om de oplossing voor een situatie te vinden, je laat je niet gebruiken voor andere dan deze doelen.
Het omgaan met de wensen van de opdrachtgever is soms lastig. Je moet het onderwerp 'onderzoekbaar' maken, maar tegelijkertijd de opdrachtgever tevreden houden door zo dicht mogelijk bij zijn wensen te blijven. De volgende tips & trucs kunnen je hierbij helpen.

Tips & trucs

- Zorg dat je (het profiel van) de organisatie van je opdrachtgever kent.
- Zet jezelf overtuigend neer.
- Luister goed en vraag door; presenteer niet zomaar 'de oplossing'.
- Noteer je ervaringen van het eerste gesprek met de opdrachtgever! Achteraf kun je nog eens terugkijken naar deze eerste indrukken.
- Probeer geen gelijk te krijgen, ook al heb je het.
- Blijf afstandelijk en kritisch naar het onderwerp kijken.
- Weet wat de opdrachtgever van jou verwacht.
- Weet wat jij van de opdrachtgever verwacht.
- Zorg dat je helder krijgt wat de bedoeling is (het onderzoeksdoel).
- Maak een goede mix van de tijdens je opleiding opgedane kennis en de toepassing ervan in de praktijk.
- Maak in het eerste gesprek goede afspraken met de opdrachtgever over de te volgen procedure tijdens het onderzoek.
- Vraag je serieus af of je antwoord kunt geven op de vraag van de opdrachtgever, en zo ja, hoe.
- Werk thuis of op je kantoor een advies/voorstel uit.

In de onderzoekstool vind je een aantal checklists (fase 1, sectie 3) zodat je een goede balans kunt waarborgen tussen de wensen van de opdrachtgever en de 'onderzoekbaarheid' van het onderwerp.

Afbakening van het onderwerp

Heb je de vragen en doelen van je opdrachtgever op zak, dan ga je het onderwerp afbakenen. Het doel van deze afbakening is om de vraag van de opdrachtgever te vertalen naar een onderzoekbare vraag. Je kijkt of het onderwerp je bekend is, of je er zelf al iets van weet of over gelezen hebt, of er al onderzoek naar het onderwerp is gedaan, of het aansluit bij eerdere projecten die je hebt uitgevoerd.

mogelijkheden en beperkingen

Na het vaststellen van de probleem- en doelstelling (meer hierover in paragraaf 3.2.1 bij: probleemomschrijving), bedenk je manieren om deze vraag te beantwoorden. Dit antwoord is afhankelijk van de aard van de vraag, maar ook van de mogelijkheden en beperkingen die de opdrachtgever biedt. Zo kan er een vraag liggen naar de tevredenheid over de hoogte van de prijzen van treinreizen. Je zou deze vraag kunnen beantwoorden door een vragenlijstonderzoek te organiseren. Maar als de opdrachtgever slechts een beperkt budget beschikbaar heeft, of beperkte tijd, dan zul je het voorstel hierop moeten aanpassen. De opzet van je onderzoek kan dus hele praktische beperkingen hebben. De oplossing is mede afhankelijk van:

- mogelijkheden om het onderzoek te organiseren in tijd en geld;
- mogelijkheden om gegevens te verzamelen bij een bepaalde onderzoeksgroep;
- mogelijkheden en beperkingen die de vraagstelling geeft;
- mogelijkheden die de omgeving van het onderzoek biedt (je gaat bijvoorbeeld geen interviews afnemen in een lawaaiige fabriek).

Dan kies je het plan dat volgens jou de beste oplossing voor het probleem kan bieden, en je doet de opdrachtgever een voorstel voor de onderzoeksopzet. In figuur 2.2 zie je dit schematisch weergegeven.

Het onderzoeksvoorstel

In het onderzoeksvoorstel vermeld je de vraag van de opdrachtgever en de aanleiding daartoe, de achterliggende doelstelling, de afbakening van de begrippen en de manier waarop jij denkt dat deze vraag beantwoord kan worden. Maak ook een tijdsplanning en een budget. Houd de volgende aandachtspunten in het oog:

- Wees volledig in je voorstel, vermeld wie de opdrachtgever en opdrachtnemer zijn, ook al lijkt dit logisch.

- Houd de aanleiding, probleemafbakening en opzet kort en duidelijk.
- Vergeet niet om de taakverdeling tussen opdrachtgever en opdrachtnemer te vermelden.
- Lever je werk verzorgd en correct in, ook al is het een voorstel.
- Zorg voor een professionele uitstraling.
- Maak de inhoud herkenbaar voor de opdrachtgever, houd rekening met de terminologie die bij je opdrachtgever gebruikelijk is, en gebruik zelf geen jargon dat niemand begrijpt.
- Zorg voor een begeleidend schrijven.

De onderzoekstool (fase 1) bevat een template om een onderzoeksvoorstel te schrijven.

Je kunt het natuurlijk ook anders aanpakken. Kijk maar eens naar de volgende valkuilen die bij het opstellen van een onderzoeksvoorstel voor kunnen komen:

- Duur is goed.
- De lezer kent ons natuurlijk, dus namen en dergelijke laten wij weg.
- Als ik heel veel opschrijf, dan zit er altijd wel iets goeds bij.
- Als ik weinig opschrijf, dan kan ik ook niet veel fouten maken.
- Mijn teamgenoot heeft het geschreven, dus ik weet van niks! Dat heet taakverdeling en dat is erg mooi.

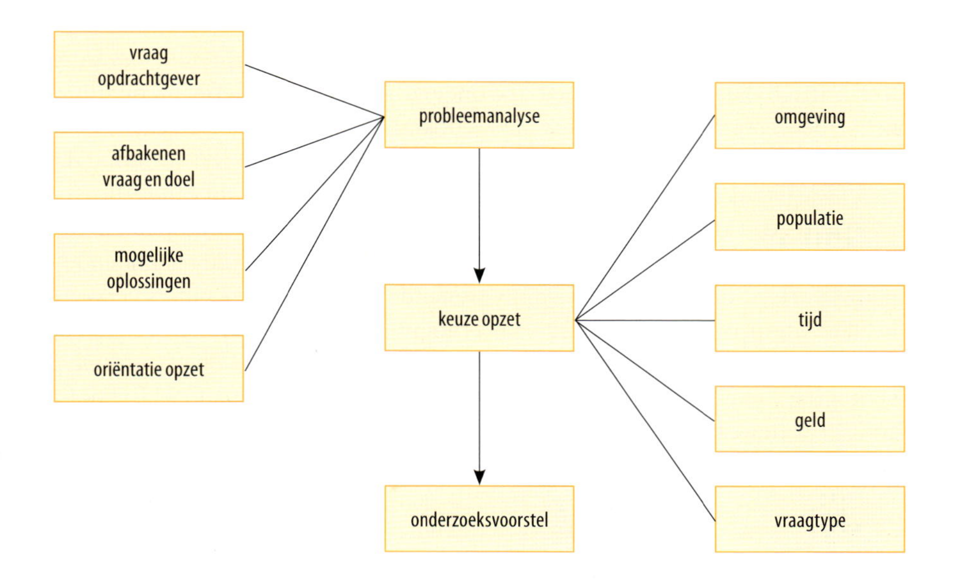

Figuur 2.2 De opzet van praktijkonderzoek

Objectiviteit en verborgen agenda's

Wetenschappelijk onderzoek moet onafhankelijk en betrouwbaar zijn. Dat is ook het streven van de onderzoekers. Hoe ga je om met eventuele wensen van de opdrachtgever die meer liggen op het terrein van geld verdienen, status en dergelijke? Wat doe je als je ontdekt dat de opdrachtgever een 'verborgen agenda' heeft? Als een opdrachtgever bijvoorbeeld het onderzoek wil gebruiken om personen de organisatie uit te werken, om een bepaald product te verkopen, enzovoort? Natuurlijk hoeft dat laatste niet negatief te zijn. Het kan immers een marktonderzoek betreffen, met als doel het op de markt brengen van een product. Tegenwoordig worden echter steeds vaker pogingen ondernomen om producten aan de mens te brengen onder de noemer van 'onderzoek'. Dat is een verborgen doelstelling en minder kies.
Het spreekt vanzelf dat je de onderzoeksopzet en -resultaten niet aanpast aan dit soort doelen. Als onderzoeker ben je immers *onafhankelijk* en *objectief*. Het gebeurt echter maar al te vaak dat onderzoek wél in die richting wordt aangepast, dat resultaten worden overgenomen uit andere onderzoeken, dat resultaten worden weggelaten om positievere conclusies te kunnen trekken. Zelfs het knoeien met gegevens komt voor. Deze praktijken vind je overal, zowel bij de commerciële bureaus als in de academische wereld. Delnooz (1996, p. 111) bericht over een onderzoek in de Verenigde Staten, waaruit bleek dat 'de helft van de academici weet van één of meer vormen van wangedrag: van de vervalsing van gegevens tot het achterhouden van informatie'.

onafhankelijk

Interpretatie van uitkomsten

Als je onderzoeken leest, wees dan voorzichtig met de interpretatie ervan en lees kritisch. Niet alleen zijn niet alle onderzoeken even objectief en onafhankelijk, de weergave daarvan in de pers is ook niet altijd correct. Zo verscheen in het najaar van 2002 een artikel in de krant (Van Vliet, 2002) waarin stond dat elk extra glas alcohol dat een vrouw (gemiddeld) drinkt, leidt tot een verhoging van het risico van borstkanker met 7%. Schrik alom! Zou de kans op borstkanker bij vier glazen wijn worden verhoogd met 28%? Bekijk je de resultaten iets nauwkeuriger, dan blijkt dat de desbetreffende journalist deze cijfers verkeerd heeft geïnterpreteerd. Het betreft een verhoging van 7% per extra glas boven op het *oorspronkelijke risico* van de factor alcohol! Dat komt neer op een *algemene* verhoging van het risico (gegeven de andere risicofactoren) van 0,7%! In hoofdstuk 10 gaan we nader in op de interpretatie van dit onderzoek.

2.3 Informatie verzamelen

Meestal zijn onderzoeksopdrachten breed geformuleerd, zoals 'onderzoek naar ziekteverzuim', 'klanttevredenheidsonderzoek' of 'onderzoek naar de interne communicatie van een bedrijf'. Allereerst oriënteer je je op het onderwerp en de wensen van de mogelijke opdrachtgever en je bakent de vraagstelling zo goed mogelijk af. Ook ga je na of er al eerder over dit onderwerp is gepubliceerd, en of er modellen bestaan die mogelijke oplossingen bieden (hierover meer in hoofdstuk 3). Kortom, je verzamelt informatie. Deze fase wordt vaak aangeduid als *vooronderzoek*. Informatie verzamelen doe je natuurlijk niet alleen tijdens het vooronderzoek; gedurende het gehele onderzoek wordt informatie verzameld:

vooronderzoek

a. als onderdeel van het vooronderzoek;
b. als methode bij bijvoorbeeld literatuuronderzoek;
c. als methode om nieuwe informatie te verzamelen.

Zoek- en vindplaatsen van informatie

Waar vind je de informatie die je nodig hebt? Een eerste vindplaats kan zijn het archief of het documentatiecentrum van je opdrachtgever. Dat bevat wellicht documenten die de aanleiding voor het onderzoek verduidelijken. Denk aan vergaderverslagen, financiële overzichten, organisatiemodellen, beleidsplannen, kengetallen, enzovoort. Vergelijkend materiaal kun je via internet vinden. Wil je een theoretische achtergrond (of is dat het doel van je onderzoek) en ben je op zoek naar eerder onderzoek over een specifiek onderwerp, dan kun je ook in de (universiteits)bibliotheken terecht. Deze bieden de mogelijkheid tot een 'thuis-login', zodat je op je gemak achter de computer naar informatie kunt zoeken.

Er is in dit informatietijdperk geen onderwerp te bedenken of er is wel iets over te vinden. Tegenwoordig is het niet zozeer de vraag of er informatie over een bepaald onderwerp is, maar waar en hoe je deze informatie moet zoeken en hoe je de resultaten verwerkt. Zoeken op internet of in de bibliotheken is er niet gemakkelijker op geworden. Er is steeds meer informatie beschikbaar, voornamelijk via internet. Gebruik maar eens een zoekmachine en tik het woord 'school' in. Je krijgt meer dan 3.700.000.000 treffers (ook wel *hits* genoemd, gevonden op 27 oktober 2013 via Google)!

hits

Het is dan ook belangrijk om je zoekopdrachten zo specifiek mogelijk te maken. Je zult merken dat dit het zoeken vergemakkelijkt en dat je veel sneller bruikbare informatie krijgt. In de afgelopen jaren zijn er vele *tools* ontwikkeld om het zoeken, vooral op internet, gemakkelijker te maken. Twee daarvan worden hier kort gepresenteerd. Ook wordt het gebruik van een logboek geïntroduceerd. Een logboek is niet alleen een goede ondersteuning bij het zoeken naar informatie, maar helpt je ook bij de planning en het uitvoeren van je onderzoek.

kwaliteit van informatie

Er is nog iets van belang: dat is de kwaliteit van de informatie die je vindt. Kijk maar eens naar Wikipedia, of de vele andere zogeheten *lemma's* die op internet te vinden zijn. Daar kun je bijna alle informatie vinden die je zoekt. Je moet je echter afvragen of deze informatie wel betrouwbaar is. Is ze wel juist? Je weet immers niet wie die informatie heeft geplaatst, en of deze is gecontroleerd. Zoek je naar betrouwbare informatie, probeer dan in elk geval de originele bron te achterhalen. Ga niet klakkeloos iets citeren, maar controleer de juistheid door bijvoorbeeld nog een bron erbij te zoeken die dezelfde informatie geeft. Herhaling van de gevonden informatie verhoogt weer de betrouwbaarheid van je resultaten.

Overigens wordt de betrouwbaarheid van deze lemma's steeds groter, omdat met peer review systemen wordt gewerkt. Geplaatste informatie wordt door experts gecontroleerd en de herkomst van de informatie wordt nagegaan. Er wordt zelfs beweerd dat een lemma als Wikipedia net zo betrouwbaar is als de Encyclopedia Britannica (dat is een van de meest betrouwbaar geachte encyclopedieën; zie Wichers, 2005; zie ook Vierkant, 2012).

2.3.1 Zes regels voor het zoeken naar informatie: Big6™

De eerste zoekmethode die hier wordt besproken, is de Big6™, ontwikkeld door onder anderen Berkowitz (Eisenberg & Berkowitz, 1992; Canning, 2002). Deze methode is vrij simpel: er worden zes regels gepresenteerd op grond waarvan je de zoekopdracht omschrijft, vervolgens op zoek gaat en je resultaten evalueert. Deze methode kan worden gebruikt voor het zoeken naar allerlei bronnen van informatie, of het nu wetenschappelijke literatuur is, een handleiding van software, een krantenartikel of een website. Bij elke zoektocht volg je zes stappen, om zo tot een goed resultaat te komen:

1. Definieer het probleem, de zoekopdracht. Dit betekent dat je een een *zoekvraag* formuleert, dat je nagaat hoeveel jij zelf en de mensen in je omgeving al van dit onderwerp afweten, of je soms zelf boeken over het onderwerp in de kast hebt staan. Kortom, je stelt vast welke informatie je al hebt en welke informatie je nog moet zoeken.
2. Bepaal *waar* je gaat zoeken. Er zijn vele zoekplaatsen. De meest gebruikte is momenteel internet, met name de de online bronnen en -bibliotheken die beschikbaar zijn (zie kader 2.8). Ook de bibliotheek is een mogelijkheid, mits er geschikte boeken zijn. Afhankelijk van het onderwerp zul je keuzes maken voor de juiste plaats om informatie te zoeken.
3. Kies de juiste *zoekstrategie*. Hiermee wordt bedoeld dat je bepaalt op welke manier je in de gevonden boeken, internetpagina's of documenten op zoek

gaat naar de informatie die jij nodig hebt. Zo kun je ervoor kiezen om de informatie te inventariseren op aanwezigheid van bepaalde 'sleutelwoorden'. Ook kun je een index, inhoudsopgave, managementsamenvatting en dergelijke raadplegen.

Online databestanden

Er zijn vele online databestanden waar je informatie kunt vinden. Een van de meest betrouwbare bronnen van informatie (over boeken en tijdschriften) is de Nederlandse Centrale Catalogus, waar je gegevens van ruim 14 miljoen boeken en 500.000 tijdschriftartikelen kunt vinden. Via Picarta kun je deze online catalogus bezoeken. Het is een zeer actueel bestand dat wordt bijgehouden door alle Nederlandse bibliotheken en beheerd door de Koninklijke Bibliotheek. De meeste universiteiten en hogescholen beheren zelf een online catalogus (bijvoorbeeld www.uu.nl/university/library) of zijn daarbij aangesloten; via dat abonnement kun je ook op Picarta komen. Via een login en een wachtwoord heb je dan toegang tot miljoenen teksten en andere bronnen. Tegenwoordig hebben zelfs regionale bibliotheken zo'n 'thuis-login'. Zo hoef je voor je zoektocht vaak niet eens je kamer uit.

Bron: www.picarta.nl

Kader 2.8

4. *Bestudeer* de informatie en *selecteer* wat je nodig hebt. Dit lijkt een open deur, maar deze stap wordt vaak overgeslagen. Je legt de informatie niet naast je neer, maar je neemt er kennis van. Als je de verschillende informatiebronnen leest, kun je bepalen of er overlap in de informatie zit.
5. *Organiseer* de informatie zó dat deze antwoord geeft op je vraag/probleem. De meest relevante documenten, sites of boeken zul je als eerste aanvoeren om je vraag te beantwoorden. Ordenen en rubriceren dus, op relevantie!
6. *Evalueer* het resultaat. Heb je voldoende informatie verzameld, of moet je nog verder zoeken? Eventueel herhaal je de stappen totdat je voldoende informatie hebt om met een afgebakend onderwerp naar je opdrachtgever terug te gaan, of om je (onderzoeks)vraag te beantwoorden.

In figuur 2.3 is dit zoekschema schematisch weergegeven.

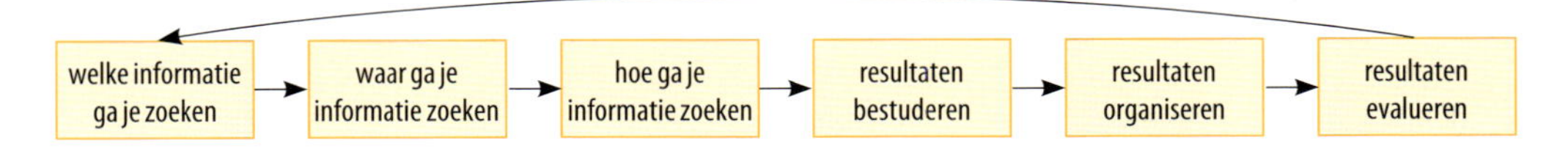

Figuur 2.3 Informatiezoekregels

In kader 2.9 vind je een voorbeeld van een zoektocht naar informatie over het effect van Ritalingebruik op ADHD.

Effect van Ritalin op ADHD

Met behulp van Big6™ wordt gezocht naar bronnen over het effect van Ritalin op ADHD bij volwassenen:

1. *Zoekvraag*: wat is er recentelijk bekend over het effect van Ritalin op ADHD bij volwassenen?
2. *Zoekplaats*: de zoektocht vindt plaats op internet, in het bijzonder Google wetenschap. In tweede instantie kunnen de online catalogi worden bezocht en ten slotte de bibliotheek.
3. *Zoekstrategie*: er wordt gezocht naar wetenschappelijke artikelen en onderzoeksverslagen in het Nederlands.
4. *Selectie*: een eerste zoektocht levert 9590 internationale artikelen en verslagen op, waarvan 183 in het Nederlands.
5. *Organisatie*: in figuur 2.4 is een overzicht van de belangrijkste bronnen te zien, zichtbaar gemaakt via Google wetenschap. Een zoektocht op relevantie levert vijf artikelen op. De titel en samenvatting van het eerste artikel lijken het meest relevant.
6. *Evaluatie*: de artikelen worden doorgenomen. Levert dit voldoende informatie op? Nee? Dan zoeken we nog even verder.

Figuur 2.4 *Zoekresultaat Google wetenschap*

Kader 2.9

Sectie 6 (fase 1) van de onderzoekstool bevat een aantal hulpvragen om je zoektocht naar informatie te ondersteunen.

2.3.2 *Zoeken op internet*

Reiswinkel

Stel, je hebt nog verlof te goed en je wilt een vakantie plannen. Maar ja, waar moet je heen? Je gaat naar de reiswinkel en vraagt de medewerker om hulp. Deze medewerker stelt je een aantal vragen.

- Waar wil je naartoe? (Tenerife)
- Wanneer wil je gaan? (voorjaarsvakantie)
- Wat is je budget? (€ 400 per persoon)
- Met hoeveel personen ga je? (twee)
- Wil je met de auto, de boot, het vliegtuig, een voettocht wellicht? (vliegtuig)

Afhankelijk van jouw antwoorden geeft de medewerker je een aantal brochures mee (in dit geval van de Canarische Eilanden), die je thuis op je gemak kunt doorkijken om daarna een keuze te maken. Je kunt echter ook via internet informatie over deze reis vinden. Op een avond maak je verbinding, je opent een zoekmachine en tikt het woord 'Tenerife' in en 'zoeken op Nederlandse pagina's'. Er komen 10.600.000 resultaten tevoorschijn! Help!

Kader 2.10

Zoekmachines

Informatie zoeken lijkt gemakkelijk, er is immers informatie genoeg! De juiste informatie zoeken is echter niet zo gemakkelijk als het lijkt. Kijk maar eens op internet. Er zijn veel 'zoekmachines' die je kunt gebruiken, maar Google, Bing en Yahoo! zijn wel de populairste (zie kader 2.11). Er is zelfs een nieuw werkwoord ontstaan: 'googelen'.
Wil je een stap verder gaan in het zoeken op internet, dan kun je een zogenoemde *metacrawler* of metazoekmachine bezoeken. Er zijn ook veel metacrawlers; enkele voorbeelden: Ixquick, Vivisimo, Mamma, Dogpile en SurfWax. Met de door jou ingevoerde zoekterm(en) worden tegelijkertijd verschillende afzonderlijke zoekmachines doorzocht op treffers.

Zoekmachines voor wetenschappelijke informatie zijn er ook; de populairste is 'Google wetenschap' (Engels: Google Scholar). Hier kun je zoeken naar wetenschappelijke informatie, zoals artikelen (hoofdzakelijk), databases, proefschriften, samenvattingen, informatie van universiteiten en ga zo maar door. Dit is zeker een aanrader als het om betrouwbare informatie gaat. Andere wetenschappelijke zoeksites zijn Google Scholar, Scopus en Web of Science. Bovendien geeft Picarta toegang tot de collecties van alle Nederlandse bibliotheken. Voor meer informatie over deze en andere zoeksites kun je kijken op de website bij dit boek. Houd er wel rekening mee dat je voor het downloaden van publicaties vaak een account nodig hebt. Volg je een opleiding, dan is zo'n account via het opleidingsinstituut te regelen; een bibliotheekpas geeft ook toegang tot een groot aantal online bronnen.

Google onbetwiste leider zoekmachineland

Nijmegen, 18 april 2012. In samenwerking met onderzoeksbureau R&M Interactive wordt sinds 2002 het online zoekgedrag in kaart gebracht. Het onderzoek is representatief voor alle Nederlandse internetgebruikers. De Nationale Search Engine Monitor bevat onder meer informatie over:

- de bekendheid van zoekmachines;
- het gebruik van zoekmachines;
- de waardering voor zoekmachines;
- de persoonskenmerken van zoekmachinegebruikers.

Uit het onderzoek blijkt dat Google de onbetwiste leider is in zoekmachineland. Maar liefst 98% van de Nederlandse internetgebruikers kent deze zoekmachine, 93% gebruikt deze zoekmachine wel eens en Google heeft in Nederland een marktaandeel van 74%.

	% meest gebruikt	Verschil 2011	% weleens gebruikt	Verschil 2011	% geholpen bekendheid	Verschil 2011
Google	93	(0)	93	(0)	98	(+1)
Yahoo	3	(+3)	6	(+2)	68	(+3)
Vinden	3	(-2)	6	(0)	59	(-2)
Bing	1	(-1)	5	(-2)	50	(+10)
Ilse	0	(0)	2	(-1)	42	(+1)

Ook Bing (voorheen Live Search) en Yahoo zijn in opkomst, maar Google is onbetwist marktleider.

Bron: Iprospect.nl

Kader 2.11

Zoekregels op internet

Zelfs met metazoekmachines is het vinden van informatie op internet nog niet zo eenvoudig. Volg je een aantal aanwijzingen, dan zul je sneller resultaat boeken. Van Ess (2002) heeft hiervoor een aantal tips gegeven:

1. Maak je zoekopdracht zo specifiek mogelijk: zet deze *tussen aanhalingstekens*. Zonder aanhalingstekens levert een zoekopdracht als 'fietsen naar Ierland' te veel hits op. De zoekmachine zal alle resultaten (1.420.000 resultaten op 27 oktober 2013!) van 'fietsen' en van 'Ierland' laten zien. Het woord 'naar' wordt in de zoektocht genegeerd, het is te algemeen. Zet je echter je zoekopdracht tussen dubbele aanhalingstekens, dan wordt "fietsen naar Ierland" als één geheel beschouwd en zul je veel minder (2.010 op 27 oktober 2013) resultaten vinden. Er is gezocht met Google. Overigens werkt het tussen aanhalingstekens plaatsen van een zoekopdracht niet altijd. Het vereist dat de woorden op dezelfde volgorde in de titel en op de pagina voorkomen en dat is niet altijd het geval. Probeer het maar eens uit. Denk erom: het gaat om kwaliteit, niet om kwantiteit. Een goede zoekterm levert niet veel hits op, maar ze zijn vaak van betere kwaliteit.
2. Soms ben je op zoek naar een specifiek gegeven. Je kunt dan proberen een *incomplete zin* (tussen dubbele aanhalingstekens) als zoekopdracht te geven. Bijvoorbeeld: "de vakbeweging is bezorgd". Er verschijnen dan drie documenten, waarvan een met informatie over het feit dat de vakbeweging bezorgd is over het sociale gezicht van Europese landen (gevonden op 11 december 2009, via Google). Internet verandert ook snel. Op 22 september vonden we nog maar 1(!) hit.
3. Ben je op zoek naar een webpagina met een bepaalde naam, maar weet je die niet precies, dan kun je de zoekopdracht laten voorafgaan door de opdracht *allintitle*: de hierachter getypte woorden zullen alleen een hit opleveren als ze in de titel van de webpagina voorkomen. Typ je bijvoorbeeld 'milieuramp zee' in, dan geeft Google 70.900 treffers (op 23 december 2013); typ je 'allintitle: milieuramp zee', dan krijg je 177 treffers met de woorden *milieuramp* en *zee* in de titel.
4. In sommige zoekmachines (zoals Google) is het mogelijk om naar documenten in Word- of Acrobat-indeling te zoeken door achter de zoekopdracht te typen '*filetype*:doc' of '*filetype*:pdf'.
5. Soms vind je een site die niet meer functioneert. Als je deze site probeert te openen, krijg je een foutmelding 'The page cannot be found'. Het is een bekende fout http 404 (File not found). Ga dan eens met je cursor naar het webadres, haal de extensie (.nl of.com of.org) plus alle informatie na het *domein* (de plaats op internet waar een bepaalde site onder een bepaalde naam te vinden is, zogezegd het 'telefoonnummer' of 'adres' van een site)

weg, en laat de pagina dan nog eens zoeken. Je kunt ook altijd de optie 'vernieuwen' proberen.

6. Ben je op zoek naar internationale gegevens en wil je treffers in verschillende talen hebben? Of wil je zoeken op een woord dat begint met een bepaalde lettergreep? Gebruik dan de asterisk: Lond*n, Par*s, computerprogram*. Overigens geeft dit niet altijd het gewenste resultaat, omdat alle mogelijke tussen-, voor- en achtervoegsels als treffer worden weergegeven. Probeer maar eens informatie te vinden over Rome door Rom* als zoekwoord te gebruiken!
7. Als je een afkorting zoekt, geef dan een trefwoord dat je zoekt. Bijvoorbeeld ISI kan veel dingen betekenen. Voeg je het woord 'Statistics' toe, dan verschijnt de website van het International Statistical Institute.
8. De belangrijkste zoekregel is wel 'geavanceerd zoeken'. Veel zoekmachines bieden mogelijkheden om *geavanceerd* te zoeken. Ook dit is een goede manier om je zoekopdracht zo specifiek mogelijk te maken. Je kunt woordgroepen inbrengen, sets (ook wel lijsten genoemd), incomplete zoekopdrachten (ook wel operatoren genoemd), enzovoort. Dat werkt altijd en het is een combinatie van voornoemde punten (zie figuur 2.5). Je moet er wel rekening mee houden dat sommige zoekmachines verschillende regels hanteren, zoals bijvoorbeeld Google en Bing.

Google Geavanceerd zoeken
Zoektips | Alles over Google
Zoekresultaten
met **alle** woorden
internet zoekregels van E
10 resultaten
Google zoeken
met de **exacte woordcombinatie**
met **een van deze** woorden
zonder de woorden
Taal
Alleen pagina's geschreven in het
elke taal
Regio
Pagina's zoeken in:
elk land
Bestandsformaat
Alleen resultaten weergeven in het bestandsformaat
elk formaat
Datum
Pagina's weergeven die zijn bekeken in de
op een willekeurig moment
Waar
Toon resultaten als mijn zoekopdracht voorkomt
op de pagina
Domein
Alleen resultaten weergeven van de site of het domein
Voorbeelden: .org, google.com Meer informatie
Gebruiksrechten
Resultaten weergeven
die niet zijn gefilterd op licentie
SafeSearch
Geen filters Gebruik SafeSearch
Pagina-specifiek zoeken
Soortgelijk
Zoek pagina's die lijken op de pagina
Zoeken
Voorbeeld: www.google.com/help.html
Links
Zoek pagina's met link naar de pagina
Zoeken
Specifiek zoeken per onderwerp
nieuw! Google Code Search - Zoeken in openbare broncode

Figuur 2.5 Schermafbeelding Google geavanceerd

In hoofdstuk 11 bespreken we de manier waarop je de gevonden informatie op de juiste wijze in een rapport verwerkt. Op de website bij dit boek zijn diverse tips van websites en zoekregels bij elkaar gezet.

2.3.3 *Het logboek*

informatie ordenen

Tijdens het onderzoeksproces moet je vaak keuzes maken, zowel ten aanzien van het proces zelf als ten aanzien van de inhoud van je onderzoek. Een onderzoeksproces verloopt cyclisch. Tijdens en na het onderzoek blik je terug op de gemaakte keuzes. Misschien wil je nog eens nagaan waarom je op een bepaald moment een beslissing hebt genomen, of je de deadlines hebt gehaald, en als dat niet het geval is: waar dat aan ligt. Daar komt bij dat je aan het begin van je onderzoek ook al begint met het schrijven van je onderzoeksrapport. Doe je dat niet gestructureerd, dan zit je aan het eind van je onderzoek met een hele berg ongeordende informatie en ... met je handen in het haar. Daarom is het aan te raden om een onderzoekslogboek bij te houden.

Een (onderzoeks) logboek is een soort dagboek dat je regelmatig (soms zelfs dagelijks) bijhoudt en waarin je al je notities maakt die met het proces en de inhoud van je onderzoek te maken hebben. Je begint met het maken van aantekeningen per dag in een schriftje, net als bij een dagboek. Zo was er een hoogleraar aan de Universiteit Utrecht die vanaf het begin van zijn loopbaan een logboek van al zijn onderzoeksactiviteiten bijhield. Aan het einde van deze loopbaan had hij enkele tientallen van deze schriftjes volgeschreven. Hij was in staat om onderzoeksresultaten tot 25 jaar terug te vinden via deze aantekeningen; een waardevolle bron van informatie voor de hoogleraar zélf, maar ook voor veel van zijn studenten.

Mappenstructuur

Je zult gauw merken dat aantekeningen per dag niet dié structuur aan je onderzoeksproces geven die je nodig hebt. Je hebt zo alleen aantekeningen in de tijd, zonder uitsplitsing naar proces, inhoud, enzovoort. Het is daarom goed om deze aantekeningen op de computer uit te werken en een soort mappenstructuur aan te maken. Bij het maken van de 'kladaantekeningen' kun je telkens aangeven in welke fase van je onderzoek de opmerkingen/aantekeningen geplaatst moeten worden. Bij het verwerken ervan op de computer kun je ze snel op de juiste plaats zetten.
In figuur 2.6 worden onder de map 'mijn onderzoek' vier submappen zichtbaar die elk een bepaald deel van het onderzoek beslaan. Binnen deze submappen kun je op onderwerp een aantal extra mappen aanmaken, bijvoorbeeld 'planning' (voor dagelijkse werkzaamheden), 'theorie', 'methode',

'steekproef', 'respons', 'gegevens', 'analyses', enzovoort. In de map 'planning' kun je aantekeningen in de tijd plaatsen, chronologisch dus. Ook kun je de aantekeningen in de overige mappen alfabetisch of op onderwerp sorteren.

Planning

Over planning nog het volgende. Een handig programma om je project te beheren is bijvoorbeeld Excel of MS Project (hoewel die laatste wel enige ervaring vraagt). Daarin kun je het tijdpad overzichtelijk opnemen en afvinken wanneer een deel afgerond is. Ook is er ruimte voor aantekeningen en is het mogelijk om de vorderingen grafisch weer te geven.

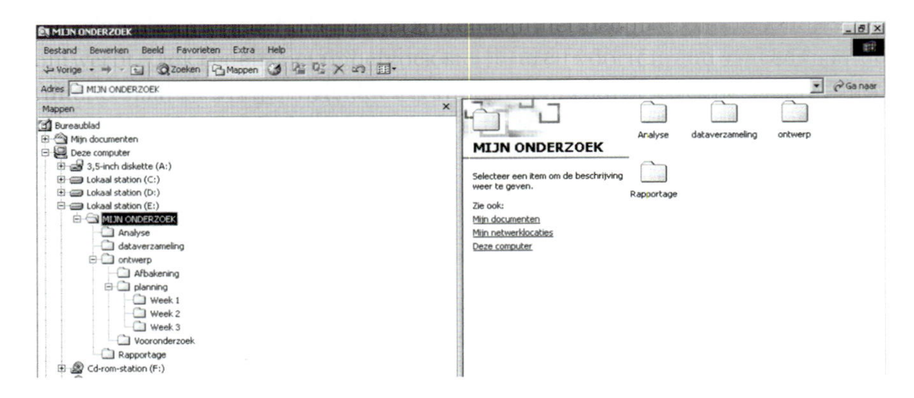

Figuur 2.6 Mappenstructuur voor een logboek op je computer

Er is niet één juist format voor de opzet van een logboek. De ene onderzoeker maakt het logboek aan de hand van het tijdpad, de andere aan de hand van de onderzoeksfasen. Het belangrijkste is dat het logboek voor jou een bruikbaar document wordt. Het kan daarmee in allerlei vormen verschijnen. In figuur 2.7 is bijvoorbeeld een begin te zien van de begripsafbakening die wordt gebruikt bij een observatieonderzoek naar instructiegedrag, in de vorm van een handgeschreven logboek. Dat het ook heel wat netter kan, blijkt uit tabel 2.1, waar aantekeningen worden verwerkt van een vooronderzoek bij een organisatie.

Naast de datum, het onderwerp en de opmerkingen zijn aangegeven: de onderzoeksfase, het document waarin de aantekeningen worden verwerkt, eventuele acties die hieruit voortvloeien, en de belangrijkste deadline die voor het verwerken van het onderwerp geldt. Zoals gezegd zijn hierop vele variaties mogelijk, als het voor jou als onderzoeker maar helder en overzichtelijk is, én makkelijk terug te vinden. Houd zo vaak je maar kunt je vorderingen bij, zo nodig dagelijks (zie Baarda, De Goede & Teunissen, 2001, p. 350). Schrijf alles op wat met het onderzoek te maken heeft en wat relevant is of lijkt, zoals:

- keuzes die je maakt;
- argumenten, ideeën;

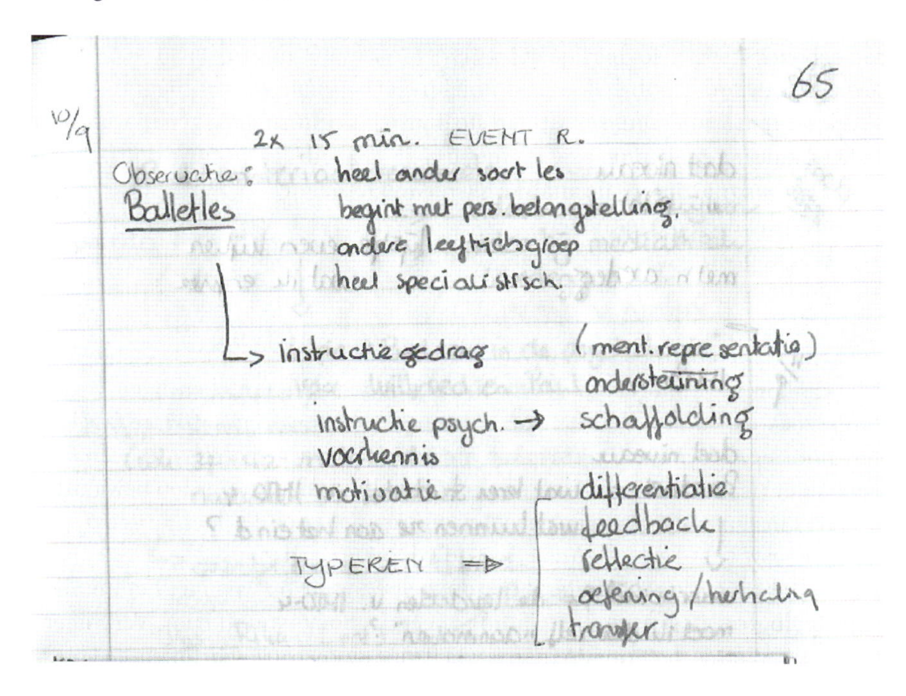
65

10/9 2x 15 min. EVENT R.
Observatie: heel ander soort les
Balletles begint met pers. belangstelling.
andere leeftijdsgroep
heel specialistisch.

→ instructie gedrag (ment. representatie)
ondersteuning
instructie psych. → schaffolding
voorkennis
motivatie differentiatie
feedback
TYPEREN ⇒ reflectie
oefening / herhaling
transfer

Figuur 2.7 *Voorbeeld van een handgeschreven logboek*

Tabel 2.1 *Verwerkte logboekaantekeningen*

Datum	Onder-werp	Fase van onderzoek	Opmerkingen	Verwerken in	Actie	Dead-line	Aantal uren
2-1	Informatie zoeken	Ontwerp	Bij het zoeken naar informatie op internet de volgende interessante sites bezocht:	INFO_ Zoeken	In onder-zoeksplan opnemen	20-2	2
4-1	Afspraak intake	Ontwerp	Voor het afbakenen van het onderwerp een bezoek gebracht aan het hoofd van de afdeling. Het gesprek leverde de volgende resultaten op: 1. 2. 3.	Ontwerp_ vs1	In onder-zoeksplan opnemen	20-2	4

- tijd (niet alleen in mijlpalen (*milestones*), maar ook: hoeveel uren besteed je aan je onderzoek?);
- proces;
- inhoud;
- methode;
- populatie (onderzoeksgroep) en steekproef (deel van deze groep waarover je data verzamelt);
- zaken waar je tijdens de analyse tegenaan loopt;
- interpretatiemogelijkheden;
- terugkoppelingen naar de vraagstelling;
- enzovoort.

Gebruik van tablets

Met de komst van de tablet wordt het bijhouden van aantekeningen voor je onderzoek een stuk gemakkelijker. Zo kun je de aanwezige software (zogeheten 'notitieprogramma's') gebruiken om je aantekeningen op te schrijven (met een tablet-pen) of te typen. De aantekeningen kunnen dan worden bewaard of bewerkt in een ander programma. Ook zijn er apps voor dit doel.

In fase 1, sectie 2 van de onderzoekstool helpen we je op weg met het invullen van een logboek. Er is een template voor een logboek beschikbaar. Vervolgens kun je dit logboek gedurende iedere fase van je onderzoek gebruiken.

2.3.4 Groepswerk: het uitwisselen van documenten

Doe je onderzoek in een groep? Samen met andere studenten? Dan is het handig om de meest recente informatie uit te wisselen: onderdelen van het verslag, verzamelde gegevens, aantekeningen, maar ook logboekonderdelen. Je kunt daarbij gebruikmaken van social media die op het internet voorhanden zijn.

Facebook

Zo kun je een Facebook-pagina aanmaken waarvan ieder groepslid (en eventueel de begeleider) lid is. Je kunt informatie en bestanden uitwisselen en tijd- en plaatsonafhankelijke discussies over de inhoud van je project voeren.

cloud

Daarnaast kun je bestanden delen in een cloud. Ook daar zijn er verschillende van. Een cloud is eigenlijk een netwerk van computers en daar kun jij deel van uitmaken. Het 'data-archief' of de opslagdienst is in beheer bij een provider zoals Dropbox, Google en dergelijke. Je kunt gebruikmaken van een deel van hun archief door er bestanden op te zetten en te delen met je groepsleden.

Voorbeelden zijn Google Docs en Dropbox. Ook kun je bijvoorbeeld je logboek hierin zetten. Heeft een van de studenten uit je groep iets voor het project gedaan, dan kan hij deze aanvulling via Google Docs invoeren en iedereen die in deze groep is uitgenodigd, kan de wijzigingen zien.

Zorg er wel voor dat je goede afspraken maakt over de taakverdeling in de groep: wie beheert de gezamenlijke website, wie verzorgt een update en wanneer? Elk groepslid heeft zijn eigen verantwoordelijkheid en meeliften door groepsleden wordt niet op prijs gesteld.

Op de website bij dit boek vind je bij het extra materiaal van hoofdstuk 2 handige links naar (gratis) tools en programma's die je tijdens het onderzoeksproject en je groepswerk kunt inzetten.

2.4 Belangrijkste gebruikte begrippen en hun betekenis

Begrip	Betekenis
Aanleiding tot onderzoek	Reden waarom je een bepaald onderzoek opstart.
Vooronderzoek	Oriënterende informatie verzamelen over het onderzoeks- onderwerp.
Big6™	Zoekmethode, toegepast op literatuuronderzoek.
Informatiezoekregels	Hulpmiddelen bij het zoeken naar informatie.
Logboek	Onderzoeksdagboek.
Mijlpaal	Belangrijk tijdstip (meetpunt, keuzemoment) tijdens je onderzoek.
Cloud	Een online opslagdienst voor het delen van bestanden.

2.5 Opdrachten

1. Over zoekmethoden.
   a. Zet in zes steekwoorden de methode Big6™ op een rij.
   b. Zet – eveneens in zes steekwoorden – de internetzoektips op een rij.
2. Twitter is het nieuwe sociale medium. Het is erg populair onder Tweede Kamerleden, die allerlei tweets over de debatten de wereld in helpen. Momenteel wordt veel onderzoek verricht naar de omvang van twitteren en het effect op het aantal en de intensiteit van sociale contacten.
   In een zoekmachine worden de woorden 'twitteren' en 'onderzoek' ingetikt. Het gevolg is 6.500.000 treffers in het Nederlands. Vervolgens wordt

de zoekopdracht "twitteren onderzoek" gebruikt, met als gevolg 47 treffers, zoals in figuur 2.8.

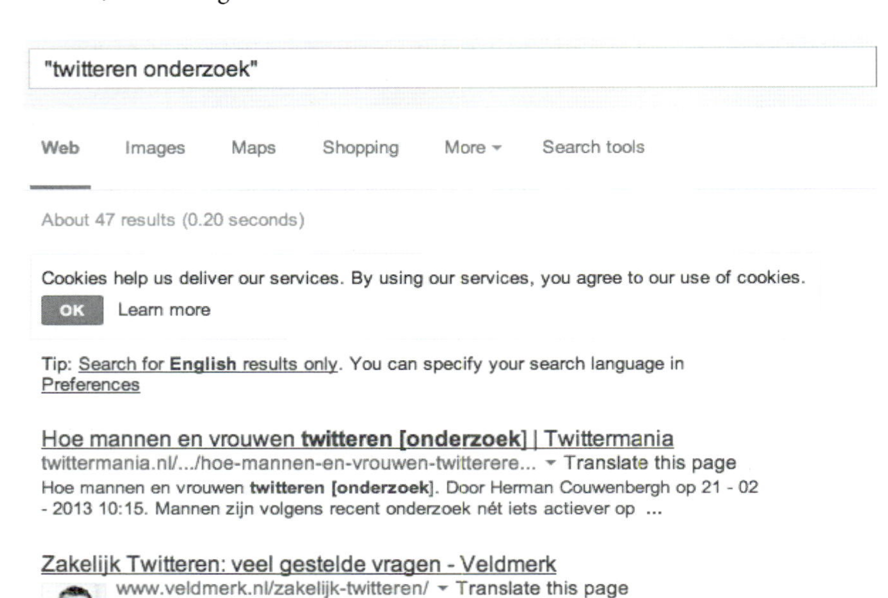

Figuur 2.8 Resultaten van een zoektocht op internet naar "twitteren onderzoek"

   a. Welke onderzoeksvraag wordt bij deze zoekactie gebruikt?
   b. Wat zijn de verschillen tussen de twee zoekacties?
   c. Welk van de twee resultaten vind je het beste en waarom?

3. Nederland is bekend als fietsland. De fiets wordt niet alleen gebruikt voor het woon-werkverkeer, ook in de vakantie is de fiets een populair vervoermiddel. De laatste tijd wordt het fietsen van lange afstanden steeds populairder, er worden zogenoemde 'LF's' (Landelijke Fietsroutes) aangelegd door heel Europa en de fietsvakantiebeurzen zijn ongekend populair. Voer zelf eens een internetzoektocht uit op het gebied van langeafstandsfietspaden. Hanteer de volgende criteria voor je resultaat:
   - niet te veel, maar ook niet te weinig keuzemogelijkheden;
   - inhoudelijke bruikbaarheid (informativiteit).

4. Het Nederlands Instituut voor Sport & Bewegen (www.nisb.nl) wil onderzoek doen naar de effecten van overgewicht op de gezondheid. Ze verwachten dat een afgestemd bewegingsprogramma een groter positief effect op overgewicht (en daarmee op gezondheid) zal hebben dan alleen het volgen van een dieet. Het onderwerp is nog wat breed en moet verder worden afgebakend door middel van deelvragen. Dat kan door onder andere na te gaan of er eerder onderzoek naar dit onderwerp is gedaan. Tijdens het vooronderzoek wordt onder andere op internet gezocht naar relevante pagina's over dit onderwerp. Een eerste zoekactie (overgewicht, sport, gezondheid, dieet, gezocht op 27 oktober 2013 via Google) levert ruim 246.000 treffers op.
   a. Wat is een goede zoekvraag voor dit vooronderzoek?
   b. In eerste instantie is gezocht op de steekwoorden 'sport', 'overgewicht', 'dieet' en 'gezondheid'. Zou dat beter kunnen, en zo ja, hoe?
   c. Maak een zoekplan en stel een aantal zoektermen, alsmede combinaties ervan, samen.
   d. Voer de zoekactie op internet uit.
   e. Selecteer de vijf meest relevante pagina's.
5. De laatste tijd worden veel maatregelen genomen om de duurzame visserij te stimuleren. Je wilt de stand van zaken op dit gebied weten. Ga op zoek naar informatie over *onderzoek naar duurzame visserij*. Zoek via internet of bezoek de bibliotheek van je opleiding. Gebruik bij het zoeken het schema van Big6™. Selecteer de vijf meest relevante informatiebronnen. Beschrijf de zoekactie en presenteer de resultaten met behulp van het schema in figuur 2.3. Wat kun je met de gevonden resultaten doen?
6. In dit hoofdstuk is een voorbeeld gegeven van onderzoek naar uitval en spijbelgedrag onder mbo-leerlingen. Zoek op internet naar informatie over de vraag of het probleem op de hbo ook bestaat.
   a. Bedenk naar aanleiding van de onderzoeksvraag zo veel mogelijk relevante termen.
   b. Bedenk combinaties van deze termen.
   c. Voer de zoekactie uit tot je minder dan tien treffers krijgt. Gebruik daarbij de internettips uit paragraaf 2.3.2.
   d. Selecteer de vijf beste treffers. Vat ze kort samen. Waarom zijn dit de beste treffers volgens jou?
7. Hoe zou jij een onderzoek naar spijbelen aanpakken? Wat zou de aanleiding kunnen zijn? Hoe zou je vooronderzoek eruit kunnen zien? Heb je een idee hoe je gegevens zou verzamelen? Bespreek je suggesties met je medestudenten.

8. Momenteel wordt veel onderzoek verricht naar onderwijsexcellentie. Niet alleen wordt er gekeken naar vormen van 'excellent onderwijs', ook effecten van dat onderwijs in de vorm van studieresultaat, evaluaties door studenten, en onderzoek naar nieuwe vormen van dit onderwijs passeren de revue. Dit soort onderzoek kan fundamenteel van aard zijn. We kunnen ons voorstellen dat dit onderwerp ook aanleiding kan zijn tot praktijkonderzoek.
   a. Stel twee zoekvragen naar informatie samen over dit onderwerp, eentje voor fundamenteel onderzoek en eentje voor praktijkonderzoek.
   b. Wat levert deze zoekactie op? Bespreek van iedere actie de twee belangrijkste gevonden informatiebronnen.
9. Maak een opzetje van een logboek voor je eigen onderzoek.
   a. Maak een tijdpad
   b. Maak een opzet voor het managen van de versies van het rapport.
   c. Bespreek de uitkomsten met je medestudenten

10. Maak een zoekplan voor onderzoek naar de volgende onderwerpen:
   a. Stel, je zoekt informatie over de economische situatie in Europese landen ten tijde van de financiële crisis. Maak een opzetje voor een zoekactie via Big6™.
   b. Stel, je voert een evaluatieonderzoek uit naar de waardering van het reizende theater 'De Parade'. Hoe ga je te werk als je een internetzoekactie op touw zet?

De antwoorden op deze vragen vind je op de website onder de tab Uitwerking opdrachten, hoofdstuk 2. Informatie over de ontwerpcasus vind je onder de tab Ontwerpcasussen, hoofdstuk 2.

3

Afbakening van het onderzoek

Alle vragen voor je onderzoek, en ook de (voorlopige) antwoorden, vat je samen in je onderzoeksplan, je ontwerp. Het uitgangspunt bij het maken van je plan is door Verschuren als volgt geformuleerd (zie kader 3.1).

Kader 3.1

Uitgangspunt voor het onderzoeksplan

Een onderzoeksplan geeft een duidelijk en realistisch antwoord op de vraag WAAROM, WAT, WAAR, HOE, HOEVEEL en WANNEER onderzocht gaat worden.

Bron: Verschuren, 1999, p. 26

Eerst leg je het onderzoeksplan voor aan je opdrachtgever (en aan je begeleider natuurlijk). Na goedkeuring vormt het de leidraad bij je onderzoek, het geeft er structuur aan. Slecht uitgevoerde onderzoeken zijn vaak een gevolg van een slechte voorbereiding. Als je het onderzoeksplan niet goed opzet, kan er van alles misgaan tijdens de dataverzameling en -analyse. Je kunt deze valkuilen vermijden door goed na te denken over het ontwerp en door een eenduidig en helder plan te schrijven waaraan iedereen zich kan houden. Plan dit goed en neem hiervoor ruim de tijd.

Het startpunt van je onderzoek is het formuleren van de probleemomschrijving, ofwel probleemstelling en doelstelling. Dat komt in paragraaf 3.2 aan de orde. Naast het bespreken van enkele vraagtypen helpen we je in dit hoofdstuk ook op weg bij het afbakenen van de begrippen die je voor je onderzoek gaat gebruiken, bij het opzetten van je plan en het tijdpad, en bij de keuze voor een dataverzamelingsmethode. Verder leer je hoe je hierbij heel goed gebruik kunt maken van je logboek.

onderzoekspad

Tijdens de ontwerpfase van je onderzoek breng je het globale onderwerp voor het onderzoek terug tot een kernprobleem, liefst in één zin. Je weet waarom het onderzoek verricht moet worden: het doel van de opdrachtgever (of docent) is duidelijk. Tijdens het vooronderzoek heb je veel bruikbare informatie verzameld. Dat stelt je in staat om met het 'echte' werk te beginnen. Je begeeft je als het ware op onderzoekspad.

Leerdoelen

Na het bestuderen van dit hoofdstuk ben je in staat om een goede probleem- en doelstelling te formuleren en (eventueel) een aantal deelvragen te ontwikkelen. Je kunt de begrippen uit deze probleem- en doelstelling omschrijven en afbakenen. Ook ben je bekend met de wijze waarop een model de verwachte uitkomsten weergeeft. Verder weet je hoe je een onderzoeksplan moet maken, uit welke onderdelen dit bestaat en wat erin moet komen. Ten slotte kun je een tijdpad opzetten en weet je waaruit een onderzoeksbegroting is samengesteld.

Kader 3.2

3.1 Verder met de voorbereidingen: de ontwerpfase

Wat is dat nu eigenlijk, een onderzoek ontwerpen? Daaronder verstaan we allereerst alle activiteiten die leiden tot het afbakenen van het onderzoeksonderwerp (het *domein*), dus het formuleren van de probleem- en doelstelling en eventuele deelvragen. Daarnaast beantwoord je de vragen welke gegevens je nodig hebt, waar je die gegevens moet zoeken en hoe je aan die gegevens komt. In de ontwerpperiode gaan de contouren van je onderzoek zich steeds beter aftekenen. Je passeert de eerste kruisingen van je onderzoekspad. Op die kruisingen moet je de juiste keuzes maken. Niet alleen het domein wordt duidelijk, ook de vragen en uitspraken over dat domein. Dit wordt ook wel het *beweerde* genoemd.

De ontwerpfase bestaat uit een aantal subfasen:

a. De eerste en belangrijkste is het formuleren van de probleem- en doelstelling.
b. Vervolgens kun je een *voorlopig* antwoord op deze vraag (de probleemstelling dus) bedenken aan de hand van de gevonden informatie; dit vormt je verwachting over de uitkomst van het onderzoek en het wordt het uitgangspunt van je dataverzameling. De probleemstelling moet dus wel relevant zijn, zodat je weet welke gegevens je moet verzamelen. Immers, het antwoord op de vraag moet bijdragen tot de oplossing van een maatschappelijk of praktisch probleem.
c. De ontwerpfase is onder te verdelen in de volgende subfasen (zie figuur 3.1):

1. oriëntatie, van idee naar onderwerp; een aanleiding formuleren, een vooronderzoek starten. We bespraken het al in hoofdstuk 2;
2. probleemomschrijving, het maken van een probleem- en doelstelling;
3. het vaststellen van de dataverzamelingsmethode, het bedenken van de antwoorden op je vragen, een methode om deze antwoorden te controleren;
4. het maken van het onderzoeksplan, het opschrijven van je antwoorden, planning, budget, enzovoort.

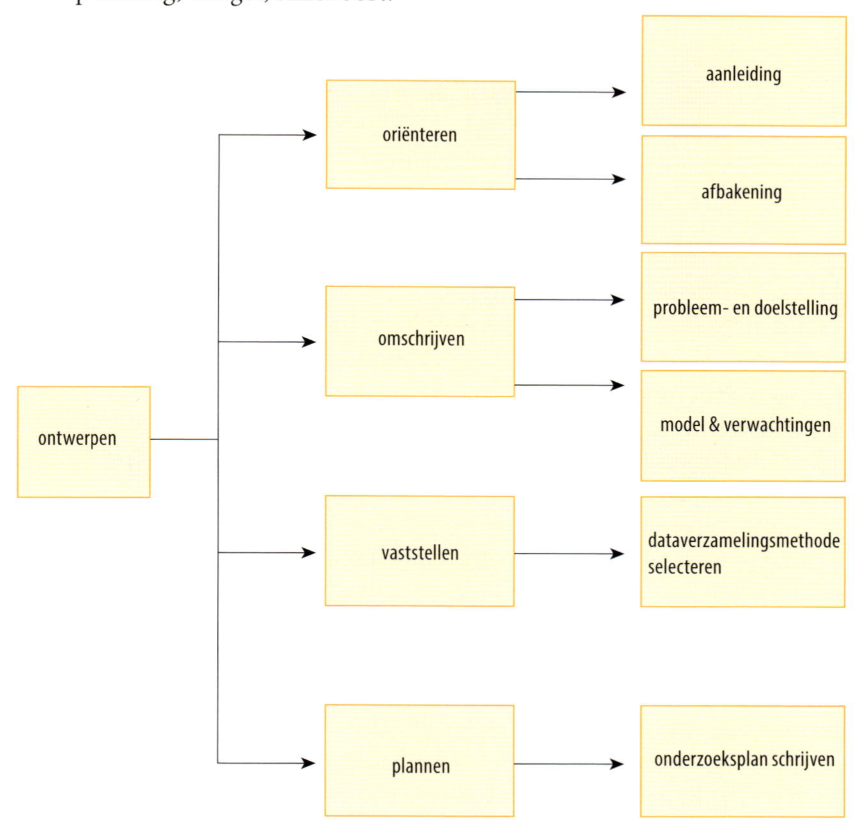

Figuur 3.1 Subfasen 'ontwerpen'

De in figuur 3.1 genoemde fasen vormen een hulpmiddel bij het ontwerpen van je onderzoek. In de alledaagse onderzoekspraktijk lopen ze vaak door elkaar. Soms worden fasen overgeslagen en soms ligt er al een uitgewerkt plan (vaak in elk geval een budget en tijdpad). Zeker als je opdrachtonderzoek doet, moet je hiermee rekening houden. De fasen vormen slechts een hulpmiddel om je onderzoek structuur te geven, maar de volgorde van de fasen ligt dus niet strikt vast. Wel is het belangrijk dat de afbakening van het probleem plaatsvindt vóórdat de dataverzameling start. Zo ook kan de analyse pas beginnen als je de data compleet hebt. De fase van verslaglegging en rapportage vindt niet na afloop van een onderzoek plaats, maar parallel aan de uitvoer ervan. Er zijn zelfs onderzoekers die van tevoren hun resultaten (of verwachtingen) op papier zetten en achteraf bekijken of deze verwachtingen zijn uitgekomen.

3.2 Vragen stellen: de probleemomschrijving

Het opstellen van de probleemomschrijving is het belangrijkste onderdeel van een onderzoeksproject. Zonder een goede probleemomschrijving lijkt een onderzoek een 'ongeleid projectiel': je weet niet welke richting het uit moet. Zo kun je eigenlijk geen goede conclusies trekken, om nog maar te zwijgen van het doen van aanbevelingen. In de inleiding zeiden we het al: *goed onderzoek bestaat niet zozeer uit het geven van de juiste antwoorden, maar uit het stellen van de juiste vragen*. Daarom moet je veel aandacht besteden aan het formuleren van een probleem- en doelstelling voor je onderzoek. Samen vormen zij de probleemomschrijving. Overigens stel je die hoofdvraag niet altijd zélf, in praktijkonderzoek komt deze vaak van een opdrachtgever.

Terminologie

Voordat we de verschillende vragen behandelen die in een probleemomschrijving aan de orde komen, moet eerst wat onduidelijkheid over de terminologie worden weggenomen. Bij het opstellen van een centrale vraag voor onderzoek spreekt de ene onderzoeker over probleemstelling, de andere over probleemomschrijving, onderzoeksvraag of centrale vraag. Over het gebruik van deze begrippen kan onduidelijkheid ontstaan.

In dit boek wordt als volgt met deze begrippen omgegaan. De *probleemomschrijving* bestaat uit de *doelstelling* voor het onderzoek en de *probleemstelling*. Dat is de centrale vraag (of hoofdvraag) die met het onderzoek wordt beantwoord. Het is niet voldoende om hier alleen te spreken van 'centrale vraagstelling'. Gedurende het hele onderzoek worden namelijk vragen gesteld: over de inhoud, opzet, analyse, rapportage; om het onderscheid met de belangrijkste vraag uit het onderzoek helder te houden spreken we hier van *probleemstelling*.

Onder deze probleemstelling kan een aantal *deelvragen* vallen die de probleemstelling verduidelijken en een stap zijn in de richting van (onderzoeksof) *analysevragen* die tijdens de analyse worden beantwoord. Dit zijn meer vragen naar samenhang, toetsen, beschrijvingen, enzovoort.

Dus: probleemstelling → deelvragen → analysevragen.

3.2.1 Probleemstelling

Of je nu kennisvragen oplost in fundamenteel onderzoek of een praktijkprobleem in praktijkgericht onderzoek, de probleemstelling vermeldt altijd wat je als onderzoeker uiteindelijk wilt weten, welke hoofdvraag je aan het einde van je onderzoek wilt kunnen beantwoorden.

Kenmerken van een probleemstelling

Een goede probleemstelling heeft de volgende kenmerken:

1. Ze wordt opgesteld in de vorm van *een heldere vraag*.
2. Er bestaat *samenhang* met de doelstelling (zie paragraaf 3.2.3). Dat wil zeggen dat de doelstelling en de probleemstelling onlosmakelijk met elkaar verbonden zijn. Je probleemstelling kan zijn: hoe tevreden zijn de klanten van Supermarkt 'BS' over het aanbod van producten? Dan is je doel waarschijnlijk om met de resultaten van het onderzoek aanbevelingen te doen over uitbreiding of verandering van dat aanbod.
3. Duidelijk is *welke kennis* de onderzoeker nodig heeft:
   a. Welke begrippen zijn belangrijk: gedrag, motieven, feiten, meningen of beleving van personen?
   b. Kwantitatief of kwalitatief?
4. Duidelijk is over wie de onderzoeker kennis nodig heeft en over welke periode. Het komt ook wel voor dat in de probleemstelling geen periode wordt genoemd. Dat kan een nadeel zijn, omdat je dan niet weet over welke periode je uitspraken doet. De probleemstelling lijkt onvolledig. Dat is echter niet waar, de periode is niet genoemd wanneer het onderzoek zich in de tegenwoordige tijd afspeelt en niet wordt herhaald. Op het moment van onderzoek wordt ook de waarneming gedaan. Dit heet ook wel '*crosssectioneel*'.
5. Waar mogelijk of nodig wordt een aantal *deelvragen* over het onderwerp (wat wil je weten, over wie, waar, wanneer en in welke context?) gesteld. Hierover meer in de volgende paragraaf.
6. *Specificatie* in analysevragen is mogelijk. Dit wil zeggen dat uit de probleemstelling (en eventuele deelvragen) *analysevragen* kunnen worden

geformuleerd, die vervolgens met behulp van analyse beantwoord kunnen worden.

7. Er bestaat een relatie met de *verwachtingen* omtrent de uitkomsten van het onderzoek. De probleemstelling is een vraag naar een bepaalde situatie of bijvoorbeeld een effect. We gaan ervan uit dat je die vraag alleen stelt indien je een verwachting hebt over de uitkomsten van het onderzoek. Bijvoorbeeld: 'Wat is de omvang van het ziekteverzuim bij vervoersbedrijf "Swift" en hoe kan dit ziekteverzuim worden teruggedrongen?' In deze vraag zit de verwachting besloten dat er een bepaald probleem is en dat daaraan iets gedaan kan worden.
8. Een probleemstelling is *volledig*. Een fout die veel onderzoekers maken, is dat ze onvolledig blijven. Zo kun je bijvoorbeeld de probleemstelling hebben: 'Welke oorzaken heeft het hoge ziekteverzuim bij het personeel van de scholengemeenschap "Delta-educatief" in Zeeuws-Vlaanderen?' Deze vraag kan niet worden beantwoord zonder dat je eerst onderzoek doet naar de vraag óf er een hoog ziekteverzuim is. Vervolgens kun je nagaan wat daarvan de oorzaken zijn. Deze vraag is dus onvolledig. Bij de deelvragen komen we op dit probleem terug.
9. Probleem- en doelstellingen zijn *doelvrij*. Dat wil zeggen dat je deze als onafhankelijk en objectief onderzoeker hebt opgesteld, vrij van achterliggende doelen bij de opdrachtgever. Zo kun je in opdracht een onderzoek naar de interne communicatie bij een grote bank organiseren, met als doel de communicatie te verbeteren. Als het werkelijke doel van de opdrachtgever is om mensen te ontslaan met wie in de ogen van de organisatie niet is samen te werken, bestaat de kans dat je onderzoek voor dit doel wordt gebruikt. Een doelvrije probleem- en doelstelling kan dit voorkomen.

De probleemstelling speelt een grote rol bij het bepalen van de methode van dataverzameling. Het kan een beschrijvende vraag zijn, een evaluatieve vraag, of bijvoorbeeld een vraag naar een bepaald effect. In tabel 3.1 zijn enkele voorbeelden opgenomen. Vaak kan naar aanleiding van een probleemstelling vrij snel de dataverzamelingsmethode worden bepaald. Dat is dan uit de probleemstelling al af te lezen. Natuurlijk is dat ook afhankelijk van andere factoren, zoals de populatie, het budget of het tijdpad.

In kader 3.3 vind je een voorbeeld van een probleemomschrijving. De eenheden van het onderzoek staan vermeld en het onderwerp. Bovendien is de doelstelling van het onderzoek goed zichtbaar (zie ook paragraaf 3.2.3).

Tabel 3.1 Voorbeelden van probleemstellingen

Vraagtype	Voorbeeld
beschrijven	Welke zomerbaantjes hebben jongeren tussen de 16 en 25 jaar tijdens de zomervakanties in de Randstad?
definiëren	Wat voor een profiel hebben de bezoekers van de Hermitage Amsterdam?
verklaren	Hoe komt het dat jongeren in het voortgezet onderwijs steeds minder boeken lezen? (Of: waarom lezen jongeren in het voortgezet onderwijs steeds minder boeken?)
voorspellen	Welke ontwikkelingen op het gebied van sociale media kunnen de komende vijf jaar worden verwacht?
vergelijken	Welke samenhang bestaat er tussen eetgedrag en gezondheid? Is er verschil in eetgedrag tussen lager en hoger opgeleiden?
evalueren	In welke mate waarderen patiënten de dienstverlening van de polikliniek van het Erasmus Medisch Centrum in Rotterdam? Wat vindt men in Nederland van de voorgestelde verhoging van de pensioenleeftijd?
voorschrijven	Welke suggesties kunnen worden gedaan (maatregelen kunnen worden genomen) om de kwaliteit van de bediening in restaurant 'd'Oude Molen' te optimaliseren?
ontwikkelingen volgen	Welke trends op het gebied van koopgedrag bij webshops kunnen vanaf 2000 worden waargenomen?

Jeugdorkest (1)

Voor een evaluatieonderzoek van een jeugdsymfonieorkest in de provincie Utrecht luidde de probleemstelling in 2002: 'Hoe kan de organisatie van het AJO in haar geheel voor de komende jaren worden vormgegeven?' (Verhoeven, 2002a). Hier een 'hoe-vraag' die geen verklaring zoekt, maar een ontwikkelingsperspectief voor de toekomst vraagt. Het onderzoek baseert zich op heden en verleden. De periode waarover uitspraken worden gedaan, ligt in de toekomst. Er wordt een verdere afbakening in een aantal deelvragen verzorgd. De doelstelling vind je goed terug in de probleemstelling, die twee vallen als het ware samen. Bij dit type *explorerende* vragen zie je niet vaak dat de onderzoeker verwachtingen opstelt over de uitkomsten van het onderzoek. Dat was hier ook niet het geval.

Kader 3.3

3.2.2 De 6W-formule

Een handig hulpmiddel bij het opstellen van een probleem- en doelstelling is de 6W-formule.

De formule is geïntroduceerd door Migchelbrink, die deze inzet tijdens de probleemanalyse en -afbakening. Hij maakt daarbij gebruik van een zestal vaste vragen. Hij presenteert deze probleemanalyse als de 5xW+H-formule (vijf vragen beginnend met een W en één vraag beginnend met een H; zie Migchelbrink, 2002, p. 62). Voor dit boek is deze formule bewerkt naar de 6W-formule (kader 3.4). Ook bij het formuleren van de aanleiding van je onderzoek kan de formule gebruikt worden.

6W-formule

1. *Wat is het probleem?* Hoe is het omschreven, is duidelijk wat er wordt bedoeld, ontbreekt er iets, en zo ja, wat?
2. *Wie heeft het probleem?* Of bij wie berust het probleem? Je gaat na wie de spelers bij het onderwerp zijn, de betrokken eenheden.
3. Wanneer is het probleem ontstaan? Een tijdsbepaling.
4. *Waarom is het een probleem?* Probeer de daadwerkelijke reden voor het onderwerp te achterhalen. Geen dubbele bodems, verborgen agenda's en doelstellingen.
5. *Waar doet het probleem zich voor?* Zijn bepaalde aspecten van het probleem belangrijker dan andere, zijn er bepaalde probleemgebieden aan te wijzen?
6. *Wat is de aanleiding?* Hoe is het probleem ontstaan? Achterhaal de geschiedenis van het onderwerp.

Kader 3.4

In kader 3.5 is de 6W-formule toegepast op onderzoek naar patiënttevredenheid in ziekenhuis 'Cura'.

In fase 1, sectie 4 vind je een aantal hulpvragen voor het gebruik van de 6W-formule.

3.2.3 Deelvragen: nuttig of nodig?

In veel gevallen wordt een probleemstelling samengesteld uit meer dan één deel, bijvoorbeeld eerst een beschrijvend deel, gevolgd door een verklarend deel (bijvoorbeeld in een bijzin). In tabel 3.1 zijn voorbeelden van enkelvoudige vraagtypen gegeven. Je kunt je echter voorstellen dat je eerst vaststelt wat de ontwikkelingen zijn in het leesgedrag van jongeren in het voortgezet onderwijs in de laatste jaren. Vervolgens zoek je voor deze ontwikkelingen een verklaring. Er ontstaat dan een probleemstelling, zoals: 'Welke ontwikkelingen zijn er in het leesgedrag van jongeren in het voortgezet onderwijs in de laatste tien jaar, en welke oorzaken zijn voor deze ontwikkelingen aan te wijzen?' Zo ontstaat soms een monster van een vraag: onleesbaar en onduidelijk.

Patiënttevredenheid ziekenhuis 'Cura' (1)

Een groot ziekenhuis laat onderzoek doen naar de vraag hoe tevreden zijn patiënten zijn met de hulpverlening in de poliklinieken en of er punten zijn die voor verbetering vatbaar zijn. Directe aanleiding zijn diverse klachten over de medische zorg op de poli gedurende het voorjaar van 2010. Een aantal patiënten vertrekt naar een ziekenhuis buiten de regio. Daarom wordt in de zomer van 2010 een vragenlijstonderzoek afgenomen en worden gesprekken met patiënten gevoerd. De uitkomsten van het onderzoek worden gebruikt bij het schrijven van een verbeterplan. In termen van 6W:

1. In welke mate zijn de patiënten van de polikliniek van ziekenhuis 'Cura' tevreden over de zorg in de poliklinieken en welke aanbevelingen voor eventuele verbetering kunnen worden gedaan?
2. De eenheden voor dit onderzoek zijn de patiënten. De hulpverleners (dokters, verpleegkundigen, enzovoort) zijn de andere belanghebbenden.
3. In dit geval is het probleem in het voorjaar van 2010 ontstaan.
4. Klachten over de dienstverlening tasten de kwaliteit van de zorg in het ziekenhuis aan, waardoor patiënten naar elders vertrekken. Het ziekenhuis wil echter zijn regiofunctie niet verliezen; daarom worden deze klachten als een probleem gezien.
5. Het probleem doet zich specifiek op de polikliniek voor.
6. De aanleiding voor het probleem zijn de klachten over de dienstverlening op de poli van ziekenhuis 'Cura'.

Kader 3.5

Het kan echter ook anders. Veel onderzoekers kiezen voor het formuleren van een brede, algemene probleemstelling, gevolgd door een aantal deelvragen die enkele aspecten (doelgroep, eenheden, onderwerpen en tijdpad) van de probleemstelling nader belichten.
Deelvragen dienen ervoor om de probleemstelling in een paar duidelijke onderdelen te kunnen opsplitsen. Kun je de deelvragen afzonderlijk beantwoorden, dan kun je ook een antwoord op de probleemstelling geven.

Er zijn verschillende manieren om tot heldere deelvragen te komen; we bespreken er twee. Verschuren en Doorewaard (2007, p. 140) gebruiken de methode van 'rafelen en rasteren'. Zo kun je de probleemstelling in een aantal eenvoudige kernbegrippen opsplitsen. Deze kernbegrippen zijn het onderwerp van de te formuleren deelvragen. Een instrument dat hierbij van pas kan komen, is een *boomdiagram*. Het op te splitsen begrip is het uitgangspunt, daarna werk je het stapsgewijs uit aan de hand van een aantal vragen over de aard van de probleemstelling: welke groepen worden vergeleken, waarom en op welke wijze worden begrippen genoemd, waarover gaat het precies en wanneer speelt het een rol. Figuur 3.2 laat een voorbeeld zien van zo'n uiteengerafelde probleemstelling in deelvragen.

boomdiagram

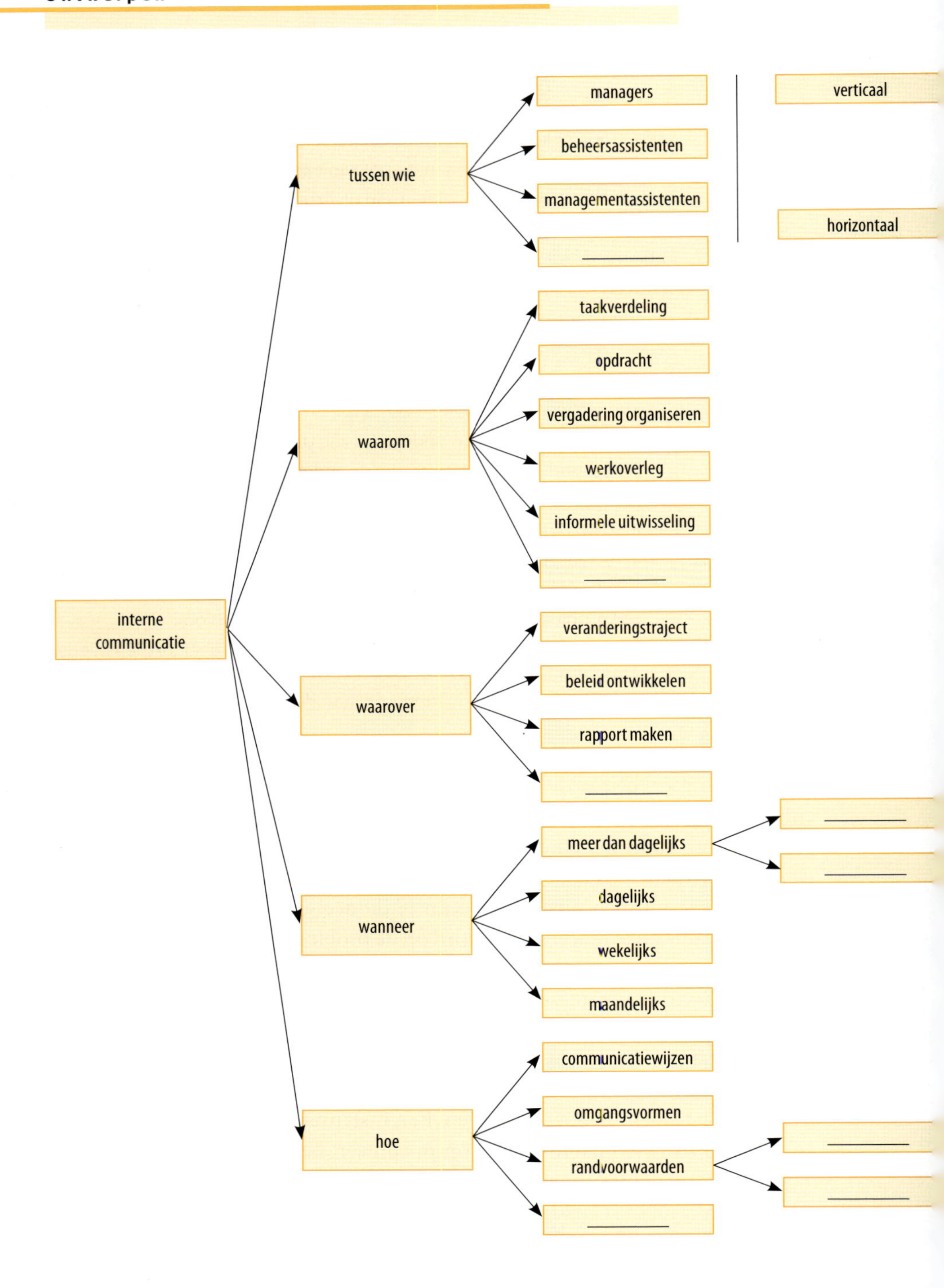

Figuur 3.2 Mogelijke afbakening van 'interne communicatie'

Een andere manier om tot goede deelvragen te komen is door het toepassen van de 6W-formule op deelonderwerpen uit je onderzoek.

Excellentie op VO-scholen

Momenteel is er veel aandacht voor excellente leerlingen op VO-scholen. Sinds een paar jaar bieden deze scholen de mogelijkheid voor deze leerlingen om aparte programma's te volgen. Stel, je doet onderzoek naar excellentie van leerlingen op VO-scholen. Een van de deelvragen betreft de aard van de studiemotivatie van deze leerlingen. Met de 6W-formule ziet dit er als volgt uit:

1. Wat: nagaan hoe het is gesteld met de studiemotivatie van de excellente leerlingen;
2. Wie: excellente leerlingen op VO-scholen;
3. Wanneer: sinds de invoering van speciale programma's op VO-scholen;
4. Waarom: zonder goede studiemotivatie geen goede leerhouding en creativiteit; dat leidt tot lagere studieresultaten;
5. Waar: beperking tot de speciale excellentie-programma's;
6. Wat is de aanleiding: excellentieprogramma's draaien nu een paar jaar, tijd dus voor een evaluatie onderzoek.

Kader 3.6

De deelvragen zijn nog erg abstract en ze kunnen niet direct in een vragenlijst worden gebruikt. Om dat te kunnen doen moet je de abstracte begrippen vertalen naar meetbare begrippen, bijvoorbeeld naar enquêtevragen. Dat wordt *operationaliseren* genoemd. Hoe dat in z'n werk gaat, wordt in hoofdstuk 6 besproken.

operationaliseren

Welke methode je ook gebruikt, aan het opstellen van deelvragen is een aantal *voorwaarden* verbonden:

- Deelvragen moeten relevant zijn. Geen onzin dus.
- Deelvragen overlappen elkaar niet, ze vullen elkaar aan.
- Deelvragen vormen een specificatie van begrippen uit de probleemstelling. Dat kan een vergelijking zijn of een (causaal) verband (bron: www.snelafstuderen.nl).

In de kaders 3.7 en 3.8 geven we twee voorbeelden van deelvragen.

Jeugdorkest (2)

Bij het evaluatieonderzoek van het Utrechtse jeugdsymfonieorkest werden de volgende deelvragen gesteld (Verhoeven, 2002a):

- Hoe kan de organisatie juridisch gezien het beste vorm krijgen?
- Hoe dienen functies binnen het AJO-bestuur en/of -vrijwilligerscorps te worden afgebakend, zowel inhoudelijk als (eventueel) arbeidsrechtelijk?
- Hoe kunnen de werving van sponsors en het aanboren van fondsen het beste worden aangepakt?
- Hoe wil het AJO zich in de toekomst profileren?

Kader 3.7

Schoolverlaters

Sommige studenten verlaten de school voordat ze afgestudeerd zijn. Dat is een groot probleem en de onderwijsraad wil daar iets aan doen. De raad laat een onderzoek uitvoeren naar de risicofactoren van schoolverlaten. Daarbij wordt aangegeven dat er twee soorten risicofactoren zijn: klassieke risicofactoren en geruisloze risicofactoren. Klassiek zijn de cognitieve factoren, problemen thuis of leerproblemen. Geruisloze factoren zijn moeilijk te onderzoeken, omdat de student zelf de keuze maakt om te vertrekken, vaak als gevolg van motivatieproblemen of verkeerde studiekeuze. Een onderzoek kan zich richten op de volgende probleemstelling: 'Wat is er bekend over geruisloze risicofactoren met betrekking tot vroegtijdig schoolverlaten?' Daarbij worden de volgende deelvragen gesteld:

- Welke klassieke en geruisloze risicofactoren bestaan er in de literatuur over vroegtijdig schoolverlaten?
- Hoe kan de groep geruisloze schoolverlaters worden 'herkend'; wat is hun profiel?
- Wat gaan de schoolverlaters doen?
- Welke maatregelen zijn genomen om het voortijdig schoolverlaten te voorkomen en wat zijn de belangrijkste knelpunten hierbij?

(Dit voorbeeld is bewerkt naar het onderzoek van Van Rooij, Pass & Van den Broek, 2010. Het onderzoek is uitgevoerd door middel van een literatuurstudie.)

Kader 3.8

3.2.4 *Doelstelling*

Wat is het doel van je onderzoek? Wat is de functie ervan? Behalve achterliggende fundamentele (ofwel elementaire) overwegingen zijn er ook hele praktische doelen van onderzoek te noemen. Meestal worden die vanuit het oogpunt van de opdrachtgever geformuleerd. Een goede doelstelling bestaat uit de volgende onderdelen:

1. centrale formulering (niet te specifiek);
2. aanduiding van het onderzoekstype (praktijkgericht);
3. aanduiding van de relevantie (praktijkgericht);
4. vermelding van de doelen en wensen van de opdrachtgever.

Het onderzoek naar de organisatie van het jeugdorkest (kader 3.7) heeft de doelstelling als het ware al in de probleemstelling staan. Gevraagd werd naar de beste vorm voor de organisatie. Het doel van het onderzoek was dan ook te komen tot een efficiënte organisatie van de taken wat betreft rechtsvorm, interne organisatie en werving van sponsors (subsidies). Zowel uit de hoofdvraag als uit de deelvragen werd dit goed duidelijk.
Kijk ook eens naar de doelstelling in het schoolverlatersvoorbeeld in kader 3.8. Door in het verleden genomen maatregelen (en het mogelijke succes hiervan) te evalueren (kijken naar de knelpunten) kunnen wellicht nieuwe beleidsmaatregelen worden getroffen om vroegtijdig schoolverlaten terug te dringen. Zo komen we via de deelvragen de doelstelling tegen.

Utrechtse emeriti

Voor een onderzoek onder Utrechtse emeriti gingen Becker en Verhoeven (2000) na welk activiteitenpatroon gepensioneerde hoogleraren vertoonden. De doelstelling van het onderzoek was om met de uitkomsten van het onderzoek het beleid ten aanzien van gepensioneerde hoogleraren vorm te geven. Zo'n beleid was er tot dan toe nog niet. Wat het belang hiervan is? Als hoogleraren na hun 65ste met pensioen gaan, nemen zij alle kennis en ervaring die ze hebben opgebouwd mee. Vaak zetten zij zich vervolgens in op allerlei gebieden in de samenleving, maar door de strikte pensioengrens van 65 jaar kunnen zij voor de universiteit niet veel meer betekenen, behalve op eigen initiatief. Het is voor een universiteit en voor de desbetreffende professoren dan ook goed om te bedenken waar en op welke wijze deze kennis en ervaring nog ingezet kunnen worden.

Kader 3.9

3.3 Begripsafbakening

Als de doelstelling en de vragen voor je onderzoek helder zijn, dan zet je de volgende stap: je moet de begrippen uit je probleemstelling verduidelijken. Immers, je kunt niet zomaar van vraag naar vragenlijst! Dit kan tot fouten leiden tijdens het verzamelen van je gegevens. Wil je bijvoorbeeld een onderzoek doen naar 'leefstijl' van jongeren (*de Volkskrant*, 24 november 2005), dan zul je eerst moeten omschrijven wat je onder leefstijl verstaat. Daarom stel je het domein (waarover doe ik uitspraken?) en het beweerde (welke uitspraken doe ik?) van je onderzoek vast.

Ziekteverzuim (1)

Stel dat je onderzoek doet in een bedrijf naar de vraag: 'Hoe kan het ziekteverzuim succesvol worden teruggedrongen?' Natuurlijk stel je eerst vast of er wel sprake is van een probleem: hoe hoog is het ziekteverzuim? Daarna ga je met een vragenlijst op pad, bij de mensen langs. Je legt deze vragenlijst voor aan alle medewerkers die ziek thuis zijn, met een griepje, net uit het ziekenhuis, met een burn-out, ernstig ziek en in het traject van de WIA. Is dit een goede aanpak?

Kader 3.10

Het voorbeeld in kader 3.10 lijkt een beetje op 'zoek de verschillen', het bekende spelletje met twee plaatjes. Wat blijkt namelijk? Je kunt de begrippen uit je vraagstelling vaak op heel verschillende manieren omschrijven. Voor 'ziekteverzuim' zijn wel vier verschillende definities te geven:

- totaal aantal ziektedagen per organisatie in een jaar;
- gemiddelde duur van het ziekteverlof in een organisatie in één jaar;
- alle werkdagen van het personeel gedeeld door alle ziektedagen van het personeel;
- het percentage van de totale werktijd die de werknemer door ziekte niet op het werk was.

Vanuit een werknemer kun je ziekteverzuim omschrijven als:

- ziekte van een werknemer door gezondheidsproblemen;
- ziekte van een werknemer door psychosociale problemen;
- ziekte van een werknemer door emotionele problemen.

subjectiviteit

Daar komt nog iets bij: de *subjectiviteit* van de ondervraagde personen. Immers, de ene persoon voelt zich eerder ziek en zal eerder thuisblijven dan de andere persoon. Als je niet eerst de begrippen afbakent, kom je niet verder. Het risico bestaat, zoals in dit voorbeeld is beschreven, dat je totaal verkeerde vragen gaat stellen. Je vraagt nu eenmaal niet aan iemand die bijna afgekeurd is: 'Wanneer denkt u weer aan het werk te kunnen?' Let op, het is de bedoeling dat je een definitie van de begrippen geeft, geen uitwerking van vragen voor een vragenlijst. Je maakt de begrippen nog niet 'onderzoekbaar'. Dit *operationaliseren* komt later aan de orde (zie paragraaf 6.1).

Begrip-zoals-bedoeld

Allereerst stel je vast wat je onder een begrip verstaat (begrip-zoals-bedoeld). Het begrip 'leefstijl' in het jongerenonderzoek wordt omschreven als 'de groep waartoe jongeren zichzelf rekenen uitgaande van kleding en muziekkeuze' (*de Volkskrant*, 24 november 2005). Er zijn vele redenen te geven waarom een begripsafbakening nodig is. We noemen er drie:

- De betekenis van een begrip staat vast en is helder gedurende de rest van het onderzoek.
- Je laat heel duidelijk de grenzen van je onderzoek zien, wat je wel en wat je niet gaat onderzoeken (Van Buuren & Hummel, 1997, p. 24-25).
- De afbakening van een begrip bepaalt welke informatie straks, tijdens de dataverzameling, moet worden verzameld.

Kortom, je bakent het domein af. Meer hierover in hoofdstuk 6 (zie ook figuur 6.2).

Stipulatieve betekenis

Hoe vind je de juiste definitie, of liever gezegd: de meest bruikbare definitie voor je onderzoek? Bij theoriegericht onderzoek wordt daarvoor meestal in de wetenschappelijke literatuur gekeken. Bij praktijkgericht onderzoek zijn deze definities uit de literatuur vaak niet goed te gebruiken, omdat ze te algemeen zijn. Verschuren en Doorewaard (2007) adviseren om gebruik te maken van zogenoemde *stipulatieve* definities. Dat zijn definities die speciaal voor een bepaald onderzoek worden gegeven. Zo kun je een definitie beginnen met: 'In dit onderzoek verstaan wij onder ziekteverzuim ...' Het is immers belangrijk dat de definities bruikbaar zijn. Het belang van deze bruikbaarheid wordt nog eens benadrukt als je kijkt naar de genoemde redenen voor de begripsafbakening. Verder moet je erom denken dat definities niet alleen laten zien wat onder het begrip moet worden verstaan, maar vooral ook wat er niet onder moet worden verstaan. Dus: wat valt binnen en wat buiten de onderzoeksgrens!
Stel, je hebt de volgende vraagstelling: 'Hoe komt het dat het ziekteverzuim van de werknemers bij organisatie X zo hoog is?' In deze vraagstelling vormen de werknemers het *domein* van je onderzoek, dat deel van de organisatie waarover je uitspraken doet. De situatie van het hoge ziekteverzuim vormt het *beweerde* van je onderzoek (Verschuren & Doorewaard, 2007). Dit betekent dat je eerst moet aantonen dat het ziekteverzuim hoog is. Je moet echter ook aangeven wat je onder 'ziekteverzuim' en 'hoog ziekteverzuim' verstaat. Een voorbeeld vind je in kader 3.11.

Ziekteverzuim (2)

In haar onderzoek naar ziekteverzuim beschrijft Hopstaken (1994) dat ziekteverzuim een begrip is dat op veel manieren kan worden omschreven. Het is niet eenduidig. Mensen beslissen immers zelf wanneer ze ziek zijn. Soms zijn ze niet ziek in de strikte betekenis (lichamelijk iets mankeren). Ook emotionele, psychische factoren kunnen een rol spelen bij ziekteverzuim. Daarom moet een onderscheid worden gemaakt tussen fysieke en psychische oorzaken van ziek melden. Hopstaken maakt een driedeling in het ziekteverzuim:

- *wit*: er zijn aantoonbare gezondheidsproblemen;
- *grijs*: niet duidelijk is of de problemen aantoonbaar fysiek zijn, maar ze worden wel zo ervaren;
- *zwart*: de ziekmelding wordt niet veroorzaakt door gezondheidsproblemen.

Kader 3.11

3.4 Modellen en verwachtingen

Nadat de begripsafbakening klaar is, formuleer je verwachtingen omtrent de uitkomsten van je onderzoek. Om deze te structureren kun je een model gebruiken, krachtig bijgestaan door eerdere uitspraken, of onderzoeksresultaten van andere onderzoekers. Je kunt het model ook in een vereenvoudigde 'diagramstijl' weergeven, ook wel een onderzoeksmodel genoemd (Verschuren & Doorewaard, 2007). Dan laat je zien hoe volgens jou de factoren geplaatst moeten worden en wat de verwachte relatie is tussen deze factoren. Zo kun je bijvoorbeeld een model presenteren over de factoren die van invloed zijn op ziekteverzuim en de relatie die jij tussen deze factoren verwacht. Zoals reeds is gezegd, maak je waar mogelijk gebruik van bestaande theorieën, die voor eerder onderzoek zijn gebruikt.

Conceptueel model

Een model is een vereenvoudigde weergave van (een deel van) de werkelijkheid; je verwerkt daarin de verwachtingen omtrent de uitkomsten van je onderzoek. Er zijn veel manieren om een model vorm te geven. Belangrijk is in elk geval dat je alle aspecten meeneemt die binnen de grenzen van je definities een rol spelen. Veel onderzoekers spreken in dit verband ook wel over conceptueel model, bestaande uit drie onderdelen:

1. de *elementen* in het afgebakende domein;
2. *bouwstenen*: alle begrippen en/of factoren die een rol spelen bij de probleemstelling;
3. alle mogelijke *relaties* die je tussen deze factoren verwacht. In sommige gevallen zal een model causale verbanden weergeven. Causale verbanden

geven een speciaal type relatie aan: het verband tussen oorzaak en gevolg, oftewel een effect. In andere gevallen gaat het om tweezijdige relaties (Swanborn, 2010; Verschuren & Doorewaard, 2007).

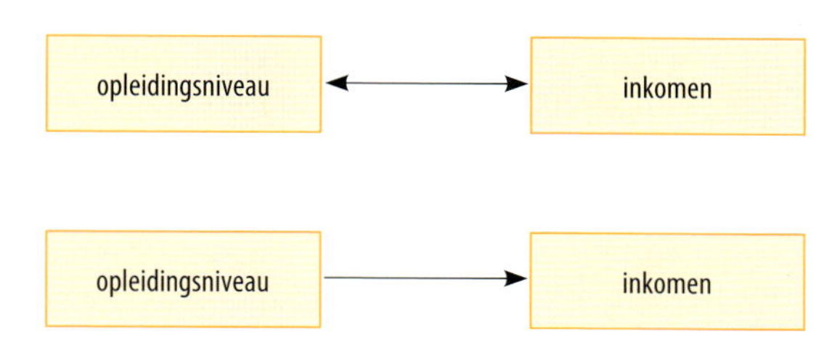

Figuur 3.3 *Twee voorbeelden van modellen*

In figuur 3.3 zijn twee eenvoudige voorbeelden weergegeven. In het eerste model is een pijl met twee pijlpunten zichtbaar. Dit geeft aan dat de onderzoeker een *tweezijdige* relatie (ofwel samenhang) verwacht tussen opleidingsniveau en inkomen. De verwachting luidt dan: 'Er bestaat een relatie tussen opleidingsniveau en inkomen.'
Wordt er een pijl met slechts één punt weergegeven, zoals in het tweede model, dan wordt een *effect* van opleidingsniveau op inkomen verwacht. De relatie krijgt hiermee een bepaalde *richting*: een *causale relatie*, ofwel een *oorzaak-gevolgrelatie*.

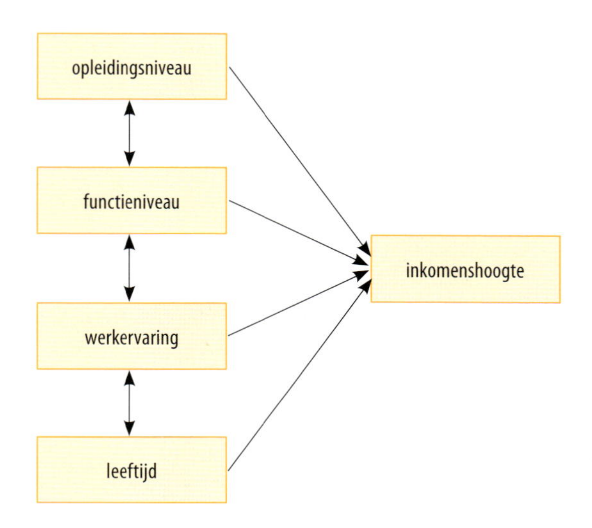

Figuur 3.4 *Een conceptueel model van inkomenshoogte*

Modelbouw is voornamelijk bij kwantitatief, fundamenteel onderzoek te vinden. Bij praktijkgericht onderzoek wordt veel minder gebruikgemaakt van theoretische modellen. Dat neemt niet weg dat het een handig hulpmiddel kan zijn bij het zichtbaar maken van alle factoren die een rol spelen en de relaties die je tussen deze factoren verwacht. Dus ook al is een model niet op een bepaalde theorie gebaseerd of doe je onderzoek naar een praktijkvraag, toch is het goed om je onderzoek op deze manier structuur te geven. Zo is in het model in figuur 3.4 een aantal verwachtingen opgesteld over de effecten op inkomen(shoogte). Dit model is niet compleet, het is slechts een voorbeeld. Je kunt zien dat verwacht wordt dat leeftijd, opleidingsniveau, functieniveau en werkervaring een effect hebben op het inkomen. Dit betekent dat deze kenmerken niet alleen *samenhangen* met inkomen, maar dat er ook een *richting* in deze invloed wordt verwacht, een effect dus. In tekst kun je de verwachtingen op de volgende manier uitwerken:

- Opleidingsniveau heeft een positief effect op inkomenshoogte. Dit betekent dat je verwacht dat iemand met een hoger opleidingsniveau ook een hoger salaris zal verdienen.
- Werkervaring heeft een effect op inkomenshoogte. Verwacht wordt dat een grotere werkervaring een hoger inkomen met zich meebrengt.
- Functieniveau heeft een positief effect op inkomen.
- Er zijn ook pijlen getekend tussen de factoren onderling. Dit betekent dat ook tussen deze factoren een verband wordt verwacht, dat niet op toeval berust.

Onderzoek naar ziekteverzuim (3)

Om haar onderzoek naar ziekteverzuim te modelleren gebruikt Hopstaken (zie kader 3.11) de theorie van gepland gedrag (Ajzen, 1987; Ajzen & Fishbein, 1980; Hopstaken, 1994, p. 34). Dat model laat zien hoe je kunt bekijken of mensen bepaald gedrag vertonen (bijvoorbeeld ziekteverzuim), namelijk door te vragen of zij ook de bedoeling (ofwel *intentie*) hebben om dit gedrag te gaan vertonen. Deze 'bedoeling' wordt op haar beurt weer bepaald door de *attitude* (hoe denk je er zélf over, wat is je houding?) en de *sociale norm* (hoe denkt je omgeving erover?) ten aanzien van het gedrag, evenals de mate van *zelfcontrole*. In figuur 3.5 zie je dit schematisch weergegeven. Een lastig wetenschappelijk model, dat overigens vaak wordt gebruikt om gedrag te verklaren. Dit gedragsmodel is een 'causaal conceptueel model', omdat modelmatig wordt aangegeven wat de oorzaak is van het gedrag en wat het gevolg is.

Kader 3.12

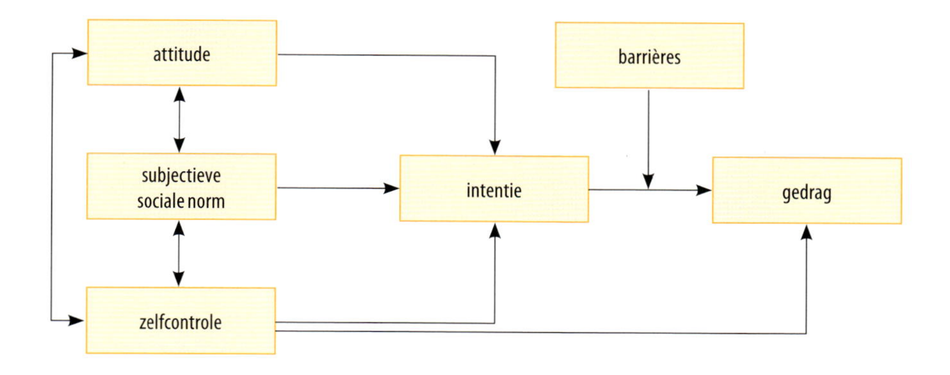

Figuur 3.5 *ASE-gedragsmodel (Attitude, Sociale Norm en Effectiviteit) van Ajzen en Fishbein (1980)*

Sectie 5 (fase 1) van de onderzoekstool biedt een aantal hulpvragen bij het bouwen van een model.

Hypothesen

De relaties in je model geven aan wat de *verwachtingen* zijn over de uitkomsten, althans in een deductieve strategie. In het voorbeeld van kader 3.12 kun je de verwachting lezen dat het ziekteverzuim hoog is. Het spreekt vanzelf dat deze verwachting niet uit de lucht gegrepen is; je moet deze wel van de juiste argumenten voorzien. Daarvoor gebruik je literatuur, onderzoek dat al gedaan is en waar bepaalde uitkomsten gevonden zijn, theorieën over een bepaald onderwerp, enzovoort. Als je met de analyse begint, ga je deze verwachtingen nog nader specificeren. Je gaat ze toetsbaar maken door er een zogeheten *hypothese* van te maken. Hypothesen (voorspellingen) zijn toetsbare uitspraken over je onderzoeksgroep (populatie). Je toetst deze voorspellingen meestal met behulp van statistische toetsen. Zo'n hypothese wordt dus logisch afgeleid uit de algemene verwachtingen. Meer over toetstheorie en het opstellen van hypothesen lees je in hoofdstuk 8.

3.5 Van probleemstelling naar ontwerp

Met deze paragraaf nemen we een voorschot op de informatie in de volgende hoofdstukken. We bespreken de voorwaarden om een bepaalde dataverzamelingsmethode te kiezen. Behalve het keuzeproces bespreken we de mogelijkheden en beperkingen van het kiezen van deze methode en laten we zien welke methoden bij de verschillende vraagtypen gekozen kunnen worden. Een uitgebreide bespreking van een aantal dataverzamelingsmethoden volgt dan in de hoofdstukken 4 en 5.

terminologie

Hoewel het ontwerpen van een onderzoek meer inhoudt dan het kiezen van de manier waarop je de gegevens gaat verzamelen (de dataverzamelingsmethode), beperken we ons in deze paragraaf toch tot dit onderdeel van het onderzoeksplan. Noemt de ene onderzoeker dit de onderzoeksstrategie, de andere heeft het over onderzoeksmethode, -type, -optiek of -ontwerp. De keuze voor een strategie wordt vaak in een breder kader gezien dan de keuze voor een methode. Zo kun je kiezen voor kwalitatief of kwantitatief onderzoek als strategie, of je sluit je aan bij de optiek die bij een bepaalde onderzoeksstrategie wordt gehanteerd. Binnen een strategie is de keuze voor de dataverzamelingsmethode beperkt. Bij kwantitatief onderzoek horen methoden zoals vragenlijstonderzoek, experimenten, analyse van bestaande gegevens en dergelijke. Binnen kwalitatief onderzoek kun je kiezen voor open interviews, observaties, groepsgesprekken, enzovoort. Zo kent de empirisch-analytische stroming haar eigen 'dominante' dataverzamelingsmethoden. In dit boek wordt met 'ontwerpkeuze' het kiezen van de *dataverzamelingsmethode* bedoeld. We gebruiken dan ook hoofdzakelijk de term 'dataverzamelingsmethode'.

Uitgangspunten bij de ontwerpkeuze

antwoord op de probleemstelling

Afhankelijk van probleemstelling, doelstelling, onderzoeksgroep, budget en tijd kies je de dataverzamelingsmethode die het beste een antwoord op de probleemstelling kan geven. Let op: de belangrijkste reden om voor een methode te kiezen is dat met behulp daarvan een antwoord op de probleemstelling kan worden gegeven. In kader 3.13 kun je lezen hoe deze vragen met behulp van één methode worden opgelost. Soms benader je de vraagstelling vanuit meer dan één methode, getrianguleerd dus. Kijk maar naar kader 3.14.

praktische mogelijkheden en beperkingen

Daarnaast zijn factoren van belang die we 'praktische mogelijkheden en beperkingen' noemen. Daaronder vallen zaken als een beschikbaar budget, het aantal personen dat mee kan en wil doen, de tijd die je krijgt, en onderzoeksomstandigheden bij de opdrachtgever. De argumenten zijn zowel theoretisch als praktisch van aard:

a. Kennis over en vaardigheid in een bepaalde methode.
b. Opvattingen over hoe je onderzoek moet doen (het kan zijn dat je een bepaald onderzoeksbeginsel 'aanhangt'). In dat kader is in hoofdstuk 1 een aantal strategieën besproken (*empirisch-analytisch*, *kritisch-emancipatorisch* en *interpretatief*).
c. Vindt het onderzoek plaats op één moment in de tijd (*cross-sectioneel*) of wordt het onderzoek op meerdere momenten in de tijd herhaald (is het onderzoek *longitudinaal*)? Zo kun je iemands mening over een bepaald onderwerp meten, maar je kunt ook iemands levensloop onderzoeken door op meerdere momenten in het leven van een persoon onderzoek te doen.

d. Hoeveel tijd is er beschikbaar?
e. Hoeveel geld is er beschikbaar?
f. Welke onderzoekseenheden (meestal personen, soms ook organisaties, administraties, databestanden, boeken) zijn beschikbaar?
g. Welke andere mogelijkheden (maar vaak ook beperkingen) heeft de onderzoeker?

Verkiezingstijd

Een vraag die men voorafgaand aan de verkiezingen stelt, luidt: 'Hoe zal de zetelverdeling voor de komende verkiezingen uitvallen, op grond van het huidige stemgedrag van de stemgerechtigden in Nederland?' Om deze vraag te beantwoorden ligt kwantitatief onderzoek met behulp van een vragenlijst (telefonisch) op één moment in de tijd (*cross-sectioneel*) voor de hand. Een enquête dus. In korte tijd worden daarbij grote hoeveelheden cijfermatige gegevens verzameld en bewerkt uit een willekeurige steekproef (ook wel *aselect* genoemd).

Kader 3.13

Werksfeer

Minder voor de hand ligt de methode bij de volgende onderzoeksvraag: 'Hoe ervaren de medewerkers van het adviesbureau "Advisie" de werksfeer?' Om een antwoord op deze vraag te krijgen kun je een vragenlijst onder de medewerkers verspreiden. De vraag is echter of je dan ook het antwoord op je probleemstelling vindt. Dat ligt aan de gebruikte definitie van 'werksfeer'. Zo zal de ene medewerker een positieve sfeer ervaren omdat hij zoveel leuke collega's heeft; een ander vindt de sfeer goed omdat er gratis koffie wordt geschonken in de pauze. Zo kun je ook verschillende invullingen van een negatieve werksfeer bedenken. Verder kan het voorkomen dat iemand een antwoord geeft dat de afdelingsmanager misschien leuk vindt om te horen (dat heet '*sociale wenselijkheid*').
Het gaat bij het waarderen van de werksfeer om meer dan alleen het invullen van een antwoordcategorie: de betekenis achter de waardering en de uitleg die de werknemers er zélf aan geven, zijn belangrijk. Eerst moet literatuuronderzoek worden gedaan om de juiste afbakening van het begrip (voor dit onderzoek) te bepalen. Verder kunnen gesprekken, open interviews met betrokkenen of groepsinterviews worden georganiseerd. Daar vind je als onderzoeker antwoord op vragen wat de achterliggende argumenten zijn voor een positieve/negatieve werksfeer. Zo kun je kiezen voor een kwalitatieve of kwantitatieve opzet, maar je kunt ook beide methoden in één onderzoek combineren.

Kader 3.14

Kader 3.15 over geestelijke gezondheidszorg geeft aan welke praktische argumenten er zijn voor de keuze voor een bepaalde methode van dataverzameling. In kader 3.16 (vrijwilligersbeleid) zie je een voorbeeld van strategische en methodologische overwegingen om voor een bepaalde methode te kiezen.

Geestelijke gezondheidszorg (1)

In opdracht van ZorgOnderzoek Nederland verrichtten Van Gageldonk en Rigter in 1998 onderzoek naar het effect van preventieve maatregelen op psychische en gedragsproblematiek in de geestelijke gezondheidszorg. Een onderzoek naar zo'n effect zou kunnen betekenen dat zij een langdurig en kostbaar experiment opzetten, waarbij groepen cliënten afwisselend met een aantal maatregelen te maken krijgen en het effect wordt gemeten. De beide onderzoekers kregen echter beperkingen opgelegd, in tijd en geld. Ze moesten binnen een paar maanden met resultaten komen. Dat is een van de redenen geweest dat deze onderzoekers een *literatuuronderzoek* hebben gedaan waarin ze gekeken hebben naar wat er geschreven is over de effecten van bepaalde maatregelen.

Kader 3.15

Organisatiestructuur

In een andere onderzoeksopzet deed een adviesbureau onderzoek naar de organisatiestructuur bij een vrijwilligersorganisatie – een wandelvereniging – om zo een aantal aanbevelingen voor het toekomstige vrijwilligersbeleid te kunnen doen. Bij dit onderzoek waren verschillende groepen van belang. Behalve de mening van de vrijwillige medewerkers, het bestuur en de sponsors was ook de mening van de wandelaars belangrijk. Echter, door het sterk wisselende ledenbestand (de wandelaars dus) en de geringe bereidheid van de sponsors om mee te werken aan het onderzoek werd besloten om alleen het bestuur en de vrijwillige medewerkers in het onderzoek te betrekken door middel van een aantal *open interviews* en *groepsgesprekken*. De beperking van de onderzoeksgroep liet een grootscheeps vragenlijstonderzoek niet toe. Op deze wijze konden de onderzoekers echter ook veel beter de achtergronden bij de meningen van de vrijwilligers peilen. Zij konden zich in de leefwereld van de vrijwilligers verplaatsen en een goed beeld schetsen van hun ideeën over de organisatiestructuur.

Kader 3.16

Vooruitlopend op de informatie in de volgende hoofdstukken geeft tabel 3.2 een overzicht van methoden die bij een bepaald type probleemstelling gebruikt *kunnen* worden.

Keuzeproces

Soms is bij het opstellen van de probleemomschrijving direct duidelijk welke methode gebruikt zal worden, soms is dat niet zo. Een voorbeeld hiervan vind je bij het vraagtype 'voorschrijven' in tabel 3.2.

Tabel 3.2 Type probleemstelling met bijbehorende methode van dataverzameling

Vraagtype	Vraag	Methode
beschrijven	Wat?	Analyse van bestaand materiaal Enquête Inhoudsanalyse Gevalsstudie (casestudy)
definiëren	Welke kenmerken?	Observatie Analyse van bestaand materiaal Inhoudsanalyse Enquête Literatuuronderzoek
verklaren	Waarom, hoe komt het dat ...?	Enquête Observatie Experiment
voorspellen	Welke ontwikkelingen, verwachtingen?	Analyse van bestaand materiaal Experiment Inhoudsanalyse Enquête
vergelijken	Wat is de samenhang, het verschil?	Enquête Experiment Observatie Analyse van bestaand materiaal
evalueren	Hoe wordt ... beoordeeld?	Open interviews Enquête Groepsgesprek
voorschrijven	Welke maatregelen?	
ontwikkelen	Welke ontwikkelingen?	Monitor

Afhankelijk van het onderwerp waaraan de vraag gerelateerd is, wordt pas duidelijk voor welk welk onderzoeksontwerp je moet kiezen. Bij beleidsonderzoek kunnen schriftelijke vragenlijsten worden gebruikt om de mening over het te voeren (of gevoerde) beleid bij een grote groep mensen te onderzoeken. Groeps- en individuele gesprekken kunnen uitkomst bieden bij een onderzoek naar interne communicatie bij een specifieke groep mensen, zodat suggesties voor bepaalde maatregelen ter verbetering van de communicatie kunnen worden gedaan. Ook een analyse van documenten – bijvoorbeeld van vergaderverslagen – kan worden verricht om te zien welke maatregelen in het verleden op een bepaald terrein zijn genomen en welke ervaringen hiermee zijn opgedaan. Je kunt het gedrag van peuters beschrijven door aan de peuterleidsters te vragen hoe deze kinderen zich in de groep gedragen. Je krijgt zo echter wel de mening van deze leidsters. Het ligt meer voor de hand om zelf in de klas onderzoek te gaan doen door observaties op een bepaald aantal kleine kinderen uit te voeren. Zo kun je uit de eerste hand het gedrag meten, noteren en daarna analyseren. Kortom, het is een heel afwegingsproces om te komen tot een goed ontwerp.

Iteratie

Tijdens het ontwerp van je onderzoek sta je telkens stil bij een bepaalde fase en kijk je terug op je eigen werk. Ben je op de juiste weg? Zo ja, dan ga je verder. Zo nee, dan ga je terug tot een vorige fase, oriënteer je je nogmaals op de mogelijkheden en maak je je keuze opnieuw. Een iteratief proces dus, dat zagen we al in hoofdstuk 1. Bij kwalitatief onderzoek gaat iteratie nog een stap verder. Na de dataverzameling worden de gegevens geanalyseerd. Vervolgens evalueert de onderzoeker de uitkomsten: kan de probleemstelling voldoende worden beantwoord met deze gegevens? Nee? Dan verzamelt de onderzoeker aanvullende gegevens en hij analyseert ze opnieuw, trekt opnieuw conclusies. Dit proces wordt herhaald totdat op alle vragen een antwoord kan worden gegeven. Deze systematische procedure verhoogt de betrouwbaarheid van de resultaten.

3.6 Onderzoeksvoorstel

Is je vooronderzoek afgerond, heb je een doel- en probleemstelling geformuleerd, zijn je verwachtingen klaar en heb je een keuze voor de methode gemaakt, dan stel je het onderzoeksvoorstel oftewel onderzoeksplan samen. Met opzet wordt hier niet over ‘schrijven’ gesproken. Immers, aan het maken van een onderzoeksplan gaat heel wat ontwikkelwerk vooraf. Zo zul je een dataverzamelingsmethode uitwerken, een tijdpad maken en eventueel (als dat niet al is gebeurd) een budget en de manier van rapporteren bepalen. Waarschijnlijk is het onderzoeksplan in onderdelen al klaar.

3.6.1 *Hoe bouw je een onderzoeksvoorstel op?*

Bij het samenstellen van een onderzoeksplan (of -voorstel) komt aan de orde welke keuzes je maakt, hoe je de methode uitwerkt, hoe je een plan het beste opbouwt en welk tijdpad je kunt hanteren. Een goed onderzoeksplan bestaat uit een aantal vaste onderdelen:

a. *Aanleiding* tot het onderzoek. Je licht de afbakening van het onderwerp toe aan de hand van de resultaten van je vooronderzoek.
b. *Probleemstelling*. De centrale vraagstelling voor het onderzoek.
c. *Doelstelling*. De functie van het onderzoek: wat gaat de opdrachtgever met de uitkomsten van het onderzoek doen, maar ook: wat is het doel voor de onderzoeker?
d. Eventueel een voorlopig (theoretisch) antwoord op de vraag, een *model*, een overzicht van eerdere onderzoeksresultaten over dit onderwerp. Bij theoriegericht onderzoek is het van groot belang, maar bij praktijkgericht onderzoek blijft een theoretisch model nogal eens achterwege. Daar wordt volstaan met een inleiding op het onderwerp.
e. *Onderzoeksontwerp* en verantwoording. Welke methode kies je om de centrale vraag te beantwoorden en waarom? Hoe ga je het onderzoek inrichten?
f. *Tijdpad*. Wanneer moet je onderzoek afgerond zijn en welke belangrijke mijlpalen zijn er tijdens het onderzoek?
g. *Communicatieplan*. Hierin worden vragen beantwoord als: hoe vaak en op welke manier wordt er tijdens het project tussen onderzoeker en opdrachtgever gecommuniceerd; op welke wijze worden de resultaten bekendgemaakt, besproken; wie beoordelen de resultaten en hoe wordt hierover overleg gepleegd; hoe wordt de pr van het rapport ter hand genomen?

Gebruik je bij het opstellen van je plan literatuur uit het vooronderzoek, dan is het vanzelfsprekend dat je een literatuurlijst aan je onderzoeksplan toevoegt.

Ben je op zoek naar een goede template bij het schrijven van je onderzoeksplan, dan kun je die vinden in fase 1, sectie 8 van de onderzoekstool. In sectie 7 vind je een aantal hulpvragen en een checklist voor het schrijven van zo'n voorstel.

3.6.2 *Tijdpad*

to do list

In het onderzoeksplan wordt duidelijk uit welke activiteiten je onderzoek nu verder bestaat. Je maakt een *to do list*. Nu is het moment van het plannen van de beschikbare tijd gekomen. Als je veel ervaring hebt met het doen van onderzoek, dan weet je dat je voor elk onderdeel van je onderzoek voldoende tijd moet inplannen, inclusief uitloopmogelijkheden. Het is niet altijd mogelijk om dit in alle vrijheid te doen; immers, een opdrachtgever heeft vaak al in de opdracht aangegeven wanneer de resultaten van je onderzoek bekend moeten worden. Je zult dan moeten roeien met de riemen die je hebt.

Keuzes maken

Het voorbeeld in kader 3.17 laat zien dat een bepaalde deadline voor de resultaten zeker beperkingen geeft voor het uitvoeren van je onderzoek. In dit geval worden niet alle mogelijke onderdelen van het onderwerp onderzocht, maar worden prioriteiten gesteld. Keuzes maken dus!
Bij het opstellen van een tijdpad moet je nagaan:

- wat je *doelen* zijn;
- uit welke *onderdelen* je onderzoek bestaat (de *to do list*);
- in welke *volgorde* je de onderdelen uitvoert;
- welke *prioriteit* de voltooiing van de verschillende onderdelen heeft;
- welke *deadlines* (ofwel mijlpalen) er zijn; welke mijlpalen tijdens het onderzoek zeker gehaald moeten worden en in welke er enige rek zit; op welke deadlines je invloed hebt en op welke niet;
- welke onderdelen van je onderzoek *tegelijkertijd* worden uitgevoerd.

Geestelijke gezondheidszorg (2)

De onderzoekers uit kader 3.15 kregen voor hun literatuurzoektocht maar drie maanden de tijd. Deze voorwaarde noopte hen om hun onderzoek als volgt te beperken:

- Er werd alleen gezocht op het gebied van preventie in sociaal en psychologisch opzicht (biologische aspecten en onderzoek daarnaar werden niet onderzocht).
- Er werd niet gezocht naar publicaties rond de gevolgen van genotmiddelen.
- Er werd alleen gekeken naar publicaties over vermindering van psychische problematiek (dat heet primaire en secundaire preventie).
- Slechts verslagen van bepaalde onderzoeksontwerpen werden bekeken.

In hun onderzoeksverslag beschreven de onderzoekers hoeveel publicaties van de verschillende (door de opdrachtgever vastgestelde) onderwerpen zijn verschenen en welke onderzoeksopzet telkens is gebruikt. Ook werd de aard van de interventies beschreven en gaven ze aan welke beperkingen het korte tijdpad voor hun onderzoek met zich meebracht (Van Gageldonk & Rigter, 1998).

Kader 3.17

Vervolgens reserveer je de tijd in je agenda en ga je een indeling maken in weken; je doet dat per onderdeel. Plan in ieder geval ook wat vrije ruimte, voor eventuele uitloop of onverwachte zaken. In figuur 3.6 is zo'n indeling schematisch weergegeven. Zorg ervoor dat je het tijdpad uitvoerig met de belanghebbenden bespreekt, het wordt immers je leidraad bij het uitvoeren van je onderzoek. Ook medewerkers aan het onderzoek moeten hun tijd plannen; bespreek de mogelijkheden in het tijdpad zeker ook met hen. Het zou niet handig zijn een mijlpaal te plannen die de andere onderzoekers niet kunnen halen. In figuur 3.6 zie je rijen en kolommen. Elke kolom geeft een weeknummer aan, in elke rij vind je een bepaalde taak, van taak A tot en met D en verder. Ook zie je donkergele blokken. Elk blok geeft een periode aan, die eindigt in een bepaalde week, je mijlpaal. Aan het einde van elk blok kun je in de kolom het weeknummer aflezen waarin deze mijlpaal valt. Taak A wordt in de periode van week 1 en week 2 uitgevoerd, taak B in week 2 en 3, enzovoort.

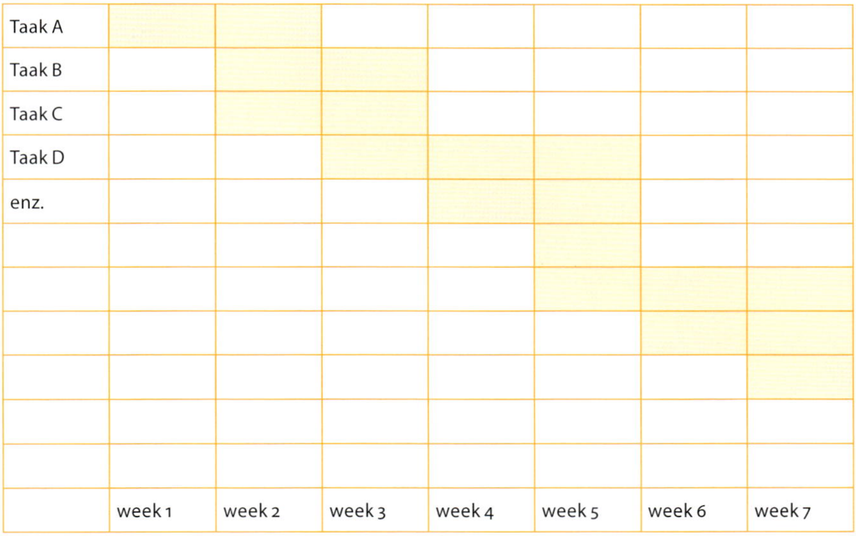

Taak A							
Taak B							
Taak C							
Taak D							
enz.							
	week 1	week 2	week 3	week 4	week 5	week 6	week 7

Figuur 3.6 Tijdpad

Ook is goed te zien waar taken parallel aan elkaar of tegelijkertijd worden uitgevoerd. Zo vallen taken B en C helemaal samen. Taak D begint in week 3, als taak C nog niet is afgerond. Kijk je nu naar je eigen onderzoek, dan zul je bijvoorbeeld je onderzoeksontwerp en je strategie tegelijkertijd ontwikkelen. Het afbakenen van je populatie en steekproef zou ook kunnen samenvallen met de laatste wijzigingen in de vragenlijst. En het kan zijn dat je met je conclusies bezig bent terwijl er nog nieuw onderzoeksmateriaal beschikbaar komt.

Overlap in taken

Soms is het heel gemakkelijk om te bepalen waar overlap in taken zit en waar taken op elkaar aansluiten. Soms is dat echter minder duidelijk. Zo verlopen de fasen van een vragenlijstonderzoek vaak in de tijd na elkaar, terwijl bij een *gevalsstudie* (een studie met één eenheid van onderzoek, bijvoorbeeld een organisatie) meerdere fasen tegelijk worden uitgevoerd. Dit geldt ook voor *actie- of handelingsonderzoek* (meer hierover in hoofdstuk 5). Het onderzoeken van een organisatiestructuur verloopt vaak in een herhaald proces (iteratief dus), waarbij een aantal fasen (ontwerp, dataverzameling, analyse en verslaglegging) gelijktijdig kan verlopen. Je onderzoekslogboek biedt hierbij een goede ondersteuning. Daarin staan de taken die je moet uitvoeren, de mate van belangrijkheid, de afspraken hierover met de opdrachtgever, de mogelijkheden en de beperkingen in je onderzoek. Op de tijdas kun je deze zaken inplannen. Uit het overzicht wordt ook duidelijk welke zaken je parallel moet uitvoeren. Soms is een tijdpad wat algemener, zoals in kader 3.18 te lezen is.

Planning software

Softwareprogramma's kunnen een hulpmiddel zijn bij het opzetten van een tijdpad. Denk maar aan MS Project of Excel. Bij MS Project wordt de planning in een zogeheten *chart* gemaakt, de opgenomen taken worden in een tijdas geplaatst. Hoewel MS Project een mooi instrument is voor de onderzoeksplanning, wordt het vaak een moeilijk programma gevonden. Voor de liefhebber dus! Het is natuurlijk ook heel goed mogelijk om zelf een tijdgrafiek met bijbehorende deadlines te maken, bijvoorbeeld in Excel (zie figuur 3.6).

Op de website bij dit boek is een aantal links opgenomen naar handige tools om je onderzoek (en de daarbij horende taken) te plannen.

Na het voltooien van je tijdpad zijn twee dingen van belang:

1. Je controleert of je met je planning wel vóór de laatste deadline klaar bent. Dit doe je door de termijnen van de mijlpalen bij elkaar op te tellen. Is dat niet zo, dan moet je de planning bijstellen.
2. Je geeft structuur aan je onderzoek door nu alvast een inhoudsopgave van je onderzoeksrapport te maken.

Universitair Netwerk Ouderenzorg

Het Universitair Netwerk Ouderenzorg heeft een tijdpad van vier jaren genomen om een activiteitenplan op te stellen. Daarin worden per onderdeel de onderzoeksactiviteiten gepland. Dit Activiteitenplan 2007-2010 vormde een leidraad voor de onderzoeksactiviteiten van de afgelopen jaren.

Bron: VU Medisch Centrum, 2010 (www.vumc.nl)

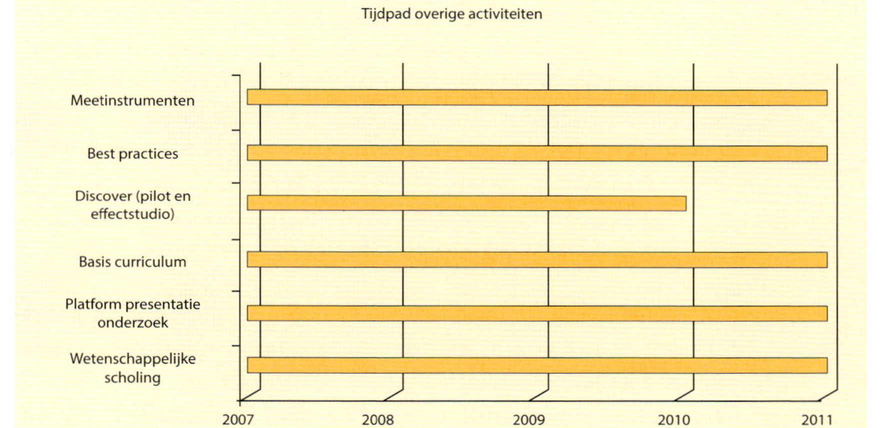

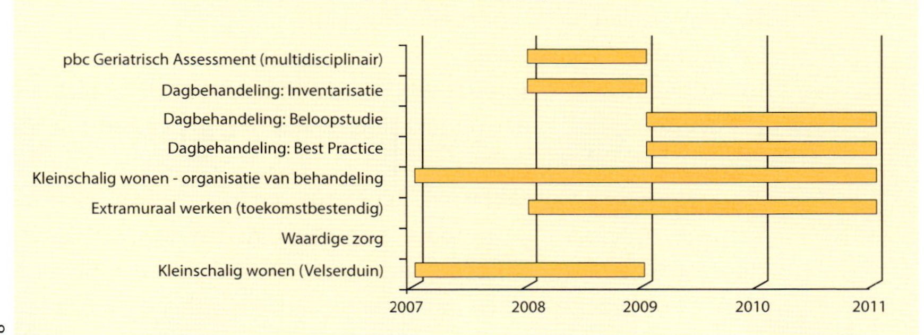

Figuur 3.7 Tijdpad 1 en tijdpad 2 van UNO

Kader 3.18

Budget

Het is lastig om informatie te geven over het opzetten van de *juiste* begroting. Dat hangt immers af van zoveel factoren. Het is in ieder geval belangrijk om van tevoren na te gaan of er een maximum besteedbaar bedrag beschikbaar is voor je onderzoek. Daar kun je dan in elk geval rekening mee houden. Ook hier geldt dat het verzamelen van financiële gegevens belangrijk is. Zoek antwoord op vragen als: wat kosten de onderdelen van je onderzoek, hoelang ben je ermee bezig, wat zijn de personele kosten, kosten van drukwerk, porto, huur van zalen, apparatuur, laboratoria, enzovoort. Geef in elk geval een zo realistisch mogelijk beeld van de kosten. Te hoge kosten zullen ertoe leiden dat de opdracht niet doorgaat. Te lage kosten kunnen tot gevolg hebben dat je tijdens het onderzoek zult moeten bezuinigen, en dat is ook niet aan te bevelen.

3.6.3 Voorbereiding op de rapportage

Werken aan je rapportage doe je eigenlijk gedurende het gehele onderzoeksproces. Dat begint al met de afbakening van je probleemstelling tijdens je vooronderzoek. Verslaglegging is allerminst een onderdeel dat je voor de laatste fase van je project moet bewaren. Onderzoekers die dit doen, verkijken zich meestal op de tijd die het schrijven van een rapport in beslag neemt. Begin er vroeg genoeg mee en schrijf als het ware tijdens je onderzoek mee. Dan kun je gemakkelijker een overzichtelijk onderzoeksverslag samenstellen. Hulpmiddelen bij de voorbereiding zijn:

a. je onderzoeksvoorstel;
b. je logboek, waarin je aantekeningen tijdens je onderzoek bijhoudt;
c. het raamwerk van je onderzoeksverslag, dat je van tevoren maakt.

Veel onderzoekers maken aan het begin van hun onderzoek alvast een opzetje van hun uiteindelijke rapport, een soort raamwerk. Dat doen ze door een hoofdstukindeling te maken: hoe gaat het onderzoeksrapport er globaal uitzien? Het spreekt vanzelf dat je naderhand daarin nog wijzigingen kunt aanbrengen, maar de globale opzet van een verslag ligt eigenlijk altijd vast (zie kader 3.19).

Patiënttevredenheid ziekenhuis 'Cura' (2)

In opdracht van ziekenhuis 'Cura' wordt onderzoek gedaan naar de kwaliteit van de hulpverlening bij de poliklinische hulp. Bij het voorbereiden van het vragenlijstonderzoek voor het ziekenhuis hebben de onderzoekers alvast een opzet gemaakt voor de rapportage. Dat gebeurt door een inhoudsopgave te maken, met daarin alle onderdelen die (waarschijnlijk) aan bod zullen komen. Ook verzinnen de onderzoekers een werktitel: 'Patiënten aan het woord. Meningen over de hulpverlening bij de spoedeisende hulp.' De inhoudsopgave ziet er als volgt uit:

1. Inleiding
   a. aanleiding tot het onderzoek
   b. probleemomschrijving (centrale vraag, onderzoeksdoel)
   c. theorie (mogelijke oplossingen in de theorie; model; verwachtingen betreffende de uitkomst)
2. Onderzoeksontwerp (ofwel methode)
   a. uitwerking van de strategie (hoe kunnen we de vraag van de opdrachtgever het beste beantwoorden; welke oplossing kan het onderzoek bieden; wat moeten we dan meten?)
   b. steekproef (welke personen worden in het onderzoek betrokken en hoe selecteren we deze personen?)
   c. dataverzameling (welke onderzoeksmethode gebruiken we en waarom; hoe gaan we te werk?)
3. Resultaten (het beantwoorden van de onderzoeksvragen aan de hand van analyses)
   a. inleiding en respons (hoe is de dataverzameling verlopen?)
   b. achtergrondkenmerken van de patiënten (hoe ziet de onderzoeksgroep eruit?)
      - algemene kenmerken
      - waarvoor kwamen zij naar de polikliniek, klachten, ziektebeeld
   c. informatievoorziening en registratie (wat vinden de patiënten van ...?)
   d. waardering van de dienstverlening en de medische hulp
      - hulp bij registratie
      - snelheid waarmee de hulp op gang kwam
      - kwaliteit van de hulpverlening (verpleging, dokters, ondersteunend personeel)
4. Conclusies en aanbevelingen
   a. beperkingen (evaluatie van het verloop van het onderzoek)
   b. conclusies (welk antwoord geven we op de vraag van de opdrachtgever?)
   c. aanbevelingen naar aanleiding van het onderzoek

Bijlagen (lijst met referenties, vragenlijst, overzicht van de respons)

Kader 3.19

3.7 Onderzoeksvoorstellen beoordelen

Is je onderzoeksvoorstel klaar, dan volgt de beoordeling daarvan. Dit kan gebeuren door je docent of door de opdrachtgever. Het is echter aan te raden om je voorstel door een collega of (natuurlijk) een medestudent te laten beoordelen om te zien of je niet iets vergeten bent, fouten over het hoofd hebt gezien, of dat wellicht een andere opzet van het onderzoek de vragen beter beantwoordt. Deze vorm van beoordeling wordt ook wel *peer examination* (door collega's) of *peer feedback* (door medestudenten) genoemd.

Zelf kun je ook een aantal checks op je voorstel uitvoeren. Kijk maar in sectie 9 van fase 1 van de onderzoekstool.

Aandachtspunten bij peer feedback

Soms moet je in het kader van je werk of studie onderzoek beoordelen dat door anderen is opgezet en uitgevoerd. Ook dan is het goed te weten waar je op moet letten bij de beoordeling. Een paar aanwijzingen voor de beoordeling van onderzoeksvoorstellen worden hierna gegeven:

1. Is de aanleiding tot het onderzoek duidelijk?
2. Is er sprake van een probleemomschrijving?
   a. Is er een een doelstelling gemaakt?
   b. Is er een probleemstelling die voldoet aan de eisen? Vloeit deze vraag logisch voort uit de aanleiding? Is er een verband met de doelstelling?
      - Is er ook echt een vraag gesteld?
      - Is deze vraag helder en eenduidig?
      - Is duidelijk welke kennis de onderzoeker nodig heeft, van wie, over welke periode? Dat kan in één enkele vraag of door middel van deelvragen.
      - Is de relatie met de doelstelling duidelijk?
3. Is duidelijk welke begrippen van belang zijn bij het onderzoek?
   a. Zijn deze begrippen goed omschreven en afgebakend?
   b. Zijn verwachtingen over de uitkomsten van het onderzoek vermeld?
      - Zijn deze verwachtingen een logisch gevolg van de vraagstelling?
      - Zijn deze verwachtingen modelmatig weergegeven?
4. Vloeit het onderzoeksontwerp logisch voort uit de probleemomschrijving en deelvragen?
   a. Is het ontwerp voldoende beargumenteerd?
   b. Zijn een tijdpad en budget opgenomen? Zijn de cijfers en data reëel?
   c. Is de populatie goed beschreven?

Afhankelijk van de aard van het onderzoek (kwalitatief of kwantitatief, theoriegericht of praktijkgericht) leg je verschillende accenten bij het beoordelen van een onderzoeksvoorstel. Belangrijkste overeenkomst in alle beoordelingen is dat de nadruk bij de probleemomschrijving moet liggen op de kwaliteit van de formulering, terwijl het belang bij het ontwerp meer moet liggen in de juiste verantwoording ervan.

3.8 Belangrijkste gebruikte begrippen en hun betekenis

Begrip	Betekenis
Analyse- of onderzoeksvragen	Specifieke testvragen die je tijdens de analyse beantwoordt.
Domein	Het gehele 'gebied' waarop je onderzoek betrekking heeft, ofwel waarover je uitspraken doet.
Beweerde	Welke uitspraken doe je?
Probleemomschrijving	Doel- en probleemstelling voor je onderzoek.
Probleemstelling	De centrale vraag die je met je onderzoek wilt beantwoorden.
Doelstelling	De functie van het onderzoek voor zowel onderzoeker als (bij praktijkonderzoek) organisatie of opdrachtgever.
Deelvragen	Een aantal subvragen die een uitwerking van de probleemstelling vormen.
Iteratie	Herhaling van (delen van) het onderzoeksproces om een betrouwbaar antwoord op de probleemstelling te krijgen.
Boomdiagram	Model dat bedoeld is om abstracte begrippen uit te werken.
Begripsafbakening	Vaststellen wat je onder een begrip verstaat (begrip-zoals-bedoeld).
Stipulatieve betekenis	Definitie van een begrip voor een bepaald onderzoek.
Triangulatie	Beantwoorden van de probleemstelling met behulp van meer dan één dataverzamelingsmethode.
Hypothesen	Toetsbare verwachtingen over de uitkomsten van je onderzoek.
Relatie	Samenhang tussen twee variabelen, ofwel factoren ($X \leftrightarrow Y$).
(Conceptueel) model	Vereenvoudigde weergave van de werkelijkheid waarin (binnen het domein) de belangrijkste begrippen uit het onderzoek en de verwachte relaties tussen deze begrippen worden weergegeven.
Causale relatie	Effect van één variabele (factor) op een andere ($X \rightarrow Y$).
Onderzoeksplan	Voorstel over de te volgen procedure bij het onderzoek, inclusief de uitkomsten van het vooronderzoek.
Ontwerpkeuze	Keuze voor de dataverzamelingsmethode, opgenomen in het onderzoeksplan.
Tijdpad	Schema met daarin alle mijlpalen van je onderzoek, opgenomen in het onderzoeksplan.
Mijlpalen	Belangrijke momenten tijdens het onderzoek waarop deadlines vallen of waarop keuzes gemaakt worden (milestones).
Operationaliseren	Van begrip naar vraag, zie hoofdstuk 6.
Peer examination of feedback	Beoordeling door collega-onderzoekers of medestudenten.
Cross-sectioneel	Onderzoek op één moment in de tijd.
Longitudinaal	Onderzoek over een langere periode, met meerdere meetmomenten.

3.9 Opdrachten

1. Lees het voorbeeld over de patiënttevredenheid (kader 3.5) in ziekenhuis 'Cura' aandachtig door. Beantwoord de volgende vragen:
   a. Wat is het domein?
   b. Wat zijn de probleem- en doelstelling?
   c. Bedenk een mogelijke stipulatieve definitie van het begrip 'patiënttevredenheid'.
2. Lees het voorbeeld over werksfeer in kader 3.14 door.
   a. Wat is hier het domein?
   b. Ontwerp een conceptueel 'model' waarmee volgens jou werktevredenheid theoretisch kan worden verklaard.
   c. Formuleer een aantal verwachtingen naar aanleiding van dit model.
   d. Leg in dit verband uit wat het verschil is tussen verwachtingen en hypothesen; geef een voorbeeld.
3. In figuur 3.8 vind je een deel van de inhoudsopgave van een onderzoeksverslag.
   a. Welke paragrafen verwijzen naar het ontwerp en hoe gebeurt dat?
   b. Wat kun je aan de hand van de inhoudsopgave al vertellen over de onderzoeksopzet?

1	Inleiding	4
1.1	Achtergronden en aanleiding	5
1.1.1	Opzet van het rapport	7
1.2	Afbakening	8
1.2.1	Inleiding	8
1.2.2	Vrijwilligerswerk en mogelijkheden tot professionalisering	9
1.3	Probleemomschrijving en deelvragen	11
1.3.1	Begrippen	11
2	Onderzoeksopzet en -methode	12
2.1	Gebruikte methoden	12
2.1.1	Onderzoekseenheden en -typering	13
2.1.2	Informatie zoeken	13
2.1.3	Open interviews	14
2.1.4	Groepsgesprek	14
2.2	Operationalisaties	15
3	____________________	____
Bijlage I Topiclijst open interviews		54
Bijlage II Brown[1] paper sessie		55

[1] Een 'brown paper sessie' is een brainstormsessie waarbij je in een klein groepje nadenkt over het onderzoeksproces en de mogelijke uitkomsten.

Figuur 3.8 Het eerste deel van de inhoudsopgave van een onderzoeksverslag

4. Bekijk het voorbeeld van het onderzoek naar ziekteverzuim (kaders 3.9 en 3.10) en beantwoord de vragen van de 6W-formule.
5. Lees het onderzoek over schoolverlaters uit kader 3.8 door. Bij de keuze om vroegtijdig de school te verlaten spelen allerlei factoren een rol.
   a. Maak een model waarbij de effecten van deze factoren zichtbaar worden.
   b. Welke verwachtingen kun je naar aanleiding van dit model formuleren?
6. Hoe zou jij het voorbeeld uit kader 3.10 over ziekteverzuim 'rafelen en rasteren'?
7. Aan jou wordt gevraagd om een onderzoek te doen naar de recente ontwikkelingen op het gebied van de pensioenleeftijd. Maak drie probleemstellingen waarvan één met een beschrijvend, één met een voorspellend en één met een evaluerend karakter. Vergelijk het resultaat met dat van je medestudenten.
8. Welk vraagtype hoort bij de volgende probleemstellingen?
   a. Hoe ervaren de supporters van het Nederlands elftal de Wereldkampioenschappen voetbal in 2014 in Brazilië?
   b. Welke ontwikkelingen met betrekking tot e-books worden de komende vijf jaar verwacht door uitgevers?
   c. Wat is het effect van het verhogen van de maximumsnelheid op CO_2-uitstoot van personenauto's in Nederland?
   d. Wat is de stand van zaken van de woningmarkt in de Randstad eind 2013?
   e. Wat zijn de ontwikkelingen met betrekking tot de studiehouding van studenten tussen de 18 en 22 jaar en zijn er verschillen in studiehouding tussen studenten op universiteiten en hogescholen?
   f. In welke mate is er sprake van eenzaamheid onder ouderen in verzorgingstehuizen en op welke wijze kan dit worden teruggedrongen?
9. Een opdrachtgever vraagt je een voorstel uit te werken voor een onderzoek naar burn-out onder Nederlanders. Burn-out is een veelvoorkomende oorzaak van langdurige ziekte, onder andere veroorzaakt door stress op het werk. Doel is om een behandelplan voor arbo-artsen te ontwikkelen bij patiënten met dit soort klachten. Er is een adressenbestand beschikbaar waaruit een steekproef getrokken kan worden die een 'dwarsdoorsnede' vormt van de Nederlandse bevolking. In de afgelopen vijftien jaar is in ander onderzoek ook al informatie over vermoeidheidsklachten bij personen verzameld. In een brainstormsessie wordt een aantal mogelijke probleemstellingen geformuleerd. Geef van elk van de volgende probleemstellingen de voor- en nadelen en kies de meest relevante probleemstelling voor dit onderzoek:

a. Hoe komt het dat er tegenwoordig zoveel burn-outpatiënten zijn?
b. Wat veroorzaakt burn-out bij Nederlanders?
c. Hoe is het gesteld met klachten van burn-out bij Nederlanders in vergelijking met vijftien jaar geleden en wat is eraan te doen?
d. Hoe is het gesteld met klachten van burn-out bij Nederlanders in vergelijking met vijftien jaar geleden en wat is daarvan de oorzaak?
e. Welke symptomen van burn-out vertonen Nederlanders momenteel, hoe verhoudt zich dat tot vijftien jaar geleden en welke oorzaken van burn-out spelen een rol?

Gebruik bij je antwoord de informatie uit paragraaf 3.2.1.

10. Wat zouden bij het onderzoek naar burn-out onder Nederlanders mogelijke doelstellingen kunnen zijn? Beschrijf ook de juiste doelgroep. Maak een diagram van de factoren die volgens jou burn-out verklaren.
11. Wat zouden bij de onderwerpen uit opdracht 8 mogelijke doelstellingen kunnen zijn?
12. Lees de volgende onderzoeksconclusies aandachtig door.

Nordic Walking

In vergelijking met 'gewoon wandelen' is Nordic Walking niet of nauwelijks ontlastend voor de gewrichten, zoals tot nu toe vaak wordt aangenomen. 'Wel is het een prima sport om een betere conditie te krijgen of om af te vallen. Ook is het zeer geschikt voor sporters met bepaalde fysieke beperkingen. Deze conclusies trekt inspanningsfysioloog en bewegingswetenschapper Wil van Bakel uit eigen onderzoek naar de effecten van Nordic Walking op het lichaam' (*Tweevoeter*, 2005).

Kader 3.20

a. Welke probleemstelling is hier waarschijnlijk gebruikt?
b. Bedenk een model dat je kunt toetsen.
c. Wat waren de verwachtingen? Zijn die uitgekomen volgens de onderzoeker, of niet?

13. Lees de informatie over obesitas in kader 3.21 door.

Obesitas

Steeds meer mensen in de westerse wereld hebben overgewicht of obesitas. Ongeveer de helft van de volwassenen in Nederland heeft overgewicht. Dit gaat gepaard met een aanzienlijke kans op gezondheidsproblemen. Bekende voorbeelden zijn het verhoogde risico op het optreden van suikerziekte (diabetes mellitus type 2), vetstofwisselingsstoornissen en hart- en vaatziekten. Maar ook nierziekten, chronische longziekten (COPD en astma), aandoeningen van de gewrichten (artrose en reumatoïde artritis) en depressie komen vaker voor bij mensen met overgewicht en obesitas. Maar hóé dat komt, is bij de meeste aandoeningen niet duidelijk. Waarom krijgt de ene persoon met overgewicht suikerziekte, een vetstofwisselingsstoornis, én bloedvatvernauwing, terwijl een ander nergens last van heeft? Wat bepaalt 'gezond' en 'ongezond' overgewicht? Het LUMC kondigt een grootscheeps onderzoek naar oorzaken van obesitas aan.

Kader 3.21

Beantwoord de volgende vragen:

a. Wat is volgens jou een goede probleemstelling bij dit onderzoek?
b. Wat is de doelstelling van het onderzoek?
c. Wat is het domein van dit onderzoek?
d. Maak een conceptueel model van factoren waarvan jij denkt dat ze een rol spelen bij het ontstaan van obesitas en teken het diagram.
e. Welke verwachtingen kun je naar aanleiding hiervan formuleren?

Bron: www.lumc.nl

De antwoorden op deze vragen vind je op de website onder de tab Uitwerking opdrachten, hoofdstuk 3. Informatie over de ontwerpcasus vind je op de website onder de tab Ontwerpcasussen, hoofdstuk 3.

Deel II
Verzamelen

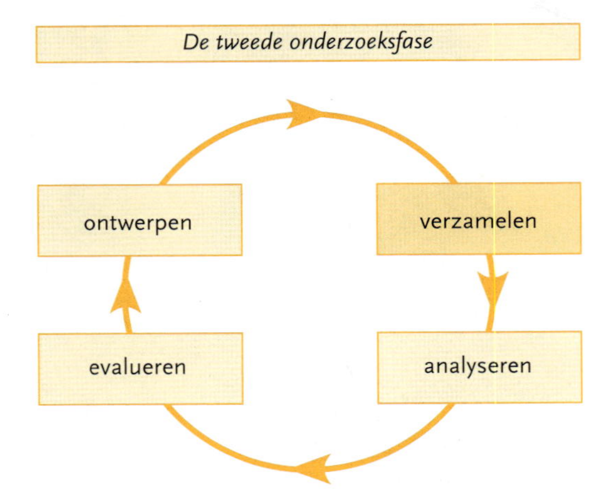

In deel II van dit boek staat de dataverzameling centraal. Het moment is aangebroken om 'het veld in' te gaan. Aan de orde komen vragen als:

- Hoe (op welke wijze) verricht je onderzoek?
- Bij wie verricht je onderzoek?
- Wanneer verricht je onderzoek?

De hoofdstukken 4 en 5 gaan in op de dataverzamelingsmethoden die bij bepaalde vraagstellingen passen. Immers, elke probleemstelling kan met behulp van specifieke methoden worden beantwoord. Criteria voor een aantal methoden komen aan bod. In hoofdstuk 4 gebeurt dat voor kwantitatieve methoden van dataverzameling, in hoofdstuk 5 voor kwalitatieve methoden.

Hoofdstuk 6 behandelt het omzetten van de begrippen naar meetbare 'instrumenten', vragen in een vragenlijst, onderdelen van een observatie of onderwerpen voor een interview. Ook wordt behandeld hoe je een steekproef moet afbakenen en hoe je personen selecteert voor onderzoek. Ten slotte komt de beoordeling van de kwaliteit van onderzoek aan de orde.

In hoofdstuk 7 ga je terug naar je onderzoeksplan. Wat was ook alweer de opzet? Ga je een enquête uitzetten, dan neem je beslissingen over de inrichting ervan. Wordt het een schriftelijke enquête, telefonisch of via internet? Je leert hoe de gekozen methode de benadering van respondenten beïnvloedt. Doe je interviews, dan ga je persoonlijk contact zoeken met respondenten. Hoe je dat moet aanpakken, leer je ook in hoofdstuk 7.

4

Kwantitatieve methoden van dataverzameling

Bij het opstellen van een probleemstelling voor je onderzoek wordt vaak snel duidelijk welke dataverzamelingsmethode je zult gaan gebruiken. Deze methoden worden weliswaar in deel II van het boek (fase 2: dataverzameling) besproken, maar je moet je realiseren dat de keuze voor de methode al tijdens de eerste fase gemaakt is. Deze keuze is dus ook al in hoofdstuk 3 aan de orde geweest.

Bij ieder onderzoek (praktijkgericht en fundamenteel) moet je terdege rekening houden met de omstandigheden waaronder je onderzoek zich afspeelt. Immers, in een lawaaiige fabriekshal zul je niet gauw een interview afnemen. Ook bij een conflict op de werkvloer kun je niet zomaar bij iedereen aankomen met een schriftelijke vragenlijst. Een conflict ligt immers gevoelig en kan niet met een aantal schriftelijke vragen worden behandeld.

Afhankelijk dus van de probleemstelling, van een aantal omstandigheden – en niet in de laatste plaats van de wensen van je opdrachtgever – komt de keuze voor een bepaalde dataverzamelingsmethode tot stand. Het spreekt vanzelf dat de opdrachtgever zijn of haar wensen kenbaar maakt. Bedenk wel dat jij de deskundige bent. Jij geeft de adviezen over de beste wijze waarop vragen kunnen worden beantwoord. Een goed contact met je opdrachtgever hierover is van groot belang.

Inhoud van hoofdstuk 4

Bij kwantitatief onderzoek verzamelt de onderzoeker cijfermatige (ofwel *numerieke*) gegevens. Deze gegevens worden door de onderzoeker ingevoerd in een gegevensbestand, om ze vervolgens met behulp van statistische technieken te analyseren. We noemen dit een kwantitatieve analyse. Deze analysemethoden worden veel gebruikt in surveyonderzoek, bij secundaire analyses, in experimenten en als onderdeel van monitoring. Wat dit voor dataverzamelingsmethoden zijn, wat ze inhouden en welke criteria je moet hanteren bij de keuze wordt in dit hoofdstuk besproken. Het opzetten van een surveyonderzoek, zoals het maken van enquêtevragen en de uitvoer van je survey, komt in hoofdstuk 6 nog eens uitvoerig aan de orde. Naast de zojuist genoemde dataverzamelingsmethoden bespreken we de monitor, waarbij je *verschillende* methoden van dataverzameling kunt inzetten.

bijzondere omstandigheden

Behalve op de voorwaarden (criteria) voor het gebruik van de behandelde onderzoekstypen wordt ook ingegaan op de omstandigheden die van invloed kunnen zijn op deze keuze. Allereerst geef jij als onderzoeker advies over de wijze waarop de gegevens het beste verzameld kunnen worden, jij bent immers de expert! Verder is het overleg met je opdrachtgever van belang: hij heeft een bepaald budget of een deadline. Ook kunnen er bijzondere situaties zijn die een rol spelen, zoals we in hoofdstuk 3 al zagen. Misschien mag je wel helemaal geen experimenten met speciale groepen patiënten doen, misschien is het wegens vakanties of ziekte niet wenselijk om een schriftelijke vragenlijst in een bepaalde periode af te nemen, enzovoort.

Leerdoelen

Aan het eind van dit hoofdstuk ben je in staat om de keuze voor een een kwantitatieve dataverzamelingsmethode te maken, voorzien van de juiste argumenten. Verder ben je op de hoogte van de onderdelen van een survey en een experiment, weet je waaruit een secundaire analyse bestaat en hoe een monitor werkt.

Kader 4.1

In fase 2 van de onderzoekstool wordt de keuze voor kwantitatieve dataverzamelingsmethoden behandeld aan de hand van checklists en hulpvragen (sectie 3) en aan de hand van een keuzediagram (sectie 5). In de template die bij fase 2 hoort (sectie 12), kun je de keuze voor de dataverzamelingsmethode beargumenteren.

4.1 Surveyonderzoek

cross-sectioneel

Surveyonderzoek is een van de meest gebruikte kwantitatieve methoden van dataverzameling. Een survey, ook wel enquête of vragenlijstonderzoek genoemd, kan worden ingezet om numerieke gegevens te verzamelen over meningen, houdingen en kennis bij grote groepen personen. Meestal worden de gegevens op een bepaald moment eenmalig verzameld, *cross-sectioneel* dus.

Oorspronkelijk werd deze methode veel gebruikt door sociologen, maar tegenwoordig wordt ze ook zeer breed toegepast in markt- en opinieonderzoek, beleidsonderzoek, communicatieonderzoek en meer algemeen opinieonderzoek. Kader 4.2 beschrijft een voorbeeld.

Surveyonderzoek is een gestructureerde dataverzamelingsmethode. Dat wil zeggen dat de vragen van tevoren vaststaan; er is geen ruimte voor flexibiliteit. Er wordt maximaal een klein aantal antwoordmogelijkheden gegeven waaruit de ondervraagde kan kiezen. De antwoorden van de ondervraagden vormen de basis voor de dataset die de onderzoeker gebruikt in de (voornamelijk) kwantitatieve analyse. Het opnemen van zogenoemde 'open' vragen (waar de ondervraagde zelf het antwoord kan formuleren) wordt tot een minimum beperkt, omdat deze vragen in een *kwantitatieve* analyse niet meegenomen kunnen worden. Ze moeten dan *kwalitatief* worden geanalyseerd.

Wat voor 'n twitteraar ben jij?

Kader 4.2

In het kader van de opkomst van Twitter als sociaal medium voor korte boodschappen gingen onderzoekers na hoe vaak Twitter gebruikt wordt, door welke groepen mensen en met welk doel. Ze deden dit door via Twitter (hoe kan het ook anders) een link naar een vragenlijst te verspreiden. Behalve naar achtergrondkenmerken van twitteraars vroegen de onderzoekers ook naar het doel en de functie van de verzonden tweets, naar de frequentie waarmee tweets de wereld in gestuurd werden en de frequentie waarmee tweets van anderen gelezen werden. De verzamelde gegevens werden gebruikt om een karakterschets te geven van 'de gemiddelde twitteraar'. Zo konden marketingstrategieën op de twitteraars worden losgelaten.

Surveyonderzoek wordt gebruikt om zowel beschrijvende als verklarende onderzoeksvragen te beantwoorden; dus niet alleen 'wat-vragen', maar ook 'hoe komt het dat'-vragen (vragen naar causale relaties). Een nadeel van surveyonderzoek is dat de context waarbinnen de antwoorden worden gegeven, onbekend blijft. Dat wil zeggen dat de vraag 'waarom' een respondent een bepaald antwoord geeft, niet kan worden beantwoord. Waarom is dat een nadeel? Als onderzoeker kun je zo niet achterhalen wat de beweegredenen zijn om een bepaald antwoord te geven (zie kader 4.3). In dat geval wordt een meer kwalitatieve benadering aanbevolen, zoals een open interview (zie hoofdstuk 5).

4.1.1 Deelnemen aan een survey

Hoe krijg je mensen zover dat ze deelnemen aan een enquête? Dat is lastig, zeker als je weet dat er tegenwoordig veel 'ruis op de lijn' zit. Daarmee bedoelen we dat mensen vaak worden lastiggevallen met verkooppraatjes zonder dat er sprake is van een onderzoek. Je moet de te onderzoeken groep dus goed afbakenen. Dat doe je met behulp van een populatie en een steekproef.

Verkiezingspolls

In 2003 vraagt een onderzoeksbureau driemaal aan een respondent op welke partij hij zou stemmen bij eventuele verkiezingen: in januari, in februari en begin april. De eerste keer zegt de respondent D66 te zullen stemmen, de tweede keer CDA en de derde keer weer D66. Over de aard van deze verandering is niets bekend, achtergronden en motivaties voor het stemgedrag van deze persoon zijn niet onderzocht. Had de respondent in een diepte-interview kunnen uitleggen waarom hij deze keuze maakte, dan was misschien wel duidelijk geworden dat het mislukken van de kabinetsformatie in de tussenliggende periode door deze respondent toegeschreven wordt aan het CDA, en dat hij daardoor van gedachten is veranderd.

Kader 4.3

Populatie

domein

Allereerst heb je een *domein* nodig, alle eenheden waarover je in je onderzoek uitspraken doet. Dat wordt ook wel populatie genoemd. Zo kan je populatie bestaan uit studenten pedagogiek aan de Universiteit Utrecht, alle stemgerechtigde kiezers in Nederland, patiënten met een bepaalde ziekte, winkelend publiek in de Kalverstraat in Amsterdam, bezoekers aan de Amsterdamse Hermitage, werknemers van een grote bank en ga zo maar door.

Steekproef

steekproefkader

Het is (vrijwel) ondoenlijk om alle personen/eenheden in je populatie te ondervragen. Ze zijn moeilijk te bereiken, een lijst met alle personen ont breekt (zo'n lijst heet *steekproefkader*), je weet niet welke personen tot je populatie behoren (zoals bijvoorbeeld bij het winkelend publiek), of het is simpelweg te duur om iedereen te bevragen. In zulke gevallen benader je een deel van je populatie. Dat wordt ook wel *steekproef* genoemd: een al dan niet willekeurige selectie uit de populatie die de mogelijkheid heeft aan het onderzoek mee te doen. Het is raadzaam om een steekproef zo veel mogelijk willekeurig (aselect) samen te stellen. Dat wil zeggen dat iedere persoon uit een populatie een berekenbare kans (ook wel 'gelijke kans' genoemd, ook al is dat niet helemaal terecht) heeft om mee te doen. Hoe dat moet, wordt in hoofdstuk 6 besproken.

Respondenten

Personen die deelnemen aan een vragenlijstonderzoek, noemen we *respondenten*. Deze benaming is vooral bij surveyonderzoek gebruikelijk. Deelnemers aan andere onderzoekstypen, zoals een experiment, noemen we geen respondenten maar *proefpersonen*. Respondenten nemen dus daadwerkelijk deel aan je onderzoek, ze hebben toestemming gegeven. Ze vormen daarmee dát deel van je steekproef dat aan het onderzoek meedoet.

Representativiteit

Bij surveyonderzoek worden de respondenten meestal willekeurig geselecteerd, dat zeiden we al. Indien deze aselecte steekproef in alle belangrijke kenmerken (voor je onderzoek) lijkt op de groep (populatie) waarover je een uitspraak wilt doen, dan spreken we over een *representatieve* steekproef. Naarmate een steekproef groter is, wordt de kans dat deze een goede afspiegeling van de populatie vormt, ook groter. Is zo'n steekproef representatief, dan mogen we de conclusies uit de analyses op deze steekproef als het ware verbreden of 'uitvergroten': ze zijn dan ook geldig voor de populatie. Dit heet *externe validiteit*. Meer hierover in paragraaf 6.5.

externe validiteit

In kader 4.4 zetten we de kenmerken van het surveyonderzoek op een rijtje.

Kenmerken van surveyonderzoek

De kenmerken van surveyonderzoek zijn:

1. een grote groep personen onderzoeken;
2. op één moment in de tijd (cross-sectioneel);
3. meningen, houdingen, kennis onderzoeken;
4. beschrijvings- en/of verklaringsvragen;
5. (half)gestructureerde vragen en antwoorden;
6. een groot aantal vragen;
7. (a)selecte steekproef;
8. kwantitatieve analyse.

Kader 4.4

4.1.2 Vormen van surveyonderzoek

Er zijn verschillende vormen van surveyonderzoek te onderscheiden. Het gaat in alle gevallen om het afnemen van een gestructureerde vragenlijst, waarbij de wijze waarop dat gebeurt, verschilt. Je kunt enquêtes per post, telefoon, internet of persoonlijk afnemen:

- *Schriftelijke (post)enquêtes*. Hierbij worden schriftelijke vragenlijsten per post aan personen gestuurd.

- *Telefonische enquêtes.* Respondenten die in een steekproef vallen, worden thuis opgebeld met het verzoek of ze willen meedoen. De enquête wordt telefonisch afgenomen en direct in een databestand ingevoerd door de enquêteurs. Dit gebeurt vaak via callcenters, die daarvoor speciaal opgeleide mensen in dienst hebben.
- *Face-to-face-* (persoonlijke) *enquêtes.* Enquêteurs gaan bij de mensen langs om persoonlijk een vragenlijst aan hen voor te leggen en de antwoorden te noteren. De respondenten worden vooraf ingelicht over de komst van de interviewers; ze moeten immers toestemming geven voor het gesprek.
- *Internetenquêtes.* Deze vorm van surveyonderzoek wordt tegenwoordig heel veel gebruikt. Personen worden per e-mail of bij het surfen op internet benaderd om mee te doen aan een internetenquête. Dat kan door de link te openen die bijvoorbeeld met de uitnodiging wordt meegestuurd. De elektronisch verzonden gegevens worden direct in een database (een gegevensbestand) geplaatst. Bij internetenquêtes is vaak sprake van 'zelfselectie' door respondenten, bijvoorbeeld bij het surfen op internet. Steekproeftrekking is mogelijk (via e-mail), als de respondenten over een aansluiting beschikken (in de meeste gevallen is dat zo). In kader 4.5 vind je een voorbeeld van een enquête via internet.

Doorlooptijden van borstkankerpatiënten

In de periode 19 februari tot 19 juli 2005 hebben 1527 Nederlandse (ex-)borstkankerpatiënten meegedaan aan een internetenquête. Zo hebben ze de data van de belangrijkste momenten van hun diagnose en behandelingstraject gegeven, zoals bezoek huisarts, mammografie, diagnose, operatie en start en einde therapie. Verder hebben deze vrouwen gerapporteerd over hun ervaringen (data uit agenda's, dagboeken en ziektegeschiedenissen) in de jaren 2000-2005. Daarbij werden ook de naam van het diagnosticerend en behandelend ziekenhuis, leeftijd, type behandeling en e-mailadres gevraagd.
De uitnodiging voor deelname aan het onderzoek is via verschillende media verspreid: directe uitnodigingen aan de leden van de Borstkankervereniging, oproepen in *De Telegraaf, Libelle*, verschillende regionale bladen, *Mammazone, Borstkankervereniging Nieuwsbrief*, websites van bevriende organisaties en ten slotte door vragenlijsten en flyers uit te delen op relevante congressen.

Bron: Borstkankervereniging, 2005

Kader 4.5

Als in de media verslag van een onderzoek wordt gedaan, dan betreft dat heel vaak surveyonderzoek. Kader 4.6 laat zien hoe een enquête wordt gebruikt om de mening van docenten te peilen over hun favoriete boeken. Het is een peiling op één moment, waarbij de docenten ook hun mening over favoriete boeken van vroeger kunnen geven, evenals hun ideeën over de favoriete boeken van hun leerlingen.

Docent Nederlands vindt favoriete schrijvers leerling helemaal niets

Ronald Giphart is plat en pornografisch, Tessa de Loo schrijft saai en voorspelbaar en Yvonne Keuls vult haar boeken met vals sentiment. De docenten Nederlands op de middelbare school zijn ongenadig in hun oordeel over de favoriete schrijvers van hun leerlingen.

Op de Dag van het Literatuuronderwijs, te houden in Rotterdam, worden de resultaten gepresenteerd van een enquête over favoriete boeken van toen en nu. Leraren werd gevraagd drie keer een top drie samen te stellen: de boeken die zij zelf als scholier het mooist vonden, de boeken die zij nu het meest waarderen, en de boeken die volgens hen het hoogst scoren onder hun leerlingen. In die laatste categorie blijkt spanning een belangrijke pre. *Het gouden ei* van Tim Krabbé is het populairste boek, daarna *De aanslag* van Harry Mulisch. De derde plaats is voor *De passievrucht* van Karel Glastra van Loon en *Ik ook van jou* van Ronald Giphart. *Het bittere kruid* van Marga Minco doet het nog steeds goed, ongetwijfeld mede door de geringe omvang. Het is een van de weinige klassiekers die nog meetellen. Het oordeel van de docenten is opnieuw niet mals: 'stuk geanalyseerd en uitgekauwd'. Onderzoekster Karin Laarakker signaleert een concentratie van het leesgedrag. De negen meest genoemde titels in de categorie van leerlingen steken ver uit boven de rest: 53,7% van het totaal.

Bron: *de Volkskrant*, 1 november 2002

Kader 4.6

Panelenquête

Een bijzondere vorm van enquête-onderzoek betreft panelenquêtes. Bij een panelenquête wordt een grote groep personen regelmatig over uiteenlopende onderwerpen ondervraagd. Meestal gebeurt dat met behulp van een internetvragenlijst, per post of per telefoon. Iedereen kan zich voor een panel aanmelden. Dan kom je op een lijst waaruit een steekproef getrokken wordt.
Soms worden panels geselecteerd met een bepaald doel: marktonderzoek (een klantenpanel) of onderzoek onder leeftijdgenoten (bijvoorbeeld een jongerenpanel). In kader 4.7 vind je een voorbeeld van een panel dat speciaal over zogenaamde 'Zeeuwse zaken' wordt ondervraagd. Er zijn meer provincies met zo'n panel, bijvoorbeeld Groningen, genaamd 'Het Groninger Panel' (zie www.sociaalplanbureaugroningen.nl).

Zeepeil: een Zeeuws panel

Sinds 2013 is er een online panel voor en over Zeeland. Mensen die in Zeeland wonen, kunnen zich aanmelden. Zij worden regelmatig bevraagd over allerlei politieke en maatschappelijk relevante zaken, zoals sport, openbaar vervoer, toerisme, kinderopvang in Zeeland, en ga zo maar door.

Indien panelleden worden geselecteerd (voor ieder onderzoek wordt een aparte steekproef getrokken), dan ontvangen ze per e-mail een uitnodiging en een link naar de webstek waar ze aan het onderzoek kunnen meedoen. Uiteraard worden de gegevens anoniem verwerkt. Deze monitor wordt georganiseerd door Scoopzeeland in samenwerking met University College Roosevelt.

Bron: www.zeepeil.nl

Kader 4.7

4.2 Secundaire analyse

Bij een secundaire analyse verzamel je niet direct gegevens van personen. Je 'verzamelt' bestaande gegevens, data die al eerder door andere onderzoekers zijn verzameld en geanalyseerd. Je gebruikt de dataset nog een keer, maar nu om een nieuwe vraag te beantwoorden. Statistische overzichten worden vaak op deze manier 'hergebruikt' (zie kader 4.8). Dit type onderzoek wordt ook wel kwantitatief bureauonderzoek genoemd. Ook kwalitatief bureauonderzoek bestaat; dat komt in hoofdstuk 5 (paragraaf 5.4) aan de orde. Je verzamelt dus bestaande gegevens: gegevens van andere onderzoekers. In kader 4.9 staan de criteria voor het inzetten van een secundaire analyse op een rij.

Bij het CBS wordt vaak gebruikgemaakt van bestaande gegevens. Zo rapporteerde het CBS in november 2005 dat het aantal vrouwen dat naar aanleiding van complicaties tijdens de zwangerschap in ziekenhuizen is opgenomen, tussen 1995 en 2003 met 41% gestegen is (*de Volkskrant*, 24 november 2005). Deze gegevens zijn verkregen door met behulp van de data die de ziekenhuizen verstrekken, een telling te verrichten van het aantal ziekenhuisopnames en de achtergrondkenmerken van de patiënten. Vervolgens is een vergelijking in de tijd gemaakt.

Geografische verdeling van de bevolking in Nederland

In 2002 publiceerde het Nederlands Interdisciplinair Demografisch Instituut (NIDI) de resultaten van een onderzoek naar de verdeling van de bevolking over Nederland, gebaseerd op gegevens van het Centraal Bureau voor de Statistiek (CBS). Deze gegevens zijn tussen 1990 en 2001 door het CBS verzameld. Het gaat om gegevens over de woonplaats van personen uit verschillende bevolkingsgroepen. Zo kon met behulp van een secundaire analyse van bestaande bevolkingsgegevens worden gekeken in hoeverre de verdeling van de bevolking over Nederland in het afgelopen decennium is veranderd (Van der Gaag, 2002). Uit het artikel wordt duidelijk dat de bevolkingsaantallen over de gehele linie zijn toegenomen; slechts in een paar gemeenten is de bevolking duidelijk afgenomen. Volgens het NIDI zal de bevolkingsgroei na het jaar 2010 vermoedelijk op een aantal van 17 miljoen stagneren, waarna de vergrijzing zal toeslaan.

Kader 4.8

Argumenten voor een secundaire analyse

Argumenten om een secundaire analyse uit te voeren kunnen zijn:

1. *Tijdwinst*. Het veld in gaan en een survey afnemen is een tijdrovende zaak.
2. *Financiële voordelen*. Zelf je gegevens verzamelen is een kostbaar karwei.
3. *Beschikbaarheid van de data*. Er zijn veel datasets beschikbaar die al voor ander onderzoek zijn samengesteld. Deze data lenen zich meestal uitstekend voor een nieuwe analyse. Ze zijn beschikbaar via speciale databanken en onderzoeksinstituten.
4. *Bruikbaarheid*. Dit is niet alleen een argument voor gebruik, maar zeker ook een voorwaarde. Je zult niet vaak een dataset vinden die precies aan je eisen voldoet, maar er zijn wel sets die aan een aantal voorwaarden voldoen of die in die richting te bewerken zijn. Zo ligt er heel wat datamateriaal waarop analyses verricht kunnen worden.

Kader 4.9

Nadelen van secundaire analyse

Secundaire analyse kent ook nadelen. Zo heb je geen invloed op de samenstelling van de data. De indelingen, coderingen en vragenlijsten zijn al gemaakt en afgenomen. Ook moet je een oplossing zien te vinden voor eventuele fouten die bij de oorspronkelijke dataverzameling zijn gemaakt. Het kan voorkomen dat je een probleemstelling in een secundaire analyse moet aanpassen om het gebruik van een bepaalde dataset mogelijk te maken. Vaak moeten data intensief worden bewerkt voordat ze bruikbaar zijn voor verdere analyses, zoals je kunt lezen in de kaders 4.10 en 4.11. Dit is zeker in het eerste voorbeeld het geval, waar zes verschillende bestanden met elkaar worden vergeleken.

Voorbeeld van een secundaire analyse (1): sociale netwerken

In het onderzoek naar sociale netwerken van mannen en vrouwen op de arbeidsmarkt is tussen 1995 en 1996 een secundaire analyse uitgevoerd op zes bestaande databestanden die informatie bevatten over netwerkcontacten van personen (Verhoeven, Jansen & Tazelaar, 2000). Het betreft hier een fundamenteel onderzoek (theoretisch dus) met de vraag: 'Hoe komt het dat een omvangrijk sociaal netwerk bij mannen wél en bij vrouwen weinig of geen effect heeft op hun arbeidsmarktgedrag en arbeidsmobiliteit?' Een gedetailleerd antwoord op zo'n onderzoeksvraag is alleen mogelijk als je een omvangrijke set data verzamelt. Dat is een tijdrovend en kostbaar karwei. Daarom is gekozen voor een analyse op bestaande en beschikbare datasets uit de jaren tachtig en negentig die kenmerken van netwerken van mannen en vrouwen bevatten, evenals gegevens over loopbanen en achtergronden van deze personen. Deze databestanden zijn als uitgangspunt gebruikt voor de analyse. Geen van de bestanden bevatten álle gezochte kenmerken van mannen en vrouwen, maar telkens was een deel van de gezochte kenmerken aanwezig. Verder moesten de onderzoekers veel kenmerken bewerken om ze geschikt te maken voor onderlinge vergelijking.

Kader 4.10

Voorbeeld van een secundaire analyse (2): vrijwilligers

Bij het Sociaal en Cultureel Planbureau (SCP) is onderzoek verricht naar vrijwilligerswerk (Dekker, 1999). Gekeken is naar de positie van het Nederlandse vrijwilligerswerk in *internationaal perspectief.* Dat betekent dat is onderzocht hoe het vrijwilligerswerk in Nederland is opgebouwd in vergelijking tot dat in andere landen. Voor dit onderzoek is gebruikgemaakt van al verzamelde gegevens over deelname aan en motivatie voor vrijwilligerswerk in twee internationale enquêtes. De beschikbaarheid van deze data bespaarde veel tijd en dus ook veel werk en geld. De data waren niet altijd even bruikbaar. Zo konden geen vragen worden beantwoord over vrijwilligerswerk als onderdeel van een 'actief maatschappelijk lidmaatschap' (betrokkenheid bij de maatschappij). Hoewel dit onderzoek een fundamentele insteek had, is de bruikbaarheid van de data voor praktisch onderzoek goed, zeker voor beleidsmakers.

Kader 4.11

Toch valt er wat voor te zeggen om bestaande datasets te gebruiken, want waarom zou je nieuwe informatie verzamelen als er al gegevens voorhanden zijn? In Nederland, maar ook daarbuiten, zijn vele archieven opgezet om de data te ordenen en beschikbaar te maken voor anderen. Tegen een (vaak kleine) vergoeding kun je de data aanvragen en gebruiken voor je eigen aanvullende of hernieuwde analyses. Veel Nederlandse datasets zijn in de archieven van DANS-KNAW (het archief het EASY) opgeslagen. Ze zijn via internet te bereiken (www.dans.knaw.nl). Soms kun je de datasets vrij gebruiken, soms is toestemming of registratie nodig, in een aantal gevallen moet voor gebruik van deze data worden betaald.

Meta-analyse

Wil je op grond van een *secundaire analyse* van een groot aantal bestanden rondom eenzelfde onderwerp tot een samenvattende conclusie komen, dan spreek je wel van *meta-analyse.* Wat is het verschil met secundaire analyse? Bij secundaire analyse analyseer je gegevens die door andere onderzoekers zijn verzameld in één databestand. Bij meta-analyse verzamel je hele databestanden (of een groot aantal gepubliceerde resultaten), om die vervolgens met elkaar te vergelijken; een andere eenheid van analyse dus. Meta-analyse is zeer diepgaand en uitgebreid, niet altijd praktijkgericht. Op internet wordt gezocht naar reeds bestaande bestanden over bepaalde onderwerpen en na een grondige vergelijking wordt overgegaan tot het analyseren ervan. Achteraf bezien is dit dus toch nog een kostbare en tijdrovende bezigheid, die overigens dankzij de komst van internet wel veel meer mogelijkheden biedt dan voorheen. Voor toepassingen van meta-analyse kun je kijken naar medisch onderzoek, waarbij de gerapporteerde resultaten van behandelingen over een aantal onderzoeken onder de loep worden genomen (bijvoorbeeld bij kankeronderzoek).

4.3 Experimenteel onderzoek

Bij experimenteel onderzoek verzamel je gegevens van proefpersonen in een gecontroleerde situatie (zoals bijvoorbeeld in kader 4.12). Bij een experiment ben je op zoek naar het effect van een bepaalde situatie, prikkel, factor, op een (verwachte) uitkomst. Om invloeden van buiten zo veel mogelijk te beperken kun je bij een experiment gebruikmaken van een laboratorium. Dat hoeft natuurlijk niet. Je kunt ook experimenten in 'bestaande locaties' opzetten, maar dit heeft wel gevolgen voor de conclusies die je uit je resultaten kunt trekken. In deze paragraaf bespreken we een aantal voorbeelden van beide genoemde experimentele opzetten.

Het effect van alcohol op rijvaardigheid

Stel, je wilt het effect onderzoeken van alcoholgebruik op rijvaardigheid. De meest voor de hand liggende keuze voor je dataverzamelingsmethode is die van het experiment (liefst niet met je eigen auto!). Het vermoeden (je hypothese of verwachting) is dat personen die enkele glazen alcohol gedronken hebben, een minder goede rijvaardigheid hebben dan personen die geen alcohol ophebben. Je verdeelt een groep personen in twee subgroepen, de ene groep krijgt vier glazen bier, de andere groep niet. Je laat de twee groepen een aantal oefeningen doen in een auto, op een parkeerplaats. Je meet het resultaat en vergelijkt het tussen de twee groepen.

Kader 4.12

4.3.1 Aspecten van experimenteel onderzoek

Bij de keuze voor experimenteel onderzoek spelen diverse aspecten een rol. We bespreken ze in deze paragraaf.

Causaliteit

Bij het doen van experimenten is meestal sprake van een zogeheten 'effectmeting' of 'oorzaak-gevolgrelatie'. Denk bijvoorbeeld aan het effect van studiehouding op je tentamencijfers, of aan het effect van het gebruik van een bepaald medicijn op de genezing van een kwaal. Je meet dan het effect van X op Y. Dit noemen we een *causaal verband*. Daarbij gaat X in de tijd aan Y vooraf, en komt oorzaak (logischerwijs) eerder dan gevolg.

onafhankelijke en afhankelijke variabele

Daarbij is X dus de *onafhankelijke* (oorzaak) variabele, en Y de *afhankelijke* (effect) variabele. Experimenteel onderzoek wordt in de sociale wetenschappen het meest door psychologen gebruikt. Verder is het een belangrijke dataverzamelingsmethode in de medische en natuurwetenschappen. Het wordt wel gezien als de basis van alle kwantitatieve onderzoeksmethoden.

In het laboratorium of in het veld?

zuiver experiment

oorzaak-variabele

Om een experiment zo goed mogelijk te laten verlopen wordt de onderzoekssituatie in veel gevallen speciaal voor dit experiment gemaakt. Zoals we in de inleiding al aangaven, wordt dan geprobeerd om invloeden van buitenaf zo veel mogelijk te beperken. 'Vrij van omgevingsinvloeden' heet dat. Een experiment wordt dan niet in een 'echte', maar in een gecreëerde situatie uitgevoerd; een experimentele situatie dus. Dit wordt ook wel een *zuiver experiment* genoemd. Tijdens een experiment wordt een aantal proefpersonen aan een bepaalde situatie (het experiment) blootgesteld. Deze 'situatie' is de *oorzaakvariabele* (factor; voor uitgebreidere uitleg zie paragraaf 8.1.1), ofwel *experimentele* (onafhankelijke) *variabele*. Vaak gebeurt dat in een laboratorium. Variabelen zijn kenmerken van de eenheden in je onderzoek. Dat kan bijvoorbeeld een test zijn, of een bepaald medicijn. Daarna worden de gevolgen van dit experiment gemeten: de *effectvariabele*, de afhankelijke variabele dus. Zo kun je bijvoorbeeld hersenactiviteit bij iemand meten met behulp van elektrodes op het hoofd, na het zien van een enge film.

effect-variabele

Het is niet altijd mogelijk om een zuiver experiment uit te voeren. In dat geval kun je ervoor kiezen om gebruik te maken van een bestaande situatie, in een zogenaamd veldexperiment. Meer hierover in paragraaf 4.3.3.

Interne validiteit

In het voorbeeld van het alcoholonderzoek in kader 4.12 ga je niet in een bar zitten observeren wat er gebeurt als iemand meer dan drie glazen bier drinkt, maar zet je het hele experiment zelf op. Zo kun je namelijk de situatie onder controle houden. Je wilt immers dat iedere proefpersoon precies vier glazen bier drinkt, geen drie of vijf glazen, en geen jenever of wijn. De test, de experimentele variabele, is hier dus het toedienen van vier glazen bier met een bepaald percentage alcohol. De omstandigheden van het experiment moeten voor iedere proefpersoon hetzelfde zijn. Waarom dat moet? Hoe zuiverder het experiment is opgezet, des te groter is de kans dat het gevonden effect inderdaad door de experimentele variabele wordt veroorzaakt: X → Y (X heeft effect op Y). We zeggen ook wel dat in zo'n geval de *interne validiteit* van de experimentele opzet hoog is. Het effect wordt niet door een derde variabele veroorzaakt, en je trekt de juiste conclusie. In hoofdstuk 6 wordt uitgebreid op het begrip 'interne validiteit' ingegaan.

Experimentele en/of controlegroep

Om goed te kunnen nagaan of er ook echt een effect is, kun je ervoor kiezen om twee (of meer) onderzoeksgroepen in te stellen, ook wel *'condities'* genoemd. Bij zo'n 'zuiver' experiment is sprake van ten minste één experimentele groep en ten minste één controlegroep. Het instellen van deze 'condities' is een belangrijke *voorwaarde* voor de zuiverheid van een experiment. De ene groep (experimentele groep) wordt dan aan het experiment blootgesteld, de andere groep (de controlegroep) niet. Zo kun je deze groepen vergelijken en nagaan of een eventueel gevonden effect ook echt door de experimentele conditie veroorzaakt wordt.

Het is niet altijd nodig om een experimentele en een controlegroep te hebben, maar het is ook niet altijd mogelijk. Stel dat je de werking van een medicijn tegen depressiviteit zou willen testen met twee groepen: één groep krijgt het

placebo

te testen medicijn en één groep krijgt een *placebo*. Je proefpersonen moeten aan bepaalde voorwaarden voldoen; in dit geval moeten ze een vorm van depressiviteit hebben. Maar hoe verdeel je de proefpersonen dan over de beide groepen? Het wordt bij zulke experimenten niet altijd ethisch verantwoord gevonden om een controlegroep samen te stellen. Het lijkt immers niet helemaal eerlijk als één deel van de groep proefpersonen een echt medicijn tegen depressiviteit krijgt, terwijl de andere groep (ook depressieve personen) het met een placebo moet doen. Die selectie wil de onderzoeker niet altijd maken, en daarom kiest men er soms dus voor om alleen een experimentele groep te testen.

Randomisatie

Bij een experiment is de samenstelling van de groep *proefpersonen* van groot belang (bij experimenten spreken we niet van 'respondenten'). De proefpersonen moeten een aantal kenmerken gemeen hebben ('uitwisselbaar' zijn, gemiddeld niet veel van elkaar verschillen) maar de indeling van de proefpersonen in de experimentele dan wel de controlegroep gebeurt willekeurig. Je wilt er immers zeker van zijn dat een eventueel effect niet ontstaat door een selectieve samenstelling van je groepen. Daarom vindt de selectie van proefpersonen voor de experimentele en controlegroep plaats op basis van toeval. Dit wordt ook wel *randomisatie* genoemd. Randomisatie is tevens een tweede voorwaarde voor de zuiverheid van het experiment (en daarmee de *interne validiteit*). In kader 4.13 vind je hiervan een voorbeeld.

Medicijnen

Voor het testen van de werking van een medicijn tegen hoge bloeddruk wordt een groep personen samengesteld op basis van het kenmerk 'te hoge bloeddruk'. De ene subgroep krijgt het medicijn met de werkzame stof toegediend, de andere subgroep krijgt een placebo (een pil waar de werkzame stof niet in zit). De verdeling van deze personen over de twee subgroepen vindt plaats op basis van toeval. De selectie van de totale groep vindt plaats op basis van de bloeddrukmeting.

Kader 4.13

'Helpt het of werkt het?'

Wil je het effect van een medicijn testen, dan is het nooit voldoende om één groep het medicijn te geven en vervolgens te kijken of het werkt. De onderzoeker weet dan nooit zeker of het gemeten resultaat veroorzaakt wordt door het medicijn of door iets anders, bijvoorbeeld storende factoren die een gevolg zijn van de opzet van het experiment. De interne validiteit wordt hiermee dus aangetast. Het instellen van een *controlegroep* lijkt hier de beste oplossing. Er is echter nog iets anders aan de hand.

Soms voelen mensen zich al beter bij de gedachte dat ze een medicijn toegediend krijgen, ook al zit daar geen werkzame stof in. Een *placebo*-effect dus. Een medicijn kan dus wel 'helpen', maar het is de vraag of het ook 'werkt'.

placebo-effect

Dubbelblind

Om een placebo-effect uit te sluiten worden proefpersonen bij voorkeur *willekeurig* aan de experimentele en controlegroep toegewezen. Zo weten de proefpersonen niet in welke groep ze zitten. Ten slotte kan ook de arts in kwestie 'last' hebben van zo'n placebo-effect, doordat hij/zij de verwachtingen over de uitkomsten onbewust op de proefpersonen overdraagt. In dat geval kan worden gekozen voor een experiment, waarbij noch de proefpersonen, noch de arts weten wie het echte medicijn krijgt en wie de placebo. Dat wordt ook wel een *dubbelblind* experiment genoemd.

Voor- en nameting

Aan het begin van het experiment kun je een zogenoemde 'nulmeting' of 'voormeting' verrichten. De meting na afloop van het experiment heet dan 'nameting'. Deze voormeting kan worden uitgevoerd als je wilt weten wat de beginwaarden zijn bij je proefpersonen. Zo kan je eventuele testeffecten uitsluiten. Dat zijn vertekeningen in de resultaten omdat de proefpersonen (bijvoorbeeld) weten dat ze aan een onderzoek meedoen. Meer hierover in paragraaf 6.5.

testeffecten

Je kunt ook alleen een nameting doen. Kader 4.14 geeft een voorbeeld van een experiment met alleen twee nametingen, één direct na afloop van het experiment, en één een paar weken later.

Groene stroom

Voor een onderzoek naar de effecten van voorlichting over groene stroom worden proefpersonen aselect ingedeeld in een experimentele en een controlegroep. De experimentele groep krijgt een voorlichtingsfilm over groene stroom, met daarin de gevolgen voor het milieu als we fossiele brandstoffen blijven gebruiken. De controlegroep krijgt een algemene voorlichtingsfilm, waarin geen informatie over groene stroom is opgenomen. Na afloop van de film vullen de proefpersonen een vragenlijst in over het milieu. Na enige tijd worden de proefpersonen benaderd met de vraag of zij zijn overgestapt op groene stroom.

Kader 4.14

4.3.2 *Zuivere experimenten*

Wil je een onderzoek vrij van omgevingsinvloeden, dan zet je het beste een zuiver experiment op. Dat doe je in een laboratorium, met een controle- en een experimentele groep en aselecte toewijzing van personen aan de groepen. Er zijn verschillende experimentele opzetten mogelijk. De basisopzet is een zuiver experiment. Daarnaast maak je keuzes voor verschillende metingen, subgroepen en de setting van je experiment. Een aantal keuzemogelijkheden hebben we in de vorige paragraaf besproken. Kader 4.15 toont de kenmerken van experimenteel onderzoek.

Kenmerken van zuiver experimenteel onderzoek

1. Er wordt een causaal verband onderzocht: X → Y.
2. X is de onafhankelijke of oorzaakvariabele, Y is de afhankelijke of gevolgvariabele.
3. De oorzaakvariabele gaat in de tijd aan de gevolgvariabele vooraf.
4. Er worden hypothesen over de uitkomst opgesteld.
5. Onder zo zuiver mogelijke omstandigheden (gecontroleerd, vrij van invloeden van buitenaf) wordt een groep blootgesteld aan een experimentele variabele (oorzaak).
6. Deze groep personen is op een aantal kenmerken gelijk van samenstelling.
7. Toekenning van de proefpersonen aan de experimentele en de controlegroep gebeurt op basis van toeval (randomisatie).

Kader 4.15

We zetten een paar mogelijke experimentele ontwerpen voor je op een rij.

1. Controlegroep, nameting

Bij dit type experiment is er een experimentele groep en een controlegroep. De toewijzing van proefpersonen vindt willekeurig plaats. De experimentele groep ondergaat het experiment, de controlegroep niet. Daarna wordt het effect gemeten. Het ontwerp is samengevat in tabel 4.1.

Tabel 4.1 Controlegroep, nameting

	willekeurige toewijzing	voor-meting	experiment	nameting	
groep I	ja	nee	ja	ja	experimentele groep
groep II	ja	nee	nee	ja	controlegroep

2. Controlegroep, voor- en nameting

De opzet is dezelfde als bij model 1, maar nu wordt ook *voorafgaand* aan het experiment een meting verricht (kijk maar in tabel 4.2). De reden hiervoor is al genoemd: om testeffecten te kunnen uitsluiten.

Tabel 4.2 Controlegroep, voor- en nameting

	willekeurige toewijzing	**voor-meting**	**experiment**	**nameting**	
groep I	ja	ja	ja	ja	experimentele groep
groep II	ja	ja	nee	ja	controlegroep

3. Solomon four-group-design

Een (zuiver) laboratoriumexperiment kan blootstaan aan allerlei storende invloeden die de interne validiteit aantasten. Je kunt dan geen juiste conclusies trekken. In hoofdstuk 6 bespreken we een aantal van deze storende invloeden. Hier komen er alvast twee aan de orde. Zo kan een *testeffect* optreden, omdat proefpersonen zich bewust zijn van deelname aan een experiment. Je kunt dan een voormeting doen, maar ook dat kan een versterkend effect hebben. Doordat de voormeting de proefpersoon attent maakt op bepaalde zaken die het onderzoeksonderwerp betreffen, kan de experimentele variabele een andere invloed op deze persoon hebben dan wanneer er geen voormeting was gedaan. Om deze twee valkuilen te vermijden is een speciaal type experiment bedacht, het 'Solomon four-group-design'. In goed Nederlands: het 'Solomon vier groepen ontwerp'. Het is een duur onderzoek, maar zeer effectief als het gaat om het filteren van dit type testeffecten. Het ontwerp is een combinatie van ontwerp 1 en 2, waarbij vier groepen worden gevormd: twee experimentele groepen en twee controlegroepen. Echter, één controlegroep en één experimentele groep krijgen ook een voormeting. Zo kun je een effect opsporen en controleren voor eventuele testeffecten.

Tabel 4.3 Solomon four-group design

	willekeurige toewijzing	**voor-meting**	**experiment**	**nameting**	
groep I	ja	nee	ja	ja	experimentele groep
groep II	ja	nee	nee	ja	controlegroep
groep III	ja	ja	ja	ja	experimentele groep
groep IV	ja	ja	nee	ja	controlegroep

4.3.3 Veldexperimenten

Wil je of kun je geen (zuiver) laboratoriumexperiment opzetten? Dan kun je kiezen voor het uitvoeren van een veldexperiment (ook wel quasi-experiment genoemd). Je gebruikt dan een bestaande situatie om je experiment uit te voeren. Zo kun je bijvoorbeeld een groep allochtonen en een groep autochtonen op pad sturen om tijdschriftabonnementen te verkopen en meten wie het beste resultaat boekt. Etniciteit is dan de experimentele variabele. Deze experimentele opzet komt bij praktijkonderzoek vaak voor. Nog een voorbeeld: in een veldexperiment wordt een aantal graslanden in de broedmaanden niet gemaaid. Tijdens deze periode wordt het aantal broedvogels geteld en vergeleken met het aantal broedvogels in graslanden waar wél wordt gemaaid. We geven een paar mogelijke ontwerpen van veldexperimenten.

1. Enkele groep, nameting

De meest eenvoudige opzet ontstaat wanneer je bij een groep personen alleen een nameting verricht. Stel, je bent docent en je wilt nagaan of de houding van studenten statistiek positiever wordt wanneer bij de colleges gebruik wordt gemaakt van humoristische voorbeelden. Je kunt de voorbeelden in de klas uitproberen en dan achteraf de houding van de studenten ten aanzien van statistiek meten.

2. Enkele groep, voor- en nameting

Als uitbreiding op ontwerp 1 kun je ook een voormeting verrichten. Zo kun je in de klas eerst meten wat de houding is van je statistiekstudenten, vervolgens gebruik je de humoristische voorbeelden en meet je daarna hun houding ten opzichte van statistiek nog een keer. Tot slot analyseer je het verschil tussen de voormeting en de nameting.

3. Twee groepen, (voor- en) nameting

Een volgende uitbreiding kan liggen in het vergelijken van de resultaten tussen twee groepen. Dat kan door alleen een nameting te doen, en (bijvoorbeeld) twee groepen te vergelijken. Zo kun je de humoristische voorbeelden in de ene klas wel gebruiken, maar in de andere klas niet (de controlegroep dus). Vervolgens meet je het resultaat en je vergelijkt dit tussen de twee klassen. Je kunt natuurlijk ook hier een voormeting doen, de verschillen tussen voormeting en nameting binnen één klas bekijken en de verschillen tussen twee klassen. Het spreekt vanzelf dat je zo ook meer dan twee groepen kunt vergelijken.

4. Meerdere metingen

Ten slotte zie je bij veldexperimenten vaak ontwerpen waarin de effectvariabele een aantal malen wordt gemeten. Dit wordt wel een *tijdreeks* genoemd. Dit ontwerp is een uitbreiding van de voor- en nameting bij één groep. Kijk, bij een veldexperiment staat het ontwerp bloot aan invloeden van buiten af. Dat tast de interne validiteit aan en veel onderzoekers vragen zich dan ook af of ze nog wel de juiste conclusies kunnen trekken. Om hier toch enigszins het hoofd aan te bieden verrichten ze een groot aantal metingen. Het experiment zit tussen deze metingen in.

tijdreeks

Nog eenmaal terug naar het experiment met humoristische voorbeelden bij lessen statistiek. Studenten leren op allerlei manieren, niet alleen als gevolg van het invoeren van een nieuwe lesmethode. Een aantal processen verloopt automatisch, of buiten de les om. Je zou een aantal voormetingen kunnen doen, waarna het experiment met humoristische voorbeelden plaatsvindt, om af te sluiten met een aantal nametingen. Stel, dat er sprake is van een effect van de voorbeelden op de houding ten aanzien van statistiek, dan zou het automatische proces moeten worden onderbroken door een verschuiving (hopelijk omhoog: een meer positieve houding). Zou die onderbreking er niet zijn, dan heeft het gebruik van de voorbeelden niet veel verschil gemaakt.

Bij een quasi-experiment kun je eventuele storende invloeden van buiten niet controleren, de interne validiteit wordt dus aangetast. Vaak is dat echter niet het doel van de onderzoeker. Het zo veel mogelijk gebruikmaken van een bestaande situatie is gemakkelijker (vaak goedkoper), maar ook 'echter'.

4.4 Monitor

Een vrij recente ontwikkeling in onderzoek is de 'monitoring'. Een monitoronderzoek is een onderzoek over een bepaald onderwerp, dat regelmatig wordt herhaald. Zo kun je ontwikkelingen op een bepaald gebied volgen, maar je kunt bijvoorbeeld ook de invoering van bepaalde maatregelen over langere tijd volgen, en begeleiden. Er is een onderwijsmonitor, armoedemonitor, Grotestedenbeleid Monitor, Veiligheidsmonitor, studentenmonitor en ga zo maar door.
Monitoring is onder andere populair binnen communicatieonderzoek, beleidsonderzoek en evaluatieonderzoek. Vooral beleidsmakers maken graag gebruik van deze aanpak. In kader 2.11 kon je al een voorbeeld van zo'n monitor lezen. Hoe gaat monitoring in zijn werk? Bij monitoring worden gegevens

verzameld om de ontwikkelingen op een bepaald terrein te kunnen volgen. Dat lijkt veel op 'gewoon' onderzoek doen, maar toch is een monitor een specifieke vorm van dataverzameling. Om van monitoring te kunnen spreken moet aan twee belangrijke voorwaarden voldaan zijn:

1. De factor *tijd* speelt een cruciale rol. De gegevens van onderzoeken op verschillende tijdstippen (*longitudinaal onderzoek*) worden met elkaar vergeleken. Zo wordt een ontwikkeling waargenomen en vastgelegd.
2. Op elk meetmoment worden *dezelfde meetinstrumenten* ingezet en worden dezelfde verschijnselen op dezelfde manier gemeten. Het onderzoek wordt als het ware *herhaald*. Dit verhoogt de betrouwbaarheid van de uitkomsten.

onderzoeksdesign

Monitoronderzoek is niet één dataverzamelingsmethode, maar een onderzoeksdesign. Er is sprake van triangulatie, wanneer voor het verzamelen van monitorgegevens diverse methoden van dataverzameling worden ingezet: groeps- en diepte-interviews, vragenlijsten, kengetallen en dergelijke. Deze gegevens worden op een aantal momenten verzameld. De verwerking van deze gegevens is zowel kwantitatief (bij surveys en de analyse van kengetallen) als kwalitatief (bij interviews).

Bestaande data

Sommige gegevens worden verzameld door gebruik te maken van bestaande data, bijvoorbeeld in archieven of databases. Zo kun je voor een onderwijsmonitor terecht bij de onderwijsinstellingen, die gegevens (kengetallen) bijhouden van de in- en uitstroom van alle leerlingen en studenten. Voor een uitkeringsmonitor zou je bij het UWV terechtkunnen, waar bestanden met gegevens over uitkeringen worden bijgehouden. Voor een woningmonitor kun je terecht bij de afdelingen Huisvesting van de gemeente of bij de woningbouwverenigingen. Deze houden de gegevens van hun cliënten precies bij. Bij een zorgmonitor zijn er vele mogelijkheden om data te verzamelen, zoals bij ziekenhuizen of andere zorginstellingen. Gemeenten die een monitor organiseren, verplichten de deelnemende instanties vaak om periodiek (dus op vaste momenten) hun gegevens ter beschikking te stellen. Een bekend voorbeeld is de Grotestedenbeleid Monitor.

Indien uitgegaan wordt van bestaande gegevens, krijgt een monitor een *algemeen karakter*; daardoor is het informatieniveau van de resultaten vrij laag. Er worden immers meestal geen individuele gegevens verstrekt. Wil je wel over individuele gegevens beschikken, dan zijn andere dataverzamelingsmethoden geschikter.

ICT-onderwijsmonitor

Sinds 1997 organiseert het ministerie van Onderwijs, Cultuur en Wetenschap de ICT-onderwijsmonitor. Scholen kunnen op vrijwillige basis aan deze monitor meedoen. Zij leveren dan gegevens aan over de stand van zaken met betrekking tot invoering van ICT op hun school. Met de terugkoppeling kunnen zij hun beleid aanpassen. Het ministerie krijgt op basis van deze gegevens een beeld van de landelijke stand van zaken.
'De ICT-onderwijsmonitor koppelt informatie op maat terug naar uw school/opleiding waaraan u kunt aflezen hoe ver de ICT-invoering op uw school/opleiding gevorderd is ten opzichte van andere scholen/opleidingen. U kunt de informatie ook gebruiken om daar waar nodig zaken anders aan te pakken. De ICT-onderwijsmonitor dient verder als informatiebron voor de minister en de Tweede Kamer. Zij krijgen via de ICT-onderwijsmonitor inzicht in knelpunten. Dit kan alleen dankzij de medewerking van scholen, onderwijsinstellingen, directies, ICT-coördinatoren, leraren en leerlingen. De ICT-onderwijsmonitor wordt met ingang van het schooljaar 2000/2001 in opdracht van het ministerie van OCW uitgevoerd door IVA Tilburg en ITS Nijmegen, die hierbij nauw samenwerken.'

Bron: www.ict-monitor.nl

Kader 4.16

Veiligheidsmonitor

De Veiligheidsmonitor is een grootschalig onderzoek naar de gevoelens van (on)veiligheid bij de bevolking. Allerlei aspecten van veiligheid worden gemeten: de leefbaarheid in de buurt, buurtproblemen, slachtofferschap, aangiftegedrag, respectloos gedrag, de beoordeling van het gemeentelijke veiligheidsbeleid en het functioneren van de politie. De Veiligheidsmonitor is gestart in 2008 en dit onderzoek wordt jaarlijks gehouden. Om gegevens te verzamelen wordt een grootschalige enquête onder de Nederlandse bevolking van 15 jaar en ouder georganiseerd. Deze enquête wordt jaarlijks (in een aantal gemeenten tweejaarlijks) gehouden in de periode van medio september tot eind december. Het CBS trekt een steekproef voor de landelijke én voor de lokale metingen.

Bron: Nicis Institute, 2010

Kader 4.17

Het opzetten van een monitor vergt veel van je onderhandelingskwaliteiten. Het is vaak een lastig karwei om de opdrachtgever en de instellingen die de data moeten aanleveren, zover te krijgen dat de juiste gegevens in het juiste formaat op het juiste tijdstip bij jou worden bezorgd. Het kost je veel overleg, planning en (soms) stress om dit voor elkaar te krijgen.

Kader 4.16 geeft een voorbeeld van de ICT-onderwijsmonitor die door het ministerie van OCW is georganiseerd. Kader 4.17 laat de opzet zien van de Veiligheidsmonitor.

Samengevat: monitoronderzoek doe je als je ontwikkelingen in de tijd wilt volgen, een situatie wilt evalueren óf wilt helpen bij het ontwikkelen van nieuw beleid (maatregelen, instrumenten). Je maakt daarbij gebruik van hetzelfde soort gegevens, die je op vaste momenten verzamelt. Methoden van dataverzameling kunnen variëren van secundaire analyse tot (groeps)interviews of surveyonderzoek.

4.5 Belangrijkste gebruikte begrippen en hun betekenis

Begrip	Betekenis
Dataverzamelingsmethode	Wijze waarop je gegevens verzamelt.
Cross-sectioneel	Onderzoek waarbij op een bepaald moment eenmalig gegevens worden verzameld.
Surveyonderzoek	Onderzoek met behulp van enquêtes (vragenlijsten) om meningen, houdingen en kennis bij grote groepen personen te meten.
Populatie	Alle eenheden waarover je met je onderzoek uitspraken doet (domein).
Steekproef	Al dan niet willekeurige selectie uit de populatie die de mogelijkheid krijgt deel te nemen aan je onderzoek.
Likertschalen	Lijsten (menings)vragen over hetzelfde onderwerp (construct) met een klein aantal antwoordmogelijkheden.
Respondenten	Personen die aan vragenlijstonderzoek meedoen.
Panelenquête	Regelmatig terugkerende enquête onder vooraf aangemeld panel, over uiteenlopende onderwerpen.
Generaliseren	De conclusies uitbreiden naar de populatie.
Secundaire analyse	Onderzoek met behulp van reeds verzamelde gegevens.
Meta-analyse	Heranalyse van een groot aantal bestanden, teksten.
Laboratorium- of zuiver experiment	Experiment waarbij proefpersonen in een zo veel mogelijk gecontroleerde situatie worden getest, vrij van invloeden van buiten.
Causaal verband	De aanwezigheid van een 'oorzaak-gevolgrelatie'.
Interne validiteit	De mate waarin de juiste conclusies getrokken kunnen worden.
Proefpersonen	Deelnemers aan experimenteel onderzoek.

Dataverzamelingsmethode	Wijze waarop je gegevens verzamelt.
Randomisatie	Willekeurig toewijzen van proefpersonen aan condities.
Voor-/nameting	Meting voorafgaand aan of na afloop van het experiment.
Experimentele en controlegroep	Experimentele setting met twee groepen, waarbij de ene groep met de experimentele variabele in aanraking komt en de andere niet.
Placebo-effect	Proefpersonen krijgen geen werkzame stof toegediend, maar ze menen toch resultaat te merken.
Dubbelblind	Zowel proefpersonen als onderzoekers weten niet in welke groep ze terechtkomen.
Test-effect	Proefpersonen reageren anders, omdat ze aan een onderzoek meedoen.
Solomon four group design	Speciale experimentele setting met vier groepen.
Quasi- of veldexperiment	Experiment dat 'bestaande' groepen gebruikt; geen zuiver experiment dus (geen laboratorium).
Monitor	Gegevensverzameling over de ontwikkelingen op een bepaald terrein door middel van herhaalde vragenlijsten.
Variabelen	De gemeten kenmerken van de eenheden in je onderzoek.

4.6 Opdrachten

1. Bij een bedrijf komen klachten binnen over de atmosfeer waarin de medewerkers op kantoor moeten werken. De ramen op de kantoren kunnen niet open, de luchtverversing gebeurt door middel van airconditioning. Mensen klagen over hun keel en over prikkende ogen, waardoor ze hun werk niet goed kunnen doen. Het management wil de arbeidsomstandigheden graag verbeteren om zo de productiviteit en de werksfeer te kunnen verhogen.
   a. Wat voor een testeffect zou hier kunnen voorkomen? Wat doet dit voor de validiteit van het experiment?
   b. Bedenk een experiment waarbij je tevens rekening houdt met het mogelijk optreden van testeffecten.
2. Lees het onderzoek naar de effecten van Nordic Walking in kader 4.18. Welke methode van dataverzameling heeft de onderzoeker gebruikt? Beschrijf de onderzoeksopzet.

Onderzoek:
Nordic Walking ontlast gewrichten nauwelijks

Nordic Walking is niet of nauwelijks ontlastend voor de gewrichten, zoals tot nu toe vaak wordt aangenomen. Wel is het een prima sport om een betere conditie te krijgen of om af te vallen. Ook is het zeer geschikt voor sporters met bepaalde fysieke beperkingen. Deze conclusies worden getrokken naar aanleiding van onderzoek naar de effecten van Nordic Walking op het lichaam. Een bewegingswetenschapper liet ervaren Nordic Walkers met en zonder stokken lopen en mat de hartfrequentie en de druk op de gewrichten. Zowel bij wandelen als bij Nordic Walking bleek de belasting op de voet en op de gewrichten hetzelfde. Wel worden bij Nordic Walking de schouder-, rug-, borst- en armspieren aanzienlijk beter getraind dan bij gewoon wandelen. Ook de hartslag is hoger, waardoor meer vet wordt verbrand.

Bron: *Tweevoeter*, 14 december 2005

Kader 4.18

3. Bekijk het artikel uit *de Volkskrant* in kader 2.5. Hierin wordt de aanleiding geschetst voor een onderzoek naar de effecten van het gebruik van Ritalin op de rijvaardigheid van personen.
   a. Maak een onderzoeksopzet met een zuiver experimentele opzet.
   b. Hoe kun je het experiment dubbel blind maken?
   c. Maak nog een onderzoeksopzet, maar gebruik nu een veldexperiment.
   d. Hoe zou jij dit onderzoek aanpakken? Beargumenteer je antwoord.
4. In kader 4.5 wordt de opzet van een onderzoek naar doorlooptijden bij borstkankerzorg beschreven. Er zijn verschillende methoden gebruikt om data te verzamelen.
   a. Welke methode is gebruikt? Beschrijf de kenmerken van deze methode. Waarom heeft de onderzoeker hiervoor gekozen, denk je?
   b. Er kleeft een groot nadeel aan de gebruikte methode, speciaal als je het onderwerp in ogenschouw neemt. Welk nadeel? Beschrijf een alternatieve methode om de gegevens over de doorlooptijden te verzamelen.
5. Stel, je wordt gevraagd om onderzoek te doen naar het effect van een voorlichtingscampagne over de gevaren van overmatig alcoholgebruik bij jongeren op een school voor voortgezet onderwijs. Men wil weten of, en zo ja, in welke mate het alcoholgebruik verandert, en men wil weten of deze verandering wordt veroorzaakt door de voorlichtingscampagne. Ontwerp een Solomon four group design voor dit experiment. Denk eraan om een experimentele en een controlegroep in te stellen, en om zowel een voor- als een nameting te doen. Gebruik het schema in tabel 4.3 als voorbeeld.
6. Lees het kader van het onderzoek naar sociale netwerken (kader 4.10) aandachtig door. Er is veel onderzoek naar de werking van sociale netwerken

gedaan, maar dit onderzoek betreft een analyse van bestaand materiaal, een secundaire analyse dus.

   a. Beschrijf de voor- en nadelen van deze wijze van dataverzameling.
   b. Deze data zijn dus al eens eerder verzameld. Hoe is dat gebeurd, denk je?

7. Een onderzoeksbureau ontwerpt een vragenlijst om klanttevredenheid met de ov-chipkaart te meten. De populatie wordt gevormd door alle gebruikers van de ov-chipkaart. Van hen is het adres bekend, het e-mailadres en het telefoonnummer. Ook reizen deze personen regelmatig met de trein. Hoe zou jij deze vragenlijst afnemen? Er zijn verschillende mogelijkheden. Beargumenteer je keuze.
8. Bij een onderwijsinstelling in Gelderland komen veel klachten binnen over de studentenkantine. Er zijn plannen om de kwaliteit van de dienstverlening en het eten te verbeteren, maar het management weet niet of deze maatregelen effect hebben. Stel, je doet onderzoek naar het effect van deze maatregelen op de kwaliteit van het eten en de dienstverlening in de schoolkantine.
   a. Beargumenteer de keuze voor een experiment en voor een enquête.
   b. Hoe selecteer je deelnemers in beide ontwerpen?
   c. Beschrijf jouw keuze in een voorstel voor een onderzoeksopzet.
9. Lees de volgende probleemstellingen aandachtig door. Welke methoden van dataverzameling zou jij gebruiken?
   a. Hoe denken de inwoners van Amsterdam over de duur van de aanleg van de Noord-Zuid lijn?
   b. Is er verschil in studiehouding tussen studenten die wel of geen studiehulp gebruiken?
   c. Welke ontwikkelingen in hypotheekrente tussen 2010 en 2014 zijn waar te nemen?
   d. Wat is het effect van het gebruik van multivitamines op de weerstand bij mensen?
   e. Wat is het effect van het kijken naar een griezelfilm op de mate van stress bij mannen en vrouwen?
   f. Welke gemeten effecten van het inzetten van methodes van intensieve pedagogische thuishulp op de opvoeding zijn waarneembaar in de afgelopen twintig jaar?
10. In Zeeland ontkom je niet aan het leven met de zee. Het panel van Zeepeil (kader 4.7) wordt dan ook regelmatig over 'Zeeuwse onderwerpen' bevraagd: uitdiepen van de Westerschelde, de smaak van zilte groenten, het al dan niet onder laten lopen van de Hedwigepolder, toerisme in

Zeeland, et cetera. Regelmatig keren bepaalde onderwerpen terug op de agenda.

a. Beschrijf een onderzoeksontwerp over de ontwikkelingen van het gebruik van de Westerscheldetunnel in Zeeland.
b. Hoe kun je het panel van Zeepeil bij dit onderzoek inzetten?

De antwoorden op deze vragen vind je op de website onder de tab Uitwerking opdrachten, hoofdstuk 4. Informatie over de ontwerpcasussen vind je onder de tab Ontwerpcasussen, hoofdstuk 4.

5

Kwalitatieve methoden van dataverzameling

Hoofdstuk 5 behandelt kwalitatieve methoden van dataverzameling. Bij deze dataverzamelingsmethoden staat de achtergrond van de onderzochte personen centraal. Daarbij worden methoden gebruikt zoals individuele en groepsinterviews, observaties, documentanalyse en gevalsstudie.

Beleving

Kwalitatief onderzoek is niet gebonden aan het verzamelen van cijfermatige gegevens, er wordt geen *causaal* verband onderzocht. De onderzoeker kan zich verder aanpassen aan de omstandigheden van het onderzoek. De benadering is daarmee open en flexibel; bovendien wordt ingegaan op de achtergronden van de verzamelde gegevens. Bij kwalitatieve dataverzamelingsmethoden, zoals observatie en open interviews, staat de *beleving* door de onderzochte centraal, ook wel subjectieve betekenisverlening genoemd. Kwalitatief onderzoek is daarmee interpretatief en inductief van aard. Interpretatief omdat de context van de onderzochte situatie belangrijk is, en inductief omdat onderzoekers tijdens hun onderzoek aan hun model bouwen, van breed (data) naar smal (verklarend model).

Holistisch onderzoek

Kwalitatief onderzoek is een methode waarbij de onderzoeker in het 'veld' ('in de werkelijkheid' zeggen onderzoekers ook wel) onderzoek uitvoert. Bij kwalitatief onderzoek worden onderzoekseenheden in de omgeving als geheel onderzocht. Dit wordt ook wel *holistisch onderzoek* genoemd.

Probleemstellingen over ervaringen van personen in bepaalde situaties, hun achterliggende argumenten en motieven, lenen zich uitstekend voor kwalitatief onderzoek. Ook literatuuronderzoek en inhoudsanalyse zijn kwalitatief van aard, waarbij tekstuele gegevens worden verzameld. In dat geval wordt de betekenis in geschreven teksten geanalyseerd.
Abusievelijk wordt soms verondersteld dat kwalitatief en kwantitatief onderzoek elkaars tegenpolen zijn. Dat is niet zo. Deze methoden bestaan naast

elkaar, ze vullen elkaar op een goede manier aan en tezamen kunnen ze een goed (getrianguleerd) antwoord op een probleemstelling geven. Door een probleemstelling op verschillende manieren te benaderen en dus verschillende methoden te gebruiken, ontstaat een genuanceerd beeld van de resultaten (Boeije, 2012).

Inhoud van dit hoofdstuk

In dit hoofdstuk bespreken we een aantal bekende kwalitatieve methoden, zoals observatieonderzoek, literatuuronderzoek en inhouds- en secundaire analyse (van kwalitatief materiaal). Ook de gevalsstudie en het actie- of handelingsonderzoek (als *onderzoeksdesign*) komen aan bod. Een van deze methoden, het diepte-interview, wordt in hoofdstuk 6 verder uitgewerkt. De methode zal in dit hoofdstuk worden geïntroduceerd. Verder wordt in dit hoofdstuk nogmaals ingegaan op de vraag welke keuze voor een methode je nu eigenlijk het beste kunt maken. In sommige gevallen is het mogelijk een keuze voor een combinatie van verschillende dataverzamelingsmethoden te maken (*getrianguleerd*).

Leerdoelen

Aan het eind van dit hoofdstuk ben je in staat om een keuze voor een kwalitatieve dataverzamelingsmethode te maken. Je kunt deze keuze voorzien van de juiste argumenten. Je hebt kennisgemaakt met observatie, open interviews, literatuuronderzoek, inhoudsanalyse, secundaire analyse, actie- of handelingsonderzoek en gevalsstudie. Ten slotte kun je het principe van triangulatie toepassen.

Kader 5.1

In fase 2 van de onderzoekstool wordt de keuze voor kwalitatieve dataverzamelingsmethoden behandeld aan de hand van checklists en hulpvragen (sectie 4) en aan de hand van een keuzediagram (sectie 5). In de template die bij fase 2 hoort (sectie 12), kun je de keuze voor de dataverzamelingsmethode beargumenteren.

5.1 Observatieonderzoek

Observeren, dat doen we allemaal wel eens. Zittend achter een glas bier op een terrasje observeren we de voorbijgangers. Op kantoor proberen we de stemming te peilen door de gezichten van de collega's te bestuderen. In de rij voor de kassa bij de supermarkt bekijken we het gedrag van de andere wachtenden. Deze waarneming is echter *informeel*.

Als in wetenschappelijk onderzoek gebruik wordt gemaakt van observatiemethoden, dan duidt dat op de *systematische waarneming* van bepaalde gedragingen van personen. Het gaat daarbij alleen om die aspecten van het gedrag die voor het onderzoek interessant zijn. Bij observatieonderzoek kunnen kleine groepen (mensen) worden onderzocht, bijvoorbeeld in hun eigen omgeving.

systematische waarneming

5.1.1 Varianten van observatieonderzoek

Observatieonderzoek kent vele vormen. We bespreken een aantal factoren die bepalend zijn bij de keuze voor een bepaalde vorm van observatie.

Het veld in of niet

Allereerst kun je observeren in het 'veld', dat wil zeggen: in alledaagse situaties. De personen die je observeert, zijn dan niet van tevoren geselecteerd voor het onderzoek. Vaak gaat het om bestaande groepen, zoals observatieonderzoek bij de Inuit in Canada.
Ook kun je observeren in speciaal daarvoor ingerichte ruimtes, met personen die voor dit onderzoek geselecteerd zijn (zie kader 5.2). Zo'n observatieonderzoek lijkt veel op een experiment. Het verschil met een experiment is dat nu alleen het gedrag wordt geobserveerd, en er geen experimentele variabele wordt gebruikt. Je onderzoekt dus niet de invloed van een bepaalde (door de onderzoeker) ingebrachte variabele, maar je kijkt naar gedrag van personen dat vanuit het onderzoek interessant is.

Kader 5.2

De Assessment Center-methode

De Assessment Center-methode (Vander Meeren & Gerrichhauzen, 1993) is een instrument voor de beoordeling van kandidaten voor een bepaalde functie in een organisatie. De sollicitanten worden in bepaalde situaties door getrainde observatoren geobserveerd. Nadien wordt op grond van de resultaten van deze observatie bepaald wie de beste kandidaat is voor een functie.

Structuur

Een ander onderscheid in observaties betreft de *structuur.* Heb je een lijst met gedragingen opgesteld die je gaat bekijken, dan verloopt je observatie gestructureerd. Je kunt er ook voor kiezen om gewoon waar te nemen wat er zoal gebeurt tijdens je observatie. In dat geval is de methode ongestructureerd.
Verder kun je heel *direct* observeren, zodat de geobserveerde personen je zien terwijl je observeert, of *indirect.* Bij indirecte observatie wordt gebruikgemaakt

van bijvoorbeeld spiegels (zoals bij de politie) of videomateriaal. Ook kun je er al dan niet voor kiezen om je bij de te observeren personen of groepen bekend te maken: we spreken dan van *onverhulde* of *verhulde* observatie.

Participeren of niet

Ten slotte is onderscheid te maken tussen min of meer 'gewone' observatie en zogeheten *participerende* observatie. Bij de laatste vorm doet de onderzoeker mee aan alle activiteiten van de onderzochte personen (of groep), terwijl hij hen observeert. Dat doet hij om hun gedrag beter te kunnen begrijpen. Zoals we al zagen in paragraaf 1.3, wordt deze vorm van onderzoek vaak door antropologen gebruikt voor een beschrijving van de leefwijze van een bepaalde bevolkingsgroep en/of van bepaalde culturen. Een andere term hiervoor is *etnografisch onderzoek*. In Nederland deed Engbersen (1991) in de jaren tachtig observatieonderzoek naar de leefwijzen van bewoners van vier achterstandswijken in Nederland. Een ander bekend voorbeeld van etnografisch onderzoek is de studie naar het gedrag en de leefwijze van voetbalhooligans van Sheffield United (Armstrong, 1998).

etnografisch onderzoek

Participerende observatie in buurtwinkels

Iedereen doet boodschappen, dat is heel vanzelfsprekend. Er zijn echter steeds minder buurtwinkels, ze worden 'weggedrukt' door grote supermarkten in een zich steeds verder individualiserende samenleving. Hoe overleven de buurtwinkels die het wel redden? Wie daar meer over te weten wil komen, moet niet alleen met mensen praten, maar vooral ook goed kijken naar wat er gebeurt in zo'n winkel. Dat deden studenten sociologie aan de Universiteit van Amsterdam, zes weken lang. Sommigen draaiden hele dagen mee in de winkel. Zoals antropologen bij verre vreemde volken via participerende observatie onderzoek doen, zo beoefenden de studenten die methode in hun eigen stad.

Bron: www.buurtwinkels.amsterdammuseum.nl

Kader 5.3

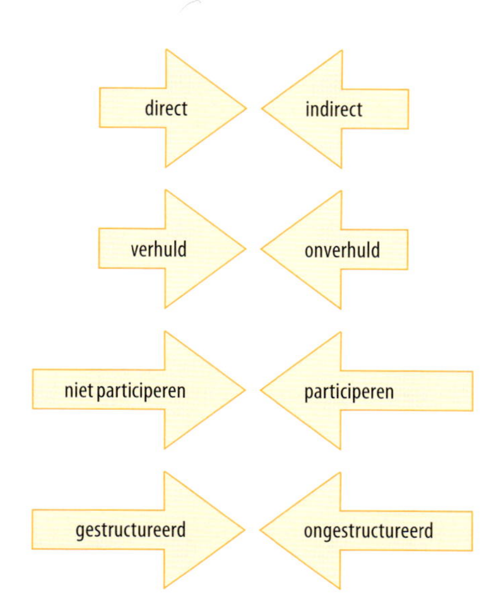

Figuur 5.1 Toepassingen in observatieonderzoek

In kader 5.3 kun je een mooi voorbeeld van hedendaags observatieonderzoek lezen. Figuur 5.1 vat de verschillende toepassingen in observatieonderzoek samen.

5.1.2 Observatie als wetenschappelijke activiteit

We kijken nogmaals naar observatie als dataverzamelingsmethode. Wanneer wordt observatie wetenschappelijk genoemd? Wanneer wordt het observeren vanaf een terras onderdeel van een onderzoek? Daarvoor moet aan een aantal voorwaarden worden voldaan.

Aard van de probleemstelling

De probleemstelling leent zich voor het uitvoeren van observatieonderzoek, het is een *observatievraag*. Kijk eens naar de volgende vraagstelling: 'Wat is de stand van zaken wat betreft de verkeersveiligheid in de wijk Tuindorp in Utrecht?' Enkele deelvragen kunnen zijn: 'Hoe gedragen voetgangers zich op het zebrapad X in de wijk Tuindorp?' en 'Hoe gedragen automobilisten zich bij het stoplicht Y in de wijk Tuindorp?' Deze twee deelvragen laten zich goed beantwoorden met behulp van een observatieonderzoek.

Gedrag bestuderen

Het lijkt heel logisch, maar toch moet het nog eens gezegd worden: er wordt gedrag bestudeerd. Dat kan ook gaan om zogenoemd negatief gedrag (iemand overtreedt verkeersregels) of intiem gedrag. Gedrag van telkens één persoon of van een groep mensen. Je kunt afzonderlijke handelingen observeren of interacties tussen personen.

Subjectiviteit vermijden

Stel, je ziet iemand lopen die niet lacht en met gebogen houding en een sloffende gang voorbijgaat; dan zou je kunnen concluderen dat deze persoon er somber uitziet. Dat is jouw interpretatie van het gedrag, jouw eigen uitleg ervan. Bij wetenschappelijke observaties probeert men deze subjectiviteit zo klein mogelijk te houden.

intersubjectiviteit

Naarmate onderzoekers het meer eens zijn over de codering van de begrippen en over de interpretatie van gedrag, ontstaat een systeem dat beter bruikbaar is omdat er *intersubjectiviteit* over bestaat. Overeenstemming tussen onderzoekers dus. Echter, ook al is men het met elkaar eens over het resultaat, de subjectiviteit is daarmee niet helemaal verdwenen. Kijk maar eens naar kader 5.4: over de interpretatie van 'somber' gedrag bestaat slechts *overeenstemming*. Hoe bereik je deze overeenstemming? Onder andere door je codering openbaar te maken, zodat er kritisch naar gekeken kan worden, of door gebruik te maken van de adviezen van collega-onderzoekers (*peer consultation*).

Een voorbeeld van gedragscategorieën

Het begrip 'somber' kun je uitsplitsen in de volgende meetbare gedragscategorieën:

- lacht niet;
- loopt gebogen;
- sloft;
- trekt mondhoeken naar beneden;
- staart voor zich uit;
- fronst het voorhoofd;
- huilt.

Kader 5.4

Systematiek aanbrengen

standaardisatie

Een manier om wetenschappelijke observaties op te zetten en subjectiviteit te vermijden is door het ontwikkelen van een *meetprocedure*, een bepaalde *systematiek*. *Standaardisatie* dus. Stel dat je gaat observeren hoe voetgangers zich op het zebrapad in de Utrechtse wijk Tuindorp gedragen. Je gaat bij het desbetreffende kruispunt staan met een lijst met mogelijke gedragingen die je van tevoren hebt opgesteld en je kruist bij een aantal voetgangers het geobserveerde gedrag aan (bijvoorbeeld het aantal malen dat men een rood stoplicht negeert). Dat kun je vervolgens ook doen bij automobilisten. Het gebruik van een observatielijst duidt op een standaardisering. De begrippen uit de probleemomschrijving en de afbakening worden omgezet in meetbare observatiecategorieën; dat zijn elementen van gedrag die je kunt waarnemen (zie kader 5.4). Standaardisatie zorgt ervoor dat een meetprocedure, -instrument of andere systematiek bij herhaling van de meting tot soortgelijke conclusies leidt.

Een veelgebruikt categorieënsysteem voor het observeren van tweegesprekken is dat van Vrolijk (Vrolijk, Dijkema & Timmerman, 1972). Je zult begrijpen dat zo'n systeem bruikbaarder is bij een gestructureerde (systematische) observatie dan bij een participerende observatie, waar het verloop van je onderzoek vaak afhankelijk is van omstandigheden. Hierover gaat de volgende paragraaf.

Betrouwbare conclusies trekken

Ten slotte is het belangrijk dat je betrouwbare conclusies kunt trekken uit je observaties. Twee van de zojuist besproken voorwaarden vormen belangrijke criteria voor de betrouwbaarheid van observatieresultaten: standaardisatie en intersubjectiviteit. In het verlengde van deze twee voorwaarden ligt nog een derde voorwaarde voor betrouwbaarheid: *herhaalbaarheid*. Het lijkt erop dat je met observatieonderzoek slechts één kans hebt om gegevens te verzamelen. Eenzelfde situatie doet zich vaak geen tweede keer voor. Een goede oplossing is het gebruik van geluids- en beeldopnames. Je kunt de opnames verschillende keren afspelen en je als onderzoeker telkens richten op een ander aspect van het gedrag van de te observeren personen.

herhaalbaarheid

Over de criteria voor betrouwbaarheid bij observatie bestaat onder kwalitatieve onderzoekers veel discussie (zie Boeije, 2012, p. 145-149). Sommige onderzoekers beweren dat de systematiek en objectiviteit het open karakter van observatieonderzoek aantasten en geen recht doen aan de belevingswereld van de onderzochte. Ook het criterium van herhaalbaarheid staat onder druk, want een situatie is nu eenmaal niet gemakkelijk te herhalen.

Toch lijkt het idee van standaardisering van observatie terrein te winnen. Dat betekent dat er kwaliteitscriteria zijn waaraan goed observatieonderzoek moet voldoen, dat er intersubjectiviteit moet bestaan en dat peer consultation een belangrijke plek kan innemen.

5.1.3 Het systematisch observeren van gedrag

Hoe scoor je geobserveerd gedrag? Dat is een lastige vraag, waarop iedere onderzoeker een eigen antwoord geeft. Vaak wordt een logboek bijgehouden waarin de observaties worden genoteerd, maar er zijn ook meer systematische manieren om te observeren. We noemen er hier twee. Bij beide manieren wordt de score bijgehouden op een speciaal daarvoor aangemaakt scoreformulier (Van de Sande, 1999, p. 49):

1. *Time sampling,* oftewel een tijdsinterval. Dit is een methode waarbij gedurende een korte periode wordt geobserveerd, bijvoorbeeld tien minuten. Iedere vijftien of dertig seconden gaat er een signaal; op dat teken noteer je het gedrag dat je op dat moment bij een persoon waarneemt. Je trekt als het ware een steekproef uit de stroom van gedragingen.
2. *Event sampling,* oftewel een gedragsinterval. Ook hier observeer je gedurende een bepaald aantal minuten. Nu tel je simpelweg hoe vaak bepaald gedrag bij iemand wordt waargenomen. De score die dat oplevert, noemen we de *frequentie* van het gedrag.

Kader 5.5 laat een voorbeeld van time- en eventsampling zien.

Verkeerswaarnemingen

Op een druk kruispunt in Zwolle gebeuren nogal eens ongelukken. De wethouder van verkeer laat daarom een observatieonderzoek uitvoeren naar de verkeersveiligheid op dit kruispunt. Daarbij wordt speciaal aandacht besteed aan het verkeersgedrag van fietsers. De onderzoekers gebruiken twee observatiemethoden:

1. De eerste onderzoeker neemt plaats op een stoeltje bij de stoplichten op het kruispunt. Gedurende een half uur telt hij hoeveel fietsers er langskomen. Hij doet dat tijdens het spitsuur tussen 8 en half 9, en nog een keer 's middags tussen 2 en half 3. Hiermee meet de onderzoeker de intensiteit van het fietsverkeer.
2. De tweede onderzoeker observeert ook een half uur, maar iedere tweede minuut gaat er een signaal af. Hij noteert dan het verkeersgedrag van de op dat moment passerende fietsers, bijvoorbeeld: met meer dan twee personen naast elkaar rijden, door rood rijden, hand uitsteken, slingeren, enzovoort.

Kader 5.5

5.2 Interview

Een interview is een vraaggesprek waarin de beleving van de geïnterviewde(n) vooropstaat. Het heeft tot doel informatie te verzamelen over een bepaald onderwerp. Een interview vindt meestal plaats in de vorm van een tweegesprek, dus een interview met één persoon. Het kan echter ook een groepsgesprek zijn. In hoofdstuk 7 komen de organisatie en uitvoering van het interview uitgebreid aan de orde. In deze paragraaf gaan we kort in op de voorwaarden voor het houden van een interview, maar we beginnen met een overzicht van de meest voorkomende interviewvormen.

Van een diep naar een gestructureerd interview

Interviews kunnen zeer open verlopen, maar ook zeer gestructureerd. Er zijn vier basisvormen voor het persoonlijke interview te onderscheiden (Boeije, 2012, p. 58):

1. Het *ongestructureerd*(e) *interview* (ook wel *diepte-interview* genoemd). Hier werk je als onderzoeker met (meestal) één hoofdvraag en/of enkele onderwerpen. Zo verloopt elk interview weer anders, afhankelijk van de respondent. De rode draad blijft echter dezelfde. De eigen inbreng van de respondent is hier maximaal.
2. Het *open interview*. Bij dit type interview is er wel een vaststaande lijst met onderwerpen, *topiclijst* genaamd. Er is zeker alle ruimte voor de eigen inbreng van de respondent. De onderzoeker stelt zich flexibel op en speelt in op de situatie.
3. Het *half-gestructureerde interview*. Dat zit er, je dacht het al, een beetje tussenin. Geen open interview met alleen een topiclijst, maar ook geen voorgestructureerde vragen.
4. Het *gestructureerde interview*. Deze vorm komt in de richting van het mondeling afnemen van een gestructureerde vragenlijst met gesloten en open vragen. Een meer kwantitatieve methode dus.

Deze vierdeling is niet heel strikt: bij een open interview kan men ook een vragenlijstje gebruiken en bij gestructureerde interviews worden ook topiclijsten gehanteerd.

Groepsinterview

Bij een *groepsinterview* worden meerdere personen tegelijk geïnterviewd. De leiding berust bij de onderzoeker, die ook de vragen stelt en als *moderator* fungeert (dit betekent dat de onderzoeker structuur geeft aan het gesprek, maar ook aan de informatie). Groepsgesprekken kunnen plaatsvinden met zo'n 5

tot ongeveer 25 personen (hoewel dat laatste wel erg veel is). Deze groepsinterviews bestaan in vele vormen, afhankelijk van het doel en de selectiecriteria. Zo kunnen *werkconferenties* of *workshops* plaatsvinden (waarbij de groepsleden elkaar kennen), maar ook *focusgroepinterviews* (waarbij over één afzonderlijk onderwerp wordt gesproken; Swanborn, 2010).
Groepsleden worden soms op bepaalde kenmerken geselecteerd (experts), soms juist niet. Ook kan het doel zijn om uit het gesprek met de hele groep één bepaalde conclusie te trekken. Andere groepsgesprekken zijn weer alleen bedoeld om verschillende meningen te peilen. Aan het houden van groepsinterviews zitten vele aspecten waarop in dit boek niet zal worden ingegaan. Het is wel duidelijk dat de interviewer van een groep personen ook het proces in de groep goed in de gaten moet houden; een extra dimensie dus.

Open interviews organiseren

We gaan nu in op een van de eerdergenoemde interviewvormen: het open interview. In kader 5.6 worden de criteria voor de organisatie van open interviews op een rij gezet. We lichten deze criteria kort toe.

Criteria voor het houden van open interviews

Deze criteria zijn:

- kleine groep personen;
- beleving, motieven, ervaringen, betekenisverlening;
- complexe onderwerpen, onderwerpen die over een taboe gaan;
- nieuwe informatie verzamelen, begrippen afbakenen;
- beschikbaarheid van menskracht, tijd en geld.

Kader 5.6

Beleving van de respondent

Of het houden van open interviews het juiste onderzoekstype voor je is, hangt onder andere af van je probleemstelling. Wordt er gevraagd naar achterliggende motieven van de respondenten, worden gevoelige onderwerpen aangesneden, is de *beleving* van de respondent van belang, dan kun je kiezen voor open interviews. Zo kan bijvoorbeeld de volgende vraag bestaan: 'Hoe ervaren de leerkrachten van groep 1 en 2 op de basisscholen in de wijk Kanaleneiland te Utrecht de omgang met nieuwkomers?' Dit is een gevoelig, een *complex* onderwerp, het gaat over het integreren van onder anderen asielzoekers in ons land. Bovendien gaat het over de manier waarop de leerkrachten de omgang met deze kinderen beleven. In elk interview ga je op zoek naar nieuwe informatie, die komt bij de leerkrachten vandaan. Een interpretatieve onderzoeksopzet! Je hebt dus geen vastgestelde vragenlijst voor iedere respondent, hoog-

complex onderwerp

uit een onderwerpslijst. Kortom, een uitgelezen onderwerp om met behulp van open interviews aan te pakken.

Omvang van je populatie

Er is nog een reden om in het vorenstaande voorbeeld open interviews te gebruiken: de *omvang van je populatie*. Omdat alleen de basisscholen in een bepaalde woonwijk aan bod komen en bovendien alleen de leerkrachten uit de groepen 1 en 2, zal het om een *beperkte groep* (of populatie) gaan. Bij een *kleine* groep is de keuze voor diepte-interviews gemakkelijker gemaakt. Immers, het voorbereiden, uitvoeren, verwerken en analyseren van interviews is een intensieve en tijdrovende bezigheid. Het interviewen van grote groepen personen is al gauw niet haalbaar.

Nieuwe onderwerpen

In Nederland zeggen we dat 'alles' al een keer is onderzocht. Toch kan het zijn dat je *nieuwe onderwerpen* tegenkomt, waarover geen onderzoeksliteratuur beschikbaar is. Ook dan is het open interview een geschikte methode, aangezien je met een dergelijk interview een *oriëntatie* op een bepaald onderwerp kunt verrichten (zie kader 5.7). Vaak worden open interviews in een vooronderzoek georganiseerd, zodat het onderwerp en de bijbehorende begrippen goed kunnen worden afgebakend.

Praktische omstandigheden

Ten slotte geldt voor het houden van open interviews de voorwaarde die bij elke onderzoekstechniek geldt: die van beschikbare menskracht, tijd en geld. Het afnemen en uitwerken van interviews is een intensief en tijdrovend karwei. Zo kost het gedetailleerd uitwerken van een interview van één uur je al gauw een uur of zes. *Praktische omstandigheden* bepalen of je interviews kunt afnemen en hoe je die inricht.

Utrechtse emeriti

Kader 5.7

Tijdens het vooronderzoek naar het activiteitenpatroon van Utrechtse emeritus hoogleraren (zie ook kader 3.9) is een aantal open interviews met tien emeriti gehouden. Doel van deze interviews was niet alleen om hun tijdsbesteding zo nauwkeurig mogelijk in beeld te brengen. Ook wilden de onderzoekers op basis van de resultaten van deze interviews een zo goed mogelijke schriftelijke vragenlijst samenstellen. Deze vragenlijst is vervolgens aan alle 381 emeriti die voor deelname aan het onderzoek in aanmerking kwamen, toegestuurd (Becker & Verhoeven, 2000).

Objectiviteit

Bij interviews staat de beleving van de onderzochte centraal. Dat heeft, zo lazen we al bij observatieonderzoek, gevolgen voor de wijze waarop onderzoekers met hun objectiviteit omgaan. Objectiviteit staat het open karakter van de dataverzameling in de weg, maar toch moet een zekere afstand tot het onderwerp en de onderzochte bewaard worden. Ook bij interviews zijn er methoden om een zekere objectiviteit te krijgen. Dat gaat gepaard met de mate van standaardisatie. Het hebben van een topiclijst is een belangrijke voorwaarde, maar je kunt ook het gesprek opnemen. Ten slotte zijn er allerlei gespreksvaardigheden die je kunt aanleren, waardoor je de juiste afstand tot de geïnterviewde en het onderwerp kunt bewaren. Je verzamelt als het ware 'vanaf de zijlijn' je gegevens en houdt zo enige objectiviteit in stand. Deze gesprekstechnieken worden in hoofdstuk 7 besproken.

5.3 Kwalitatief bureauonderzoek

Bij bureauonderzoek gaat een onderzoeker niet echt 'het veld in' om onderzoek te doen; hij blijft soms letterlijk achter z'n bureau zitten. We bespreken een aantal vormen van bureauonderzoek, waarbij we ons bewust zijn van het feit dat dit bij lange na geen uitputtend overzicht is.

5.3.1 Literatuur- en archiefonderzoek

Over het algemeen maakt literatuur- en archiefonderzoek deel uit van elk onderzoek. Voorafgaand aan het 'hoofdonderzoek', maar ook na het vaststellen van de probleemstelling, is het raadzaam om na te gaan of er al eerder onderzoek naar je onderwerp is gedaan. Verder kun je nagaan welke andere informatie er over je onderwerp te vinden is. Het kan echter ook het hoofdbestanddeel van je onderzoeksopzet vormen. Daarom wordt het hier als aparte methode van dataverzameling behandeld.

Literatuuronderzoek vindt plaats op alle niveaus. Zo kun je documenten zoeken op macroniveau, bijvoorbeeld rapporten van het Sociaal en Cultureel Planbureau, maar ook op individueel niveau (microniveau), bijvoorbeeld biografieën. Bij historisch onderzoek is literatuurstudie een veelgebruikte methode, maar ook onderzoek in archieven vindt veelvuldig plaats. Het verschil? Bij literatuuronderzoek analyseer je teksten, boeken en artikelen die zelf al interpretaties van onderzoek bevatten. Bij onderzoek in archieven zijn de bronnen vaak wat oorspronkelijker, zoals registers, interviewverslagen, dagboeken en dergelijke. Een mooi voorbeeld wordt gegeven door Rijckheyt, het centrum voor Regionale Geschiedenis in Heerlen, waar je een overzicht vindt van de mogelijkheden om literatuur- en archiefbronnen voor historisch onderzoek in te zetten (zie www.rijckheyt.nl).

Redenen voor het uitvoeren van literatuuronderzoek

Er kunnen verschillende redenen zijn om literatuuronderzoek uit te voeren. Bijvoorbeeld:

- bij beschrijvings- en/of vergelijkingsvragen (zoals: ‘Welke kenmerken komen uit de literatuur naar voren over …?’, ‘Wat is in de literatuur bekend over …?’ of ‘Welke resultaten uit eerder onderzoek zijn bekend over …?’);
- ter oriëntatie op een probleemsituatie;
- als theoretische onderbouwing van de onderzoeksopzet.

Veel praktijkonderzoek wordt uitgevoerd zonder literatuuronderzoek, bijvoorbeeld om de kosten van het onderzoek te drukken of simpelweg omdat het een specifieke praktijkvraag betreft. Wil je echter een goede opzet maken en een gedegen onderzoek uitvoeren, ga dan niet zonder literatuuronderzoek te werk.

Gradaties van literatuur

In hoofdstuk 2 is al besproken hoe je het beste naar literatuur (of informatie) kunt zoeken en welke systematiek je daarbij kunt gebruiken. Tijdens je zoektocht kom je meestal wel bij de volgende bronnen uit: de bibliotheek, bestaande (digitale) archieven en internet (zie kader 5.8). Het spreekt vanzelf dat je altijd je eigen boekenkast inspecteert op relevante titels. Ga je op zoek naar literatuur, dan kun je daarin verschillende gradaties (zeg maar niveaus) hanteren.

Literatuuronderzoek in de geestelijke gezondheidszorg

Kader 5.8

Voor hun onderzoek in opdracht van ZON (zie ook kader 3.15) deden Van Gageldonk en Rigter (1998) een literatuuronderzoek naar het effect van preventieve maatregelen op psychische en gedragsproblematiek in de geestelijke gezondheidszorg. Zij gingen niet zelf op onderzoek uit, maar zochten naar literatuur waarin verslag werd gedaan van onderzoek naar de effecten van preventie. De onderzoeken die Van Gageldonk en Rigter op het spoor kwamen, waren hoofdzakelijk kwantitatief van aard. Zo vonden zij onder andere resultaten van experimenten naar de effecten van speciale preventiemaatregelen. Het literatuuronderzoek zelf is echter kwalitatief. De door de

vervolg

onderzoekers gehanteerde categorieën zijn gelijk aan de onderzoeksonderwerpen in de gevonden literatuur. Tijdens de onderzoeksperiode zochten de onderzoekers voornamelijk in elektronische bronnen en bibliotheken en via literatuuropgaven van gevonden artikelen. In hun rapport geven de onderzoekers aan hoeveel literatuur er in de verschillende categorieën is verschenen en welke onderzoeksopzetten zijn gebruikt. Bij nadere bestudering van dit onderzoek valt op dat deze categorieën in nauw overleg met de opdrachtgever zijn vastgesteld.

Kader 5.8

Het meest gebruikte onderscheid is:

- *Primaire literatuur*
  Een onderwerp wordt voor het eerst behandeld, het is dus nieuw. Voorbeelden zijn artikelen in internationale wetenschappelijke tijdschriften.
- *Secundaire literatuur*
  Dit betreft geen nieuw onderwerp, maar literatuur waarin door andere auteurs over al behandelde onderwerpen wordt gerapporteerd, bijvoorbeeld op basis van nieuwe inzichten of onderzoek. Hieronder vallen ook handboeken en encyclopedieën, evenals digitale archieven. Een kanttekening is hier op z'n plaats. Steeds vaker zie je literatuuroverzichten die kwantitatief van aard zijn. Het betreft dan overstijgende analyses van eerdere onderzoeksresultaten, zoals bijvoorbeeld *meta-analyses*. We beperken ons in dit hoofdstuk echter tot kwalitatieve resultaten.
- *Grijze literatuur*
  Boeken, rapporten en verslagen die niet in gangbare boekcollecties zijn opgenomen, bijvoorbeeld dissertaties die binnen een onderzoeksinstituut zijn uitgebracht, beleidsstukken bij ministeries, enzovoort. Veel van deze literatuur is via internet of in bibliotheken van (onderwijs)instellingen te vinden. Een bekende internetbibliotheek voor grijze literatuur is GLIN. Overigens kan grijze literatuur wel primair zijn als er een nieuw onderwerp wordt behandeld.
- *Tertiaire literatuur*
  Er bestaan zogeheten *current content*-tijdschriften waarin een opsomming van verschenen nummers van bepaalde tijdschriften (op onderwerp of alfabetische volgorde) en hun korte inhoud vermeld staan. Deze zoeksleutels of zoekinstrumenten worden ook wel *tertiaire literatuur* genoemd. Het zijn dus eigenlijk geen echte bronnen, maar verwijzingen daarnaar. Eigenlijk is het dus geen 'gradatie van literatuur', maar vooruit: we vermelden het hier toch.

  Voor wetenschappelijke artikelen zijn speciale indexen ontworpen, zoals de *Social Science Citation Index* (tegenwoordig ook te vinden onder *ISI*

Web of Knowledge) of *Scopus*. Deze worden gebruikt om aan te geven welke artikelen naar andere artikelen verwijzen en hoe vaak dat voorkomt.

Wetenschappelijke publicaties

Een belangrijke informatiebron bij de voorbereiding van onderzoek vormen wetenschappelijke tijdschriftartikelen. Voor veel onderzoeksonderwerpen bestaan speciale tijdschriften waarin de laatste ontwikkelingen en onderzoeken worden beschreven; secundaire literatuur dus. Naarmate er meer verwijzingen naar publicaties zijn, neemt de reikwijdte (zeg maar het belang) van een artikel toe. In internationale termen wordt dit belang vaak aangeduid met '*impact factor*'. Het kan een handig hulpmiddel zijn bij het verrichten van literatuuronderzoek, zeker als je op zoek bent naar toonaangevend materiaal over een bepaald onderwerp. De *impact factor* is van belang als je zelf artikelen gaat schrijven. Bij het citeren van artikelen hoef je er niet speciaal op te letten.

impact factor

Overigens is er ook veel kritiek op deze wijze van toekenning van wetenschappelijke waarde, omdat sommige tijdschriften bevoordeeld worden, omdat tijdschriften over onderzoek naar onderwijs niet in deze index zijn opgenomen, en omdat het niets zegt over de kwaliteit van het artikel.

Elk wetenschappelijk artikel is voorzien van een aantal relevante steekwoorden waarmee je het snel kunt vinden, zeker via internet. Ook heeft elk wetenschappelijk artikel een korte samenvatting, een *abstract*. Ook op deze samenvattingen kun je artikelen vinden. Er zijn zelfs speciale tijdschriften waarin alleen deze samenvattingen worden opgenomen. Artikelen zijn tevens te vinden als ze voorzien zijn van een *review*, zeg maar een kritische blik door collega's, een recensie. Ook hiervan verschijnen speciale tijdschriften.

abstract

Sommige grote gegevensbestanden zijn voor studenten en medewerkers met een inlognaam en wachtwoord te bezoeken, andere bestanden zijn vrij toegankelijk.

Op de website vind je onder de tab Extra materiaal, hoofdstuk 5 meer informatie over bibliotheken die via internet toegankelijk zijn.

Publicatiedruk

In praktijkonderzoek komt het onderscheid tussen de verschillende literatuursoorten niet zoveel aan de orde. In wetenschappelijk onderzoek echter is het onderscheid wél van belang. Zo word je als onderzoeker bij een instituut vaak gewaardeerd en beoordeeld op grond van publicaties die van jouw hand zijn verschenen. De mate waarin je daarin verwijst naar primaire en secundaire literatuur, wordt belangrijk gevonden. Heb je te veel 'grijze' literatuur opgenomen, dan wordt de publicatie soms minder hoog aangeschreven. Ook letten universiteiten erop dat publicaties van hun onderzoekers verschijnen in tijdschriften met een hoge impact factor. Dat is goed voor het aanzien van hun universiteit en voor de loopbaan van de onderzoeker. Het kan echter ook veel kwaad doen, wanneer de druk om te publiceren veel wetenschappers te veel wordt. Sommigen trekken zich terug uit de wetenschap, anderen frauderen. Gelukkig speelt dit probleem bij praktijkonderzoek geen grote rol.

5.3.2 *Inhoudsanalyse*

Een inhoudsanalyse is meer dan het bestuderen van gevonden literatuur of het lezen van stukken. Het is een vorm van kwalitatief bureauonderzoek waarin documenten of, zoals Swanborn zegt, 'de neerslag van verbaal gedrag' (Swanborn, 1987, p. 220; 't Hart, Van Dijk, De Goede, Jansen & Teunissen, 1998, p. 297) worden geanalyseerd op de betekenis van en relatie tussen de gebruikte woorden. Deze analyses kunnen zo diep en zo uitgebreid worden als je zelf wilt. Ze zijn niveauonafhankelijk, wat wil zeggen dat ze op elk niveau kunnen worden verricht, van overheid en organisaties tot aan individuen, van macro- tot microniveau. Een voorbeeld van dat laatste is autobiografisch onderzoek, een documentanalyse naar de levensloop van één persoon. Overigens hoeft een inhoudsanalyse niet uitsluitend betrekking te hebben op documenten met geschreven tekst. Ook video-opnames, bandopnames en dergelijke kunnen als gegevens dienen bij een onderzoek. *Taal* is het uitgangspunt van de analyse (zie kader 5.9).

Kwaliteit van probleemstellingen

Heinze Oost deed onderzoek naar de kwaliteit van probleemstellingen in dissertaties. Dat zijn de verslagen van promotieonderzoeken. Hij verzamelde een groot aantal dissertaties van Nederlandse promovendi uit de jaren 1994 en 1995, op zes wetenschapsgebieden. Deze dissertaties onderwierp hij aan een intensieve analyse. Hij keek daarbij naar de belangrijkste vraag waarop deze onderzoeken antwoord geven. Deze analyseerde hij op een aantal kenmerken, zoals onderwerp en aansluiting bij de gevraagde onderzoeksopzet. Verder beoordeelde hij onder andere de precisie van de vragen, de relevantie, de herkenbaarheid, enzovoort. Een typisch voorbeeld van kwalitatief bureauonderzoek (Oost, 1999).

Kader 5.9

Voor een goede analyse van documenten is een systeem van kwalitatieve variabelen een handig hulpmiddel. Van tevoren bepaal je welke kenmerken van de documenten je onderzoekt (zeg maar 'variabelen') en welke categorieën (zeg maar 'aspecten') van deze kenmerken je gebruikt. Omdat het hier niet om cijfermatige gegevens gaat, noemen we de variabelen kwalitatief. Met deze variabelen bestudeer je de teksten. Je maakt groepen van de gevonden gegevens, je onderzoekt relaties en betekenissen en je probeert op basis daarvan conclusies te trekken over de strekking van de tekst. In hoofdstuk 9 wordt een methode voor analyse van documenten besproken. Ook wordt daar een korte tekstanalyse gegeven en aan de hand van specifieke theoretische uitgangspunten behandeld.

Naast deze kwalitatieve analyse is er ook een meer kwantitatieve variant, waarbij je in de bron (document, tekst, band en dergelijke) telt hoe vaak een kenmerk voorkomt (zie kader 5.10). Swanborn spreekt in dit geval over een probleem dat bij inhoudsanalyse optreedt: de steekproeftrekking. Immers, je moet een aantal documenten (kranten, tijdschriften en dergelijke) selecteren, maar welke en hoeveel (Swanborn, 2010)? Wanneer is het voldoende? Verder ligt de analysemethode niet echt vast, er is geen vaste set regels voor.
Hoe kun je de kwaliteit van je resultaten dan waarborgen? Door dataverzameling en analyse te herhalen (iteratie), door te overleggen met collega-onderzoekers, door je werk door collega's te laten beoordelen, enzovoort. Kortom, inhoudsanalyse is een complexe en intensieve methode, en als dataverzamelingsmethode bepaald niet gemakkelijk.

Met een inhoudsanalyse kunnen ook jaarcijfers worden vergeleken, zoals blijkt uit kader 5.11. Zo'n vergelijking kan zowel een kwalitatief als een kwantitatief karakter hebben.

Preventieve maatregelen in de geestelijke gezondheidszorg

In paragraaf 5.3 werd als voorbeeld aangehaald het literatuuronderzoek van Van Gageldonk en Rigter (1998) naar de effecten van preventieve maatregelen op psychische en gedragsproblemen. De onderzoekers zochten niet alleen naar literatuur, zij analyseerden die ook met behulp van inhoudsanalyse. Zij onderzochten de algehele methodologische kwaliteit per onderzoeksopzet met behulp van een schaal. Voor experimentele opzetten werden criteria van de Randomized Control Trials (Jadad, 1998) gebruikt. Verder werd afgegaan op de gebruikte kenmerken in het desbetreffende onderzoek of werd a priori een set andere criteria vastgesteld (Van Gageldonk & Rigter, 1998). Daarmee werd deze inhoudsanalyse toch enigszins kwantitatief, als gevolg van de genoemde codering.

Kader 5.10

Loonkosten top stijgen met twintig procent

Gouden handdrukken hebben de topinkomens in het Nederlandse bedrijfsleven vorig jaar explosief doen stijgen. In 2001 stegen de gemiddelde loonkosten voor bestuurders van de grootste bedrijven nog met 8,5 procent, vorig jaar was dit 20,0 procent. Dit blijkt uit het beloningsonderzoek dat *de Volkskrant* jaarlijks uitvoert aan de hand van de jaarverslagen van ruim tweehonderd bedrijven.

Bron: *de Volkskrant*, 24 mei 2003

Kader 5.11

In kader 5.12 zetten we de kenmerken van de inhoudsanalyse nog eens op een rijtje.

Kenmerken van de inhoudsanalyse

De kenmerken zijn:

- weergave van gedrag in tekst-, beeld- en/of geluidsdocumenten;
- veelal gebruik van bestaande gegevens;
- betekenisgeving van taal;
- verkennend (exploratief) van aard;
- gebruik van kwalitatieve analysetechnieken;
- niveau-onafhankelijk.

Kader 5.12

De steekproef kan variëren van één (gevalsstudie) tot talloze documenten.

5.3.3 Speciale vormen van inhoudsanalyse

Er zijn vele vormen van inhoudsanalyse denkbaar, waarbij methoden elkaar deels overlappen. We bespreken nu twee speciale vormen van inhoudsanalyse: tekstsociologie en kwalitatieve secundaire analyse.

Tekstsociologie

Tekstsociologie is een methode voor autobiografisch onderzoek. Daarbij analyseert de onderzoeker de betekenis van woorden in autobiografische teksten en hun onderlinge relaties. Deze betekenis wordt niet zozeer in de geschiedenis van de taal gezocht, maar meer in het heden, in de interpretatie binnen het huidige taalsysteem. Onderzoek naar levensverhalen is daar een mooi voorbeeld van. Aan de hand van analyse van (autobiografische) levensverhalen wordt een beeld van een bepaald tijdperk of een maatschappelijke ontwikkeling geschetst (Nijhof, 2000).

Secundaire analyse van bestaande kwalitatieve gegevens

Recente ontwikkelingen in kwalitatief onderzoek laten een toenemende populariteit zien van het analyseren van bestaande gegevens. Bij secundaire kwalitatieve analyse wordt gebruikgemaakt van bestaande gegevens die reeds eerder voor *onderzoeksdoeleinden* zijn verzameld. Ze worden geanalyseerd met een nieuwe probleemstelling, vanuit een nieuw perspectief.

Het analyseren van bestaande gegevens, zo zagen we al in hoofdstuk 4, kan een goedkope en efficiënte oplossing zijn voor problemen met dataverzameling. Zo ook met kwalitatieve gegevens. Bestaande kwantitatieve gegevens kunnen worden gebruikt voor het opnieuw toetsen van hypothesen. Dat is bij kwalitatief onderzoek lastig, omdat daar inductief (dus 'theorie vormend') wordt geanalyseerd en niet deductief (theorie toetsend). Wat je echter wel kunt doen, is deze gegevens opnieuw kwalitatief analyseren, bijvoorbeeld in een open benadering. De gefundeerde theoriebenadering geeft richtlijnen voor het samenvatten, coderen en structureren van gegevens, waaruit conclusies getrokken kunnen worden (Glaser & Strauss, 1967; Boeije, 2005). Zeg maar: er ontstaat theorie. Deze benadering wordt in hoofdstuk 9 uitgebreid behandeld. In kader 5.13 vind je een voorbeeld van deze methode.

Wat veteranen vertellen

Dat interessante kwalitatieve analyses kunnen worden verricht op basis van bestaande bestanden, blijkt uit het onderzoek dat door de onderzoekers van het Veteraneninstituut is verricht. Onder de titel 'Veteran Tapes' is een groep onderzoekers afkomstig uit verschillende richtingen aan de slag gegaan met een collectie interviews van militaire veteranen. Zij hebben deze interviewverslagen opnieuw geanalyseerd, maar nu met een ander perspectief. De resultaten geven een beeld van de beleving van veteranen van hun uitzendtijd, vanaf de Tweede Wereldoorlog tot hedendaagse missies zoals in Afghanistan. De onderzoekers beschreven deze beleving aan de hand van onderwerpen als moraliteit, religie, beleving van schokkende gebeurtenissen, beleving van de thuiskomst, enzovoort (Van den Berg, Stagliola & Wester, 2010).

Kader 5.13

5.4 Gevalsstudie

Speelt een onderzoek zich in één organisatie of één groep af, dan spreekt men wel over een gevalsstudie of casestudy. 'Bij dit zogeheten 'N=1'-onderzoek wordt slechts één case bestudeerd, bijvoorbeeld een ziekenhuis, een school, een afdeling. Deze studie speelt zich af in de 'natuurlijke omgeving', dus in het ziekenhuis of de school zélf. Kader 5.14 laat een voorbeeld zien.

Jeugdorkest

Het jeugdorkestonderzoek (zie kaders 3.3 en 3.7) is een goed voorbeeld van een gevalsstudie. Men wilde de structuur van de organisatie veranderen, maar daarvoor moesten de onderzoekers deze structuur eerst onderzoeken. Tijdens dit evaluatieonderzoek werd een perspectief voor de toekomst ontwikkeld nadat de organisatie op een aantal verschillende manieren was doorgelicht: een documentanalyse, diepte-interviews en groepsgesprekken. Met de resultaten van het onderzoek kon de onderzoeker een ontwikkelingsprogramma voorstellen dat geleidelijk kon worden ingevoerd.

Kader 5.14

5.4.1 Kenmerken van de gevalsstudie

De gevalsstudie wordt gezien als een kwalitatief onderzoekstype waarin verschillende methoden van dataverzameling worden gecombineerd, zoals literatuuronderzoek, inhoudsanalyse, open interviews, observatie, documentstudie en groepsinterviews. Eigenlijk is het een onderzoeks*design*, omdat meerdere kwalitatieve dataverzamelingsmethoden worden ingezet. Onderzoekers in de *interpretatieve* stroming maken vaak gebruik van gevalsstudies als zij ervaringen van personen in een organisatie onderzoeken (Boeije, 2012, p. 21).
Gevalsstudies kennen een brede toepassing en, zoals je bijvoorbeeld in kader 5.14 kunt lezen, ze worden vooral in organisatie- en beleidsonderzoek toegepast (Boeije, 2012, p. 21). Ook in onderwijsonderzoek geniet de gevalsstudie een toenemende populariteit (Ponte, 2012).
We bespreken nu een aantal eigenschappen van de gevalsstudie als methode.

N=1-onderzoek

De belangrijkste eigenschap van een gevalsstudie is het aantal deelnemers aan de studie, namelijk slechts één: bijvoorbeeld een organisatie, een bedrijf of een school. Soms bestudeert de onderzoeker wel twee of drie organisaties; dan doet hij ook nog gevalsonderzoek. Meestal echter gaat het om een enkel bedrijf. De onderzoeker bestudeert daar één sociaal verschijnsel, bijvoorbeeld het werkklimaat, de lesmethode, de communicatie.

Intensieve benadering

Gevalsstudie is een vorm van *intensief* onderzoek. Daarbij worden binnen de case de relaties onderzocht, bijvoorbeeld door middel van participerende observatie (een poosje op een afdeling meedraaien), groeps- of open interviews. Hiertegenover staat een *extensieve* benadering, waarbij een organisatie meer 'van buitenaf' wordt doorgelicht, bijvoorbeeld door middel van een enquête (Swanborn, 2000, p. 14-15).

Probleemstelling

De probleemstelling moet zich wel lenen voor een gevalsstudie. Te denken valt aan beschrijvingsvragen, evaluatievragen of vragen om aanbevelingen. Je kunt bijvoorbeeld bij een organisatie een studie doen naar de volgende vraag: 'Hoe is het gesteld met de interne communicatie bij Twist en welke aanbevelingen voor een eventuele verbetering van deze communicatie kunnen worden gedaan?' Het is ook mogelijk om van een algemene probleemstelling uit te gaan en toe te werken naar een meer specifieke probleemstelling.

Natuurlijke omgeving

Gevalsstudie speelt zich af in de 'natuurlijke omgeving' van de onderzochte(n). Doe je onderzoek bij een bedrijf, dan is dat ook je werkveld. Je gaat dus naar dat bedrijf toe om je onderzoek te verrichten. Wel wordt van tevoren een periode vastgesteld waarbinnen het onderzoek plaatsvindt.

Diverse methoden van dataverzameling

Bij een gevalsstudie beperk je je niet tot een enkele methode van dataverzameling. Een onderzoeker bestudeert immers heel gedetailleerd alle processen en achtergronden van het vraagstuk. We zeiden het al: het is meer een onderzoeks*design* dan één vastgestelde methode van dataverzameling. Er worden meerdere methoden ingezet om de probleemstelling te beantwoorden, bijvoorbeeld interviews, observaties en bureauonderzoek.

onderzoeksdesign

Interactie met de onderzochte(n)

Een laatste eigenschap van gevalsstudie is de interactie met de onderzochte(n). Natuurlijk doe je onderzoek bij een bedrijf, N=1 dus. Stel je voor dat je onderzoek doet naar de interne communicatie bij een bedrijf. Van tevoren weet je niet wat je tegen kunt komen, dus je precieze werkveld moet nog worden afgebakend. Afhankelijk van je waarneming kom je bij de medewerkers over de vloer, praat je met het management en de Raad van Bestuur en observeer je de gang van zaken.

5.4.2 Actie- of handelingsonderzoek

Soms wordt in een organisatie een voorstel voor verandering of vernieuwing gepresenteerd. Tegelijk met de invoering van deze verandering wordt deze geëvalueerd. Zo'n voorgestelde verandering kan worden begeleid en geëvalueerd door de onderzoeker, waarbij zowel de opdrachtgever (de organisatie) als de onderzoeker gelijkwaardig bij het proces betrokken is. Gedurende de invoering van de maatregel gaat de onderzoeker na of de ingevoerde verandering het verwachte effect heeft. Deze methode (vaak uitgevoerd binnen één organisatie) is een interactief, emancipatorisch leerproces voor zowel organisatie als onderzoeker. Het is ook een iteratief proces, zoals figuur 5.2 laat zien. Deze aanpak wordt ook wel actie- of handelingsonderzoek genoemd (Ponte, 2007). Actie-onderzoek wordt wel gezien als een onderdeel van de *kritische* (onderzoeks)stroming. Dat heeft te maken met het veranderingsperspectief van het onderzoek. Doel van het onderzoek is om een verandering bij een organisatie kritisch te volgen en te begeleiden. De kennis die wordt opgedaan, de gegevens die worden verzameld, worden direct ingezet in actiepunten ten dienste van de verandering. Vandaar de term 'actieonderzoek'. Deze term werd als eerste gebruikt door de grondlegger van 'Action Research', Kurt Lewin (Boog, 2007).

kritische (onderzoeks-) stroming

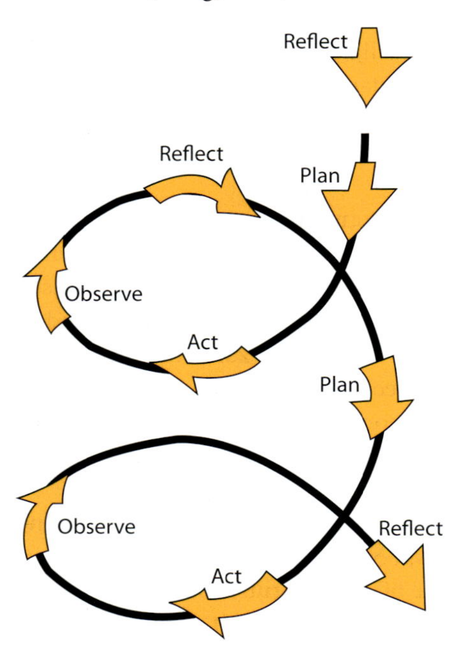

Figuur 5.2 Actie-onderzoek als iteratief proces (bron: www.qualiteit.nl)

Handelingsonderzoek is een bijzondere vorm van gevalsstudie, maar ze beschikt over dezelfde basiskenmerken. Meestal doe je onderzoek bij een bepaalde organisatie. Het verschil zit 'm in de probleemstelling. Kun je bij een generieke gevalsstudie een beschrijvingsvraag beantwoorden, handelingsonderzoek is erop gericht om een verandering te begeleiden, te evalueren en waar nodig hands-on aanbevelingen te doen. Zo wordt draagvlak verkregen in een organisatie. De onderzoeker en de onderzochten zijn gedurende het hele onderzoek dan ook gelijkwaardige partners. Dat is nodig om vertrouwen te winnen. Dat plaatst de onderzoeker wel in een speciale positie, en er zouden twijfels over zijn/haar *objectiviteit* kunnen ontstaan. Niets is echter minder waar. Handelingsonderzoek heeft een open karakter en de kritische traditie van deze onderzoeksmethode betekent dat de onderzoeker telkens verantwoording aflegt van het proces en de keuzes die gemaakt worden. Het betreft hier natuurlijk functionele openheid, die zich uit doordat de onderzoeker zijn methode van onderzoek gedetailleerd beschrijft.

objectiviteit

Handelingsonderzoek in het onderwijs

Handelingsonderzoek is erg populair in het onderwijs. Daar wordt het ingezet om het eigen handelen van de leraar te onderzoeken. De onderzoeker is de leraar zelf. Het handelen dat hij onderzoekt, is zijn eigen handelen in de klas. Schoolonderzoekers onderzoeken de schoolpraktijk, gericht op de schakel tussen onderwijsdoelen en -praktijk, zij verzamelen gegevens, analyseren deze en rapporteren hier kritisch over (Ponte, 2012). Gegevens worden verzameld via de schoolarchieven, van de leerlingen, hun ouders en de collega's. Bij deze vorm van handelingsonderzoek wordt vaak voor een getrianguleerde aanpak gekozen. Zie kader 5.15.

Sport- en bewegingsonderwijs

Stel, het sportonderwijs aan het Tuinwijk-college, een school voor voortgezet onderwijs wordt vernieuwd. De leerlingen krijgen geen groepsles meer, waar ze allemaal dezelfde sport moeten beoefenen. In kleine groepjes krijgen ze voortaan specifieke lessen die zijn aangepast aan hun mogelijkheden en wensen. Dit vergt veel organisatietalent en extra inzet van de sportdocenten. Tijdens een handelingsonderzoek wordt deze nieuwe methode geëvalueerd en waar mogelijk en nodig bijgesteld.

Kader 5.15

5.4.3 Andere vormen van gevalsstudies

Biografisch onderzoek

Ook biografisch onderzoek is een voorbeeld van een gevalsstudie; daarbij wordt het leven van één persoon in beeld gebracht. Daarbij wordt onder andere gebruikgemaakt van historische bronnen, die door middel van een inhoudsanalyse worden onderzocht. Ook worden gesprekken met bekenden van de betrokken persoon gevoerd, als dat mogelijk is tenminste. Eigenlijk krijg je dan een getrianguleerde aanpak. Kader 5.16 toont een voorbeeld van een biografische casestudy.

Biografie Multatuli

Kader 5.16

In 2003 werd de AKO Literatuurprijs gewonnen door Dik van der Meulen. Hij onderzocht het leven en de werken van Eduard Douwes Dekker, ofwel Multatuli. Zijn onderzoek resulteerde in een zeer lijvige biografie (ruim 900 pagina's inclusief notenapparaat!). Dik van der Meulen (2002) is op deze biografie gepromoveerd.

Delphi

Delphi-onderzoek kan worden ingezet als het doel is om overeenstemming te bereiken over een bepaald plan, een verandering of een maatregel. Dit onderzoek vindt plaats voorafgaand aan de invoering van deze plannen en veranderingen. Daarvoor zoeken organisaties de hulp en analyse van deskundigen. Bij Delphi-onderzoek geven betrokkenen en deskundigen in een aantal gespreksronden hun mening over het nieuwe beleidsplan, de maatregel of de organisatieverandering. Dat gebeurt met behulp van groeps- en tweegesprekken, focusgroepen, workshops en de communicatieaudit (het verzamelen van gegevens over de stand van zaken van de interne communicatie bij een organisatie, ook wel 'rooddruk' genoemd), een een getrianguleerde aanpak dus. Zo kan de overheid een Delphi-onderzoek starten naar het draagvlak voor de hogesnelheidstrein door Nederland, of het bouwen van windparken. Een soort *handelingsonderzoek* dus, avant la lettre.

deskundigen

Voorbeelden uit andere disciplines

In de psychologie, pedagogiek en medische wetenschap kom je ook veel vormen van gevalsstudie tegen. Zo kun je denken aan het onderzoeken van individuele ziektebeelden. Bij antropologische gevalsstudies kun je denken aan de studie van één dorp of één bevolkingsgroep, zoals het onderzoek van de Yanomamö (een volk in Zuid-Amerika) of, dichter bij huis, onderzoek naar de achtergrond van RSI-klachten bij studenten van de subfaculteit Industrieel

Ontwerpen van de TU in Delft (De Bruin & Molenbroek, 2001). In de kunstwereld vinden ook veel gevalsstudies plaats, wanneer bijvoorbeeld weer een nieuw schilderij van Van Gogh wordt ontdekt. Daar gaat een uitgebreide studie van dit schilderij aan vooraf (bron: NU.nl, 9 september 2013).

5.5 De juiste methode?

In de afgelopen twee hoofdstukken hebben we een aantal dataverzamelingsmethoden besproken. Ook hebben we aangegeven welke criteria voor elke methode gelden. Je kunt je bij elke onderzoeksvraag afvragen wat nu de juiste methode van dataverzameling is. Op grond van de genoemde criteria kun je die beslissing wel nemen, maar daarnaast ben je afhankelijk van je opdrachtgever, de mogelijkheden en beperkingen van de locatie(s) van je onderzoek, de afbakening van je populatie en steekproef, de mogelijkheden in tijd en geld, ga zo maar door.

Eigenlijk is de titel van deze paragraaf misleidend. Er is geen 'juiste' methode. Er is wél een 'beste' oplossing, als je rekening houdt met de omstandigheden die genoemd worden. Natuurlijk, je kunt hier een meer fundamentele discussie voeren, over de voor- en nadelen van kwalitatief en kwantitatief onderzoek, over de uitgangspunten die jij bij het verrichten van onderzoek belangrijk vindt, of over stromingen in onderzoek. Het belangrijkste criterium bij je keuze voor een methode is echter dat je een objectief en onafhankelijk antwoord op de probleemstelling kunt krijgen. Een antwoord waarmee ook daadwerkelijk iets gedaan wordt binnen een organisatie of instelling, in plaats van dat het resultaat in de la van een bureau verdwijnt.

Onderzoeksdesign

Vele methoden van dataverzameling zijn de revue gepasseerd. In sommige gevallen gaat het om één opzichzelfstaande methode waarmee een probleemstelling kan worden beantwoord. In sommige gevallen kan zo'n vraag niet eenduidig worden beantwoord. Dan heb je meer dan één methode nodig om alle vragen te beantwoorden. Ten slotte kan het zijn dat een kapstokbegrip wordt gehanteerd om een onderwerp aan te duiden dat met behulp van een aantal methoden kan worden onderzocht. Dan ontstaat een onderzoeksdesign. Denk bijvoorbeeld aan handelingsonderzoek en gevalsstudie. Deze begrippen vormen geen opzichzelfstaande methoden van dataverzameling, ze geven aan wat globaal genomen het onderwerp van het onderzoek is. Ze vormen de paraplu waaronder meerdere onderzoeksmethoden worden ingezet.

WEBSITE

Op de website bij dit boek vind je de tab Extra materiaal, hoofdstuk 5 informatie over communicatieonderzoek als onderzoeksdesign waarmee je vragen over in- en externe communicatie bij organisaties kunt beantwoorden.

Het inzetten van triangulatie

Triangulatie wordt ingezet indien een probleemstelling met behulp van meer dan één methode van dataverzameling wordt beantwoord. Zo kun je in de breedte data verzamelen, bijvoorbeeld kwantitatief. Daarnaast kun je ook de diepte ingaan, bijvoorbeeld door diepte-interviews of groepsgesprekken met mensen te organiseren. Triangulatie verhoogt de kwaliteit van je onderzoeksresultaten. Bedenk wel dat een getrianguleerde opzet tijdrovend is en dus ook kostbaar! Kader 5.17 laat een voorbeeld van een getrianguleerde opzet met observatieonderzoek zien.

Overleggen over de vordering van je onderzoek

Als je het ontwerp voor je onderzoek klaar hebt, dan overleg je met de opdrachtgever of je begeleider. Dit overleg is een regelmatig terugkerend iets. Meestal is er bij de opdrachtgever een contactpersoon die ook je stukken leest, adviezen geeft en je in contact brengt met collega's. Je moet niet vergeten dat een onderzoek, zeker als je het in een organisatie verricht, nogal wat gevolgen heeft voor de medewerkers. Allereerst kan het extra werk met zich meebrengen voor de mensen binnen de organisatie. Zij moeten zaken voor je regelen, zorgen voor de beschikbaarheid van mensen en materiaal. Maar bovenal zal een aantal medewerkers zelf ook aan het onderzoek moeten meewerken.

Voer je praktijkonderzoek uit als afstudeeropdracht, dan vindt overleg met je begeleider plaats. Sommige begeleiders doen dat (minder dan) één keer per week, andere twee keer per week. Dat hangt ook af van de fase waarin het onderzoek zich bevindt. Het is belangrijk om deze besprekingen goed voor te bereiden. Zo stuur je als student je voorstellen ruim van tevoren in, je bereidt vragen voor en je houdt je onderzoekslog bij. Op zijn (of haar) beurt leest de begeleider de stukken, bereidt de antwoorden voor en zorgt ervoor dat de volgende stappen die de student moet zetten, helder zijn en voorzien van een deadline. Zo worden heldere verwachtingen gevormd en wordt onzekerheid weggenomen (in het Engels heet dit 'well-informed expectations', zie Svanum & Bigatti, 2006). Dat verhoogt de onderzoeksmotivatie.

Observatieonderzoek naar telefooncellen in Maleisië

De president van Maleisië wilde de telefooncellen verbeteren. Een Nederlands ergonomisch instituut kreeg de opdracht. Door middel van een observatieonderzoek werd het probleem vastgesteld. Dit heet een diagnosticerend onderzoek. Uit de observaties werd onder meer duidelijk dat mensen vaak tegen de zijkant van de telefooncel aanleunen, waardoor deze kapotging. De onderzoekers hielden ook interviews met de gebruikers van de telefooncellen. Daaruit bleek dat de mensen tevens veel last hadden van verkeerslawaai en het weer. Het ergonomisch instituut heeft een ontwerp voor een nieuwe telefooncel gemaakt.

De onderzoeker (rechts) observeert

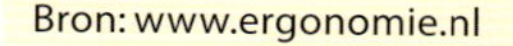

Bron: www.ergonomie.nl

Kader 5.17

5.6 Belangrijkste gebruikte begrippen en hun betekenis

Begrip	Betekenis
Holistisch onderzoek	Onderzoekseenheden worden in hun omgeving als geheel onderzocht.
Observatieonderzoek	Onderzoek waarbij gegevens worden verzameld door middel van observatie van (groepen) personen.
Participerende observatie	De onderzoeker neemt aan het dagelijkse leven van (groepen) personen deel en verzamelt tegelijkertijd gegevens.
Intersubjectiviteit	Er bestaat overeenstemming tussen de onderzoekers over de resultaten van het onderzoek.
Time sampling	Gedurende een korte periode wordt bij elk signaal het gedrag van dat moment genoteerd.
Event sampling	Gedurende een korte periode wordt geteld hoe vaak een bepaald gedrag voorkomt.
Ongestructureerd interview	Tijdens een gesprek (diepte-interview) worden gegevens verzameld aan de hand van een beperkt aantal globale onderwerpen.
Open interview	Tijdens een gesprek worden gegevens verzameld aan de hand van een onderwerpslijst.

Half-gestructureerd interview	Tijdens een gesprek worden gegevens verzameld aan de hand van een aantal onderwerpen en een vragenlijst.
Gestructureerd interview	Mondeling afgenomen vragenlijst met gestructureerde vragen en antwoorden.
Focusgroepinterview	Het interviewen van een groep personen (groepsinterview).
Primaire literatuur	Literatuur die een nieuw onderwerp behandelt.
Secundaire literatuur	Literatuur waarin over onderzoeken/onderwerpen van andere wetenschappers wordt gerapporteerd.
Grijze literatuur	Literatuur die niet in gangbare collecties is opgenomen, zoals verslagen, papers op conferenties en dergelijke.
Tertiaire literatuur	Literatuur waarin opsommingen van primaire en secundaire bronnen worden gegeven.
Impact factor	Maat die het relatieve belang van wetenschappelijke publicaties aangeeft.
Tekstsociologie	Onderzoek waarbij autobiografische teksten worden geanalyseerd.
Biografisch onderzoek	Onderzoek naar het leven en werken van een bepaalde persoon.
Inhoudsanalyse	Het analyseren van teksten in literatuur/gespreksverslagen.
Gevalsstudie (casestudy)	Onderzoek met slechts één eenheid van onderzoek: N=1.
Actie-/handelings-onderzoek	Onderzoek waarbij het effect van een verandering tegelijkertijd met de invoering ervan wordt onderzocht.
Intensief onderzoek	Een onderzoeksvraag 'van binnenuit' beantwoorden. In tegenstelling tot extensief (= van buitenaf).
Delphi-onderzoek	Gevalsstudie waarbij met behulp van experts het draagvlak van veranderingen, voorafgaand aan invoering, wordt onderzocht.

5.7 Opdrachten

1. Bedenk een observatiemethode voor een onderzoek naar het gedrag van amateurvoetballers tijdens een training. Gebruik hierbij het schema uit figuur 5.1 en ga in op de verschillen in aanpak die mogelijk zijn.
2. In opdracht van de gemeente Middelburg wordt een onderzoek georganiseerd onder de oudere inwoners. Het onderzoek zal een aantal jaren doorlopen. De gemeente wil weten hoe de ouderenzorg bij de start van het project is geregeld en wat de ervaringen van de gebruikers zijn. Verder wil de gemeente suggesties en wensen van de ouderen gebruiken voor het uitzetten van een nieuw type ouderenbeleid dat ervoor zorgt dat oude-

ren de regie over hun eigen leven kunnen blijven voeren. Ten slotte wil de gemeente dat na verloop van tijd wordt gemeten wat de effecten van dat ingevoerde beleid zijn. Welke onderzoeksopzet en methode van dataverzameling zou je adviseren? Waarom?

3. Er is veel onderzoek gedaan naar het leven en werk van Anne Frank en de invloed op het latere denken over de Jodenvervolging in Nederland ten tijde van de Tweede Wereldoorlog. Dat is een gevalsstudie, maar ook een inhoudsanalyse; simpelweg biografisch onderzoek of toch tekstsociologie? Geef argumenten voor de genoemde onderzoekstypen. Welke methode van dataverzameling zou jij kiezen? Waarom?
4. Een organisatie wil het 'Nieuwe Werken' gaan invoeren. Dat betekent flexibele werkplekken, een gewijzigde bereikbaarheid, innovatieve ICT-oplossingen, effectief leidinggeven, omgaan met aan- en afwezigheid van medewerkers. Een hele cultuuromslag dus.
   a. Welke probleemstelling kun je bedenken?
   b. Stel dat je als onderzoeker bij het hele proces van invoering en evaluatie betrokken wordt. Hoe heet deze vorm van onderzoek? Bedenk een onderzoeksopzet die bij de invoering van het 'Nieuwe Werken' van pas kan komen.
5. Op de afdeling Oncologie van een groot ziekenhuis is een patiëntenconsulent aangesteld. Deze consulent verzorgt het contact met de patiënten buiten de medische zorg om. Het gaat hierbij om emotioneel-sociale begeleiding, en hulp en advies bij het regelen van tal van zaken rondom de ziekte. Een jaar na de start van deze consulent wordt het proces geëvalueerd. Dat gebeurt door middel van gesprekken met patiënten en hun familie. Welke interviewvorm zou je hiervoor kiezen, en waarom?
6. Maak een systematisch observatieschema om te onderzoeken hoe vwo-leerlingen zich gedragen tijdens een taalproefwerk. Maak zowel een schema voor een tijds- als een gedragsinterval.
7. Een instelling van voortgezet onderwijs wil haar wiskundeonderwijs verbeteren. Het lijkt erop dat leerlingen niet gemotiveerd zijn om de lessen te volgen, ze hebben weerstand tegen het vak en ze vinden het moeilijk. Verder is het rendement (de leerlingen die een voldoende halen, dus de cijfers die worden gehaald) laag. De school wil een nieuwe methode invoeren, waarbij een nieuw softwarepakket een grote rol speelt. Op deze manier wil ze de leerresultaten verbeteren.
   a. Welke probleemstelling kun je bedenken?
   b. Stel, de school wil draagvlak creëren alvorens de nieuwe methode in te voeren. Maak een onderzoeksontwerp dat hierbij aansluit.

c. Stel, de school wil de methode alvast invoeren en tegelijkertijd evalueren; pas het ontwerp uit opdracht b dienovereenkomstig aan.

8. Lees kader 5.3 over participerende observatie in de Amsterdamse buurtwinkels.
   a. Stel een probleem- en doelstelling op.
   b. Bedenk een alternatieve manier om het onderzoek uit te voeren.
9. De gemeente Broekerveen wil een nieuw appartementencomplex bouwen. Daarvoor wil de gemeente draagvlak creëren met behulp van een onderzoek. De probleemstelling luidt: 'Hoeveel steun is er in de wijk Buitenbroek voor het bouwen van een appartementencomplex?' De gemeente maakt tijdens de avonden van de 'wijktafel' van de gelegenheid gebruik om het onderwerp onder begeleiding van de onderzoeker te bespreken en de stemming te peilen.
   a. Welke methode van dataverzameling gebruikt de onderzoeker?
   b. Welke aanvullende dataverzamelingsmethoden adviseer je om goed antwoord op de probleemstelling te kunnen geven? Wat wil je met deze methoden bereiken?
10. Voor een onderzoek op een kinderdagverblijf wordt de volgende probleemstelling gehanteerd: 'Hoe gedragen peuters zich bij het afscheid van hun ouders?' Een deelvraag is: 'Welke verschillen zijn er tussen nieuwe peuters en peuters die een halfjaar op het kinderdagverblijf zitten?' Bedenk een getrianguleerde onderzoeksopzet om deze probleemstelling te beantwoorden. Hoe kun je bij dit onderzoek subjectiviteit vermijden?
11. Stel, je onderzoekt het leven en werk van Vincent van Gogh en de gevolgen hiervan voor de schilderkunst in Nederland in het begin van de twintigste eeuw.
    a. Stel de probleemstelling op.
    b. Zoek een aantal relevante documenten (artikelen, boeken, rapporten) voor dit onderwerp.
    c. Geef aan wat de relevantie is van de gevonden documenten en classificeer ze volgens de gradaties van literatuur uit paragraaf 5.3.1.

De antwoorden op deze vragen vind je op de website onder de tab Uitwerking opdrachten, hoofdstuk 5. Informatie over de ontwerpcasus vind je onder de tab Ontwerpcasussen, hoofdstuk 5.

6

Uitwerking van de methode: operationalisatie en steekproef

Je bent nu aangekomen in de fase van het uitwerken van je methode van dataverzameling. De keuze voor de methode is gemaakt, en het onderzoeksplan is goedgekeurd. Nu kun je de volgende stappen zetten:

1. Je ontwikkelt de begrippen uit je ontwerp tot zogenoemde 'meetbare instrumenten', de *operationalisatie*. Dit betekent bij vragenlijstonderzoek dat je met behulp van de begrippen goede vragen maakt. Bij open interviews bepaal je de gespreksonderwerpen en daarna neem je de gesprekstechnieken door (zie hoofdstuk 7).
2. Samen met de opdrachtgever heb je het *domein* afgebakend, dus je weet over welke groep personen/eenheden je uiteindelijk uitspraken moet doen. Kortom, de *populatie* is bekend. Nu ga je een goede deelverzameling uit deze groep creëren: je trekt een *steekproef*.
3. Je bereidt je ook steeds verder voor op de rapportage. Wat kan er straks gezegd worden over de *bruikbaarheid* van de resultaten, over de *zuiverheid* en de *betrouwbaarheid* ervan? Op grond van de operationalisatie en steekproeftrekking kun je daar al iets over zeggen.

Inhoud van dit hoofdstuk

De genoemde onderwerpen worden in dit hoofdstuk toegepast op twee dataverzamelingsmethoden, te weten de enquête en het interview. Deze twee vormen van dataverzameling kom je in de praktijk het meeste tegen. In dit hoofdstuk wordt een begin gemaakt met het uitwerken van deze twee methoden. Bij het beschrijven van de dataverzameling in hoofdstuk 7 gaan we hiermee verder.

Leerdoelen

Aan het einde van dit hoofdstuk ben je op de hoogte van de manier waarop je de theoretische opzet van je onderzoek kunt vertalen naar onderzoek in de praktijk. Je kunt begrippen omzetten in meetbare instrumenten, zowel voor surveys als voor interviews. Verder ben je in staat om de juiste deelverzameling voor je onderzoek af te bakenen. Ten slotte kun je de bruikbaarheid, validiteit en betrouwbaarheid van je onderzoeksontwerp bespreken.

Kader 6.1

6.1 Vragenlijsten maken: van theorie naar praktijk

Stel, je gaat een enquête afnemen. Kwantitatief onderzoek dus. Dan werk je van abstract naar concreet, van theorie naar praktijk. Je begint met de omschrijving van een probleemsituatie, die je vervolgens concreet maakt door er een onderzoekbare probleem- en doelstelling van te maken. Daarna zoek je in de literatuur naar bruikbare theorieën, modellen en resultaten van onderzoek. Het doel hiervan is om aanwijzingen te vinden over de inrichting van je onderzoek en de richting waarin je verwachtingen over de uitkomsten kunt formuleren. De eventueel gevonden resultaten pas je concreet toe op het onderwerp van jouw onderzoek ('Uit eerder onderzoek is gebleken dat ...'). De volgende stap is te onderzoeken in hoeverre de verwachtingen voor jouw onderzoek uitkomen. Dat doe je met behulp van de dataverzameling. Je maakt een keuze voor de juiste methode en dan word je nog concreter: je gaat operationaliseren. Je neemt de begrippen die je voor je model hebt omschreven, en je ontwikkelt hulpmiddelen om gegevens te verzamelen, de zogenoemde meetinstrumenten.

Operationaliseren

Vaak lijkt het of je bij het operationaliseren van begrippen het hele zojuist geschetste traject opnieuw doorloopt. Eigenlijk is dat ook zo. Je kijkt opnieuw naar je onderzoeksmodel en de begrippen die je hebt geformuleerd, maar nu ga je een stap verder: je bepaalt welke vragen je gaat stellen om deze begrippen daadwerkelijk te meten. Deze stap – van onderzoeksvragen naar zogeheten waarnemingsvragen ('t Hart et al., 1998, p. 80) – noemen we operationaliseren. Bij operationaliseren werk je de begrippen uit je onderzoeksopzet uit tot meetbare instrumenten. *Meetinstrumenten* zijn hulpmiddelen waarmee je de gegevens verzamelt. Daarbij kun je denken aan de vragen in je vragenlijst, gespreksonderwerpen voor je interviews, observatiecategorieën bij je observatieonderzoek, de experimentele variabele bij je experiment, enzovoort.

meet-instrumenten

Op de website vind je onder de tab Extra materiaal, hoofdstuk 6 meer informatie over het begrip 'meetinstrument'.

Figuur 6.1 Van theorie naar praktijk bij de enquête

Van begrip naar meetinstrument

In hoofdstuk 3 is aan de orde geweest op welke manier je de begrippen in je onderzoek omschrijft. Je bakent je begrippen theoretisch af door aan te geven binnen welke grenzen van de betekenis je blijft. Als je bijvoorbeeld het begrip 'werksfeer' uitwerkt in het kader van een onderzoek naar de beleving van werksfeer door medewerkers bij een supermarkt (zie kader 6.2), dan geef je aan:

- wat je zoal onder werksfeer kunt verstaan;
- welke definitie jij zélf voor dit onderzoek gebruikt (de *stipulatieve* betekenis dus);
- welke (deel)aspecten van dit begrip er zijn;
- welk model van 'beleving van werksfeer' je ter beantwoording van je vraag gebruikt.

Bij de definitie van een begrip zeg je dus wat er wél onder valt, maar vooral ook wat er niet bij hoort.

Enquête bij supermarkt 'BS' (1)

Stel, je doet onderzoek naar de vraag hoe de medewerkers van supermarkt 'BS' (kort voor BuurtSuper) te Amstelveen de werksfeer ervaren. Bij het operationaliseren werk je het begrip 'werksfeer' uit tot een aantal waarnemingsvragen. Waarom is dat nodig, operationaliseren? Omdat je personen nu eenmaal niet naar abstracte begrippen vraagt. Als je aan twintig personen vraagt: 'Wat vindt u van de werksfeer?', dan zul je twintig totaal verschillende antwoorden krijgen. Dat komt niet alleen omdat iedereen hierover een eigen mening heeft, maar ook omdat iedereen zijn of haar eigen invulling (betekenis) aan het begrip 'werksfeer' geeft. Om betrouwbare resultaten te kunnen boeken, maak je vragen die voor iedereen hetzelfde betekenen: helder, duidelijk en slechts voor één uitleg vatbaar. Van een abstract begrip naar een meetbare vraag dus.
Hoe operationaliseer je 'beleving van de werksfeer' bij een supermarkt? Allereerst kijk je naar je theoretische model. Stel dat je in dat model spreekt van beleving van werksfeer als 'arbeidssatisfactie'. Daaronder verstaan we de mate waarin een werknemer plezier beleeft aan zijn of haar werk. Toegepast op de werksfeer in een supermarkt kunnen we dan bijvoorbeeld kijken naar aspecten als collegialiteit, werkomstandigheden (werken in de koelcel is anders dan aan de kassa), werkdruk of de relatie met het management en leidinggevenden.

Kader 6.2

Waarnemingsvragen

Vervolgens ontwikkelen we een aantal meetinstrumenten, ook wel 'waarnemingsvragen' genoemd, zodat elk aspect van het begrip aan de orde komt. We gaan operationaliseren, dus we werken van het begrip 'zoals bedoeld' naar het begrip 'zoals bepaald' (zie figuur 6.2). We bepalen hoe we het begrip meten.

Figuur 6.2 Van begrip tot vraag

In de volgende paragraaf behandelen we de ontwikkeling van enquêtevragen en -antwoorden. De onderzoekstool biedt hulp bij de keuze voor de juiste vragen en antwoorden in sectie 6.1 (fase 2) aan de hand van tips & trucs, controlevragen en checklists. Vervolgens kun je de gemaakte keuzes beschrijven in de bijbehorende template (fase 2, sectie 12).

6.2 Enquêtevragen ontwikkelen

Het samenstellen van een goede vragenlijst is een langdurig proces van bedenken, evalueren, schrappen en veranderen, dit alles in overleg met je collega-onderzoekers en opdrachtgever. Denk hier niet te licht over, je hebt maar één kans om je vragenlijst voor te leggen aan de respondenten. Je kunt niet zeggen: 'Ik heb me vergist, kunt u het nog een keer invullen?' Het is belangrijk dat een vragenlijst:

- bruikbaar is;
- leesbaar en helder is, dus concreet en voor niet meer dan één uitleg vatbaar;
- compleet is;
- vragen bevat die 'meten wat je wilt meten';
- neutraal is, zodat de respondenten niet in een bepaalde richting gestuurd worden;
- niet te lang is, maar zo compact mogelijk;
- geen vergaarbak wordt van alles wat je altijd al wilde weten, maar waarvoor je nooit eerder de kans kreeg.

6.2.1 Vragen stellen

Vragen kun je op vele manieren stellen. Je kunt gecombineerde vragen maken die een bepaalde route volgen door de vragenlijst. Je kunt verder enkelvoudige of meervoudige vragen stellen (zie Brinkman, 2001, p. 80 e.v.; 't Hart et al., 1998, p. 247 e.v.) en open of gesloten vragen. Ook de structuur van de antwoordmogelijkheden is van groot belang. Hoe ga je dat aanpakken?

Standaardvragenlijsten

Bedenk bij het ontwikkelen van enquêtevragen allereerst dat het gebruik van standaardvragenlijsten de geloofwaardigheid en de betrouwbaarheid van de resultaten kan verhogen. Dat effect wordt echter alleen bereikt als je erop toeziet dat:

- de structuur van de vragenlijst voor alle respondenten gelijk is;
- de formulering van de vragen voor alle respondenten gelijk is;
- de formulering van de antwoordmogelijkheden voor alle respondenten gelijk is;
- er niet te veel open vragen zijn opgenomen;
- er een logische volgorde in de vragen zit (je vraagt iemand bijvoorbeeld niet naar zijn of haar stemgedrag als de respondent nog geen 18 jaar is);
- vragen over hetzelfde onderwerp bij elkaar staan;
- elk blok vragen wordt voorafgegaan door een inleiding waarin het doel van het vragenblok wordt uitgelegd.

Vragenvolgorde

Het is belangrijk dat je de vragen in de juiste volgorde stelt. De volgorde van de vragen kan soms effect hebben op de beantwoording ervan; Boeije et al. (2009) spreken in dat geval over een *volgorde-effect*. Zo kan het zijn dat je een groot aantal vragen met dezelfde antwoordcategorieën achter elkaar hebt gezet. Op zichzelf is dat goed, maar het kan zijn dat een respondent dan niet meer echt nadenkt over het antwoord en maar lukraak iets invult.

volgorde-effect

Bij het aanbrengen van een logische volgorde in de vragen kunnen de volgende tips uitkomst bieden:

1. Begin met eenvoudige, algemene en aantrekkelijke vragen (bijvoorbeeld feiten, achtergrondkenmerken), vermijd confronterende vragen aan het begin van de vragenlijst.
2. Ga wél op je doel (het hoofdonderwerp) af, draai er niet omheen.
3. Zet moeilijke vragen niet helemaal aan het eind van een vragenlijst, de kans bestaat dat ze minder zorgvuldig worden ingevuld. Moeilijke of gevoelige vragen kun je het beste bij het begin van het tweede deel van de vragenlijst plaatsen. Aan het eind kun je beter eenvoudige vragen stellen.
4. Groepeer vragen met dezelfde antwoordcategorieën, maar zorg tegelijkertijd voor afwisseling. Zo voorkom je dat bepaalde 'antwoordpatronen' ontstaan.

Deze volgorde in de vragenlijst wordt ook wel *routing* genoemd (Boeije et al., 2009). Vragen volgen elkaar op een logische manier op. Het ontbreken van een goede routing geeft vaak veel ergernis bij respondenten. Zorg er dus voor dat deze in orde is!

routing

Filtervraag

In het verlengde van de vragenvolgorde ligt de filtervraag. Je kunt iemand pas een vraag over zijn of haar echtgenoot stellen als je weet of je respondent getrouwd is. Ook kun je pas iemands mening over een product vragen als je weet of je respondent het product gebruikt. Kent men het product niet, dan kan de meningsvraag over dit product worden overgeslagen, de vraag is niet van toepassing. Zo vraag je eerst of iemand een rijbewijs heeft, alvorens door te vragen op rijgedrag. Zo'n selectievraag wordt een *filtervraag* genoemd. Kader 6.3 laat een voorbeeld zien.

Filtervraag Burgerlijke staat

Bent u getrouwd of samenwonend?

a. Ja

b. Nee, ga naar vraag ...

Kader 6.3

6.2.2 *Antwoorden geven*

Behalve de volgorde van de vragen is ook de structuur van de *antwoordmogelijkheden* van invloed op de manier waarop respondenten een vraag beantwoorden. Laat je bijvoorbeeld eerst een aantal antwoordmogelijkheden oplopen van negatief naar positief, en vervolgens doe je dat andersom, dan kan het gebeuren dat een respondent deze omkering in de volgorde niet in de gaten heeft. Een gevolg is dat een vraag 'verkeerd' wordt ingevuld en dat je niet 'meet wat je meten wilt'.

We geven hier eerst een lijst met verschillende *typen antwoordmogelijkheden*, gevolgd door enkele voorbeelden (zie kaders 6.4, 6.5 en 6.6):

- *Enkelvoudig*. Bijvoorbeeld: 'Wat is uw leeftijd?' Of: 'Hoeveel uren per week doet u actief aan sport?' Het aantal jaren en uren vul je gewoon in.
- *(Likert)schaal*. Met een schaal kun je iemands mening vragen over een aantal gerelateerde onderwerpen/stellingen. De antwoorden lopen op van bijvoorbeeld 'helemaal mee oneens' tot 'helemaal mee eens'. In paragraaf 6.2.3 gaan we hier dieper op in.
- *Lijst*. De respondenten kunnen één antwoord uit een lijst kiezen.
- *Open antwoord*. Respondenten kunnen zelf een antwoord formuleren.
- *Halfopen antwoord*. In dit type antwoordmogelijkheid heb je een aantal gesloten categorieën en een open categorie. Bijvoorbeeld: als geen van de antwoorden op de respondent van toepassing is, dan kan deze een eigen antwoord invullen. Dit wordt ook wel *restcategorie* genoemd (zie kader 6.4).

- *Meervoudige antwoorden.* Het kan zijn dat op een vraag meerdere antwoorden mogelijk zijn; de respondent kan dan alle antwoorden in de lijst aankruisen die hij of zij van toepassing vindt (zie kader 6.5).
- *Dichotoom antwoord.* Er zijn slechts twee antwoordmogelijkheden (zie kader 6.6).

Ben je op zoek naar aanvullende informatie over de analyse van de meervoudige antwoorden? Op de website bij het boek wordt in het onderdeel 'Inleiding SPSS' een voorbeeld besproken.

WEBSITE

Kader 6.4

Halfopen antwoord

Uit welke wijk (Utrecht) bent u afkomstig?

- ☐ Kanaleneiland
- ☐ Rijnsweerd
- ☐ Tuindorp
- ☐ Hoograven
- ☐ Zuilen
- ☐ Sterrenwijk
- ☐ Wijk C
- ☐ Anders, te weten: ....

Kader 6.5

Meervoudig antwoord

Op welke manier bent u met onze site in aanraking gekomen?
(meer dan één antwoord mogelijk)

- ☐ Surfen op internet
- ☐ Startpagina
- ☐ Link op andere site
- ☐ Aanraden van kennis/familie
- ☐ Direct
- ☐ Anders: ....

Kader 6.6

Dichotoom antwoord

Bent u in het bezit van Wi-Fi?
Antwoord: Ja / Nee *
* Omcirkel het juiste antwoord.

6.2.3 Likertschaal

Een Likertschaal is een zogeheten 'samengesteld meetinstrument', bestaande uit een lijst met vragen (of beweringen, items) die met elkaar samenhangen (die over één onderwerp gaan) en waarop de respondent telkens in oplopende of aflopende graad kan antwoorden (Swanborn, 2010). Je kunt in een vragenlijst bijvoorbeeld iemands *mening* peilen door een aantal gerelateerde vragen over dat onderwerp te stellen, zoals in kader 6.7. De respondent kan dan telkens op dezelfde wijze antwoord geven, met behulp van dezelfde (oplopende) antwoordcategorieën.

Klanttevredenheid als complex begrip

Stel dat je de klanttevredenheid wilt meten bij klanten van een internetwinkel. De ene klant is tevreden, omdat de levering snel plaatsvindt, de andere klant is tevreden omdat het product goedkoop is, de derde klant is tevreden omdat de kwaliteit goed is. Alle drie vullen ze hetzelfde antwoord in: *tevreden*. Ze doelen echter ieder op een ander onderdeel van 'klanttevredenheid'. Dit begrip is dus samengesteld uit allerlei onderdelen die je apart kunt meten. Het is een complex begrip. Wil je dat meten, dan wordt vaak gebruikgemaakt van zogeheten *schalen*.

Kader 6.7

Enquête bij supermarkt 'BS' (2)

Voor het werkbelevingsonderzoek onder de medewerkers van supermarkt 'BS' ga je een enquête maken. Eén aspect van beleving van de werksfeer is 'werkdruk'. Het begrip 'werkdruk' bevat verschillende onderdelen en die wil je allemaal meten. Daarom splits je dit begrip op in meerdere vragen. Je kunt onder meer vragen naar het aantal werkuren, de begin- en eindtijden, onregelmatig werk, contacten met de leidinggevende, de onzekerheid van inzet, het eigen ziekteverzuim, het ziekteverzuim van collega's, feestdagen en andere bijzondere dagen, aantal aanwezige collega's.

Kader 6.8

Likertschaal = meerpuntsschaal

Laten we eens naar een voorbeeld kijken. In kader 6.8 wordt een aantal waarnemingsvragen over 'werkdruk' gesteld; die noemen we ook wel *items*. Samen meten zij de beleving van de werkdruk bij de medewerkers van de supermarkt. Deze items zet je onder elkaar in een lijst. De medewerkers van 'BS' kunnen aan de hand van deze lijst aangeven hoe zij de werkdruk ervaren. Dat doen zij door hun antwoorden op een *meerpuntsschaal* in te vullen: de respondent kan kiezen uit een beperkt aantal (even of oneven) antwoordmogelijkheden in een bepaalde volgorde, bijvoorbeeld oplopend van 'helemaal niet van toepassing' tot 'helemaal van toepassing'. De mate waarin iemand het eens is met een stelling, of de mate waarin een situatie van toepassing is op de respondent, kun je dus meten op een glijdende schaal. Deze meerpuntsschaal wordt meestal Likertschaal genoemd, naar de ontwikkelaar ervan (Likert, 1932).

Bij een Likertschaal kun je kiezen voor verschillende *aantallen* antwoordmogelijkheden, oplopend van drie tot wel zeven (of zelfs meer), van negatief naar positief (of andersom). Een vraag over werkdruk kan er dan bijvoorbeeld uitzien zoals in tabel 6.1. Op dezelfde wijze kunnen vragen worden ontwikkeld over werkomstandigheden, collegialiteit, communicatie, dienstverlening, enzovoort.

Tabel 6.1 Operationalisatie van 'werkdruk'

VRAAG 3 WERKDRUK
Hieronder volgt een aantal zaken die te maken hebben met de beleving van de werkdruk. Je kunt aangeven hoe je die werkdruk ervaart door een kruisje te zetten bij één van de antwoorden.

	Ik ervaar:				
	helemaal geen werkdruk	**bijna geen werkdruk**	**neutraal**	**een beetje werkdruk**	**een hoge werkdruk**
Aantal werkuren per dag					
Begin- en eindtijden werkdag					
Aantal aanwezige collega's					
Eigen ziekteverzuim					
Ziekteverzuim collega's					
Inhoud werk					
Speciale dagen, bijv. kerst, oud en nieuw					
Onregelmatigheid uren					
Onzekerheid over de inzet					

even of oneven

Een meerpuntsschaal heeft meestal een *oneven* aantal antwoordmogelijkheden, waarbij de middelste *neutraal* is. Een voorbeeld van een zevenpuntsschaal vind je in tabel 6.2. Tussen 2005 en 2009 is in Nederland en Vlaanderen onderzoek gedaan onder studenten (sociale wetenschappen) aan universiteiten en colleges om na te gaan hoe ze over de cursus statistiek denken. De vragen in tabel 6.2 vormen een deel van dit onderzoek naar 'houdingen ten aanzien van statistiek' (Verhoeven, 2009). Een risico bij oneven antwoordaantallen is dat er meetfouten ontstaan omdat men 'neutraal' interpreteert als 'ik weet het niet' of 'geen mening'. Een alternatief is om de respondenten als het ware uit het neutrale midden weg te trekken door een *even* aantal antwoordmogelijkheden aan te bieden (zie tabel 6.3).

Tabel 6.2 Houdingen ten aanzien van statistiek

Geef je mening over de volgende stellingen:	1 sterk mee oneens	2	3	4 niet mee eens, niet mee oneens	5	6	7 sterk mee eens
Statistische formules zijn gemakkelijk te begrijpen.							
Statistiek is waardeloos.							
Statistiek is een moeilijk vak/ onderwerp.							
Statistiek zou een verplicht onderdeel van mijn opleiding moeten zijn.							

Tabel 6.3 Motivatie voor het doen van vrijwilligerswerk bij atletiekvereniging Velox

In welke mate zijn de volgende uitspraken op jou van toepassing?	Helemaal niet van toepassing	Niet van toepassing	Van toepassing	Helemaal van toepassing
Bij het werk voor Velox maak ik kennis met andere vrijwilligers.				
Het is leuk om met andere vrijwilligers samen te werken.				
Het voelt goed om vrijwilligerswerk voor Velox te doen.				
Ik heb voldoende tijd over om vrijwilligerswerk voor Velox te doen.				
Het is leuk om mee te helpen sportevenementen te organiseren.				
Het is goed om anderen te helpen.				

Bij onderzoek naar 'motivatie' worden vaak Likertschalen gebruikt; zo ook door Lindeman (1996) in haar onderzoek naar de motivatie om vrijwilligerswerk te doen. In haar theoretische model gaat zij uit van vier verschillende doelen die mensen kunnen nastreven met het doen van vrijwilligerswerk:

- *investeren* (in menselijk kapitaal): ervaring opdoen die je ergens anders goed kunt gebruiken;
- *zorgen*: iets goeds doen voor anderen;
- *stimuleren*: vrijwilligerswerk is goed voor je eigen (fysieke) welzijn;
- sociale relaties aangaan.

Deze begrippen zijn gebruikt in praktijkonderzoek naar de motivatie om als vrijwilliger mee te helpen bij het organiseren van sportactiviteiten. Omdat je in zo'n onderzoek niet zomaar met deze begrippen 'de straat op' kunt gaan, ontwikkelde Lindeman een aantal Likertschalen.
Ook in het onderzoek onder de vrijwilligers van atletiekvereniging Velox is zo'n Likertschaal gebruikt (zie tabel 6.3). De vragen hebben onderling een hoge uniformiteit (ook wel *homogeniteit*, *interne consistentie* of *betrouwbaarheid* genoemd). Dat wil zeggen dat zij *samen* inderdaad het begrip 'motivatie tot vrijwilligerswerk', 'houding ten aanzien van statistiek' of 'werkdruk' meten (Lindeman, 1996; Verhoeven, 2002c) en dat de items onderling een grote samenhang vertonen.

Op de website bij het boek vind je onder de tab Extra materiaal, hoofdstuk 8 informatie over de manier waarop je deze betrouwbaarheid bij Likertschalen kunt analyseren.

6.2.4 Goede vragen – goede antwoorden

Hoe vaak kom je niet hele uitgebreide (en vooral lange!) vragenlijsten tegen omdat opdrachtgevers bedenken dat, nu de gelegenheid zich voordoet, ze meteen een aantal extra vragen kunnen stellen over onderwerpen die eigenlijk buiten het onderzoek vallen? Dat is dus niet de juiste weg. Uiteraard is er niets op tegen om een begrip te meten door er verschillende vragen over te stellen, maar te veel uitweiden is zeker niet goed. De respondenten raken zo snel geërgerd en 'surveymoe', zodat je slechts deels ingevulde lijsten terugkrijgt of de respondenten in het geheel weigeren mee te werken. Maak een vragenlijst dus niet onnodig lang en beperk je vragen tot het onderwerp van onderzoek, anders loop je het risico dat de respondenten geïrriteerd raken en misschien weigeren om verder mee te werken aan het onderzoek. In de opsommingen hierna noemen we enkele punten waarop je kunt letten bij het maken van goede vragen en bij het formuleren van goede antwoordmogelijkheden.

Goede vragen

Wanneer is er sprake van een 'goede vraag'? Daarvoor is een aantal regels opgesteld. Goede vragen:

- *zijn helder en eenvoudig.* Ze zijn in begrijpelijke taal opgeschreven, voor iedereen in de doelgroep te begrijpen;
- *zijn eenduidig.* Ze wekken niet een bepaalde suggestie, de respondent begrijpt de bedoeling van de vraag;
  - fout is: 'Hebt u ook zo'n hekel aan het fokken van pelsdieren?'
  - goed is: 'Wat vindt u van het fokken van pelsdieren?'
- *zijn enkelvoudig.* Er wordt dus maar één vraag tegelijk gesteld, geen gecombineerde vragen;
  - fout is: 'Hebt u tijdens de afgelopen verkiezingen gestemd, en zo ja, op welke partij?'
  - goed is: 'Hebt u tijdens de afgelopen verkiezingen gestemd? Zo ja, ga door naar de volgende vraag; zo nee, sla dan de volgende vraag over.'
  - fout is: 'Wat vindt u van de wachttijd en de klantvriendelijkheid bij de telefonische vraagbaak van verzekeringsmaatschappij Sure?'
    Dit is een voorbeeld van een '*dubbelloops*' (ofwel '*double barreled*') vraagstelling.
  - goed is: 'Wat vindt u van de wachttijd bij de telefonische vraagbaak van verzekeringsmaatschappij Sure?' En: 'Wat vindt u van de klantvriendelijkheid bij de telefonische vraagbaak van verzekeringsmaatschappij Sure?'
- *bevatten geen dubbele ontkenning;*
  - fout is: 'Bent u het oneens met het niet-deelnemen van Nederland aan de wereldkampioenschappen voetbal?'
  - goed is: 'Wat vindt u ervan dat Nederland niet deelneemt aan de wereldkampioenschappen voetbal?'
- *zijn objectief;*
  - fout is: 'Vindt u het ook zo vervelend dat de prijzen van treinkaartjes omhooggaan?'
  - goed is: 'Wat is uw mening over de verhoging van de prijzen van treinkaartjes?'
- *zijn onafhankelijk.*
  - fout is: 'Stemt u links of rechts bij de komende verkiezingen?'
  - goed is: 'Op welke partij stemt u bij de komende verkiezingen?'

Goede (kwantitatieve) antwoorden

Zo kun je ook een aantal regels opstellen voor 'goede antwoorden'. Goede antwoordmogelijkheden zijn:

- vervat in *herkenbare categorieën*. Een antwoordmogelijkheid bij opleidingsniveau kan zijn 'HBO-SJD'. Voor sommige respondenten is zo'n categorie niet herkenbaar, omdat ze hun opleiding hebben gevolgd in de tijd dat deze nog niet zo heette. Maak dus herkenbare mogelijkheden, zoals 'hoger beroepsonderwijs';
- in een *logische volgorde* geplaatst, bijvoorbeeld in een oplopende schaal. Opleidingsniveau loopt op van bijvoorbeeld 'lagere school' naar 'wetenschappelijk onderwijs' en een mening loopt op van 'geheel mee eens' naar 'geheel mee oneens' (of andersom);
- *uitputtend*. Alle mogelijke antwoordcategorieën zijn aanwezig, of er is een categorie 'anders' toegevoegd;
- *uitsluitend*. Er is geen overlap in de antwoorden, zodat de respondent slechts één antwoord behoeft te geven;
- *meetbaar*. De categorieën zijn numeriek (of kunnen dat worden), dat wil zeggen dat ermee gerekend kan worden. Is de antwoordmogelijkheid vrij, zodat ook tekst ingevoerd kan worden, dan kan deze niet kwantitatief worden verwerkt. Wel kunnen er kwalitatieve analyses mee worden verricht.

Als je een vragenlijst ontwikkelt, dan pas je het taalgebruik aan zodat het voor de respondenten begrijpelijk is. Zo zul je vragen aan jongeren op een andere manier stellen dan aan ouderen (zie kader 6.9).

Leefstijl van Nederlandse jongeren

In 2005 werd een onderzoek naar de leefstijl van Nederlandse jongeren georganiseerd. Daarbij werd voornamelijk gekeken naar kleding en muziekkeuze. De vraag die daarbij aan jongeren werd gesteld, luidde: 'In welke groep pas jij het best, als je kijkt naar je kleding en muziekkeuze?' Jongeren konden kiezen uit: Gothic, Skater, Hiphopper, Kakker, Alto, Trendy/Fashionista, Gabber/Hardcore, Doorsnee/Normalo, enzovoort (*de Volkskrant*, 24 november 2005).

Kader 6.9

Pilot

Nadat de vragenlijst is ontwikkeld, kun je het beste een keertje proefdraaien. Dat wordt ook wel *'pilot'* genoemd. Je probeert de vragenlijst uit om te kijken of er geen fouten meer in zitten, of de volgorde juist is, of de vragen goed 'lopen' en of je nog iets gemist hebt. Vaak levert deze pilot een aantal zeer bruikbare aanwijzingen op om de vragenlijst nog verder te verbeteren.

6.2.5 Voorbereiding van kwantitatieve verwerking: variabelen

Als je de operationalisatie van de vragenlijst achter de rug hebt, dan weet je uit welke kenmerken je vragenlijst bestaat en hoe lang deze is. Je hebt ook al een idee welke analyses je gaat doen, dus de voorbereidingen daarvoor kunnen beginnen. Deze voorbereidingen bestaan meestal uit het maken van een codeboek. Een *codeboek* is een lijst waarin je laat zien hoe de gemeten kenmerken omgezet worden naar *variabelen* die je bij je analyses gebruikt. Variabelen zijn kenmerken of eigenschappen van je 'objecten', je respondenten. Je schrijft dus op hoe een kenmerk gemeten is en welke naam dit kenmerk voor de analyse krijgt. Dit codeboek is je uitgangspunt bij het invoeren van de kwantitatieve gegevens in een spreadsheet zoals Excel of SPSS.
In een codeboek geef je aan:

- welke kenmerken bij alle vragen gemeten zijn (het *label*);
- hoe deze genoemd worden (de *variabelenaam*);
- uit welke *categorieën* ze bestaan. Dat zijn alle mogelijke waarden die een variabele kan aannemen;
- wat je doet met ontbrekende antwoorden, de zogeheten '*missings*'.

Vervolgens ga je deze categorieën getalsmatig verwerken. Dat doe je door elke categorie een nummer te geven, zodat de variabelen ook 'numeriek' worden en er in de softwareprogramma's mee gerekend kan worden. Hoe dat gaat, lees je in hoofdstuk 8. Daar zullen deze begrippen nader worden uitgewerkt. We volstaan hier met een voorbeeld van een deel van een codeboek (tabel 6.4).

In SPSS kun je de gegevens van je codeboek bekijken met behulp van het 'Variable View'-venster.

Name	Type	Width	Decimals	Label	Values	Missing	Columns	Align	Measure	Role
Fietshelm	Numeric	8	2	Draag je een...	{,00, neen}...	None	8	Right	Scale	Input
Gewond	Numeric	8	2	Gewond geraakt	{,00, neen}...	None	8	Right	Scale	Input

Op de website bij het boek vind je bij de inleiding in SPSS een toelichting op dit venster.

Categorieën

Het toekennen van getallen aan de categorieën van je variabelen is niet zo moeilijk. Neem 'leeftijd in aantal jaren': elke voorkomende leeftijd (in jaren) vormt een categorie. Aantallen en maten zijn over het algemeen gemakkelijk te benoemen. Lastiger wordt het bij kenmerken waarvan de categorieën minder logisch op elkaar volgen. De categorieën van een meningsvraag krijgen vaak een nummering in een bepaalde volgorde, oplopend van bijvoorbeeld '1' tot '5'. De categorieën van 'geslacht' (twee dus) kun je vrij kiezen, er kan niet mee gerekend worden. Voor 'man' kun je '1' nemen (of '0'), voor de categorie 'vrouw' neem je dan '2' (of '1').

Tabel 6.4 Deel codeboek

Variabelenaam	Label	Categorieën	Missings
LFT	Leeftijd in jaren		999*
SEKSE	Geslacht	0 = man 1 = vrouw	99
BSTAAT	Burgerlijke staat	1 = gehuwd/samenwonend 2 = alleenstaand 3 = weduwe/weduwnaar 4 = gescheiden	99
OPLNIV	Hoogst voltooide opleiding	1 = lagere school 2 = vmbo-praktisch 3 = vmbo-theoretisch 4 = havo 5 = mbo 6 = vwo 7 = hbo 8 = wo 9 = wo+	99

* Bij ontbrekende gegevens over leeftijd is gekozen voor '999' aangezien '99' ook een leeftijd zou kunnen zijn.

Meervoudige antwoorden

Soms worden de antwoordmogelijkheden in een lijst gepresenteerd, in een meervoudige antwoordschaal. Indien meer dan één antwoord mogelijk is, kan een respondent één mogelijkheid aankruisen, of vier of vijf. Er ontstaat dus ook een lijst met kenmerken (variabelen), voor elke antwoordmogelijkheid één: de categorie 'aangekruist' krijgt de waarde '1' en de categorie 'niet aangekruist' een '0'. De variabelen die dan ontstaan, worden ook wel *dummyvariabele* genoemd. Een voorbeeld van dummyvariabelen vind je in kader 6.10, uit een onderzoek waarin wordt gevraagd naar hobby's van mensen.

dummy-variabele

Dummyvariabelen

In een onderzoek wordt aan respondenten de volgende vraag gesteld: 'Kunt u aangeven welke hobby's u hebt? Er is meer dan één antwoord mogelijk.' Bij het toekennen van de getallen aan de categorieën noteert de onderzoeker als volgt:

- lezen 1 = ingevuld, 0 = niet ingevuld;
- wandelen 1 = ingevuld, 0 = niet ingevuld;
- tuinieren 1 = ingevuld, 0 = niet ingevuld;
- sporten 1 = ingevuld, 0 = niet ingevuld;
- vakanties 1 = ingevuld, 0 = niet ingevuld.

Kader 6.10

Ontbrekende antwoorden

Een onbeantwoorde vraag (een ontbrekend antwoord) kun je ook een code geven, zodat je deze naderhand gemakkelijk kunt herkennen. Bovendien kun je het computerprogramma zo instellen dat deze niet-ingevulde vragen (deze codes dus) worden genegeerd. We noemen ze *missing*. In tabel 6.4 hebben ze de code '99' of '999' gekregen, kijk maar in de kolom 'missings'.

missing

6.3 Interviewonderwerpen

Ook bij open interviews is sprake van een operationalisatie. Immers, je moet van tevoren heel goed bedenken welke onderwerpen je gaat aansnijden en welke informatie je wilt verzamelen. We zagen al dat er, afhankelijk van de mate van structuur, verschillende interviewtypen te onderscheiden zijn, van ongestructureerde diepte-interviews tot gestructureerde mondelinge vragenlijsten. In deze paragraaf beschrijven we hoe je de onderwerpen voor het open interview vormgeeft. Daarbij houd je het open karakter van interviews en de leefwereld van de geïnterviewde in het oog.

Topiclijst = onderwerpslijst

In de meeste gevallen wordt aan de hand van de begripsafbakening een lijst met onderwerpen samengesteld die als uitgangspunt bij het gesprek dient: de zogeheten topiclijst (zie de kaders 6.11 en 6.12). Uitgangspunt blijft altijd de probleemstelling. Naast deze hoofdonderwerpen wordt een aantal malen een detaillering toegepast. Daarmee bedoelen we dat je aangeeft op welke onderwerpen je kunt doorvragen en hoe dat gebeurt. Dit zorgt voor de noodzakelijke verdieping van het interview.

Denk er goed over na wat je wilt vragen, je krijgt geen tweede kans voor een gesprek. Vaak zul je merken dat de begrippen uit een topiclijst veel dichter tegen de afgebakende begrippen aanliggen dan bij enquêtevragen. Immers, het gaat om de betekenis die de respondent aan een bepaald onderwerp geeft. Je hoeft het onderwerp dus niet in een bepaalde vraag te gieten of uit te leggen, de geïnterviewde geeft zelf aan wat het onderwerp voor hem betekent en hoe hij erover denkt.

Het perspectief van nierpatiënten

De Universiteit Maastricht heeft (in samenwerking met de Universiteit Utrecht) diepte-interviews afgenomen bij nierpatiënten. Daarbij stond de beleving van het leven met een nierziekte centraal. Er kwamen twee soorten onderwerpen aan de orde: de ziektegeschiedenis en de beleving in het dagelijkse leven. Het doel van dit project was het vaststellen van een onderzoeksagenda voor de daaropvolgende jaren. De topiclijst die gebruikt is voor de beleving van het dagelijkse leven als patiënt, bevat de volgende onderwerpen:

Dagelijks leven	
1	Eigen gevoelens
2	Onderwijs
3	Arbeid
4	Sociaal leven en vrijetijdsbesteding, vakantie, ontspanning
5	Sociale relaties: gezin/partner, kinderen krijgen, mantelzorg
6	Pesten
7	Eigen lichaamsbeleving: pubertijd, trouwen, seksualiteit
8	Dieet (predialyse en dialyse)
9	Medicijnen
10	Bejegening, communicatie en contact: omgeving
11	Formele regelingen

Uit de resultaten wordt onder andere duidelijk dat nierpatiënten aangeven dat zij vooral geholpen zijn met kennis en inzichten over het omgaan met de nierziekte in tegenstelling tot kennis en inzichten over de nierziekte zelf.

Bron: Abma, Nierse, Van de Griendt, Schipper & Van Zadelhoff, 2007

Kader 6.11

De onderzoekstool biedt hulp bij de keuze voor het opstellen van een topiclijst in sectie 6.2 (fase 2) aan de hand van tips & trucs, controlevragen en check-

lists. Vervolgens kun je de gemaakte keuzes beschrijven in de bijbehorende template (fase 2, sectie 12).

Vragenvolgorde

Net als bij enquêtes kan de vragenvolgorde een effect hebben op de beantwoording door de geïnterviewde. Om zo veel mogelijk waardevolle informatie te kunnen verzamelen is het van belang dat het gesprek zo goed mogelijk verloopt, en de volgorde van de vragen kan hierbij een rol spelen. Over het algemeen begin je het interview met een paar eenvoudige vragen (feiten). Vervolgens ga je over naar (achtergronden van) meningen, om daarna de meer gevoelige vragen te stellen. Je bouwt het interview ook weer af, met een aantal meer eenvoudige vragen aan het eind. Het perspectief van de geïnterviewde blijft echter het belangrijkste uitgangspunt.

Proefinterview

Net als bij een enquête is het raadzaam om je lijst met onderwerpen eerst in een proefinterview uit te proberen, zodat je kunt nagaan of er nog hiaten in de lijst zitten of juist overbodige zaken. Dit kun je dan nog aanpassen. Ook kun je bij zo'n proefinterview de volgorde van je onderwerpen en eventuele subonderwerpen controleren.

Beeld van een warenhuis

Wat is het verschil tussen de identiteit en het imago van een warenhuis? Met deze vraag ga je als onderzoeker op pad om een aantal open interviews te houden met bedrijfsleiders. De probleemstelling is tevens de hoofdvraag voor de interviews. Eigenlijk onderzoek je welk beeld de bedrijfsleiders zelf van hun winkel hebben en welk beeld er volgens hen bij de klanten bestaat. De topiclijst kan de volgende onderwerpen bevatten:

- *dienstverlening*: service, productkennis, klantgerichtheid;
- *personeelsbeleid*: samenstelling personeel;
- architectuur en huisstijl;
- *communicatie*: uitstraling van de reclame;
- *imago*: perceptie van imago door klanten, gewenst beeld, suggesties.

Kader 6.12

Mate van sturing

Bij een open interview is de beleving van de respondent het belangrijkste uitgangspunt. Gaat het interview een andere richting uit dan jouw onderwerpen aangeven, speel daar dan op in. Natuurlijk kun je proberen de respondent met interviewtechnieken weer bij je onderwerp terug te brengen (hierover meer in hoofdstuk 7). Je geeft dan een zekere sturing. Je moet je echter ook flexibel opstellen en ruimte geven voor het verhaal dat je gesprekspartner te vertellen heeft. De mate van sturing die je aan het gesprek geeft, is ook afhankelijk van het onderwerp. Betreft het een globale verkenning van meningen, dan kun je de respondent uitgebreid zijn eigen verhaal laten doen. Is het noodzakelijk om informatie te krijgen over bepaalde aspecten van een onderwerp (verdiepen dus), dan kun je wat meer sturen.

6.4 Populatie en steekproef

Heb je de vragenlijst of de topiclijst klaar, dan kun je met het afnemen ervan beginnen. Je moet echter eerst weten bij wie je de data gaat verzamelen. Meestal heeft de opdrachtgever bepaalde wensen over het aantal te ondervragen personen en de onderzoeksgroep (het domein). Bovendien is het over het algemeen onmogelijk om alle personen in de populatie te bevragen, dus wordt slechts een deel hiervan geselecteerd. Je trekt een steekproef. Het is echter belangrijk dat je een aantal regels in acht neemt die de betrouwbaarheid en de geldigheid van je resultaten en dus de houdbaarheid van je conclusies vergroten. In deze paragraaf wordt ingegaan op die regels, maar niet voordat we hebben behandeld hoe je de populatie bepaalt, wat dit eigenlijk inhoudt en wat een steekproef is.

In fase 2, sectie 7 van de onderzoekstool vind je bondige informatie over het trekken van een (a)selecte steekproef, evenals een checklist. De uitkomsten kun je vermelden in de template van de methodesectie (sectie 12).

6.4.1 Wat is een populatie?

Domein

In de hoofdstukken 2 en 3 werd het begrip 'populatie' al geïntroduceerd, nu gaan we er dieper op in. Onder een populatie verstaan we alle 'eenheden' (personen, zaken, organisaties, enzovoort) waarover je in je onderzoek uitspraken wilt doen. Zij zijn het *domein* waarbinnen je onderzoek zich afspeelt. Let op, het betreft hier álle personen of zaken waarover je een uitspraak *wilt* doen. Dat betekent niet dat je deze personen allemaal ondervraagt. Stel dat je informatie wilt verzamelen over ervaringen van havo- en vwo-leerlingen op school. Als je iedere scholier moest ondervragen, dan zou dit een kostbaar en tijdrovend karwei worden. Immers, de populatie omvat tienduizenden, zo niet honderdduizenden eenheden. Er is nóg een reden om je onderzoek op een kleinere groep personen uit te voeren. Je kunt waarschijnlijk niet iedereen uit deze populatie bereiken! Daarom stel je een steekproef samen (zie paragraaf 6.4.2), een op een bepaalde manier geselecteerde deelpopulatie.

Operationele populatie

Soms is het mogelijk om de populatie wat specifieker af te bakenen omdat je oorspronkelijke, beoogde populatie nog erg groot is. We bekijken het voorbeeldonderzoek naar ervaringen van havo- en vwo-leerlingen op school wat nader. Stel, je onderzoekt ervaringen van leerlingen in de tweede fase. Je populatie betreft dan alle havo- en vwo-leerlingen, maar je *operationele populatie* (dat is een deelverzameling van je populatie, zeg maar een bepaald segment eruit) betreft alle leerlingen op havo of vwo die in de tweede fase zitten. Dat is de operationele populatie waarop je onderzoek zich richt, en daaruit trek je de steekproef. Kijk maar in figuur 6.3.

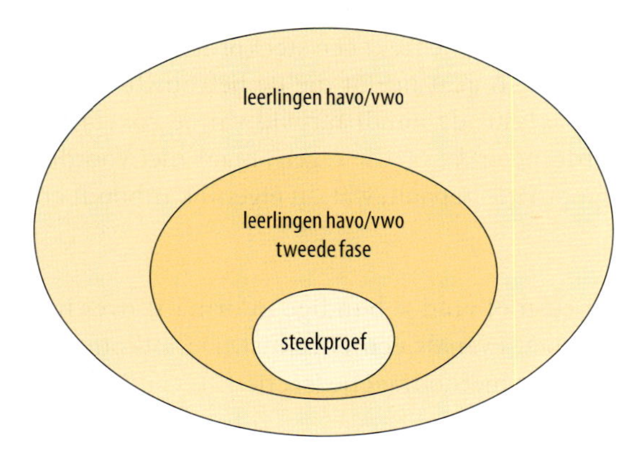

Figuur 6.3 Steekproef leerlingen

6.4.2 *Voorwaarden bij steekproeftrekking en de reikwijdte van de resultaten*

Zoals eerder werd gezegd, is het niet altijd mogelijk om alle eenheden uit je populatie te ondervragen. Niet alleen is de beschikbaarheid van respondenten een probleem, ook wordt het dan een zeer kostbaar en tijdrovend karwei. Een steekproef trekken is dan de beste oplossing. Een steekproef is een klein deel van je populatie waarover je gegevens verzamelt. Deze groep wordt niet zomaar samengesteld; daarvoor gelden enige voorwaarden. De wijze waarop je deze voorwaarden invult, heeft gevolgen voor de vraag hoe je met de verwerking en resultaten omgaat, en wat de *reikwijdte* is van je resultaten. Waarom zeggen we dit? Wel, jouw invulling is afhankelijk van de keuze voor een kwalitatieve of kwantitatieve onderzoeksopzet, evenals voor de methode van dataverzameling. Doe je kwalitatief onderzoek, dan interpreteer je de voorwaarden op een andere manier dan wanneer je kwantitatief onderzoek doet. We bespreken deze voorwaarden nu, om er vervolgens in paragraaf 6.5 op terug te komen.

reikwijdte

Aselect of niet?

Steekproeven kunnen *willekeurig of aselect* getrokken worden. Dat betekent dat elke eenheid (personen, zaken, organisaties) een berekenbare (gelijke) kans heeft om tot de steekproef te behoren (Boeije et al., 2009; Swanborn, 1987, p. 271). Beschik je over een aselecte steekproef, dan kun je (kwantitatief) toetsen dat een gevonden verband tussen twee kenmerken (variabelen) ook geldig is voor je populatie. Ook kun je op basis van de steekproefgegevens een schatting van bepaalde eigenschappen (bijvoorbeeld het gemiddelde) voor de populatie maken of aangeven binnen welke grenzen een bepaalde eigenschap in je populatie voorkomt (met een zekerheid van bijvoorbeeld 95%). Dit laatste wordt ook wel een *betrouwbaarheidsinterval* genoemd (zie ook Boeije et al., 2009; Verhoeven, 2013).

betrouwbaar-heidsinterval

Uit het voorgaande wordt duidelijk dat aselecte steekproeven meestal bij kwantitatief onderzoek worden ingezet, waar generalisatie een belangrijke rol speelt. Bij kwalitatief onderzoek ligt dat anders. Kwalitatief onderzoek maakt veel gebruik van experts, van personen die speciaal voor een onderzoek geselecteerd worden (zoals bepaalde bevolkingsgroepen of specialisten op een bepaald gebied), en van mensen die bereid zijn om over gevoelige onderwerpen te praten (zoals bij open interviews). Er is dan vaak geen steekproefkader, en ook geen trekking op basis van toeval. Het zou echter best kunnen dat de resultaten van onderzoek bij een kleine groep personen in vergelijkbare situaties (bijvoorbeeld twee woonwijken in verschillende steden met eenzelfde problematiek) kunnen worden toegepast. Dan voegt een willekeurige steekproef niets toe aan de reikwijdte van de resultaten.

Generaliseerbaarheid

In het verlengde van ons eerste punt ligt een tweede belangrijk aspect van steekproeftrekking: de *generaliseerbaarheid*.

De generaliseerbaarheid van de resultaten wordt bepaald door de mate waarin je steekproef *representatief* is. Dat wil zeggen dat de eenheden in deze steekproef wat betreft een aantal kenmerken (die belangrijk zijn in het onderzoek) gelijk zijn aan de populatie. Dit noemen we de *externe validiteit* van je

steekproef (in paragraaf 6.5.2 komen we hierop terug) en het speelt voornamelijk bij kwantitatief onderzoek een rol.
Figuur 6.3 laat zien hoe de steekproef voor ons voorbeeld over het onderzoek onder havo- en vwo-leerlingen eruitziet. De buitenste ring is de beoogde populatie, daarop volgt de operationele populatie en daaruit wordt een steekproef getrokken. Zo moet bijvoorbeeld de verhouding tussen het aantal meisjes en jongens in de steekproef ongeveer gelijk zijn aan de verhouding in de populatie.

Bij kwalitatief onderzoek neemt generalisatie een andere plaats in. Generalisatie vindt wel plaats natuurlijk, maar naar vergelijkbare situaties, en niet kwantitatief, naar een populatie. Dit wordt ook wel *inhoudelijke generalisatie* genoemd (zie ook paragraaf 6.5).

Steekproefomvang

Bij kwantitatief onderzoek moet een steekproef *voldoende groot* zijn om er statistische analyses op uit te voeren. Deze vuistregel is lastig, want wat versta je onder 'voldoende groot'? Over die vraag buigen onderzoekers zich al tijden. Een antwoord is dan ook moeilijk te geven. Een aantal (vuist)regels bij kwantitatief onderzoek probeert hier een antwoord op te geven:

1. *Nauwkeurigheid uitspraken*: Hoe groter je steekproef is, des te nauwkeuriger kun je uitspraken doen over je resultaten. Over het algemeen geldt dat een grotere steekproef een hogere betrouwbaarheid van de resultaten oplevert, omdat daarmee aan de voorwaarde van herhaalbaarheid van je meetinstrument wordt voldaan (meer hierover in paragraaf 6.5.1).
2. *Verwachte respons*: een ander element bij het bepalen van de grootte van je steekproef is de verwachte respons. Je bakent je operationele populatie af en bepaalt vervolgens hoeveel personen in de steekproef móéten vallen, dus hoeveel mensen er minimaal mee moeten doen. Houd rekening met mogelijke *uitval*! Meer hierover in paragraaf 7.2.
3. *Populatieomvang*: verder is de steekproefgrootte afhankelijk van de omvang van de populatie. Een steekproef van honderd personen uit de Nederlandse bevolking is erg klein, maar voor een bestand van tweehonderd personen vormt het 50% van je populatie.
4. *Praktische omstandigheden*: je kunt nog zoveel gegevens willen verzamelen, indien je niet veel tijd en/of geld tot je beschikking hebt, zal dat gevolgen hebben voor de omvang van je steekproef. Een praktische afweging dus.

Bij kwalitatief onderzoek zijn statistische analyses niet aan de orde. Daar worden intensieve methoden van dataverzameling gebruikt, bijvoorbeeld diepte-interviews, gevalsstudie en participerende observatie. Het trekken van een steekproef is dan vaak doelgericht, waarbij de onderzoeker naar specifieke personen, groepen voorbeelden, en verhalen op zoek gaat. De omvang van de groep doet niet ter zake, maar wel het informatiegehalte van de gegevens. Het doel van je onderzoek is dus mede bepalend voor de steekproefomvang.

Het boek *Statistiek in stappen* (Verhoeven, 2013, p. 153) geeft aanvullende informatie over de omvang van een steekproef.

In de volgende paragrafen bespreken we een aantal methoden van aselecte en selecte steekproeftrekking.

6.4.3 Aselecte steekproeven

Steekproefkader

Het trekken van een aselecte steekproef kun je op verschillende manieren doen. Eerst moet je natuurlijk nagaan of er databestanden bestaan waarin personen die tot de populatie van jouw onderzoek behoren, geregistreerd staan: personeelsbestanden, gemeentelijke bestanden, ledenadministraties. Deze bestanden zijn vaak beschermd door privacywetgeving, maar het is wel mogelijk om hieruit een *blinde steekproef* (een steekproef waarin de namen van de betrokkenen onbekend blijven) te trekken, zodat die bescherming niet in het geding komt. Zijn zulke bestanden beschikbaar, gebruik ze dan! Ze vormen je *steekproefkader*.

blinde steekproef

We laten nu de belangrijkste aselecte steekproefmethoden de revue passeren.

Enkelvoudig aselecte steekproef

Uit een databestand wordt willekeurig een steekproef getrokken, bijvoorbeeld door de computer. Elke *entry* in het databestand heeft een berekenbare (gelijke) kans om in de steekproef terecht te komen.

Is je databestand (steekproefkader) genummerd, dan kun je een handige tool gebruiken om willekeurig nummers (entry's) te selecteren: de *random number generator* ofwel 'toevalsgenerator'. Je vindt deze op internet. Dat is een manier waarbij je willekeurig getallen uit een reeks selecteert, aselecte steekproeven dus. Hierbij wordt gebruikgemaakt van een rekenkundig model (zeg maar een serie opdrachten), een algoritme. Je moet daarvoor een paar gegevens invoeren, zoals het aantal gegevens in je bestand, het begin- en eindnummer en het aantal willekeurige getallen dat getrokken moet worden. De uitkomst is een rij getallen die je in je steekproefkader selecteert en die je gebruikt voor je dataverzameling. Figuur 6.4 toont een voorbeeld.

random number generator

Systematische steekproef met aselect begin

Afgesproken wordt om uit een gegevensbestand iedere tiende of vijftiende 'persoon' in de steekproef te betrekken. Waar je met deze trekking begint (de eerste persoon voor je steekproef dus), wordt aselect bepaald. Je kunt hetzelfde doen met een adressenbestand door een willekeurige straat te selecteren en daarna op elk tiende adres aan te bellen.

Random Integer Generator

This form allows you to generate random integers. The randomness comes from atmospheric noise, which for many purposes is better than the pseudo-random number algorithms typically used in computer programs.

Part 1: The Integers

Generate [100] random integers (maximum 10,000).

Each integer should have a value between [1] and [100] (both inclusive; limits ±1,000,000,000).

Format in [5] column(s).

Part 2: Go!

Be patient! It may take a little while to generate your numbers...

(Get Numbers) (Reset Form) (Switch to Advanced Mode)

Note: The numbers generated with this form will be picked independently of each other (like rolls of a die) and may therefore contain duplicates. There is also the Sequence Generator, which generates randomized sequences (like raffle tickets drawn from a hat) and where each number can only occur once.

Figuur 6.4 Random number generator

Clustersteekproef

Soms is het handiger om een hele groep te onderzoeken in plaats van een willekeurige steekproef te trekken. Het gaat dan vaak om 'bestaande' groepen die op een aantal kenmerken veel op elkaar lijken. Een veelgebruikt voorbeeld hierbij is onderzoek bij scholen ('t Hart et al., 1998, p. 237). Scholen bestaan uit klassen die als bestaande groepen worden gezien. Wil je onderzoek doen naar de ervaringen van havo- en vwo-leerlingen in de tweede fase, dan is het handiger om hele klassen te ondervragen. Je trekt dan eerst een willekeurige steekproef uit alle havo-/vwo-klassen in de tweede fase in bijvoorbeeld Nederland (of per provincie) en vervolgens betrek je de geselecteerde klassen volledig in je steekproef. Ook bij onderzoek in wijken en steden wordt vaak gebruikgemaakt van clusters van bijvoorbeeld woonblokken of straten. Ook het kostenaspect speelt hierbij een rol.

Gestratificeerde steekproef

Als je in een grote gemeente, bijvoorbeeld Utrecht, onderzoek verricht, kun je gebruikmaken van een systematische steekproef met aselect begin. De kans is dan echter vrij groot dat niet elke wijk evenredig in je steekproef vertegenwoordigd is. Een mogelijke oplossing is om een populatie in deelpopulaties te verdelen, bijvoorbeeld woonwijken. Deze deelpopulaties worden ook wel *strata* genoemd. Vervolgens trek je een aselecte steekproef uit deze strata, in dit geval de wijkbewoners. Binnen de strata vorm je dus verdere deelverzamelingen. Zo kun je ervoor zorgen dat de bewoners van de verschillende wijken van een stad evenredig in een steekproef vertegenwoordigd worden.

Getrapte steekproef

Bij een getrapte steekproef worden meerdere steekproefmethoden gecombineerd. Trek bijvoorbeeld een clustersteekproef en neem uit de clusters opnieuw een aselecte steekproef. Uit de havo-/vwo-klassen die je in de eerste ronde hebt geselecteerd, trek je dus een aselecte steekproef van leerlingen.

6.4.4 Selecte steekproeven

Vaak is een selecte steekproef een goede optie, bijvoorbeeld omdat een willekeurige steekproef niet mogelijk is of omdat er geen databestanden beschikbaar zijn. Ook kan de reden zijn dat er niet voldoende interviewers beschikbaar zijn om een grote steekproef te trekken, of dat er niet voldoende budget is (zie kader 6.13). Bij selecte steekproeven wordt de trekking niet door toeval bepaald. Met andere woorden: ze is niet willekeurig.

Selecte steekproef onder ouderen in Soest

Voor een onderzoek naar de behoefte van 55-plussers ten aanzien van het aanbod in de dienstencentra in Soest en Soesterberg werd in 1998 een vragenlijstonderzoek onder de oudere bewoners georganiseerd. Als steekproefkader werd het gemeentelijke adressenbestand gebruikt. De gemeente werd in subpopulaties (strata) verdeeld, en alle mensen van 55 jaar en ouder werden geselecteerd. Er werden vier woonwijken gekozen, dus het was géén aselecte steekproef. De kenmerken waarop deze keuze plaatsvond, waren: de aanwezigheid van een dienstencentrum en de status van de wijk (de verhouding tussen huur- en koopwoningen). Deze beperking was onder andere nodig omdat er binnen de onderzoeksopzet niet voldoende menskracht en geld beschikbaar waren om in alle wijken van de gemeente een survey af te nemen. Per woonwijk werd daarna wél een systematische steekproef (ieder tiende adres waar een 55-plusser woont) met aselect begin getrokken (Verhoeven, 1998).

Kader 6.13

Het trekken van een selecte steekproef kan op verschillende manieren plaatsvinden. Allereerst kan het natuurlijk zijn dat de opdrachtgever een lijst met deskundigen heeft opgesteld. Je hoeft hun dan alleen maar te vragen of zij hun medewerking willen verlenen. Is er geen lijst, dan kun je kiezen uit een aantal andere manieren om een selecte steekproef te trekken. We geven een overzicht van de belangrijkste selectieve steekproefmethoden.

Quotasteekproef

Bij een quotasteekproef krijgen enquêteurs de opdracht om ieder een aantal interviews/vragenlijsten af te nemen, tot een bepaald maximum. Zij moeten dat bijvoorbeeld doen in een bepaald winkelcentrum of een bepaalde woonwijk. Iedere enquêteur moet bijvoorbeeld 25 mannen en 25 vrouwen ondervragen, een bepaald aantal jongeren en ouderen, hoger en lager opgeleiden, enzovoort. De steekproef is niet willekeurig (de interviewer selecteert) en niet altijd representatief. Immers, het aantal mannen en vrouwen is nog wel goed te verdelen, maar dat geldt niet altijd voor de inschatting van andere kenmerken.

Zelfselectie

Soms heeft men proefpersonen nodig die aan bepaalde voorwaarden voldoen. Er wordt dan een advertentie geplaatst met een uitnodiging om mee te doen aan een onderzoek als men aan bepaalde kenmerken voldoet. In kader 6.14 is hiervan een voorbeeld opgenomen. Voldoe je aan deze kenmerken én heb je zin om aan het onderzoek mee te werken, dan kun je je aanmelden. Zelfselectie zie je vaak bij medisch en psychologisch onderzoek.

Voorbeeld zelfselectie

Voor een onderzoek naar de invloed van cortisol (een stresshormoon) zijn wij, studenten psychologie van de Universiteit Leiden, met spoed op zoek naar proefpersonen. Wij zoeken:
Mannen, ouder dan 30 jaar met een goede geestelijke en fysieke gezondheid. Rechtshandig, normaal gezichtsvermogen en een goede beheersing van de Nederlandse taal. Er mag geen sprake zijn van:

- een psychotische stoornis;
- middelenmisbruik en/of verslaving;
- ernstige (chronische) ziekte in heden of verleden;
- gebruik van psychotrope medicatie (inclusief bètablokkers);
- gebruik van corticosteroïden in de afgelopen zes maanden;
- kleurenblindheid.

Als u interesse of vragen heeft, kunt u mailen naar ... Dan nemen wij snel contact met u op.

Bron: www.aanbodpagina.nl, 2006

Kader 6.4

Doelgericht (purposive)

Bij doelgerichte steekproeven is sprake van selectie van de steekproef op basis van bepaalde kenmerken. Zo kun je onderzoek doen naar extreme gevallen, kritische of typische gevallen bekijken of juist unieke gevallen onderzoeken. Het doel is om informatie dáár te halen waar deze zit. Zo is bij het onderzoek naar activiteiten van emeriti door Becker en Verhoeven een doelgerichte steekproef getrokken van personen die typische gevallen vertegenwoordigen van de doelgroep, namelijk emeriti die na hun emeritaat door zijn blijven werken of tal van activiteiten hebben ontplooid (Becker & Verhoeven, 2000). Voor een onderzoek naar de invoering van milieumaatregelen in organisaties werd een aantal interviews gehouden met personen die daarin gespecialiseerd waren, bijvoorbeeld omdat zij belast zijn met de uitvoering van zulke milieumaatregelen, *experts* dus.

Praktisch bruikbaar (convenient)

Bij dit type steekproeftrekking wordt willekeurig aan mensen gevraagd of zij mee willen werken aan een onderzoek. Veel onderzoekers die op straat interviewen, gaan zo te werk. Zij vragen voorbijgangers (bijvoorbeeld winkelend publiek) om hun medewerking te verlenen.

Sneeuwbal

Soms is bij de start van een onderzoek geen databestand, geen steekproefkader beschikbaar. De mensen die je wilt interviewen, staan niet als zodanig geregistreerd en zijn moeilijk te achterhalen. Je moet dan een andere manier vinden om deze personen te benaderen. Een mogelijkheid is de sneeuwbalmethode, waarin je gebruikmaakt van netwerken van collega's, een patiëntenkring, familie- en kennissenkring, enzovoort (zie kader 6.15).

Veranderingen binnen relaties

Voor een onderzoek naar veranderingen binnen relaties deed de interviewer eerst in zijn eigen kennissenkring navraag. Na afloop van het eerste interview met een paar uit zijn eigen netwerk vroeg de onderzoeker of zij paren kenden die ook aan het onderzoek mee zouden willen doen. Er vond wel selectie plaats op een aantal kenmerken. In dit voorbeeld kun je denken aan een bepaalde duur van een relatie (bijvoorbeeld paren moeten minimaal vijf jaar een relatie hebben), burgerlijke staat (ze moeten ten minste samenwonend zijn) en regio (de interviewer nam alleen interviews af binnen een bepaalde regio). Op deze wijze ontstond vanzelf een steekproef die aan de gestelde eisen voldeed, ze was alleen niet representatief en niet willekeurig samengesteld. Ook was ze niet erg groot, er werden in totaal dertig paren geïnterviewd. Toch een behoorlijk aantal voor kwalitatief onderzoek.

Kader 6.15

Overigens kent deze sneeuwbalmethode nog een andere toepassing, namelijk bij literatuuronderzoek. Daar wordt bij het zoeken naar informatie het resultaat na een zoekronde grondig bestudeerd en worden de literatuurverwijzingen achter in boeken en artikelen gebruikt als aanknopingspunten om verder te zoeken.

6.5 De kwaliteit van onderzoek

Waar gehakt wordt, vallen spaanders. Iedereen maakt fouten, onderzoekers zijn daarop geen uitzondering. Toch wil je kunnen aantonen dat jouw onderzoek tot kwalitatief goede conclusies leidt. Hoe beoordeel je de kwaliteit van een onderzoek? Natuurlijk gelden de criteria voor *bruikbaarheid* door de opdrachtgever. Er zijn echter ook meer formele criteria voor deze beoordeling te geven: de *validiteit* en de *betrouwbaarheid*. Met deze twee begrippen kijken we naar twee soorten fouten die in onderzoek voor kunnen komen (Boeije et al., 2009). Met validiteit bedoelen we de mate waarin *systematische fouten* worden gemaakt; we kijken naar de geldigheid of zuiverheid van onderzoek. Bij de betrouwbaarheid van resultaten wordt nagegaan in hoeverre in een onderzoek *toevallige fouten* voorkomen. Een voorwaarde voor het onderzoeken van de betrouwbaarheid is dat een onderzoek herhaalbaar is, anders kun je de betrouwbaarheid ervan niet nagaan. In deze paragraaf wordt aandacht besteed aan betrouwbaarheid en validiteit, evenals aan de gevolgen voor het trekken van conclusies uit je onderzoek.

systematische fouten

toevallige fouten

Kwaliteit bij kwalitatief en kwantitatief onderzoek

Of je nu kwalitatief of kwantitatief onderzoek doet, kwaliteit van de resultaten is altijd belangrijk. Bij kwantitatief onderzoek kent men een aantal algemene criteria waaraan onderzoek moet voldoen (Boeije, 2010). Bij kwalitatief onderzoek liggen die criteria niet zo voor de hand. Dat komt omdat er veel discussie bestaat over de geldigheid en toepassing van deze criteria, en omdat voor de vele kwalitatieve ontwerpen verschillende vuistregels gelden. Het is dus niet eenvoudig om hiervan een kort en helder overzicht te geven. In deze paragraaf zullen we zo veel mogelijk aangeven voor welk type onderzoek het desbetreffende criterium belangrijk is.

Vaak zie je dat opdrachtgevers, beleidsmakers of media met onderzoeksresultaten zwaaien om hun argumenten kracht bij te zetten, zonder erop te letten hoe deze resultaten tot stand zijn gekomen (zie kader 6.16). Om steun te zoeken voor hun ideeën verwijzen ze naar onderzoeksresultaten (liefst natuurlijk

'significant'), alsof deze automatisch een bepaalde kwaliteit bezitten. Voordat je echter als onderzoeker van deze kwaliteit overtuigd kunt zijn, moet je eerst op een meer systematische manier naar het onderzoek kijken. Hoe is het georganiseerd? Hoe zijn de gegevens verzameld en geanalyseerd? Hoe is de onderzoeksgroep samengesteld?
De kwaliteit van onderzoek speelt op verschillende momenten een rol: bij het ontwerp en de operationalisatie, bij het samenstellen van de steekproef(omvang), bij de respons en bij de analyse van je resultaten. Vaak zul je zien dat een systematische kijk op deze verschillende onderzoeksfasen een aantal kritiekpunten oplevert, waarmee je de waarde van een onderzoek kunt ondermijnen. Daarmee moet je echter voorzichtig omspringen. Ook al is de methodologische waarde van een onderzoek niet groot, voor een opdrachtgever kunnen de resultaten ondanks alle beperkingen heel *waardevol* en *bruikbaar* zijn.

Verkiezingsuitslagen voorspellen (1)

Kader 6.16

Verschillen in de onderzoeksontwerpen van kiezersgedrag voor de Tweede Kamerverkiezingen, de zogenoemde polls, leidden begin 2003 tot verschillende verwachtingen ten aanzien van de zetelverdeling. In 2006 en 2010 gebeurde dat nog een keer. Doordat verschillende dataverzamelingsmethoden werden gehanteerd, de steekproeven op verschillende manieren werden samengesteld en een verschillende omvang hadden, leek de betrouwbaarheid van de resultaten niet groot. Ook de analysemethode speelde daarbij een rol.

In de volgende paragrafen bespreken we aspecten van betrouwbaarheid, validiteit en bruikbaarheid van onderzoeksresultaten. De onderzoekstool helpt je bij het beoordelen van deze kwaliteit, in fase 2, sectie 10. Dat gebeurt met tips & trucs en met checklists. In fase 4, bij de evaluatie van het onderzoeksresultaat, komen we hierop terug.

6.5.1 Betrouwbaarheid

Tijdens een onderzoek kunnen er *toevallige fouten* worden gemaakt. De betrouwbaarheid van onderzoeksresultaten geeft aan in hoeverre je onderzoek vrij is van deze toevallige fouten. Om de betrouwbaarheid voldoende te kunnen testen moet een onderzoek herhaalbaar zijn. Leidt het dan tot *dezelfde* resultaten (wat niet hetzelfde is als *gelijke* resultaten!), dan is je onderzoek *betrouwbaar*. Deze *herhaalbaarheidseis* betekent dat onderzoek herhaalbaar

herhaalbaarheidseis

moet zijn op een ander tijdstip, met een andere onderzoeker, andere proefpersonen en onder andere omstandigheden. Een vrij strikte eis dus, die met name bij kwantitatief onderzoek wordt toegepast.
Wat zijn toevallige fouten? Denk bijvoorbeeld aan een tijdwaarneming. Nauwkeurig een tijd aflezen is moeilijk; herhaal je een tijdwaarneming een aantal keren, dan zul je kleine afwijkingen vinden in zowel positieve als negatieve richting. Dit is een gevolg van 'menselijk handelen'. Andere voorbeelden van toevallige fouten zijn:

- Iemand weet het antwoord niet op een vraag.
- Bij het invullen van de vragenlijst heb je last van harde muziek, bij de volgende respondent is het helemaal stil.
- Je zet per ongeluk een kruisje bij een verkeerd antwoord.
- Bij het invoeren van de gegevens wordt een fout gemaakt.
- Het meten van een afstand met een elastiek meetlint. Onbewust trek je het meetlint elke keer iets anders uit, waardoor verschillen in de gemeten waarden ontstaan.

Betrouwbaarheidseisen

Onderzoekers bedenken allerlei manieren om de betrouwbaarheid van de resultaten van hun onderzoek te verhogen. Zij zijn van toepassing op zowel kwantitatief als kwalitatief onderzoek. We bespreken er een aantal:

Voornamelijk bij kwantitatief onderzoek

1. *Steekproefomvang.* Hoe groter je steekproef is, des te nauwkeuriger kun je een uitspraak doen. Op basis van een steekproef kun je een schatting maken over de mogelijke uitkomsten van je onderzoek. Let wel: een schatting! Er is namelijk een *foutenmarge*: de omvang van de fout die je toelaat. Wil je de gemiddelde lengte meten van leerlingen op het vwo, dan kun je met een steekproef van honderd leerlingen veel nauwkeuriger uitspraken doen over de lengte dan wanneer je een steekproef van slechts vijftien leerlingen neemt. Werken met grote steekproeven is niet altijd mogelijk of nodig, dat lazen we al in de vorige paragraaf. Soms is geen grote populatie beschikbaar, of je doet onderzoek in één organisatie. Dan zul je op andere wijze de betrouwbaarheid van je resultaten moeten vergroten.
2. *Test-hertest.* Door herhaling van methoden kun je bepalen of je onderzoek betrouwbaar is. Je kunt bijvoorbeeld een bepaalde schaal in een vragenlijst twee keer voorleggen aan respondenten. Is de samenhang tussen de twee scores erg hoog, dan is de schaal betrouwbaar.

Bij zowel kwantitatief als kwalitatief onderzoek

3. *Standaardisering*: bij kwantitatief onderzoek gebeurt dit door bijvoorbeeld standaardvragenlijsten te ontwikkelen of een Likertschaal te gebruiken (Swanborn, 2009, p. 237). Ook bij kwalitatief onderzoek vindt standaardisering plaats, door bijvoorbeeld een systeem in de analyse aan te brengen (zie hoofdstuk 8). *Proefinterview*, of *pilot* genoemd. Bij interviews en surveys kan een proefinterview de betrouwbaarheid van je topiclijst verhogen.
4. *Peer feedback*. Je kunt collega-onderzoekers je resultaten laten nameten of nalezen.
5. *Rapportage en verantwoording*. Het is erg belangrijk om de juiste verantwoording te geven van al je onderzoekshandelingen. Houd deze dus nauwkeurig bij in je onderzoekslogboek! Daar noteer je niet alleen de keuzes die je maakt en de vorderingen, maar ook de leermomenten, veranderingen die je aanbrengt, omstandigheden die problemen oproepen, dingen die fout lopen. Bij herhaling van zo'n onderzoek kun je deze fouten vermijden, waardoor de betrouwbaarheid van de resultaten verder wordt verhoogd.

Hoe hoog moet die betrouwbaarheid zijn?

In de meeste gevallen gaan onderzoekers uit van een 95% zekerheid, betrouwbaarheid dus (Swanborn, 2010, p. 158-160; Boeije et al., 2009). Normaal gesproken zijn kwantitatieve analyses goed mogelijk met een grote steekproef, maar er zijn talloze onderzoeken bekend waarbij met kleine steekproeven is gewerkt. En als je bijvoorbeeld uit een totale steekproef van honderd eenheden verschillende groepen samenstelt, bijvoorbeeld mannen en vrouwen, dan zijn de te vergelijken groepen veel kleiner (vijftig mannen en vijftig vrouwen). Statistische analyses worden dan moeilijker. Houd dus ook rekening met de vraag welke groepen uit de steekproef je in de analyses wilt vergelijken.

Kader 6.17

Voornamelijk bij kwalitatief onderzoek

6. *Interbeoordelaarsbetrouwbaarheid*. Deze maat wordt vaak in observatieonderzoek gebruikt. Verschillende onderzoekers observeren een situatie. De mate van overeenstemming tussen de verzamelde gegevens bepaalt de interbeoordelaarsbetrouwbaarheid. Die moet zo hoog mogelijk zijn.
7. *Triangulatie*. De betrouwbaarheid wordt verhoogd omdat je als het ware controleert of het verkregen resultaat klopt als je gebruikmaakt van een andere methode. Met name in kwalitatief onderzoek is dit een veel gebruikte methode om kwaliteit te toetsen.

   Er zijn verschillende vormen van triangulatie: zo kun je verschillende theorieën gebruiken, verschillende steekproefmethoden, analysetechnieken en natuurlijk de reeds beschreven triangulatie van onderzoeksmethoden (Van Staa & Evers, 2010).

8. *Iteratie*. Door het herhalen van dataverzameling en analyse wordt eigenlijk aan de voorwaarde van herhaalbaarheid voldaan. Immers, de onderzoeker neemt waar, analyseert en interpreteert, en herhaalt daarna deze stappen totdat hij concludeert dat de probleemstelling kan worden beantwoord.

6.5.2 Validiteit

Bij het nagaan van de validiteit (de geldigheid) van onderzoek gaan we nog een stapje verder. Met de validiteit wordt bepaald in welke mate het onderzoek vrij is van *systematische fouten*. Eigenlijk kijk je naar de echtheid, het waarheidsgehalte van je onderzoek. Een bekend voorbeeld van zo'n systematische fout is het expres geven van een verkeerd antwoord. Ligt een onderwerp gevoelig, dan willen respondenten nog wel eens een antwoord geven dat beter past bij een bepaald verwachtingspatroon: een *'sociaal wenselijk'* antwoord en daarmee een systematische vertekening van je onderzoek.

Benaderingen in kwalitatief en kwantitatief onderzoek

Bij kwantitatief onderzoek controleer je de validiteit, nadat je bent nagegaan in hoeverre je onderzoek vrij is van toevallige fouten. De betrouwbaarheid is namelijk een *voorwaarde* voor het bepalen van de validiteit van onderzoek. Kwalitatieve onderzoekers kijken daar anders tegenaan. Zij vinden validiteit vaak belangrijker dan betrouwbaarheid. Ze werken meestal met kleine groepen, vanuit een inductieve benadering. Bovendien maakt de onderzoeker vaak deel uit van de onderzoeksopzet (zoals bij observatie). De betrouwbaarheid staat dan onder druk, ondanks iteratie en triangulatie. Daarom leggen kwalitatieve onderzoekers liever de nadruk op validiteit van resultaten, de mate waarin deze toegepast kunnen worden op andere situaties, plaatsen en personen, en op de mate waarin de onderzoeksopzet geschikt is om de probleemstelling te beantwoorden (Boeije, 2012, p. 145).

Er zijn veel manieren om na te gaan hoe het gesteld is met de geldigheid van je resultaten. De twee belangrijkste vormen van validiteit zijn de geldigheid van je *meetinstrument* en die van de *onderzoeksgroep*. Hoe minder fouten, hoe meer de resultaten een afspiegeling van de werkelijkheid zullen zijn. Er zijn verschillende vormen van validiteit; we bespreken hier de drie belangrijkste.

Interne validiteit

Als we spreken van *intern valide resultaten*, dan bedoelen we dat we in staat zijn om de juiste conclusies te trekken. Maar ja, wat zijn 'juiste conclusies'? Dat zijn conclusies die standhouden en de kritiek van collega-onderzoekers kunnen overleven. Deze vorm van geldigheid speelt vaak een rol bij zogeheten 'oorzaak-gevolgrelaties' die in experimenten worden onderzocht, kwantitatief onderzoek dus. In hoofdstuk 4 is daar al aandacht aan besteed. Als je in je probleemstelling bijvoorbeeld de effecten van omgevingsfactoren op gedrag opneemt en je wilt daarmee een theorie toetsen, dan bepaalt de mate waarin je resultaat intern valide is, de vraag of je de juiste verklaring kunt geven, vinden en toetsen.

Er zijn verschillende manieren om de interne validiteit te vergroten. Een van de voorwaarden bij experimenten is dat je de proefpersonen willekeurig toewijst aan de experimentele condities (*randomisatie* dus). In een aantal situaties kan de interne validiteit echter in gevaar komen. We noemen er enkele:

randomisatie

- *Selectie* van proefpersonen. Daardoor wordt alleen de mening van deze selecte groep onderzocht.
- *Groei* (*maturation*). Wanneer onderzoek lang duurt, kan een verandering automatisch plaatsvinden. Kijk bijvoorbeeld naar methoden om peuters woordjes te leren. Uiteindelijk leren ze dat meestal toch.
- *Extern voorval* (*history*). Verkiezingspolls kunnen bijvoorbeeld een plotselinge verschuiving laten zien na het plaatsvinden van een aanslag.
- *Instrumentatie*. Stel dat je de vragenlijst bijstelt tijdens het onderzoek. Dan gebruik je dus niet precies dezelfde vragenlijst; dat levert een vertekening van de resultaten op. In kader 6.18 vind je een voorbeeld.

Laaggeletterdheid

Op 13 november 2013 kopt *de Volkskrant* 'Aantal laaggeletterden stijgt snel'. Dat lijkt met name te gelden voor het percentage laaggeletterden boven de 45 jaar. Uitgebreid doet de krant verslag van twee 'ervaringsdeskundigen': mensen die pas op latere leeftijd hebben leren lezen en schrijven. Op 15 november 2013 kun je de reactie lezen van Kees de Glopper, hoogleraar taalbeheersing van het Nederlands aan de RU in Groningen. Hij trekt de conclusies in twijfel. Na bestudering van de twee onderzoeken die aan deze conclusie ten grondslag liggen, komt hij tot de constatering dat in beide onderzoeken andere instrumenten gebruikt zijn. Er is een statistische bewerking gedaan om ze op elkaar te laten lijken. Professor Glopper stelt dat je niet zomaar zo'n conclusie kunt trekken: een verstoring van de interne validiteit.

Bron: *de Volkskrant*, 13 en 15 november 2013

Kader 6.18

- *Mortaliteit* (uitval). Stel dat je een experiment organiseert met een voormeting en een nameting. Indien er tussentijds mensen uitvallen, ze willen of kunnen niet meer meedoen, is sprake van uitval.
- *Testeffect.* Een testeffect kan optreden als mensen anders reageren op bepaalde condities (in een experiment) omdat ze weten dat ze aan een onderzoek meedoen (zie kader 6.19).

Hawthorne-effect

Een bekend voorbeeld van een testeffect is een onderzoek in de jaren dertig bij de fabrieken van Hawthorne. Daar werd onderzoek gedaan naar de werkomstandigheden van de arbeiders. Wat men ook probeerde, de arbeiders in de fabriek gingen harder werken. Alleen de aanwezigheid van de onderzoekers veroorzaakte al een positief effect. Dit werd bekend als het Hawthorne-effect (Mayo, 1933).

Kader 6.19

Bij experimenten worden bepaalde maatregelen genomen om de validiteit zo hoog mogelijk te maken: subjecten willekeurig aan de experimentele en controlegroep toewijzen, voor- en nametingen organiseren, experimenten binnen de muren van een laboratorium opzetten.

Externe validiteit

Eerder dit hoofdstuk en in hoofdstuk 4 bespraken we al de *reikwijdte* van resultaten met het oog op de steekproeftrekking (de *statistische generaliseerbaarheid*). Je kunt nagaan of jouw steekproef de juiste afspiegeling vormt van je populatie. De steekproef moet in een bepaald aantal (voor het onderzoek) relevante kenmerken lijken op de populatie. Is dat het geval, dan is deze steekproef representatief en mag je de onderzoeksresultaten generaliseren.

populatie-validiteit

Dit noemen we ook wel *populatievaliditeit* of externe validiteit. Met deze vorm van validiteit wordt de reikwijdte van kwantitatief onderzoek bepaald. Overigens hoeft een lage externe validiteit niet altijd te betekenen dat met de resultaten van een onderzoek niets kan worden gedaan (zie kaders 6.20 en 6.21).

Externe validiteit is een begrip dat voornamelijk bij kwantitatief onderzoek wordt toegepast. Kijk je naar kwalitatief onderzoek, dan kun je zeker ook de reikwijdte van het onderzoek bepalen. Dan kijk je echter meer naar de inhoudelijke reikwijdte, dat is de generaliseerbaarheid naar andere situaties (*inhoudelijke generaliseerbaarheid* dus). Meer hierover in de hoofdstukken 7 en 9.

Studentenbudgetten

In 1998 liet het NIBUD een onderzoek uitvoeren onder studenten. Het onderwerp was hun financiële situatie. Studenten die de website van *Intermediair* bezochten, konden aan het onderzoek meedoen. Over de resultaten werd het volgende gezegd: 'Het NIBUD-onderzoek bevestigt opnieuw dat de werkelijkheid van de wet op de studiefinanciering alleen op papier bestaat. Om te beginnen geven kamerbewoners per maand meer uit dan de studiefinancieringsnormen voorschrijven. Thuiswonenden zitten met hun uitgaven juist ver onder die normen' (NIBUD, 1998). Ook hadden de onderzoekers kritiek op de opzet van het onderzoek: 'Het NIBUD plaatst zelf overigens een kanttekening bij haar onderzoek. De ondervraagde studenten zijn bezoekers van de Intermediair Studentensite. Daardoor zijn ouderejaars waarschijnlijk oververtegenwoordigd. Dat verklaart misschien dat één op de zeven studenten uit het onderzoek een auto heeft. Het CBS hield het dit voorjaar op één op de vijftig' (NIBUD, 1998). Ondanks problemen met de populatievaliditeit zijn de resultaten van het onderzoek tóch gegeneraliseerd naar de gehele studentenpopulatie, iets dat niet had moeten gebeuren. In 2009 is wederom een onderzoek van het NIBUD gepubliceerd, dit keer over leengedrag van studenten. Wederom is een selecte steekproef getrokken, via de IB-Groep en via verschillende websites die studenten frequent bezoeken. Dezelfde beperkingen dus als het onderzoek uit 1998. Dit keer vonden we geen methodologische kanttekeningen in het rapport (NIBUD, 2010).

Kader 6.20

Niet-valide onderzoek bij jeugdorkest

Bij een onderzoek naar de organisatiestructuur van een Nederlands jeugdorkest wordt onder andere een kleine enquête onder deskundigen en betrokkenen georganiseerd. In totaal worden bij deze selecte groep mensen dertig vragenlijsten afgenomen. Daarmee zijn de resultaten van dit onderzoek niet (statistisch) generaliseerbaar naar 'alle jeugdorkesten in Nederland'. De onderzochte groep is te klein (dus ook niet betrouwbaar), te specifiek en te select samengesteld. Dat neemt niet weg dat de resultaten voor deze organisatie zelf zeer waardevol en zeker bruikbaar zijn! Bovendien kijken andere jeugdorkesten met belangstelling naar de uitkomsten van dit onderzoek, wellicht kunnen zij er nog iets van opsteken. Externe validiteit is bij dit onderzoek dan ook geen doel op zich, inhoudelijke generaliseerbaarheid en bruikbaarheid wel.

Kader 6.21

Interne of externe validiteit?

Noties van interne en externe validiteit bij kwantitatief onderzoek worden nogal eens door elkaar gehaald. We proberen het uit te leggen aan de hand van twee voorbeelden:

- Bij experimenten worden proefpersonen liefst willekeurig aan de verschillende condities toegewezen. Dit verhoogt de *interne validiteit*. Lukt dat niet, dan kan een vertekening in de selectie ofwel '*selection bias*' optreden. De groepen zijn dan niet gelijkwaardig op bepaalde kenmerken; dit heeft invloed op de interne validiteit.

selection bias

- Bij enquêtes bepaalt de representativiteit van de steekproef de *externe validiteit*. Is de steekproef geen goede afspiegeling van de populatie, bijvoorbeeld omdat ze niet willekeurig getrokken is, dan heeft dit invloed op de externe validiteit. Sommige onderzoekers zien dit als een aparte vorm van vertekening van de resultaten; in het Engels heet dit '*sampling bias*'.

sampling bias

Begripsvaliditeit

Ten slotte bespreken we de *begripsvaliditeit*. Dit wordt ook wel constructvaliditeit genoemd. Begripsvaliditeit heeft betrekking op de meetinstrumenten die vaak in enquête-onderzoek worden gebruikt. Over het algemeen komt het hierop neer dat je bekijkt of je 'meet wat je meten wilt'. Lengte meet je bijvoorbeeld in centimeters, gewichten in kilogrammen. Dat zijn exacte maten, want de meeteenheid is overal en altijd dezelfde. Bovendien heb je maar één vraag nodig om deze zaken te meten. Immers, de vraag 'Wat is je lengte?' is voldoende.

Bij het meten van abstracte begrippen ligt dit veel lastiger, bijvoorbeeld als het gaat om begrippen die subjectief of niet direct duidelijk zijn, zoals onzekerheid, vastberadenheid, tevredenheid en dergelijke. Deze begrippen moeten eerst goed worden omschreven en vervolgens worden omgezet in een vraag – een meetinstrument – die deze begrippen ook écht meet. Dat zal over het algemeen niet in één vraag lukken: je hebt verschillende vragen nodig om zo'n abstract begrip te meten. Soms echter worden deze vragen slecht geformuleerd, waardoor de begripsvaliditeit onder druk komt te staan. Zo kun je bijvoorbeeld een onderzoek organiseren naar het niveau van de opleiding op een hogeschool. Je zou mensen kunnen vragen wat ze van dit niveau vinden, maar dan krijg je verschillende antwoorden. Immers, de vraag is niet goed geformuleerd. Iedere respondent denkt bij 'niveau van de opleiding' aan een ander aspect van deze opleiding. Daarom is het beter om deze aspecten apart te benoemen en er in de vragenlijst aparte vragen over te stellen. Dat verhoogt de begripsvaliditeit. Een manier om dit te testen is door hypothesen uit je theorie te toetsen. In kader 6.22 vind je een voorbeeld van begripsvaliditeit in kwantitatief onderzoek.

Rijvaardigheidskeuring ouderen

'Periodieke rijvaardigheidskeuringen voor ouderen zijn nauwelijks valide. Het zou beter zijn als het CBR met behulp van gegevens van de huisarts zou beoordelen wie gekeurd moet worden en wie niet. De vraag is hoe *valide* medische keuringen van ouderen zijn. Meet een arts die een keuring uitvoert van een hem niet bekend persoon, wel wat hij wil weten? Belangrijk zijn bijvoorbeeld de gezichtsscherpte en de gezichtsveldbeperking. Het onderzoek hiernaar is oriënterend. Veel *nauwkeuriger* is een meting met de UFOV-meter (*useful field of view*). Er is waarschijnlijk geen huisarts die hiermee werkt. Wat het gehoor betreft, de geluidssituatie van het verkeer is in de spreekkamer niet na te bootsen. Ook beschikken de meeste huisartsen niet over een audiograaf. Wat meet je dan eigenlijk met een onderzoek naar verstaanbaarheid op zes meter afstand?'

Bron: Kenter, 2002

Kenter wil met zijn artikel laten zien dat sommige ouderen die worden afgekeurd op basis van de rijvaardigheidstest, nog best in staat zijn om te rijden, terwijl andere die beter niet meer aan het verkeer zouden kunnen deelnemen, hun rijbewijs mogen behouden. Volgens Kenter meet de rijvaardigheidstest dan ook niet echt de rijvaardigheid. In zijn conclusie stelt Kenter: 'Over medische oorzaken van dodelijke verkeersongelukken is weinig bekend. In welke mate draagt het keuren van 70-plussers bij aan een vermindering van het aantal slachtoffers?' Ten slotte pleit hij voor een andere opzet van de keuringen die de geldigheid van de resultaten verhoogt.

Kader 6.22

Ook al is begripsvaliditeit een criterium dat vaak bij enquêtes wordt toegepast, het speelt zeker ook een rol bij open interviews. Immers, open interviews zijn vaak bedoeld om (definities van) begrippen af te tasten en te definiëren. Daarmee wordt de begripsvaliditeit voortdurend aan de orde gesteld.
Naast in- en externe validiteit en begripsvaliditeit zijn vele andere typen validiteit beschreven.

Op de website bij dit boek vind je onder de tab Extra materiaal bij hoofdstuk 6 verwijzingen naar aanvullende literatuur en een aantal voorbeelden, zodat je verder kunt lezen over deze vormen van geldigheid.

6.5.3 *Bruikbaarheid*

Hoe betrouwbaar is de uitkomst van een onderzoek? Hoe moet je met de resultaten omgaan? Mag je op grond van de resultaten conclusies trekken over

de populatie? Kun je erop vertrouwen dat een gepresenteerd onderzoek ook solide is? Geeft een onderzoek bij herhaling dezelfde resultaten?
Nee, dat is lang niet altijd het geval. Afhankelijk van een aantal ontwerpkeuzes kan het resultaat van verschillende onderzoeken naar hetzelfde onderwerp heel anders uitpakken. Kijk eens naar de trekking van een aselecte steekproef. Je wilt graag dat deze steekproef representatief is. Bij elke steekproeftrekking krijg je een nieuwe (aselecte) steekproef, met iets andere resultaten. Ook de manier van data verzamelen is cruciaal: als je vragenlijsten telefonisch afneemt, kun je heel andere resultaten krijgen dan wanneer je via internet vragenlijsten verstuurt. Er kunnen dus toevallige, maar ook systematische omstandigheden zijn waardoor de betrouwbaarheid en daarmee de validiteit in het geding komen.
Als validiteit en betrouwbaarheid de maatstaf zijn, kan veel onderzoek zo de prullenmand in. Dat dit niet gebeurt, komt omdat opdrachtgevers vaak toch aan de slag kunnen met de onderzoeksresultaten, en deze bijvoorbeeld gebruiken voor verbeteringen in de eigen organisatie (zie kader 6.23). Dit betekent dat hoewel de betrouwbaarheid en de validiteit van onderzoeken vaak te wensen overlaten, de bruikbaarheid toch goed te noemen is.

Instrumenteel en conceptueel

Onderzoeksresultaten worden dan gebruikt om bij te dragen aan het uitstippelen van het beleid voor de komende jaren. Dit wordt ook wel *instrumentele bruikbaarheid* genoemd. Soms worden de resultaten gebruikt om een discussie over een bepaald onderwerp aan te snijden (Boeije et al., 2009); dat heet *conceptuele bruikbaarheid.*

Om de bruikbaarheid van vooral praktijkonderzoek zo hoog mogelijk te maken is het van belang om de opdrachtgevers nauw bij je onderzoek te betrekken (Boeije et al., 2009). Je kunt zo de juiste vragen maken (operationalisatie), toegesneden op de situatie. Verder heeft de opdrachtgever vaak deskundigen in dienst die je bij je onderzoek behulpzaam kunnen zijn. Ook het instellen van een vaste contactpersoon bij de opdrachtgever, voor informatie, overleg, het maken van afspraken en meedenken, levert een bijdrage. Ten slotte heeft nauw samenwerken met de opdrachtgever niet alleen een positief effect op de bruikbaarheid, maar ook op de betrouwbaarheid van de resultaten.
Samenvattend: de kwaliteit van onderzoek wordt bepaald door de validiteit, de betrouwbaarheid, maar zeker ook door de bruikbaarheid. Dat onderzoeksbureaus niet altijd slagen in de opzet om een kwalitatief goed onderzoek te doen, wordt duidelijk uit het voorbeeld in kader 6.24 en de bijbehorende figuur 6.5. De resultaten van deze onderzoeken werden echter wél ingezet om de discussie rondom de Tweede Kamerverkiezingen te stimuleren. Conceptuele bruikbaarheid dus!

Onderzoek bij jeugdorkest is wel bruikbaar

Het onderzoek naar de organisatiestructuur van een Nederlands jeugdorkest kent zijn beperkingen wat betreft de validiteit en betrouwbaarheid. De steekproef is klein en select, vragenlijsten worden niet onder dezelfde omstandigheden afgenomen, noem maar op. Ondanks deze beperkingen is de bruikbaarheid voor de organisatie groot: de organisatiestructuur werd nooit eerder onderzocht en met de aanbevelingen kan het orkest zijn beleid voor de komende jaren uitstippelen. Bovendien is generalisatie van de resultaten naar bijvoorbeeld 'alle' jeugdorkesten in Nederland niet aan de orde. Die zijn daarvoor te verschillend van opzet en samenstelling. De onderzoekers hebben geprobeerd om de betrouwbaarheid van het onderzoek zo veel mogelijk te waarborgen door:

- de onderzoeksvraag vanuit meer dan één invalshoek (getrianguleerd) te bestuderen, namelijk door een literatuuronderzoek te verrichten en een vragenlijst plus een aantal diepte-interviews af te nemen;
- vast (tussentijds) overleg met één contactpersoon binnen het jeugdorkest te voeren;
- nauwkeurig alle gegevens te registreren, met behulp van observatoren, opname-apparatuur, logboeken;
- gebruik te maken van de mogelijkheden van peer examination.

Bron: Verhoeven, 2002a

Kader 6.23

Verkiezingsuitslagen voorspellen (2)

De Tweede Kamerverkiezingen leiden steevast tot veel speculaties rondom de uitslag. Dat gebeurde in 2003, maar ook in 2006 en in 2010. Een aantal toonaangevende onderzoeksbureaus in Nederland deed in opdracht van de media onderzoek naar de verwachte uitkomst. De resultaten van deze onderzoeken verschilden nogal. Dat had alles te maken met de manier waarop de steekproeven waren samengesteld, de uitvoering van de onderzoeken en de wijze van rapportage.

De onderzoeken vertoonden verschillen op vier aspecten:

- De *steekproefmethode*: deze varieerde van een aselecte (dagelijkse) steekproef uit 25.000 beschikbare e-mailadressen, via een vast panel tot een aselecte steekproef van telefoonnummers. Panelleden hadden zich uit politieke interesse aangemeld om aan het onderzoek mee te doen. Bovendien waren ze allen in het bezit van een internetaansluiting.
- De *steekproefomvang*: deze varieerde van 1000 tot 4000 personen. Er is dus een variatie in de foutenmarge, zeg maar de 'onzekerheid' van de voorspelling.

Kader 6.24

vervolg

- De *dataverzamelingsmethode*: enquêtes via internet of telefoon. Als men via de telefoon enquêteert, kan het gebeuren dat men personen niet thuis treft, of men treft voornamelijk personen zonder baan, van een bepaalde leeftijd, enzovoort. Via internet kan iedereen zelf bepalen op welk tijdstip hij of zij aan het onderzoek meedoet. Door gebruik van verschillende methoden kunnen zo verschillen in de respons optreden.
- De *periode*: dagelijks, wekelijks of tweewekelijks. In een verkiezingscampagne is iets heel snel oud nieuws; het maakt dus wel degelijk uit of je dagelijks, wekelijks of nog minder vaak de meningen peilt.

Laten we het er maar op houden dat de opiniepeilers trends in de zetelverdeling hebben laten zien (*NRC Next*, 3 en 10 juni 2010).

Kader 6.24

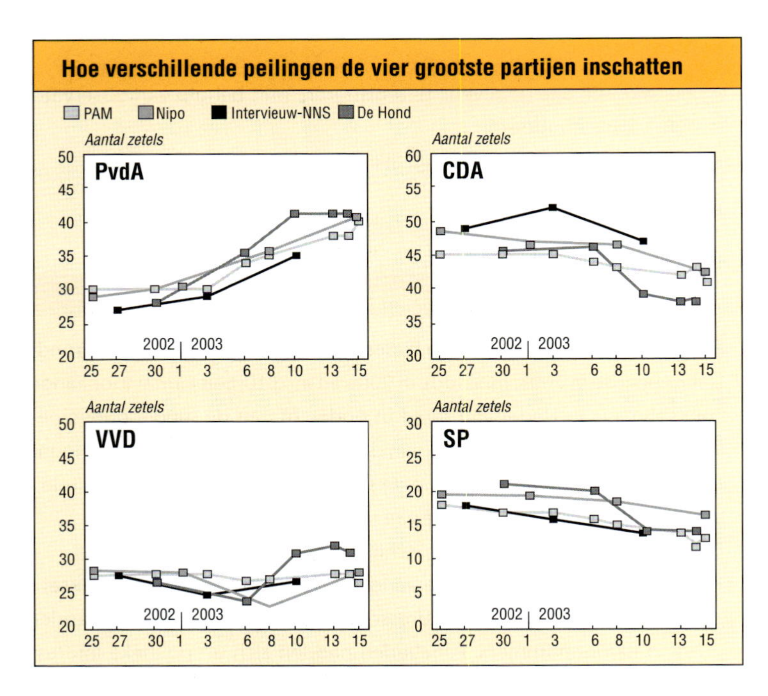

Figuur 6.5 *Verschillen in de uitkomsten van verkiezingspolls bij vier onderzoeksbureaus*

6.6 Belangrijkste gebruikte begrippen en hun betekenis

Begrip	Betekenis
Operationaliseren	Het uitwerken van begrippen tot meetbare instrumenten.
(Likert)schaal	Samengesteld meetinstrument, waarmee met behulp van deelvragen (items) een complex begrip gemeten wordt.
Meerpunts(antwoord)schaal	Oplopende antwoordschaal met een beperkt aantal antwoorden.
Dubbelloops	Het stellen van twee vragen ineen (*double barreled*).
Routing	Bepaalde logische volgorde in een vragenlijst.
Filtervraag	Vraag die bepaalde groepen respondenten voorselecteert.
Volgorde-effect	De volgorde van de vragen heeft effect op de beantwoording ervan.
Uitputtende antwoorden	Als alle mogelijke antwoorden aanwezig zijn.
Uitsluitende antwoorden	Als geen overlap in de antwoorden mogelijk is.
Meervoudige antwoorden	Als door middel van 'dummy'-variabelen de voorkeur voor meer dan één antwoord aangegeven kan worden.
Topiclijst	Lijst met onderwerpen die bij een diepte-interview wordt gebruikt.
Populatie	Alle eenheden waarover je in je onderzoek uitspraken wilt doen, het domein dus.
Operationele populatie	Afgebakend deel van de populatie met een bepaald kenmerk.
Steekproefkader	Gegevensbestand waaruit een steekproef getrokken kan worden.
Random number generator (toevalsgenerator)	Instrument om willekeurig nummers uit een reeks (databestand) te selecteren.
Aselecte steekproef	Volgens bepaalde regels willekeurig geselecteerd deel van de populatie, waarover je gegevens verzamelt. Elke eenheid heeft een berekenbare kans om in de steekproef terecht te komen.
Enkelvoudig aselecte steekproef	Willekeurige steekproef uit gehele populatie.
Systematische steekproef	Systematisch wordt uit de populatie elke x-de eenheid getrokken, maar de eerste eenheid is willekeurig.

Operationaliseren	Het uitwerken van begrippen tot meetbare instrumenten.
Clustersteekproef	Bij bestaande groepen binnen een populatie wordt willekeurig een aantal *gehele* groepen getrokken. Bij een getrapte steekproef wordt binnen de clusters opnieuw een willekeurige trekking gedaan.
Gestratificeerde steekproef	Uit een aantal strata (deelpopulaties) wordt een willekeurige steekproef getrokken.
Getrapte steekproef	Verschillende steekproefmethoden in lagen van de populatie.
Selecte steekproef	Volgens bepaalde regels geselecteerd deel van de populatie, waarover je gegevens verzamelt.
Quotasteekproef	Een maximum aantal eenheden met een bepaald kenmerk selecteren.
Zelfselectie	Steekproef waarbij (proef)personen zichzelf aanmelden.
Doelgericht	Steekproef op bepaalde kenmerken, zodat een deskundige meting ontstaat.
Praktisch bruikbaar	Steekproef waarbij iedereen die in de setting is, kan worden gevraagd.
Sneeuwbal	Steekproef die start vanuit een klein netwerk en dan doorgroeit, waarbij gebruik wordt gemaakt van netwerken van geïnterviewden en respondenten.
Betrouwbaarheidsinterval	Bepaalde zekerheid (bijvoorbeeld 95%) waarmee je voorspelt dat een bepaalde waarde in de populatie voorkomt.
Betrouwbaarheid	Vrijwaring van toevallige fouten.
Validiteit	Vrijwaring van systematische fouten, zuiverheid.
Interbeoordelaars-betrouwbaarheid	Mate van overeenstemming tussen onderzoekers.
Interne validiteit	Mate waarin terechte conclusies getrokken kunnen worden.
Externe of populatievaliditeit	Mate waarin een steekproef op relevante kenmerken op de populatie lijkt, bepaalt in hoeverre de resultaten *statistisch generaliseerbaar* zijn.
Inhoudelijke generaliseer-baarheid	Generaliseerbaarheid naar andere situaties.
Begripsvaliditeit	Mate waarin je meet wat je meten wilt.
Instrumentele bruikbaarheid	De resultaten worden gebruikt om beleid te ontwikkelen.
Conceptuele bruikbaarheid	De resultaten worden gebruikt om een discussie aan te wakkeren.

Operationaliseren	Het uitwerken van begrippen tot meetbare instrumenten.
Hawthorne-effect	Vertekening van onderzoeksresultaten, waarbij de aanwezigheid van onderzoekers voor een positief resultaat zorgt. Speciaal type testeffect.

6.7 Opdrachten

1. Lees het voorbeeld in kader 6.18 over laaggeletterdheid nogmaals door. Stel dat je de ervaringen met laaggeletterdheid van een aantal personen vanaf 45 jaar zou willen optekenen. Wat voor een steekproef zou je trekken?
2. Lees de volgende situaties door. Geef aan of de validiteit of de betrouwbaarheid van de resultaten beïnvloed wordt.
   a. Per ongeluk is een waarneming niet goed ingevoerd in de dataset. De onderzoeker trekt zo (onbewust) niet de juiste conclusie.
   b. Onderzoekers voeren observaties uit. Zij vergelijken hun resultaten en komen tot de slotsom dat hun conclusies overeenkomen.
   c. Een groep studenten doet een multiple choice examen. Eén vraag bevat echter geen enkel juist antwoord. De studenten kunnen deze vraag nooit goed beantwoorden.
   d. Tijdens je onderzoek pas je de vraagstelling iets aan.
   e. Een onderzoek naar veiligheid op school wordt ruw verstoord door een vechtincident waarbij de hulp van de politie moet worden ingeschakeld. Nadat de politie is vertrokken, zet je het onderzoek voort.
   f. Een groep onderzoekers belt bij bewoners van een wijk aan om hen mee te laten doen aan hun enquête. Een aantal van hen is niet thuis.
3. Hierna vind je een aantal steekproeven. Geef aan welke methode van steekproeftrekking is gebruikt.
   a. Voor een onderzoek naar het draagvlak voor de bouw van een kerncentrale in een gemeente interview je een aantal gemeenteraadsleden.
   b. Ook wil je graag de mening van de burgers weten. Eerst selecteer je een aantal woonwijken, vervolgens trek je uit deze woonwijken willekeurig een steekproef.
   c. Voor een grote supermarktketen organiseer je een onderzoek naar de prijzenoorlog. De onderzoekers wachten klanten op bij de uitgang van de winkel. Het is de bedoeling dat ze evenveel ouderen als jongeren ondervragen, en evenveel mannen als vrouwen.

   d. Er is onderzoek gedaan naar studiehouding van studenten in het hoger onderwijs, waarbij een aantal cursussen willekeurig is geselecteerd, om vervolgens alle studenten uit de geselecteerde cursussen te bevragen.
   e. Er vindt een aantal interviews plaats met deskundigen op het gebied van duurzame landbouw.
   f. Voor een inspanningstest aan het Leids Universitair Medisch Centrum melden zich 60 mensen aan, die aan een aantal voorwaarden voldoen: 18 jaar of ouder, gemiddeld goede gezondheid en niet-roker.
4. Lees het voorbeeld over de studentenbudgetten in kader 6.20.
   Studenten konden op verschillende wijzen meedoen met het onderzoek: via een brief van de studiefinanciering werden zij uitgenodigd en bij het bezoeken van verschillende websites verscheen een pop-upscherm en konden de studenten meedoen met de enquête. Welke steekproefmethode is gebruikt? Beschrijf de voor- en nadelen van deze steekproefmethode.
5. Bij onderzoek naar de vrijetijdsbesteding in jonge gezinnen stel je een vragenlijst op. Eerst moet je weten welke vormen van vrijetijdsbesteding in deze gezinnen bestaan en vervolgens wil je op een aantal aspecten hun mening hierover peilen: de mate waarin het tijd en geld kost, de mate waarin het hele gezin (of de afzonderlijke leden) hieraan deelnemen, de mate van tevredenheid. Ontwerp twee meetinstrumenten om deze kenmerken te meten.
6. Stel, je doet onderzoek naar de functie en de waardering van de nieuwe wijktafel in Amsterdam IJburg. Hoe baken je het beste je steekproef af? Werk een voorstel voor steekproeftrekking uit. Houd rekening met de representativiteit van je steekproef. Voor welke groepen moet je steekproef representatief zijn?
7. Bedenk mogelijke operationalisaties van de volgende begrippen:
   a. kwaliteit van dienstverlening bij de studiefinanciering;
   b. leerhouding in de klas;
   c. uitgavenpatroon door studenten;
   d. tevredenheid met de patiëntenzorg op de spoedeisende hulp van het Antonius Ziekenhuis in Nieuwegein.
8. Stel, je moet de mening over de huidige politieke situatie in Nederland peilen, onderverdeeld in de volgende aspecten: uitkomst van de verkiezingen, samenstelling regering, verloop kabinetsformatie, mening over regeerakkoord.
   a. Maak een aantal meningsvragen over deze aspecten met dichotome antwoordcategorieën.
   b. Maak bij dezelfde aspecten meningsvragen in vijf oplopende antwoordcategorieën.

   c. Maak bij dezelfde aspecten meningsvragen in vier oplopende categorieën.
   d. Welke van de drie instrumenten zou jij kiezen en waarom?
   e. Bespreek het resultaat met dat van je medestudenten. Wat zijn hun keuzes en hun argumenten?
9. Lees de tekst in kader 6.25.

Onderzoek Provinciale Staten

Er is een onderzoek georganiseerd onder alle leden van de Provinciale Staten in heel Nederland. Dat zijn 755 personen. Uiteindelijk hebben 445 Statenleden (59% van het totaal) de enquête ingevuld en teruggestuurd. Van de 72 gedeputeerden hebben er 38 de vragenlijst ingevuld (53%).
Relatief de meeste reacties kwamen uit Drenthe (respons 76%). Per partij was de respons onder leden van GroenLinks het hoogste (81%) en onder leden van het CDA het laagste (52%). Ongeveer een kwart van de responderende Statenleden is vrouw. Verreweg de meeste respondenten hebben een hbo-opleiding (169 respondenten) of een universitaire opleiding (206 respondenten).

Kader 6.25

   a. Wat kun je zeggen over de populatie en de steekproef?
   b. Kijk eens naar de kenmerken van de mensen die meededen aan het onderzoek. Kunnen de resultaten worden gegeneraliseerd? Licht je antwoord toe.
10. Hierna is een aantal onderdelen van de beschrijving van een populatie en steekproef weergegeven. Plaats ze in de juiste volgorde en benoem de onderdelen in termen van populatie en steekproef:
   a. alle studenten HO-SJD in Nederland;
   b. studentenadministratie van de Hogeschool Utrecht;
   c. iedere tiende student;
   d. de eerste student is willekeurig getrokken;
   e. alle studenten aan de HU-richting SJD.
11. In kader 6.9 wordt een voorbeeld gegeven van een onderzoek naar de ervaringen van nierpatiënten.
   a. Welke mogelijkheden voor een steekproef zijn er? Waarom?
   b. Wat kunnen de onderzoekers doen om de betrouwbaarheid te vergroten?
   c. Beschrijf aspecten van de validiteit van dit onderzoek.
12. Studenten maken een tentamen statistiek. Het tentamen wordt in twee delen afgenomen: een deel van de studenten doet het tentamen 's middags, een ander deel 's avonds. 's Middags wordt er buiten het tentamengebouw

druk gewerkt aan het nieuwe voetpad. De stenen worden door de stratenmakers vast getrild, wat veel lawaai veroorzaakt. De studenten hebben hier last van. Welk type fout speelt hier een rol?

13. Lees het artikel van Kenter in kader 6.22 kritisch door.
    a. Welke kwaliteitsaspecten doen er nu toe bij het bepalen van de rijvaardigheid van ouderen? Bespreek deze aspecten in het licht van het onderzoek van Kenter.
    b. Wat is het belangrijkste: dat een onderzoek betrouwbaar is, dat een onderzoek valide is of dat een onderzoek bruikbaar is?
14. Lees het artikel in kader 6.26.

Nederlanders hebben meer last van vermoeidheid

In 2003 is, net als in 1988, een gezondheidsenquête gedaan naar vermoeidheid in Nederland. Uit de resultaten blijkt dat Nederlanders in 2003 meer last van moeheid hebben dan vijftien jaar daarvoor. Deze stijging tekent zich zowel af bij mannen (van 24 naar 33%) als bij vrouwen (van 38 naar 50%).
Opvallend is dat vooral jonge vrouwen met een hbo- of universitaire opleiding last hebben van vermoeidheid. Ook ouders van eenoudergezinnen hebben relatief veel last van moeheid, en dan met name vrouwen die de zorg hebben voor kinderen onder de 6 jaar. Absolute uitschieter zijn arbeidsongeschikte vrouwen (81%). Van de vrouwen die betaald werk met de zorg voor kinderen combineren, voelt 59% zich moe, bij mannen in die categorie is dat 34%. Bij huismannen treedt wel weer meer moeheid op: 39%.
Wat moeheid precies is, wordt niet gedefinieerd en ook blijkt niet of de ondervraagden nog verschillende gradaties in hun moeheid ondervinden. Duidelijk is wel dat moeheid geen geïsoleerd probleem is.
Vermoeide mensen doen een groter beroep op de gezondheidszorg, maar vinden bij artsen en andere hulpverleners vaak weinig begrip voor hun klachten. Het is ironisch, aldus *Medisch Contact*, dat 'juist de klachten waarvan mensen het meest last hebben, zo weinig aandacht in de patiëntenzorg krijgen'. Moeheid is echter een probleem dat prioriteit verdient, want de toename ervan leidt ook tot een stijging van het ziekteverzuim, arbeidsongeschiktheid en daardoor van maatschappelijke kosten (Bensing & Van Lindert, 2003).

Kader 6.26

    a. Welke methode van dataverzameling is gebruikt?
    b. Er wordt een vergelijking met vijftien jaar geleden gemaakt. Hoe komt dat?
    c. Noem een aantal operationalisaties van begrippen en variabelen.
    d. Wat kun je zeggen over de kwaliteit van het onderzoek? Over welk onderdeel van deze kwaliteit vind je in de tekst informatie?

15. Er wordt onderzoek verricht naar het effect van veranderde lesmethoden op het gedrag van leerlingen tijdens de gymles. De onderzoekers bereiden hun onderzoek goed voor en tijdens de observatieperioden brengen ze verschillende veranderingen aan (als onderdeel van de methode). Wat blijkt: wat ze ook doen, het gedrag van leerlingen tijdens de gymles verbetert, of de gymdocent nu strenger is, of ze nu zelf mogen kiezen of iets opgelegd krijgen, en of ze een cijfer krijgen of niet. Wat zie je hier?
16. Hierna volgt een aantal situaties die de interne validiteit van onderzoeksresultaten beïnvloeden. Welke aspecten worden hierna besproken?
    a. In september 2001 vindt een onderzoek plaats onder de medewerkers van de New York Stock Exchange. Op 11 september vindt een aanslag op de Twin Towers plaats.
    b. Je doet onderzoek naar veranderingen in gedrag als gevolg van bepaalde lesmethoden op school. Na de eerste metingen merk je dat de vragenlijst nog iets moet worden aangepast. Vervolgens gebruik je de veranderde vragenlijst voor de overige metingen.
    c. Een respondent kan vanwege ziekte niet aan het onderzoek meedoen.
    d. Voor een onderzoek naar ervaringen met borstkanker zet je een advertentie in de krant om respondenten te werven die ervaring met de ziekte hebben.

De antwoorden op deze vragen vind je op de website onder de tab Uitwerking opdrachten, hoofdstuk 6. Informatie over de ontwerpcasus vind je onder de tab Ontwerpcasussen, hoofdstuk 6.

7

Gegevens verzamelen

Hoofdstuk 7 behandelt de opzet van het veldwerk, ofwel het 'uitzetten' van enquêtes en interviews. In je onderzoeksplan heb je weliswaar de 'juiste' methode gekozen voor je onderzoek – de methode die het beste een antwoord kan geven op de centrale vraagstelling – maar dat neemt niet weg dat er nog heel wat keuzes te maken zijn. Keuzes over de manier waarop je het veldwerk gaat inrichten, de benadering van respondenten, keuzes omtrent relationele aspecten van je onderzoek, kosten, tijd, enzovoort. Ook wordt vooruitgelopen op de verwachte opbrengsten van je onderzoek, in termen van respons. Je moet daarmee immers al bij het opzetten van je steekproef rekening houden.
Om een indruk te geven van zaken waar je bij de organisatie van het veldwerk tegenaan kunt lopen, zijn in dit hoofdstuk twee dataverzamelingsmethoden nader uitgewerkt: de enquête en het interview.

Leerdoelen

Aan het einde van dit hoofdstuk ben je in staat om een keuze te maken voor de manier waarop je enquêtes en interviews afneemt, en weet je hoe je te interviewen personen moet benaderen, hoe je medewerking voor het onderzoek kunt verkrijgen, hoe je het aantal deelnemers aan je onderzoek zo hoog mogelijk kunt krijgen en hoe je bij open interviews de relatie met de geïnterviewde kunt opbouwen. Verder heb je na het doornemen van dit hoofdstuk inzicht in manieren om interviews zo goed en informatief mogelijk te laten verlopen.

Kader 7.1

7.1 De setting van je onderzoek

Nu de operationalisatie klaar is, begint de periode van dataverzameling. Plan hiervoor voldoende tijd in! De ervaring leert dat een dataverzameling tijdrovend is en nogal eens uitloopt. Bijvoorbeeld als na de sluitingsdatum nog een groot aantal vragenlijsten binnenkomt, die je toch nog in je analyses mee wilt nemen. Of er komt nog een toezegging om een open interview te doen. Interviews en enquêtes kunnen op verschillende wijzen worden afgenomen.

Enquêtes:
- schriftelijk (post);
- elektronisch (internet, e-mail);
- telefonisch;
- persoonlijk.

(Open) interviews:
- telefonisch;
- persoonlijk (bij de mensen thuis, of zij bij jou).

De keuze voor de wijze van 'afnemen' kan inhoudelijk zijn, maar ook mogelijkheden en beperkingen bij de opdrachtgever kunnen reden zijn om voor een bepaalde methode te kiezen. Op deze mogelijkheden en beperkingen wordt in de nu volgende paragrafen ingegaan.

Terug naar het onderzoeksplan

Voordat je echter aan de (organisatie van de) dataverzameling begint, is het goed om het onderzoeksplan erbij te pakken. Je kijkt naar de probleem- en doelstelling: wat is ook alweer de hoofdvraag? Dit is een goed moment om terug te kijken, want nu kan het nog! Je kunt nogmaals de topic- of vragenlijst erbij pakken en nagaan of de vragen goed aansluiten op de probleemstelling en afbakening. Heb je nog steeds het idee dat je met deze vragen de doelstelling van het onderzoek kunt bereiken? Als straks de gegevens verzameld zijn, is het niet mogelijk om de dataverzameling nog eens over te doen omdat je je vergist hebt.

Ook is het nu het juiste moment om de aantekeningen in je logboek bij te werken. De informatie uit dit hoofdstuk stelt je in staat de keuze voor de werkwijze, de ervaringen met het benaderen van respondenten, het afbakenen van de steekproef en de opzet van het veldwerk te beschrijven. In je eindverslag wordt dit in het hoofdstuk 'Methode' uitgewerkt.

Ook bij het opzetten van het veldwerk kan de onderzoekstool behulpzaam zijn. In secties 8 en 9 van fase 2 vind je de samengevatte tips en trucs om interviews en enquêtes af te nemen. Aan het eind van fase 2 werk je het logboek helemaal bij. Verder kun je de template voor de methodesectie gebruiken om de gemaakte keuzes te onderbouwen. Heb je een onderzoeksbegeleider, dan kun je alles digitaal inleveren voor feedback.

7.2 'Het veld' in of niet?

Er zijn allerlei argumenten te bedenken om te kiezen voor een bepaalde methode om je vragenlijsten of interviews af te nemen. Inhoudelijke en theoretische argumenten zijn al in de vorige hoofdstukken van dit boek besproken. Er zijn echter ook *praktische* argumenten te noemen om je keuze te ondersteunen. Je kunt ervoor kiezen om zelf op pad te gaan en een vragenlijst af te nemen of een gesprek met respondenten te organiseren. Je kunt telefonisch interviewen, een enquête opsturen of via internet een vragenlijst afnemen. Argumenten voor de keuze zijn vaak gebaseerd op tijd, geld, menskracht, mogelijkheden van de steekproef en dergelijke. In tabel 7.1 zijn deze aspecten onder elkaar gezet. Ze worden nu eerst kort toegelicht.

Tijd

Het organiseren van een postenquête is een tijdrovend karwei. Vooral het wachten op de ingevulde vragenlijsten, het versturen van herinneringen en een tweede ronde kosten veel tijd. Ook het persoonlijk afnemen van een vragenlijst vergt veel tijd. Je moet immers de mensen eerst weten te bereiken, een afspraak maken en vervolgens met een aantal enquêteurs op stap gaan om de interviews af te nemen. Voor interviews met een meer open karakter gelden dezelfde beperkingen in tijd.
Heb je die tijd niet, dan kun je ervoor kiezen om een telefonische enquête te organiseren. In korte tijd wordt een groot aantal personen thuis benaderd met de vraag of zij aan een vragenlijstonderzoek willen meewerken. Je kunt afspraken hierover maken met een *callcenter*, bijvoorbeeld dat binnen tien werkdagen zo veel mogelijk mensen gebeld en teruggebeld worden. Een callcenter heeft voldoende *faciliteiten* en *mensen* om in korte tijd met een groot aantal telefoonlijnen een groot aantal interviews af te nemen. Na die tien werkdagen wordt het resultaat bekeken.

callcenter

Geld

Bij praktijkonderzoek houd je ook rekening met het beschikbare budget. Kies je voor het bereiken van een grote groep respondenten in korte tijd (bijvoorbeeld telefonische enquêtes), dan zijn de kosten vaak hoog. Immers, er moeten veel bellers aan het werk en naarmate de groep respondenten groter is, worden de (variabele) kosten hoger. Soms wordt met het oog op deze kosten gekozen voor een beperkt aantal interviews van meer kwalitatieve aard. Houd er echter wél rekening mee dat voor het uitwerken van open interviews ook veel tijd nodig is. Die tijd moet goed worden ingepland! Daar zijn uiteraard ook weer kosten mee gemoeid. Voor jou als onderzoeker zal het financiële argument niet van doorslaggevende aard zijn; immers, inhoudelijke argumenten bij de keuze voor enquêtes of open interviews zijn veel belangrijker. Toch zul je vaak het beschikbare budget als argument voor een beperking van het aantal respondenten moeten hanteren.

Verwachte respons

Een derde overweging die bij de keuze voor de wijze van interviewen of enquêteren een rol speelt, is die van het aantal respondenten dat aan je onderzoek zal meedoen. Dit lazen we al in paragraaf 6.4.2. De *verwachte respons* (zie ook paragraaf 7.4.3) is een belangrijk argument bij de keuze van je werkwijze. Over deze verwachte respons bestaan veel verschillende opvattingen. Houd je open interviews, dan vraag je van tevoren toestemming om het interview af te nemen; er is dan al persoonlijk contact met de mogelijke geïnterviewde en de kans dat deze 'ja' zegt, is dan ook vrij groot. Over het algemeen zegt 80% van de mensen 'ja' op een vraag om aan een open interview mee te doen.
Bij enquêtes ligt dit anders. Over het algemeen geldt dat een schriftelijke enquête een minder hoge respons oplevert dan een telefonische enquête. Soms krijg je bij een schriftelijke enquête slechts 20 tot 30% van de verstuurde vragenlijsten ingevuld terug. Afgezien van de vraag of mensen goed te bereiken zijn, is een persoonlijke benadering (interviews of telefonische enquêtes) van respondenten het meest succesvol.
Hoe veel vragenlijsten moet je versturen? Als je honderd personen vraagt om aan je onderzoek deel te nemen, krijg je meestal niet alle vragenlijsten teruggestuurd. Ontvang je er zestig retour, dan zeggen we dat het onderzoek een *respons* van 60% heeft. Heb je minimaal honderd ingevulde vragenlijsten nodig om de resultaten van je onderzoek te kunnen generaliseren voor de gehele populatie, dan zul je dus een inschatting moeten maken van de respons en het aantal te versturen vragenlijsten daarop moeten baseren (zie kader 7.2).

Rekening houden met de verwachte respons

Stel, je verstuurt vragenlijsten voor een onderzoek en je verwacht dat ongeveer 60% van de mensen die in de steekproef vallen, zal meedoen. Hoeveel vragenlijsten moet je dan minimaal versturen om honderd ingevulde vragenlijsten terug te krijgen? Daar kun je de volgende rekensom op loslaten: deel het aantal vragenlijsten dat je terug wilt ontvangen (100) door de verwachte respons (60) en vermenigvuldig dit met 100.

Dus: $100/60 \times 100 = 167$.

Om honderd ingevulde vragenlijsten terug te krijgen bij een verwachte respons van 60% moet je er dus minimaal 167 versturen.

Kader 7.2

Overige factoren die een rol spelen bij de dataverzameling

Naast tijd, geld en verwachte respons kunnen ook de volgende aspecten een rol spelen bij de keuze voor de wijze van dataverzameling:

- Het kan zijn dat in de enquête gevoelige vragen gesteld worden, bijvoorbeeld naar inkomen of naar het onderhouden van intieme relaties. Het geven van een *sociaal wenselijk antwoord* ligt dan voor de hand. Dat wil zeggen dat de respondent dát antwoord geeft op de vraag dat maatschappelijk geaccepteerd wordt of aanzien geeft. Dit geeft een vertekening van de validiteit. Wil je dit soort antwoorden zo veel mogelijk vermijden, dan is het afnemen van telefonische interviews een goede keuze. Door de telefoon zijn respondenten eerder geneigd om het échte antwoord op de vraag te geven, omdat ze de vragensteller niet hoeven aan te kijken. Dit voordeel geldt ook voor schriftelijke vragenlijsten.
- Als de aard van de vragen open is en er dus *weinig gesloten vragen* zijn, dan zul je vaker kiezen voor een open interview. Is de vragenlijst *kort*, dan kan een interview per telefoon worden afgenomen. Is deze *lang*, dan valt het telefonische interview af en moet je de vragenlijst per post toesturen of bij de mensen langsgaan.
- Telefonische interviews zijn geen geschikte methode als er *plaatjes* getoond moeten worden, waaruit de respondenten bijvoorbeeld een keuze moeten maken.
- Als de *relatie* tussen interviewer en geïnterviewde voor het onderzoek van belang is, dan verdient een persoonlijk interview de voorkeur. Dit zal vaak het geval zijn bij onderwerpen op het persoonlijke vlak.

Tabel 7.1 *Praktische aspecten van surveymethoden*

Aspecten	Schriftelijk	Telefonisch	Persoonlijk
Tijd	veel	weinig	variabel
Geld	variabel	duur	variabel
Aantal vragen	veel	weinig	veel
Aard vragen	gesloten	gesloten (beperkt open)	open
Plaatjes	ja	nee	ja
Verwachte respons	niet erg hoog	vrij hoog	vrij hoog
Risico sociale wenselijkheid	niet erg groot	niet erg groot	vrij groot
Aandacht voor de relatie	nee	niet veel	veel

7.3 Online onderzoek

Een steeds grotere plaats wordt ingenomen door dataverzameling via internet, e-mail, tablet of smartphone. Bij de keuze voor zo'n methode zijn dezelfde argumenten van toepassing als bij de keuze voor meer conventionele methoden. Een probleem bij dit type onderzoek wordt gevormd door de validiteit en de validiteit en de betrouwbaarheid van de steekproef en daarmee van de resultaten. Momenteel druppelen de eerste onderzoeksresultaten hierover binnen (zie bijvoorbeeld kader 7.3). Tabel 7.2 toont een aantal praktische aspecten van online onderzoek.

Tabel 7.2 Praktische aspecten van online onderzoek

Aspecten	Online onderzoek
Tijd	weinig
Geld	niet erg duur
Aantal vragen	veel
Aard vragen	gesloten (beperkt open)
Plaatjes	ja
Verwachte respons	wisselend
Risico sociale wenselijkheid	niet erg groot
Aandacht voor de relatie	nee
Selectie	kan een probleem zijn

Responsgeneigdheid

Motivaction heeft onderzoek gedaan naar de respons van panels op uitnodigingen om aan online surveys mee te doen. Het is bekend dat panelonderzoek, en zeker online, geen representatieve databestanden oplevert, omdat sommige panelleden nu eenmaal vaker op de uitnodiging ingaan dan andere. Motivaction heeft daarmee geëxperimenteerd door panelleden die niet zo vaak meedoen vaker uit te nodigen, om zo een meer evenredige vertegenwoordiging in haar respons te krijgen. De resultaten van dit experiment laten zien dat deze methode een hogere respons geeft en een meer evenredige verdeling, waarmee de validiteit verbetert (Huizing, Van Ossenbruggen, Muller, Van der Wal & Lensvelt-Mulders, 2007).

Kader 7.3

7.3.1 Online enquêtes afnemen

Veel onderzoeksbureaus bieden de mogelijkheid om een onderzoek via internet uit te laten voeren. Ook schieten bureaus die vragenlijsten op internet kunnen ontwerpen, als paddenstoelen uit de grond. Je kunt daarbij denken aan de volgende mogelijkheden:

- Je opent een website en er verschijnt een *pop-upscherm* met het verzoek of je wilt deelnemen aan een (online) onderzoek.
- Je ontvangt een e-mail met een uitnodiging en een *link* naar een website met een vragenlijst.
- Je ontvangt een e-mail met een download (bijvoorbeeld een *pdf-file*) die je kunt invullen en retourneren (meestal ook per e-mail).

Zelfwerkzaamheid

Je kunt vrij simpel zelf een internetenquête ontwerpen, getuige de vele beschikbare softwareprogramma's en online mogelijkheden. Enkele voorbeelden: SurveyMonkey, NetQ, Freeonlinesurveys, Zoomerang, CheckMarket, Thesistools, EnqueteMaken, Qualtrics. Voor sommige moet je betalen, andere vallen onder de freeware. Sommige opleidingen bieden studenten via een schoollicentie de mogelijkheid om met deze software te werken. Zoek je gratis tools, dan is er meestal een beperking in de vorm van een maximaal aantal verstuurde enquêtes, of vragen. Dat kan lastig zijn als je een grote steekproef hebt. In dat geval is het vaak mogelijk om een tijdelijk abonnement van (bijvoorbeeld) drie maanden te nemen totdat je dataverzameling achter de rug is. Daarna heb je de gegevens en stopt het abonnement. Dit kost je hooguit een paar tientjes.

Op de website bij dit boek vind je een paar voorbeelden van deze tools, kijk maar bij het extra materiaal van hoofdstuk 7.

Online enquêtes hebben als groot voordeel dat de gegevens rechtstreeks in een databestand (meestal Excel) worden ingevoerd, zodat er geen fouten in de verwerking optreden en er direct met de analyses begonnen kan worden. Dit bespaart bovendien ook nog veel tijd en geld. Over het algemeen is de respons op internetenquêtes hoger dan die op conventionele enquêtes (zie kader 7.4). Ook kan het onderzoek goedkoper zijn, maar dat ligt een beetje aan de lengte van de vragenlijst en de aard van de vragen. Filters, routing en langere lijsten, maar ook open vragen behoren tot de mogelijkheden. Ook voor online enquêtes geldt dat ze niet te lang moeten duren; meestal loopt er een 'zandlopertje' of een percentage ingevulde vragen mee, zodat de respondent ziet hoe ver hij al is.

Intranet

Niet alleen internet, ook intranet kan worden gebruikt voor het versturen van enquêtes. Denk maar eens aan hogescholen en universiteiten. Zij maken meestal gebruik van zogenoemde een *elektronische leeromgevingen*. Studenten ontvangen via deze leeromgevingen studiemateriaal, opdrachten, cijfers en advies. Ook evaluatieformulieren worden via intranet verspreid.

Online enquête 'Deltawerken online'

Op de website www.deltawerken.com wordt informatie gegeven over onze Deltawerken. Er staat mooi materiaal op, zoals virtuele rondleidingen, foto's, informatie over de Deltawerken, over waterrampen die ons getroffen hebben en informatie over de natuur en recreatie rondom deze Deltawerken. In 2010 is een online enquête georganiseerd, waarbij gekeken is wat het profiel is van de bezoekers van deze website, maar ook hoe lang ze blijven en welke pagina's ze bezoeken. De resultaten van het onderzoek worden gebruikt om het aanbod op de website aan te passen aan de doelgroep en op maat gesneden producten aan te bieden (bron: www.deltawerken.com).

Kader 7.4

Nadelen?

Zijn er dan helemaal geen nadelen aan deze methode? Ja, die zijn er wel.
Ten eerste kun je alleen mensen bereiken die een internetaansluiting hebben. In Nederland is de dekkingsgraad van alle huishoudens in 2012 echter 96% (zie figuur 7.1; bron: www.nownederland.nl), hoewel verschillende bronnen (zoals bijvoorbeeld internetproviders) hier onduidelijk over zijn. Er zijn nog steeds bepaalde groepen waar het internetgebruik lager ligt dan het gemiddelde. Lager opgeleiden, mensen met een uitkering, eenpersoonshuishoudens en ouderen zijn ondervertegenwoordigd als het gaat om het hebben van een internetaansluiting. De laatste groep is wel bezig aan een inhaalslag. Onderzoek dat gericht is op deze groepen, zul je dus op een andere manier moeten inrichten. Bovendien benader je alleen mensen die de website bezoeken; je verzamelt dus geen informatie van mensen die niet op de website komen en je kunt dus niet nagaan waarom dat is. Er zit dus een *selectief element* in.

selectief element

Een ander bezwaar betreft de *beschikbaarheid van e-mailadressen*. Vaak hebben mensen meer dan één adres. Ook wordt frequent van adres gewisseld en raken adressen in onbruik. Bovendien bestaat er geen goede registratie van zulke e-mailadressen, zoals dat bij telefoonnummers wel het geval is. Je hebt dus al snel te maken met vervuilde, incomplete bestanden. Voorafgaand aan een internetenquête zal dus *dataverrijking* moeten plaatsvinden. Dit gebeurt vaak via callcenters, die personen hiervoor telefonisch benaderen. Tja, dan

data-verrijking

kun je hun eigenlijk net zo goed meteen een interview afnemen. Mocht in de toekomst de registratie van internetadressen beter worden geregeld, dan zal internetonderzoek echter een van de belangrijkste dataverzamelingsmethoden worden.
Ten slotte is *hoogwaardige technologie* vereist voor een interne enquête: je kunt het niet zomaar zelf ontwikkelen. Ook de beveiliging kan een probleem zijn (zie www.online-enquete.net).\

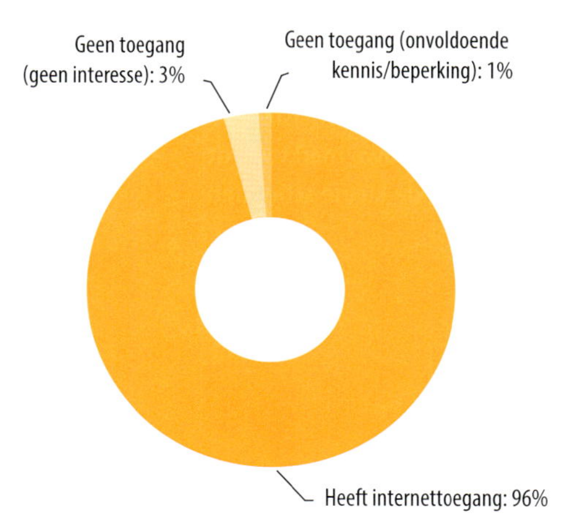

Figuur 7.1 Internetgebruik

7.3.2 Mobiel onderzoek

Een nieuw type digitaal onderzoek is mobiel onderzoek. Via berichten op mobiele telefoons worden vragen gesteld aan een panel, of mensen worden tijdens het mobiel internetten (op de tablet of smartphone) benaderd.
Er zijn grofweg twee mogelijkheden bij het doen van mobiel onderzoek (zie Van Dessel, 2011):

1. Respondenten worden geselecteerd via een *toevalsgenerator* (zie hoofdstuk 6: Random Number Generator) of via een zogenaamd '*mobiel panel*' waar deelnemers regelmatig bevraagd worden. De technologie is bezig aan een snelle opmars: momenteel wordt software gebruikt waarmee herkend wordt welk 'device' de respondent gebruikt (smartphone, tablet, enz.).
2. Mensen met een smartphone worden direct benaderd, bijvoorbeeld als ze een beurs of een congres bezoeken (dat heet '*geo tagging*'). Deze mensen ontvangen een bericht, waarna ze direct een paar vragen kunnen beantwoorden over de locatie of het evenement dat ze bezoeken.

mobiel panel

Mobiel onderzoek is snel, laagdrempelig, tijd- en plaatsonafhankelijk, en marktonderzoekers kunnen direct hun doelgroep bereiken. Verder is de respons vrij hoog omdat de respondenten een klein aantal gerichte vragen krijgen voorgeschoteld (bron: http://nl.checkmarket.com).

Mobiel onderzoek in de lift

Marktonderzoekers nemen steeds vaker hun toevlucht tot mobiel onderzoek. Voordeel? Ze kunnen een gerichte doelgroep bereiken. Immers, iedereen die een individuele smartphone heeft, kan een persoonlijke oproep ontvangen. Daar spelen marketeers graag op in. MM2 is zo'n bureau. Het stelt dat het invullen van vragenlijsten via smartphone is toegenomen van 9% in 2011 tot 27% in 2012. Een nieuwe markt wordt aangeboord! Het advies is wel om zo'n vragenlijst kort te houden; de kleine schermen werken lange vragenlijsten niet in de hand (Elzinga, 2012).

Kader 7.5

7.4 Respondenten en enquêtes

7.4.1 Het echte veldwerk begint

Eindelijk is het dan zover: het veldwerk begint en je gaat interviews houden of enquêtes afnemen. We bespreken hier een aantal aandachtspunten waarmee je rekening kunt (of zelfs moet) houden.

Pilot

Om een enquête of interview goed te laten verlopen kun je deze eerst uitproberen. Deze pilot (of proefinterview) heeft, zo zagen we al, een aantal voordelen:

- Je kunt eventuele fouten er nog uit halen, bijvoorbeeld slechtlopende zinnen veranderen.
- Je kunt de structuur zo nodig nog aanpassen; ook al is die theoretisch nog zo goed, soms is aanpassing nodig.
- Oefening met de vragenlijst zorgt voor een vlot verloop van de afname later.
- Op deze wijze verhoog je de betrouwbaarheid van je resultaten (zie hoofdstuk 6).

Lay-out van vragenlijsten

Soms zijn vragenlijsten onleesbaar, slordig of is het lastig om het juiste antwoord in te vullen. Dat kan komen doordat niet voldoende aandacht is besteed aan de lay-out van de vragenlijst. En dat is best belangrijk. Met een slordig ogende vragenlijst straal je als onderzoeker geen professionaliteit uit, en daarmee wordt ook de validiteit aangetast. Bovendien wek je de ergernis van de respondenten. Je loopt het risico dat respondenten weigeren mee te werken of dat antwoorden niet goed ingevuld worden.

Deelnemers uitnodigen

Vandaag de dag krijgen mensen (te?) vaak de vraag of ze mee willen werken aan een onderzoek. Om personen te motiveren moet je in elk geval een pakkende en vertrouwenwekkende uitnodiging schrijven, of uitnodigend kunnen praten. Bij ieder type interview of enquête is het belangrijk dat je de (mogelijke) deelnemers duidelijk maakt wat het doel is van je onderzoek, hoe lang het interview (of invullen) duurt, wat de vraagstelling is en hoe het interview of de vragenlijst is opgebouwd. Het belangrijkste is echter dat je deelnemers laat weten dat hun bijdrage aan het onderzoek belangwekkend is, dat er met hun mening daadwerkelijk iets gedaan wordt. En natuurlijk vergeet je niet te vermelden dat alle gegevens vertrouwelijk zullen worden behandeld!

Herhalingen sturen

Wat bij een enquête op straat niet mogelijk is, kan wel bij een vragenlijstonderzoek via (mobiel) internet, post of telefoon: je kunt bij een eerste misser de uitnodiging nog eens herhalen. Meestal staat op een schriftelijke vragenlijst een verzoek om de lijst uiterlijk op een bepaalde datum in te sturen. Doe je een postenquête en is deze datum verstreken, dan kun je een herhaald verzoek opsturen, natuurlijk vergezeld van een nieuwe vragenlijst (voor het geval deze is zoekgeraakt). Houd daarvoor een redelijke termijn aan. Wat een redelijke termijn is, hangt van een aantal factoren af: de oorspronkelijke invultermijn uiteraard, maar ook de gehanteerde methode, de onderwerpen, de lengte van de vragenlijst, de deadline bij de opdrachtgever, enzovoort. Hang in elk geval niet op de ochtend na het verstrijken van de termijn bij de respondenten aan de telefoon. Hun eventuele medewerking is vrijwillig en pushen zal niet helpen, eerder tegenwerken.
Bij telefonische enquêtes kan het gebeuren dat de respondent bij de eerste poging niet thuis is, of niet in staat is (geen zin heeft) om de vragen te beantwoorden. Je kunt dan nog een keer bellen of proberen meteen een terugbelafspraak te maken. Een andere mogelijkheid is dat je aanbiedt om via e-mail of per post alsnog een schriftelijke versie van de vragenlijst op te sturen (uiteraard voorzien van een retourenvelop met postzegel). De respondenten kunnen deze dan in hun eigen tijd invullen en terugsturen. Zorg hoe dan ook altijd dat de relatie met de respondent goed blijft. Zijn of haar medewerking is immers een gunst, geen verplichting! Ga niet als een colporterende verkoper afspra-

ken afdwingen, want dan jaag je mensen tegen je in het harnas. Dat laatste argument geldt ook voor mobiel onderzoek: het sturen van te veel pushberichten zorgt voor afhakers.

7.4.2 Incentives

Vanwege de vele verzoeken om mee te werken aan onderzoek worden mensen 'surveymoe': ze krijgen weerstand tegen weer zo'n vragenlijst. Allereerst krijgen mensen vaak een verzoek om mee te werken aan een onderzoek waarvan de relevantie niet erg groot lijkt. Verder kost deelname aan een onderzoek soms veel tijd en moeite, zonder dat achteraf iets te merken is van de uitkomsten ervan. Ten slotte mondt een telefonisch interview maar al te vaak uit in een verkooppraatje van een of andere verzekering, en daar zitten niet veel mensen op te wachten.
Het minste wat de onderzoeker kan doen, is de kosten vergoeden. Het spreekt eigenlijk vanzelf dat je ervoor zorgt dat de respondenten geen kosten hoeven te maken voor hun medewerking aan het onderzoek (behalve misschien de tijd en energie om de vragen te beantwoorden). Dat betekent dat bij postenquêtes altijd een retourenvelop met een postzegel (of op antwoordnummer) is bijgevoegd, dat bij een telefonische enquête de respondenten niet zelf hoeven te bellen, enzovoort. Soms zijn kosten niet te vermijden, bijvoorbeeld als respondenten tijd vrij moeten maken van hun werk om mee te kunnen doen of als ze internet gebruiken voor hun antwoord.
De mooiste manier om respondenten voor hun deelname te bedanken is natuurlijk als je met de uitkomsten van het onderzoek iets voor hen kunt betekenen. Zo gebruikt de NS haar onderzoeken onder reizigers om het dienstenaanbod te verbeteren, en daar hebben de treinreizigers weer plezier van (zie kader 7.6).

Er zijn nog meer mogelijkheden om de respondenten voor deelname te bedanken. Onderzoeksbureaus zijn tegenwoordig heel inventief in het verzinnen van zogeheten *incentives* om mensen over te halen met een onderzoek mee te doen. We geven enkele voorbeelden:

- De respondent krijgt een klein *cadeautje* of *gadget*, bijvoorbeeld een pen.
- Men krijgt gratis *toegangskaartjes* voor een museum, bioscoop of pretpark.
- Om respondenten de indruk te geven dat zij er goed aan doen om mee te werken, doet het onderzoeksbureau (de opdrachtgever dus) per deelname een kleine donatie aan een *goed doel* (zie kader 7.7).

- Onder de deelnemers wordt een etentje, een boekenbon of een avondje uit verloot (soms zie je zelfs al reisjes onder de prijzen vallen!). Het invulnummer (respondentnummer) is dan het *lotnummer* van de deelnemer. Je kunt je natuurlijk afvragen wat de reden is van deelname aan zo'n onderzoek: de loterij of de betrokkenheid bij het onderwerp.

Reizigersonderzoek

Al jaren wordt in opdracht van de NS door Synovate een reizigersonderzoek georganiseerd. Wellicht heb je er ook wel eens aan meegedaan. Een enquêteur vraagt of hij je kaartje mag zien, scant de kaartsoort op een lijst met streepjescodes en gaat naar de volgende reiziger. Dit wekt nogal eens wrevel. De enquêteur wordt gezien als een vertegenwoordiger van de Nederlandse Spoorwegen en krijgt vaak de opmerking: 'Daar werk ik niet aan mee. Zorgen jullie eerst maar eens dat de treinen op tijd rijden.'
Dat zulke onderzoeken wel degelijk resultaat hebben, blijkt uit het volgende. De resultaten van het onderzoek lieten zien dat studenten met een ov-weekkaart op vrijdagmiddag op tijd de trein naar huis namen, dat wil zeggen: binnen de tijdsgrenzen van hun vrije vervoer. Zij hadden immers maar tot 19.00 uur 's avonds vrij reizen. Ook op maandag pasten zij hun reistijd aan aan het tijdstip waarop voor hen het vrij reizen inging. Studenten met een weekendkaart pasten hun reistijden eveneens aan. Het gevolg was overvolle treinen tijdens de spitsuren op vrijdag als de kantoren uitgingen, evenals op maandagochtend als het kantoorpersoneel weer aan het werk ging. De NS heeft toen besloten om meer overlap in de begin- en eindtijden van de ov-kaarten in te bouwen, zodat studenten met een weekkaart voortaan tot en met zaterdagmorgen 04.00 uur vrij reizen hebben. Voor studenten met een weekendkaart begint het vrij reizen al op vrijdagmiddag en houdt het pas op maandagochtend op. Hierdoor is het tijdens de spits op vrijdag en maandag aanzienlijk rustiger in de trein.

Kader 7.6

Unicef

Op de website van Unicef, het Kinderfonds van de Verenigde Naties, is voor 'onderzoeksdonaties' een speciale pagina ingeruimd:

Afdracht namens onderzoeksrespondenten
Steeds vaker worden bedrijven bij enquêtes en onderzoek geconfronteerd met een hoge non-respons. Motiveer uw onderzoeksgroep door in ruil voor hun reactie een bepaald bedrag ten goede te laten komen aan Unicef-projecten.

Bron: www.unicef.kpnis.nl

Kader 7.7

invloed? Je moet natuurlijk wel uitkijken met het beschikbaar stellen van een prijs, cadeautje of vergoeding. De deelnemers aan je onderzoek mogen er niet door beïnvloed worden. Dat dit wel meevalt, blijkt uit onderzoek dat door de Universiteit van Amsterdam is uitgevoerd: beloningen beïnvloeden online enquêtes niet (Oosterveer, 2013).

7.4.3 Oorzaken van non-respons

Er zijn veel factoren die de *respons* op een enquête beïnvloeden. Onder de respons van een onderzoek verstaan we dát deel van de uitgezette vragenlijsten dat ingevuld terugkomt en dat daadwerkelijk informatie oplevert. Eerder in dit hoofdstuk (en in hoofdstuk 6) hebben we laten zien hoe je rekening kunt houden met de verwachte respons als je de steekproef trekt. Nu gaan we in op factoren die een rol spelen bij de non-respons.

Oorzaken van non-respons

Het deel van de vragenlijsten dat niet of oningevuld terugkomt, heet de *non-respons*. Non-respons kan bijvoorbeeld ontstaan doordat:

- mensen niet thuis zijn (vakantie, werk of anderszins);
- mensen niet in staat zijn om mee te doen (ziekte, handicap of andere onverwachte omstandigheden);
- mensen geen zin hebben om mee te werken, om welke reden dan ook.

Non-response bias

Voor non-respons bij enquêteonderzoek geldt dat de kans bestaat (of liever gezegd: het risico) dat de ingevulde vragenlijsten een specifieke groep personen vertegenwoordigen. Is dit het gevolg van toeval, dan wordt dat een *toevallige* steekproeffout genoemd (bijvoorbeeld als de onderzoeker iemand niet thuis treft). Doet men uit eigen beweging niet mee, dan ontstaan *systematische* steekproeffouten. Je zult moeten nagaan in hoeverre de steekproef nog dezelfde kenmerken bezit als de populatie waarover je een uitspraak wilt doen. Lijkt je steekproef in deze kenmerken niet voldoende op je populatie, dan kun je de resultaten van je analyse niet betrekken op deze populatie, dan komt de *statistische generaliseerbaarheid* dus onder druk te staan. In elk geval zul je deze mogelijke oorzaak van non-respons, ook wel *non-respons bias* genoemd, moeten onderzoeken en in je onderzoeksverslag vermelden.

statistisch generaliseerbaar

In *kwalitatief* onderzoek komen deze vormen van non-respons minder vaak voor. Aangezien statistische generaliseerbaarheid daar niet tot de doelstelling behoort, wordt dit minder belangrijk geacht. Daar geldt veel meer de eis van *inhoudelijke generaliseerbaarheid* (zie ook paragraaf 6.5.2; Boeije, 2012, p. 155).

inhoudelijk generaliseerbaar

Item-non-respons

Gedeeltelijke non-respons komt ook voor. Iemand vult de vragenlijst dan wel in, maar slaat één of meerdere vragen over. Deze zogenoemde *item-non-respons* heeft vaak te maken met de vragen in de vragenlijst in kwantitatief onderzoek. Ze kan bijvoorbeeld worden veroorzaakt doordat:

- men de vraag niet begrijpt;
- de vraag niet van toepassing is op de respondent;
- men geen zin heeft om op deze vraag een antwoord te geven;
- men het antwoord op de vraag niet weet of geen mening heeft;
- men de vraag niet heeft gezien (bijvoorbeeld omdat deze op de achterkant van een bladzijde is gedrukt).

Dit laatste tast de betrouwbaarheid van de resultaten aan. Vullen de respondenten bewust een antwoord niet in, dan wordt de validiteit aangetast.

Het artikel over het onderzoek naar populariteit van de roddelbladen (kader 7.8) laat een aantal dingen zien. Ten eerste blijkt hoe groot de invloed is van de interviewer en wat het effect is als de interviewer niet fysiek bij het vragen stellen aanwezig is. Het onderwerp van dit onderzoek is in sommige gevallen wat precair. Zo wil de onderzoeker weten of de respondent wel eens blootbladen leest. In het bijzijn van de interviewer zal de respondent deze vraag niet zo gauw beantwoorden. Is de interviewer onzichtbaar, dan voelt de respondent zich vrijer om antwoord te geven. In het onderzoek naar het lezen van tijdschriften wordt *sociale wenselijkheid* in de antwoorden op dezelfde wijze vermeden. De respondent vult zélf een vragenlijst in. De interviewer is daar niet bij, dus de respondent hoeft niet te imponeren door te zeggen dat hij of zij managementbladen leest. Ook hoeft hij geen precaire vragen over te slaan. Ten tweede toont het artikel wat ICT kan betekenen voor het verrichten van onderzoek. De respondenten kunnen in alle rust via een laptop de antwoorden invullen. Omdat zij niet het gevoel krijgen dat ze door de interviewer worden opgejaagd, kunnen ze zich beter alle kranten en tijdschriften die ze lezen voor de geest halen. Ten derde blijkt uit het artikel welke gevolgen deze aanpak heeft voor de opdrachtgevers van het gerapporteerde bereiksonderzoek (de uitgevers van de roddelbladen): een hogere respons over het algemeen, een hogere item-respons, en bovendien betrouwbare en valide resultaten.

Roddelbladen scoren niet alleen bij de kapper

Kranten worden aanzienlijk beter gelezen dan tot nu toe werd aangenomen. Bloot- en roddelbladen ook. Maar opiniebladen en deftige managementbladen juist weer veel minder. Dat blijkt uit de eerste uitkomsten van het bereiksonderzoek van uitgevers en adverteerders samen. Voor het oude Summo-onderzoek werden mensen telefonisch geënquêteerd. Voor het nieuwe NOM-onderzoek krijgen ze een laptop aangereikt en vullen ze zelf de vragenlijst in.
Nu de interviewer zich er nauwelijks meer mee bemoeit, blijkt het bereik van roddelbladen vrijwel dubbel zo hoog als tot nu toe gemeten. Dat van de blootbladen schiet met een derde omhoog. Directeur Costa Tchaoussoglou van de NOM noemt dit het gêne-effect: 'Zonder interviewer durven mensen ervoor uit te komen dat bloot en roddel wel degelijk hun belangstelling hebben.' En omdat de interviewer ook niet meer hoeft te worden geïmponeerd met dure managementbladen en intellectuele opiniebladen, blijkt het bereik daarvan fiks te zijn gekrompen.
Landelijke kranten komen er in de nieuwe opzet beter vanaf, omdat veel kranten zo her en der terloops worden ingezien. Opgejaagd door de telefonische enquêteur vergaten veel onderzochten die kranten te noemen. In het rustigere tempo van het nieuwe onderzoek werden veel vaker landelijke kranten genoemd. Ook sport-, interieur- en tuinbladen blijken duidelijk minder te worden gelezen dan werd aangenomen. Dat komt doordat bij de telefonische enquêtes mensen veel titels uit deze categorieën verwarden.
Directeur Bart Soels van mediabureau OMD denkt dat de nieuwe cijfers hun uitwerking op de advertentiemarkt niet zullen missen. 'Vooral die bladen die nu een lager bereik hebben, zullen dat merken. Dat was een uitkomst die de markt niet had verwacht.'

Bron: Reijn, 2002

Kader 7.8

7.4.4 Tips & trucs

We sluiten deze paragraaf af met een aantal tips en trucs om je enquête zo goed mogelijk te laten verlopen (kader 7.9). Immers, als onderzoeker, maar ook als opdrachtgever, wil je een zo hoog mogelijke respons en zo veel mogelijk tevreden respondenten en interviewers.

Tips & trucs voor een goed verloop van de enquête

- Test je vragenlijst eerst uit!
- Maak een vragenlijst zo kort als mogelijk en zo lang als nodig!
- Om een zo hoog mogelijke telefonische respons te krijgen houd je rekening met: vakanties, werktijden, leeftijd, burgerlijke staat, enzovoort.
- Als je een steekproef trekt in een bepaalde woonwijk, dan ga je eerst na hoe deze is samengesteld, zodat je een zo representatief mogelijk beeld kunt geven over zaken als:
  - opleidingsniveau;
  - werkgelegenheid;
  - etniciteit;
  - inrichting buurt (bouw);
  - sociaaleconomische status (de positie van een persoon ten opzichte van andere personen in een bepaalde omgeving, op basis van opleiding, baan, inkomen en huisvesting).
- Schrijf altijd een introductiebrief.
- Houd de toon in de brief persoonlijk en uitnodigend.
- Waarborg vertrouwelijkheid.
- Besteed aandacht aan de lay-out van de enquête.
- Stuur tijdig een herinnering, maar 'push' niet.
- Stuur na enige tijd eventueel een nieuwe vragenlijst.
- Denk aan mogelijkheden voor incentives (cadeautjes), zoals:
  - een klein relatiegeschenk, bijvoorbeeld een pen;
  - een boeken-, cd- of cadeaubon;
  - meedoen aan een loterij (je respondentnummer is je lotnummer!);
  - een donatie per deelnemer aan een goed doel, bijvoorbeeld het Wereld Natuur Fonds of Artsen zonder Grenzen.

Kader 7.9

7.5 Interviews: werken aan de relatie

Iedereen houdt wel eens een open interview om informatie te verzamelen. Zo kun je een gesprek met je stagebegeleider voeren met als doel uit te vinden hoe je de stage moet inrichten, welke stappen je moet zetten en hoe je een verslag schrijft. Je gaat bij het reisbureau met de reisagent om de tafel zitten. Doel is om informatie over een reisbestemming te krijgen. Bij onderzoek is het niet anders: je ondervraagt een aantal werknemers bij een organisatie over ervaringen met de werksfeer, je interviewt echtparen over hun relatie en denkbeelden over het hedendaagse huwelijk, enzovoort. Denk echter niet te licht over het afnemen van een interview! Een verkeerde toonzetting, een onverwachte vraag of een confronterende reactie kan ervoor zorgen dat je respondent dichtklapt en geen informatie meer geeft. Dan kun je het verder wel vergeten! Het belangrijkste aspect van een goed interview is dan ook het werken aan de relatie! Je begint het gesprek ermee, en het is je leidraad tijdens het hele gesprek. Ook de structuur en opbouw van het interview zijn belangrijk, en 'last but not least' moeten de vragen relevant zijn. Hierna volgt een aantal tips om je interview zo goed mogelijk te laten verlopen.

7.5.1 Inrichting van het open interview

1. Je interview heeft een begin, een midden (de kern) en een einde:
   a. Introductie:
      - voorstellen;
      - gespreksdoel;
      - opbouw;
      - geschatte duur;
      - waardering deelname;
      - belang van informatie;
      - wat gebeurt er met de informatie.
   b. Vervolgens kom je bij de kern van je interview, waarin je in onderdelen het hoofdonderwerp aan de orde stelt.
   c. Bouw na het gesprek het onderwerp goed af. Vat het gesprek samen, geef de respondent de gelegenheid om nog wat aan te vullen of op te merken, en zorg dat hij tevreden weggaat.
2. Gebruik het liefst een lijst met onderwerpen: die geven enige structuur aan je interview.
3. Voor goede verwerking en analyse gebruik je opnameapparatuur (soms een video-opname, maar meestal een geluidsopname). Vraag altijd vooraf toestemming voor opname!
4. Als interviewer gaat je aandacht uit naar de respondent. Je leeft mee waar dat nodig is, en je stimuleert de respondent om zijn verhaal te vertellen, zonder het onderwerp uit het oog te verliezen.
5. Als interviewer kun je goed luisteren.
6. Je beschikt over een aantal technieken om de juiste informatie boven tafel te krijgen indien dat nodig is. Deze technieken zijn instrumenten die je kunt inzetten als een gesprek niet goed verloopt of als je niet de juiste of onvolledige informatie krijgt. Verloopt het gesprek naar wens, dan is extra

inzet van deze technieken niet nodig, zelfs niet gewenst! Maak er dus geen gekunstelde situatie van!

7. Je wordt geen deelnemer aan het gesprek, je blijft als interviewer zo objectief mogelijk. Je staat als onderzoeker 'langs de zijlijn', je neemt waar, registreert en noteert. Bovendien houd je de 'rode draad' van het gesprek (het hoofdonderwerp) in de gaten.

In de paragrafen hierna komen de volgende onderwerpen aan bod: de benadering van respondenten, het verloop van een interview, gesprekstechnieken die je kunt hanteren, en de vraag hoe je een interview goed moet afronden. We besluiten met een aantal valkuilen of 'missers' die je interview danig in de war kunnen sturen. De behandeling van deze onderwerpen gebeurt aan de hand van een doorlopende casus: een onderzoek naar de verdeling van huishoudelijke taken (zie kaders 7.10-7.16).

Verdeling huishoudelijke taken (1)

Je doet onderzoek naar de taakverdeling in het huishouden. Daarvoor neem je een aantal gepaarde interviews af: interviews met paren die samen een huishouden voeren. Het hoofdonderwerp van de interviews betreft hun ideeën over de taakverdeling in een huishouden. De volgende onderwerpen moeten aan de orde komen:

- Hoe zijn de taken in het huishouden verdeeld? (Denk aan zaken als: boodschappen doen, schoonmaken, wassen en strijken, eventuele zorg voor de kinderen, administratie, onderhoud aan huis en tuin, enzovoort.)
- Hoe ervaren de geïnterviewden deze taakverdeling? (Dit is een vraag naar de beleving van de taakverdeling door de partners.)
- Wat moet er blijven, verdwijnen, veranderen? Waarom moet dat gebeuren en hoe?
- Hoe zien de geïnterviewden de taakverdeling in de toekomst?

Het is een zeer vrij interview. Als interviewer mag je zelf bepalen hoe je de zaken introduceert en welke vragen je stelt, zolang de genoemde onderwerpen maar aan de orde komen.

Kader 7.10

7.5.2 Interviewdeelnemers benaderen

Het werven van deelnemers aan interviews kost vaak meer tijd dan verwacht. Je moet hen bellen of aanspreken, het doel van het interview uitleggen en benadrukken dat de informatie vertrouwelijk wordt behandeld. Deze personen moeten niet alleen zin, maar ook tijd hebben voor het geven van het interview. Ook moeten ze iets over het onderwerp te vertellen hebben. De ervaring leert dat mensen vaak huiverig zijn om interviews te geven, ongeacht het onderwerp. Wees daarom voorzichtig, beleefd en voorkomend, en push vooral niet! Je bent geen colporteur!

Een goede methode om via een kleine kring van geïnterviewden aan meer namen en adressen te komen is de *sneeuwbalmethode* (zie paragraaf 6.4.4). Deze manier van steekproeftrekking wordt vaak bij interviews toegepast. Via een kleine kring betrokken en/of deskundige respondenten kom je vaak makkelijker aan nieuwe namen. Bovendien kennen de respondenten elkaar waarschijnlijk en daarmee wordt het eenvoudiger om toestemming voor een interview te krijgen.

Over het algemeen zul je geen grote groep personen interviewen. Bij 25 à 30 interviews over hetzelfde onderwerp (dat is al veel!) treedt vaak een *verzadigingspunt* op. Soms is dat bij 10 interviews al het geval. Dat betekent dat je geen echt nieuwe informatie meer hoort. Hoe meer ervaring je hebt met interviewen, des te makkelijker zul je dit verzadigingspunt herkennen.

Interviewen is bovendien een intensieve en tijdrovende bezigheid. Zo moet je rekening houden met de uitwerktijd per interview. Een interview van één uur levert algauw een aantal uren uitwerken op (afhankelijk van de gedetailleerdheid). Verder is inhoudelijke generalisatie belangrijk, dus is een kleine groep een logische keuze.

Verdeling huishoudelijke taken (2)

Voor je onderzoek naar de verdeling van huishoudelijke taken ga je op zoek naar paren die mee willen doen. Voorwaarden zijn dat ze een relatie hebben en samen één huishouden voeren. Eventueel zijn er kinderen. Allereerst benader je mensen uit je naaste omgeving. Bijvoorbeeld kennissen of buren. Via deze personen kom je misschien ook op het spoor van andere kandidaten die je kunt benaderen.

Kader 7.11

7.5.3 Gespreksintroductie

Een goed begin is het halve werk. Een bekend spreekwoord dat zeker ook bij het interviewen geldt. Natuurlijk zorg je ervoor dat je op het afgesproken tijdstip aanwezig bent! Verder geeft een goede opening (we zagen het al bij de inrichtingsaspecten van interviews aan het begin van de paragraaf) ruim baan aan een prettig verloop van het gesprek. Een gespreksopening heeft twee elementen: een *relationeel* en een *inhoudelijk* element.

Relationeel aspect

Hoeveel iemand ook over een onderwerp weet en hoe ervaren iemand ook is in het geven van interviews, enige spanning bij het begin van het gesprek zul je vaak wel aantreffen. Allereerst bij jezelf: zal het gesprek goed gaan, krijg je de juiste informatie boven tafel, zal de respondent tevreden zijn met het verloop? Verder komt het vaak voor dat geïnterviewden een beetje zenuwachtig zijn. Misschien zijn ze dat van nature, misschien omdat je een lastig of confronterend onderwerp behandelt, of misschien wel omdat ze bang zijn dat je vragen zult stellen waarop ze geen antwoord weten. Verder is daar jouw onvoorwaardelijke aandacht voor de respondent. Daar moeten veel mensen even aan wennen.

Om de mensen op hun gemak te stellen kun je eerst even praten over koetjes en kalfjes. Je kijkt eens rond, maakt complimentjes over bijvoorbeeld de inrichting. Je kunt ook proberen naar een oppervlakkig aanknopingspunt te zoeken. Zo kun je bijvoorbeeld ingaan op de kunst aan de muur of de planten in de vensterbank met: 'Die heb ik zelf ook.' Waarom moet het aanknopingspunt oppervlakkig zijn? Omdat je als interviewer objectief en onafhankelijk moet blijven, je weet immers nooit hoe een gesprek verloopt. Met een oppervlakkige opmerking schep je een sfeer van vertrouwelijkheid zonder dat het gevaar bestaat dat je zelf te zeer betrokken raakt. Het aanknopingspunt moet overigens geen gespreksonderwerp worden, want dat leidt te veel af. Een laatste tip: vergeet in je opening niet om de geïnterviewde alvast te bedanken voor het feit dat hij mee wil werken aan het onderzoek! De functie van het 'werken aan de relatie' is om het vertrouwen te winnen van de geïnterviewde, met als gevolg dat deze meer betrouwbare informatie over het onderwerp verstrekt.

Inhoudelijk aspect

Je begint het vraaggesprek met het geven van informatie: waarover gaat het interview, hoe is het (globaal, je wilt niet te veel sturen) opgebouwd, hoe lang gaat het ongeveer duren. Ook geef je de centrale vraag voor het gesprek, dat is de hoofdlijn die je volgt. In de loop van het gesprek zul je deze hoofdvraag uitsplitsen in een (groot) aantal deelvragen, of aan de hand van je onderwerpslijst een voor een afvinken wat de respondent vertelt.

Verder beloof je de verkregen informatie vertrouwelijk en anoniem te zullen behandelen. Zo weet de geïnterviewde dat de informatie die hij tijdens het interview verstrekt niet 'op straat' terechtkomt.

Om zo veel mogelijk bruikbare informatie te verkrijgen kun je een aantal vraagtechnieken gebruiken. Daarover meer in paragraaf 7.5.4.

Verdeling huishoudelijke taken (3)

De eerste paren voor je onderzoek zijn geselecteerd. De afspraken zijn gemaakt. Nu kun je met de interviews beginnen. Je hebt al bedacht hoe je het eerste interview zult beginnen. Je introduceert het onderwerp van onderzoek en vertelt wat de bedoeling is: het inventariseren van de huidige verdeling van huishoudelijke taken tussen partners en de beleving daarvan. Je geeft aan dat het interview ongeveer een uur zal duren. Voor jezelf noteer je als aandachtspunt dat de verdeling van huishoudelijke taken tussen de partners een bron van conflicten kan zijn. Is dat inderdaad het geval, dan moet je ervoor zorgen zeer invoelend te zijn, zonder je in het conflict te mengen.

Kader 7.12

7.5.4 Gesprekken opnemen

De meeste interviewers nemen het gesprek op, op voorwaarde dat zij daarvoor toestemming hebben gekregen. Die moet eerst worden gevraagd. Het opnemen van een gesprek heeft verschillende voordelen:

- Je kunt je aandacht onvoorwaardelijk richten op je gesprekspartner en je hoeft niet alles wat deze zegt op te schrijven. Dat neemt niet weg dat je meeschrijft. Het meeschrijven met de geïnterviewde wordt vaak beschouwd als een teken van belangstelling, als teken dat de antwoorden belangrijk zijn voor het onderzoek. Dat is overigens niet de belangrijkste reden voor het meeschrijven met het gesprek. In je gespreksaantekeningen zet je namelijk steekwoorden waarmee je de volgende vraag voorbereidt. Maak dus altijd aantekeningen!
- Achteraf heb je een letterlijke weergave van het gesprek, zodat je heel nauwkeurig je aantekeningen hierover kunt maken.
- Je kunt het gezegde zo vaak terugluisteren als je maar wilt. Ook dit verhoogt de betrouwbaarheid van de resultaten.

Je moet er wel rekening mee houden dat sommige mensen zich niet prettig voelen als een gesprek wordt opgenomen, zij kunnen zich daardoor minder vrij opstellen in het gesprek. Over het algemeen gaat het om geluidsopnames met een microrecorder, een minidiskspeler of een mp3-speler met opnamemogelijkheid, soms wordt een videocamera gebruikt. Je kunt ook je mobiele telefoon gebruiken. Zorg voor een goede opnamekwaliteit (bijvoorbeeld zo min mogelijk omgevingsgeluid); je moet het gesprek immers goed kunnen terugluisteren.

Verdeling huishoudelijke taken (4)

Tijdens de introductie vraag je toestemming om het gesprek op te nemen. Je hebt voor dit doel een kleine minidiskspeler meegenomen, die je onopvallend tussen de geïnterviewden en jezelf op de tafel plaatst. Willen de geïnterviewden weten met welk doel je het gesprek opneemt? Ga daar dan zeker op in. In dit geval benader je (echt)paren die je tegelijk interviewt; dan is het goed als je het gesprek op kunt nemen. De geïnterviewden zullen immers zowel jouw vragen over de taakverdeling beantwoorden als op elkaar reageren, en soms door elkaar praten. Het is erg handig als je het gesprek dan achteraf rustig kunt terugluisteren en registreren hoe het verlopen is.
Benadruk vooral dat het gesprek anoniem blijft en dat je de bandopname, nadat je het verslag hebt gemaakt, zult wissen! Het kan zijn dat de geïnterviewde het niet goed vindt dat je het gesprek opneemt; doe het dan ook niet!
Indien er tijdens het gesprek een moeilijke situatie ontstaat – bijvoorbeeld een conflict over de taakverdeling in het huishouden – zet dan de recorder even af en meld dat ook. Je kunt dan eerst ingaan op deze emoties of conflicten. Laat de geïnterviewden even rustig worden en benoem het conflict. Hier werk je heel duidelijk aan de relatie. Zet de recorder pas weer aan als het gesprek verdergaat over het hoofdonderwerp, en meld dit aan de geïnterviewden: 'Het gesprek gaat nu verder over de vraag hoe jullie de dagelijkse zorg voor de kinderen verdelen. Ik zet de recorder weer aan.'
Is het gesprek afgelopen? Dan zet je de recorder af en meld je dat weer even.

Kader 7.13

Als je toestemming hebt om het gesprek op te nemen, pruts dan niet met de apparatuur. Ook dit leidt alleen maar af, en bovendien staat het niet erg professioneel. Zorg dat je precies weet hoe alles werkt, zodat je snel aan de slag kunt. Om er zeker van te zijn dat alles goed werkt, kun je van tevoren even een oefenopname maken.

7.5.5 Gesprekstechnieken

Elk (onderdeel van een) gesprek begin je met een inleiding, gevolgd door een begrijpelijke vraag, de hoofdvraag (open of gesloten). Is de informatie van de respondent onduidelijk of onvolledig, of antwoordt de respondent niet in de richting die je wilt, dan kun je doorvragen (zie kader 7.14). Er zijn ook andere technieken die je kunt inzetten om het gesprek goed te laten verlopen.
Gesprekstechnieken zijn een hulpmiddel bij het verloop van een gesprek. Door veel te oefenen kun je deze technieken aanleren, zodat je ze als het ware vanzelf gaat toepassen. Verloopt een gesprek dan niet goed zonder gebruik van zulke technieken? Natuurlijk, dat kan best. Deze technieken zijn dan ook

bedoeld als extra steuntje in de rug voor als een gesprek dreigt af te dwalen, als je niet díé informatie krijgt die je nodig hebt, of als er emoties optreden. Gesprekstechnieken kunnen zowel een verbaal als een non-verbaal karakter hebben. Sommige technieken zijn passief, andere actief.

LSD

De belangrijkste succesfactor in gesprekken kan worden samengevat als *LSD*, oftewel Luisteren, Samenvatten, Doorvragen (Doodhagen, 2011). De geïnterviewde werkt graag mee indien hij merkt dat de interviewer belangstelling heeft voor wat hij te vertellen heeft. Deze belangstelling uit zich in een goede voorbereiding, in een actieve luisterhouding en in het stellen van de juiste (door)vragen. Een *actieve luisterhouding* is dus van het grootste belang. Verder is het belangrijk voor het verloop van het gesprek dat de interviewer de informatie regelmatig samenvat en indien nodig zo ver doorvraagt dat de juiste informatie boven water komt. De volgende gesprekstechnieken zijn daarbij van belang:

actieve luisterhouding

Houding en oogcontact

Je houding als interviewer straalt iets uit. Deze is belangstellend, meelevend, gericht op wat de geïnterviewde vertelt. Actief luisteren dus. De geïnterviewde zal het niet bewust waarnemen, maar het stelt hem wel op zijn gemak. Het beste zit je schuin tegenover je gesprekspartner, bijvoorbeeld net om de hoek van de tafel (zie figuur 7.2). Zo hoef je elkaar niet recht in de ogen te kijken; dat is minder confronterend en daarmee prettiger voor de geïnterviewde.

Verdeling huishoudelijke taken (5)

Nadat je doel en onderwerp van het interview hebt uitgelegd, open je het interview met een eerste vraag. Je kunt bijvoorbeeld beginnen met: 'Hoe zijn de huishoudelijke taken tussen u en uw partner momenteel verdeeld?' Een van de twee geïnterviewden begint. Stel dat hij niet over de feitelijke taakverdeling begint, maar direct zijn mening over deze taakverdeling geeft. Dan is het jouw taak om hem zover te krijgen dat allereerst wordt verteld over de verdeling zoals die is, om vervolgens verder te gaan met de beleving ervan. Je kunt bijvoorbeeld reageren door op te merken dat het antwoord interessant is en dat je daar graag meer over wilt weten. Vervolgens vraag je: 'Kunt u eerst wat over de taakverdeling bij u thuis vertellen?' Je herhaalt dus als het ware de vraag, maar op een andere manier.
Verder kun je vragen om verduidelijking van het antwoord of de geïnterviewde(n) vragen wat meer te vertellen over een bepaald aspect. Denk erom dat je nooit stuurt in je vragen. Dus niet: 'Vindt u het ook zo vervelend dat ...?', maar: 'Wat vindt u van ...?'

Kader 7.14

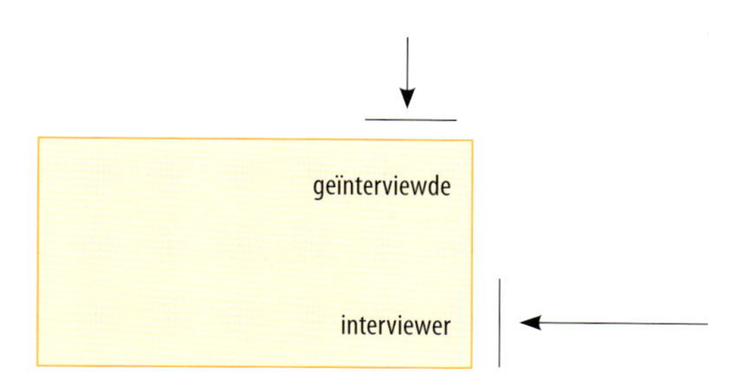

Figuur 7.2 *Opstelling gespreksdeelnemers*

Verder werkt een geïnteresseerde, licht voorovergebogen houding stimulerend (dit wordt *koetsiershouding* genoemd). Het geeft aan dat je geïnteresseerd bent in wat de ander zegt. Doe niet je armen en/of benen over elkaar als je luistert, dat komt heel 'gesloten' over en moedigt niet aan tot praten.

Knikken

Tijdens het verhaal van de geïnterviewde kun je ondersteuning geven door oogcontact met je respondent te houden en af en toe te knikken. Oogcontact is overigens iets anders dan staren! Probeer dat laatste te vermijden.

Omgaan met stiltes

Het komt vaak voor dat er midden in een gesprek een stilte valt. Soms komt dat omdat de geïnterviewde niets meer over het onderwerp te vertellen heeft en wacht op de volgende vraag. Het kan ook zijn dat hij nadenkt over de volgende opmerking. Als interviewer moet je niet bang zijn voor zulke stiltes. Je kunt ze zelfs gebruiken. Heb je nog geen bevredigend antwoord op je vraag gekregen, dan kun je de stilte laten voortduren als een manier van doorvragen. De geïnterviewde denkt dat er nog iets van hem wordt verwacht, en vertelt dan verder. Deze stilte kan een aantal seconden worden aangehouden. Dit noemt men ook wel de 'viersecondenregel'. Regelmatige stiltes in een interview zorgen zelfs voor een beter verloop van een gesprek (Emans, 1990).

Toon en volume

De toon waarop en het volume waarin je de vragen stelt en de informatie van de geïnterviewde samenvat, hebben invloed op het verloop van het gesprek. Gaat je toon bijvoorbeeld aan het einde van een zin omhoog, dan stimuleer je de respondent om een antwoord te geven. Praat verder verstaanbaar en rustig.

Hummen

Hummen en het gebruik van stopwoordjes (zoals 'ja, ja ...', 'juist ...') op het juiste moment zijn ook een stimulans. Dit heeft hetzelfde effect als tussentijds knikken ten teken dat je luistert. Echter, gebruik deze technieken met mate! Constant hummen of stopwoordjes gebruiken kan ergernis opwekken.

Herhalen

Als een antwoord lang is, kun je het in je eigen woorden herhalen om te controleren of je het goed hebt begrepen. Dat wordt *parafraseren* genoemd. Je begint dan met de zin: 'Als ik het goed begrijp, dan ...' of 'Dus ...' Aan het eind van een gespreksdeel kun je de informatie ook *samenvatten*. In deze samenvatting gebruik je de kernwoorden uit de informatie van de geïnterviewde. Een derde techniek van herhaling is het 'nazeggen' van de laatste woorden van je gesprekspartner. Dat wordt *papegaaien* genoemd. Je zult merken dat de geïnterviewde daarop reageert door nog meer over het onderwerp te vertellen (zie kader 7.15).

Doorvragen

In het verlengde van de voorgaande techniek kun je ook doorvragen. Door een goede 'doorvraag' te stellen ga je dieper op het onderwerp in. Soms is dat nodig omdat de geïnterviewde de vraag niet goed begrepen heeft. Het kan ook zijn dat hij het antwoord vermijdt of dat het niet volledig is. De techniek die je gebruikt, kan lijken op papegaaien of op samenvatten (zie vorig punt), maar je kunt ook een directe doorvraag stellen, zoals: 'Wat bedoelt u precies?' of 'Kunt u daar een voorbeeld van geven?' Een doorvraag kan zowel open als gesloten zijn. Bij een open doorvraag kom je uit op een mening, bijvoorbeeld: 'Wat vindt u daarvan?' Bij een gesloten vraag kom je uit op een feit, bijvoorbeeld: 'Is het juist dat ...?'

open en gesloten

7.5.6 Afronden

Een interview is niet zomaar afgelopen. Je bouwt het gesprek rustig af en je werkt langzaam naar het slot toe, bijvoorbeeld door te zeggen: 'Nu kom ik aan de laatste vraag ...' of: 'Is er nog iets dat ik ben vergeten te vragen?' Of: 'Wilt u nog iets toevoegen aan het gesprek?' De geïnterviewde kan nog aanvullende informatie geven die niet direct bij de vragen aan de orde kwam, maar die hij wel van belang acht. Het spreekt vanzelf dat je de geïnterviewde bedankt voor de tijd en moeite.

Verdeling huishoudelijke taken (6)

De geïnterviewden hebben je uitgebreid ingelicht over hoe het er bij de verdeling van de huishoudelijke taken aan toegaat. Nu wil je ook weten wat zij er zélf van vinden. Je vraagt hun naar de beleving van de taakverdeling. In het antwoord weiden de geïnterviewden steeds verder uit over het ongenoegen tussen hen tweeën over de verdeling ervan. Een van hen besluit met de zin: 'En toen hebben we besloten dat we het *anders* moeten aanpakken.' Daarop reageer jij met: 'Anders ...?' En de geïnterviewde vertelt verder: 'Ja, anders. Ik zou bijvoorbeeld betere afspraken willen maken over ...' Nu richt je je tot de partner: 'Op welke manier zou u die afspraken tussen u beiden willen veranderen?' De geïnterviewde antwoordt: 'Wel, ik zou graag zien dat ...'

Kader 7.15

Vaak gebeurt het dat je na afloop van het gesprek, als het bandje niet meer meeloopt, nog extra informatie van de geïnterviewde krijgt. Soms is deze persoonlijker dan tijdens het interview. Vaak is de informatie niet bedoeld voor het interview zelf, maar wil de geïnterviewde het verhaal toch aan je kwijt. Is deze informatie bruikbaar genoeg om alsnog in je verslag op te nemen, dan moet je daarvoor wel eerst toestemming vragen. Immers, het gesprek is officieel al ten einde!
Als er moeilijke of persoonlijke onderwerpen aan de orde zijn geweest of als het gesprek een emotioneel verloop heeft gehad, houd daar dan rekening mee en let extra goed op dat je het gesprek goed afbouwt. Nu is het moment om daar nog even op in te gaan, om deze emoties een plaats te geven. Ook kun je achteraf vragen wat de geïnterviewde van het gesprek vond. Misschien zijn er dingen die je beter op een andere manier had kunnen aanpakken. Dat kun je in het verdere verloop van je onderzoek meenemen. Kortom, als er tijdens het gesprek persoonlijke opmerkingen of vragen in jouw richting komen, stel dan een reactie daarop uit. Na afloop van het interview is er de mogelijkheid om daar nog op in te gaan.

7.5.7 Tips & trucs

Door veel te oefenen raak je steeds vaardiger in het afnemen van interviews. Maar dat gaat niet vanzelf. Er zijn een paar punten die je in elk geval in acht moet nemen:

- Houd de *leiding* over het gesprek. Soms proberen mensen de leiding in het gesprek over te nemen. Ze gaan jou vragen stellen, de structuur van het interview bepalen, noem maar op. Dit laat je niet gebeuren. Jij hebt de leiding. In de praktijk betekent dit dat je vasthoudt aan je vragenlijst en daarmee structuur aanbrengt in het gesprek (kader 7.12).

- Blijf *onafhankelijk* en *objectief*. Laat je niet verleiden tot persoonlijk commentaar. Soms wordt jou de vraag gesteld: 'Wat vindt u daar nu van?' Je antwoord moet zijn dat je daar graag op in wilt gaan na afloop van het interview.
- Wees *invoelend*, maar niet té invoelend. Als je te weinig afstand bewaart, buigt het gesprek gemakkelijk af of raak je te veel persoonlijk betrokken bij de respondent.
- Laat je niet verrassen. Bijvoorbeeld: ondanks de afspraak is er toch een derde persoon aanwezig bij het gesprek. Of: de geïnterviewde blijkt minder tijd te hebben uitgetrokken dan hij heeft toegezegd.
- Weerhoud je van waardeoordelen en sturende vragen. Vraag niet: 'Vindt u die vertragingen met de trein ook zo vervelend?', maar: 'Wat zijn uw ervaringen met de aankomst- en vertrektijden van treinen?' Dus geef geen adviezen of ongevraagde meningen.
- Gesloten vragen kunnen een onderwerp goed inleiden, als filter. Stel echter niet te veel gesloten vragen. Dat geeft je houvast als je nog niet zoveel ervaring hebt, maar het levert vaak niet voldoende bruikbare informatie op. Stel zo veel mogelijk open vragen, vraag door, enzovoort.
- Doorvragen is een lastige techniek. Je moet de juiste balans zien te vinden: enerzijds niet te snel tevreden zijn, anderzijds erop letten dat je niet gaat drammen. Houd het bevredigende midden, zoals in kader 7.16.

Verdeling huishoudelijke taken (7)

Als een geïnterviewde over de huishoudelijke taakverdeling zegt: 'Die is in orde', dan is dat niet informatief genoeg. Je kunt doorvragen met: 'Kunt u uitleggen hoe die taakverdeling eruitziet?' of: 'U zegt dat u tevreden bent over de taakverdeling. Kunt u dat toelichten?' Een open doorvraag dus. Vervolgens antwoordt de geïnterviewde met de opmerking: 'Ik vind de taakverdeling prima zo, maar dat vertelde ik u al.' Dan vraag je niet verder, de respondent herhaalt zijn antwoord. Eventueel is het mogelijk om er in een andere context nog op terug te komen.

Kader 7.16

- Gebruik alleen gesprekstechnieken als het nodig is voor een beter verloop van het interview. Loopt het interview vanzelf, dan is dat prima. Het gebruik van technieken als doel op zich is geen goed idee: het wekt ergernis. Niet overdrijven dus, met hummen, knikken, papegaaien, enzovoort.
- Trek geen voorbarige conclusies, de mening van de respondent is belangrijk.
- Ten slotte: blijf vooral jezelf.

Op de website bij dit boek vind je een paar interessante links naar instructiefilmpjes voor beginnende interviewers.

7.6 Fouten in de weergave van onderzoeksresultaten

Door allerlei onverwachte situaties kunnen gemakkelijk fouten ontstaan in de wijze waarop resultaten worden gepresenteerd. Dat geldt zowel voor kwalitatief als voor kwantitatief onderzoek. Zo kan het zijn dat door omstandigheden je steekproef niet representatief is voor de populatie, de groep eenheden (personen, zaken, organisaties) waarover je uiteindelijk een uitspraak wilt doen. Ook wordt soms bewust gekozen voor een meer selecte afbakening van de steekproef, wat gevolgen heeft voor de reikwijdte van de resultaten. Als onderzoeker weet je dat. Je rapporteert dit door bijvoorbeeld de inhoudelijke of statistische generalisatie te beschrijven. In de media wordt hier echter vaak geen rekening mee gehouden; ze wordt niet opgemerkt of er wordt geen aandacht aan besteed. Breed uitgemeten verschijnen resultaten in de krant die vaak slechts op een beperkte groep van toepassing zijn. Het voorbeeld in kader 7.17 laat dat zien. Een onderzoek uit 1954 (zie kader 7.18) toont aan dat een foutieve interpretatie van non-respons aanleiding kan geven tot verkeerde conclusies.

Druk, druk, druk ...

Begin 2003 wordt via spotjes bekendgemaakt dat kinderen het vandaag de dag te druk hebben. Een stroom van informatie komt via de media op gang. Uit onderzoek van het Amsterdamse Bureau voor Onderzoek + Statistiek (Crok, Slot, Trip & Klein Wolt, 2002; Crok, 2003) wordt duidelijk dat het waarschijnlijk om een specifieke groep kinderen gaat die het erg druk heeft: autochtone kinderen die een hogere opleiding volgen en die voldoende zakgeld hebben. Allochtone kinderen hebben juist vaker dan ze lief is een lege agenda. Ook 'te' druk is volgens de onderzoekers een verkeerd stempel: kinderen vinden een lege agenda vaker vervelend dan een volle!
In het onderzoek van het Bureau voor Onderzoek + Statistiek wordt onderscheid gemaakt tussen twee groepen kinderen. Kennelijk heeft de eerste groep onderzochte kinderen andere kenmerken dan de populatie. Het lijkt erop dat autochtone kinderen met een hoge opleiding en voldoende zakgeld oververtegenwoordigd zijn, waardoor een vertekend beeld ontstaat. De onderzoeker plaatst (geheel terecht) de kanttekening dat de onderzochte groep Amsterdamse jongeren ook niet wat alle kenmerken betreft lijkt op de totale groep jongeren in Nederland. Dat is door de journalist niet vermeld.

Bron: Vermeulen, 2003

Kader 7.17

Hoe fouten kunnen ontstaan

In zijn boekje *How to lie with statistics* doet Huff (1991, p. 14) verslag van een onderzoek uit 1954 met opzienbarende resultaten, althans zo stond het in de krant: de grootste overstap aller tijden van personen van de rooms-katholieke naar de protestantse kerk! De *Herald Tribune* berichtte dat 2219 protestantse dominees zo'n overstap hadden gemeld van één of meer personen. Voor het gemak vergeleek de journalist dit aantal (de respons dus) met het totale aantal protestantse gemeenschappen in de Verenigde Staten en extrapoleerde (vergrootte) hij het cijfer 2219 naar een aantal van meer dan 4 miljoen overstappen voor het hele land.
Je begrijpt: dit kan natuurlijk niet. Wat is er werkelijk gebeurd? De onderzoeker had aan 25.000 dominees een vragenlijst gestuurd. Daarvan stuurde slechts ongeveer 10% (2219 personen) de lijst ingevuld terug. Zij vonden het invullen van dergelijke lijsten zinvol of ze herkenden de situatie omdat ook naar hun gemeente rooms-katholieke personen waren overgestapt. Bij de 90% non-respons was óf niets te melden, óf de desbetreffende personen wilden of konden niet meedoen met het onderzoek.

Kader 7.18

Recente ontwikkelingen in de wetenschap

Dat zelfs onderzoekers er soms voor kiezen om bepaalde aspecten van de kwaliteit van hun onderzoek achterwege te laten, is de laatste tijd pijnlijk duidelijk geworden. Onderzoekers die kunstmatig de statistische generaliseerbaarheid bewerkstelligen, bepaalde keuzes niet beargumenteren, of zich laten leiden door de eis van significantie om hun werk gepubliceerd te krijgen. Gelukkig wordt daarom de laatste tijd veel aandacht besteed aan de kwaliteit van onderzoeksvoorstellen, en aan de verantwoording van onderzoeksresultaten. Meer en meer zie je de nadruk op 'methodologische kwaliteit' van analyseresultaten (in het Engels 'effect size'). Ook komt er een beweging op gang waarbij onderzoekers van tevoren een goed beargumenteerd onderzoeksontwerp moeten indienen, voordat zij hun analyses doen en hun artikelen schrijven.

7.7 Belangrijkste gebruikte begrippen en hun betekenis

Begrip	Betekenis
Online onderzoek	Onderzoek zonder tussenkomst van een onderzoeker, via internet.
Mobiel onderzoek	Een speciaal type online onderzoek dat plaatsvindt via smartphones en tablet-pc's.
Dataverrijking	Incomplete adressenbestanden compleet maken, bijvoorbeeld door de juiste adressen bij te voegen.

Online onderzoek	Onderzoek zonder tussenkomst van een onderzoeker, via internet.
Pilot	Het 'proefdraaien' van je enquête om zo de fouten er (nog) uit te halen. Bij interviews wordt dit 'proefinterview' genoemd.
Surveymoe	Mensen willen niet meer aan onderzoek meewerken omdat ze te vaak benaderd worden.
Incentive	In het vooruitzicht gestelde beloning om mensen over te halen deel te nemen aan onderzoek.
Respons	Dat deel van de uitgezette vragenlijsten dat ingevuld terugkomt. Aantal mensen dat daadwerkelijk aan je onderzoek meedoet.
Non-respons bias	Vertekening van de resultaten omdat niet iedereen in de steekproef aan het onderzoek meedoet.
Item-non-respons	De respondent slaat één of meerdere vragen over.
Parafraseren	De interviewer herhaalt het antwoord van de geïnterviewde in zijn eigen woorden.
Papegaaien	De interviewer herhaalt het laatste deel van het antwoord van de geïnterviewde.
Viersecondenregel	Interviewtechniek waarbij de interviewer gebruikmaakt van de stilte (door die langer aan te houden) om zodoende de geïnterviewde te stimuleren meer te vertellen.

7.8 Opdrachten

1. Stel, je doet onderzoek naar rouwverwerking bij verlies van een partner.
   a. Welke manier van interviewen zou je kiezen?
   b. Welke steekproef trek je? Hoe benader je de eventuele deelnemers?
   c. Bespreek een aantal gesprekstechnieken die je kunt inzetten.
2. Lees het voorbeeld in kader 7.19 over de enquête bij de Fietschallenge.
   a. Wat kun je zeggen over de respons bij de mannen en de vrouwen?
   b. Wat kun je zeggen over de respons bij de atleten die 100 km en 150 km fietsen?
   c. Bespreek de representativiteit van de steekproef. Bespreek ook de betrouwbaarheid. Tip: deze aantallen betreffen alleen de gefinishte atleten!
   d. Wat kun je zeggen over de representativiteit naar geslacht? Met andere woorden, vormt de verdeling naar geslacht een goede afspiegeling van de populatie (finishers) volgens jou?

Fietsen is gezond!

Rob de Jong (2010) deed onderzoek naar factoren die prestaties tijdens de Fietschallenge beïnvloeden. Gekeken is naar factoren als trainingsarbeid, fysieke kenmerken en ervaring. De populatie bestond uit alle deelnemers aan deze Fietschallenge die de afstanden uitreden. De volgende respons is genoteerd:

150 km mannen	Totaal gefinisht	855	Steekproef	120	(14,0%)
150 km vrouwen	Totaal gefinisht	34	Steekproef	6	(17,6%)
100 km mannen	Totaal gefinisht	473	Steekproef	41	(8,7%)
100 km vrouwen	Totaal gefinisht	44	Steekproef	2	(4,5%)

Bron: www.cyclobenelux.com

Kader 7.19

3. Over 'mobiel onderzoek' (paragraaf 7.3.2).
   a. Ontwerp een korte vragenlijst over het gebruik van de zelfscanner in de supermarkt, om af te nemen via de smartphone.
   b. Hoe zou jij de respondenten benaderen?
4. Lees het voorbeeld over Motivaction in kader 7.3.
   a. Geef voor- en nadelen van panelonderzoek.
   b. Welke oplossing is er voor het probleem van de selectieve non-respons?
5. Nederland is weliswaar goed beschermd tegen overstromingen, maar die bescherming heeft zijn prijs. Vandaar dat provincies regelmatig de bevolking naar hun mening vragen. Het Zeepeil-panel wordt gevraagd mee te werken aan een onderzoek naar de beleving van waterveiligheid in Zeeland. Deze resultaten worden vergeleken met een soortgelijk onderzoek dat onder het Groninger Panel wordt georganiseerd.
   a. Maak een korte enquête die geschikt is om als internetenquête verstuurd te worden.
   b. Hoe ga je mogelijke deelnemers benaderen?
   c. Stel dat je per provincie 500 ingevulde vragenlijsten wilt analyseren. Welke respons verwacht je en hoeveel uitnodigingen verstuur je?
6. Het Zeepeil-panel wordt regelmatig gevraagd mee te werken aan een peiling. Zowel aselecte als selecte steekproeven zijn mogelijk, met wisselend succes. Bespreek de consequenties van (een lagere of) een selectieve respons (zie ook paragraaf 6.5.2).
   a. Wat zijn mogelijke oorzaken van deze vormen van respons?
   b. Welke vertekeningen kunnen optreden en wat zijn de gevolgen?
   c. Wat zou je kunnen doen om deze vertekeningen van de resultaten te voorkomen?

7. Lees het voorbeeld over het onderzoek naar roddelbladen in kader 7.8 goed door. Bespreek de problemen met de respons in termen van betrouwbaarheid en validiteit.
8. Lees de casus over de huishoudelijke taakverdeling nog eens door (de kaders 7.10 tot en met 7.16). Bedenk een topiclist (onderwerpslijst) die je bij dit diepte-interview zou kunnen gebruiken.
9. Gebruik de casus over de huishoudelijke taakverdeling als leidraad. Stel dat je een interview houdt met een echtpaar dat het niet met elkaar eens is over de manier waarop de taakverdeling in het gezin verloopt. Zij antwoorden door elkaar op je vragen en richten zich niet meer tot jou als interviewer, maar tot elkaar. Het meningsverschil is duidelijk aanwezig, maar wat moet jij daarmee doen? Hoe reageer je als interviewer?

Het perspectief van de geïnterviewde

Op de afgesproken tijd staat de interviewer voor de deur en drukt op de bel. Je doet de deur open. Je bent een beetje gespannen. Zoveel informatie geven aan een onbekende, dat doe je niet makkelijk. Je hangt zijn jas op en vraagt of hij koffie wil, of hij het zich alvast gemakkelijk wil maken. Hij kijkt om zich heen, glimlacht tevreden en vertelt je dat hij de film, waarvan je een poster in de gang hebt hangen, zojuist heeft gezien. Er is een kort gesprek. Je zet koffie, de interviewer installeert zich met een recorder aan de grote tafel, ietwat schuin tegenover je. Hij buigt zich enigszins naar je over en begint. Zijn naam is Frank Schover, hij is de interviewer van bureau BOTS. Hij vertelt waar het interview over gaat, hoe lang het duurt en hoe de opbouw is. Hij waardeert het erg dat je zomaar zoveel informatie wilt prijsgeven. Je voelt je iets beter op je gemak.
Het interview begint. Af en toe haper je. Hij blijft je rustig aankijken en wacht tot je antwoord klaar is. Af en toe knikt hij bevestigend. Op zijn vraag naar je mening over een situatie weet je zo gauw geen antwoord; hij stelt de vraag op een andere manier en opeens heb je het! Het lijkt of je antwoorden een waterval zijn van letters en woorden. Gelukkig weet de interviewer ze in één zin te herhalen. Kennelijk heeft hij écht iets aan je informatie. Hij stimuleert je om meer te vertellen, blijft stil als je nog niet klaar bent, herhaalt sommige woorden om ze aan kracht te laten winnen. Ook stelt hij een paar aanvullende vragen.
Aan het einde van het interview ben je helemaal leeg en voldaan. Hij bedankt nogmaals, heb je nog vragen? Zijn er dingen die je nog kwijt wilt? Nog een kopje koffie misschien? Opgelucht en tevreden neem je na anderhalf uur afscheid. Leuk, een interview geven.

Kader 7.20

10. Welke verbale en non-verbale technieken gebruikt de interviewer in kadertekst 7.20?
11. Tijdens de financiële crisis wordt flink bezuinigd op de culturele voorzieningen. Ook in jouw stad is dat het geval. Om zo efficiënt mogelijk te bezuinigen laat de provincie een onderzoek uitvoeren met de vraag welke culturele voorzieningen door de inwoners van de provincie het meeste worden gewaardeerd en gebruikt. Er is een klein budget voor een onderzoek en er is ongeveer vier maanden tijd om het onderzoek uit te voeren en de resultaten te presenteren. De steekproef moet representatief zijn voor de provinciale bevolking op een bepaald aantal kenmerken. Met behulp van een vragenlijst moeten gegevens worden verzameld over de bekendheid met en de waardering van culturele voorzieningen in de provincie. Bekendheid van een aantal voorzieningen wordt met plaatjes getoetst. Je kunt kiezen uit de volgende methoden:
    - mobiel onderzoek;
    - postenquête;
    - internet;
    - telefoon;
    - persoonlijk.

    a. Welke methode zou je kiezen en waarom?
    b. Waarom zou je sommige methoden juist niet kiezen?
    c. Hoe kun je ervoor zorgen dat de respons zo hoog mogelijk is?
12. Lees kader 7.17 ('Druk, druk, druk ...') aandachtig door. Bespreek welke fout hier gemaakt kan zijn en wat de gevolgen zijn voor de kwaliteit van de resultaten.

De antwoorden op deze vragen vind je op de website onder de tab Uitwerking opdrachten, hoofdstuk 7. Informatie over de ontwerpcasus vind je op de website onder de tab Ontwerpcasussen, hoofdstuk 7.

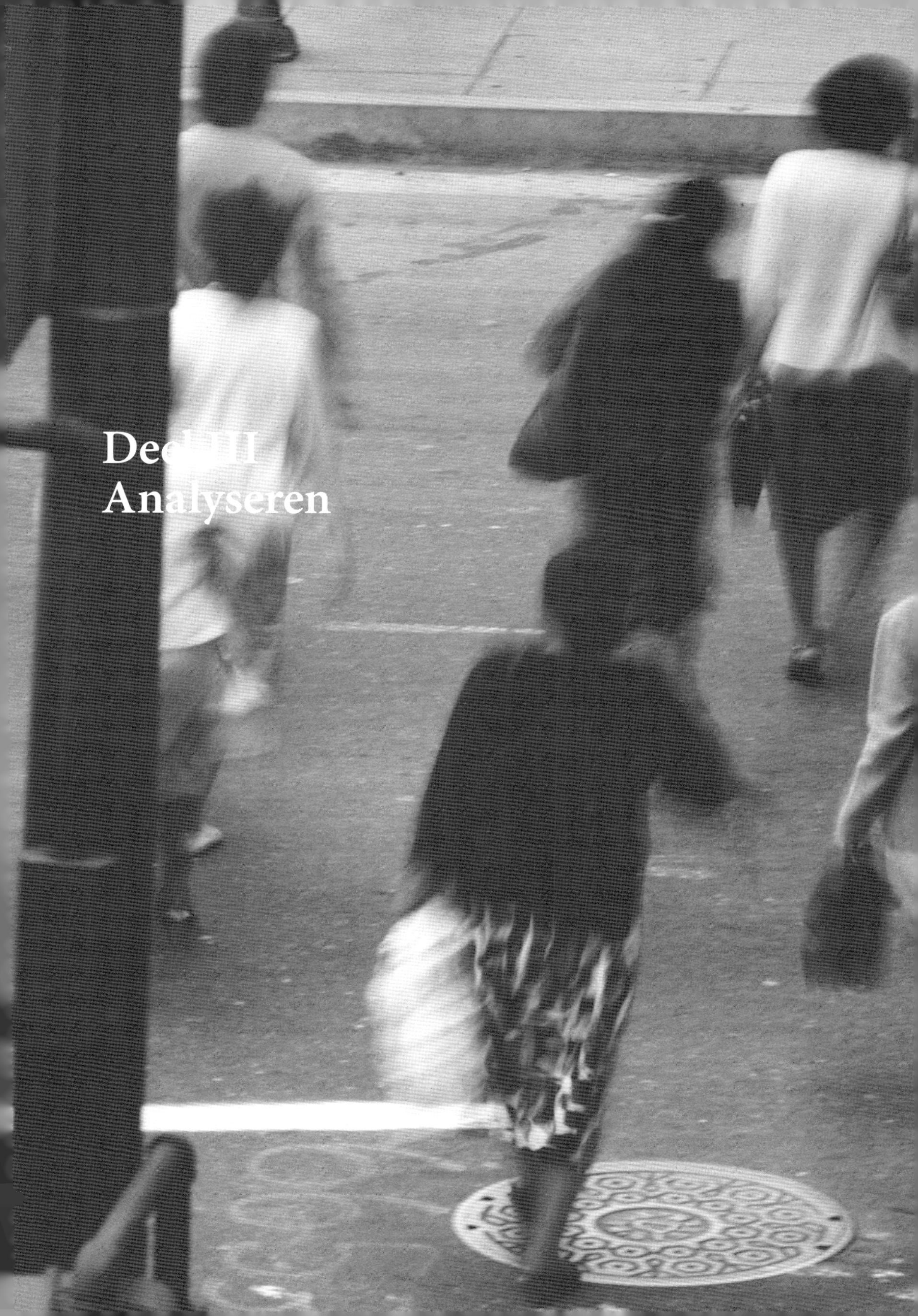

Deel III
Analyseren

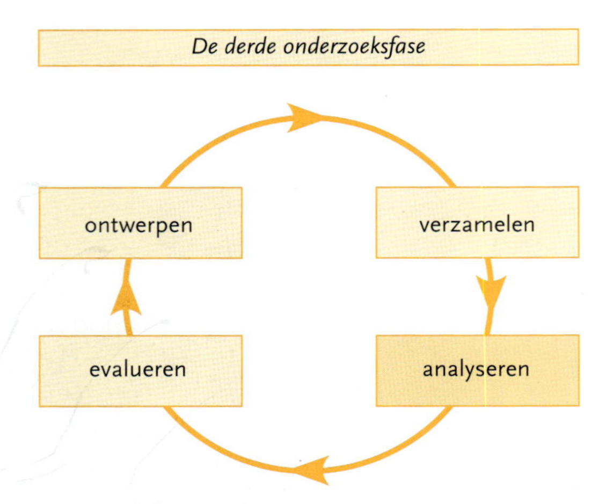

In deel III van dit boek staat de analyse centraal. Je hebt je gegevens verzameld en uit die brij aan gegevens moet je een resultaat halen. Aan de orde komen vragen als:

- Hoe ziet de onderzoeksgroep (steekproef) eruit?
- Wat is het antwoord op mijn onderzoeksvragen na analyse van de gegevens?
- Welke resultaten vind ik in mijn materiaal?
- Wat is de statistische of inhoudelijke generaliseerbaarheid van mijn resultaten?

Hoofdstuk 8 gaat in op kwantitatieve data-analyse. We gaan in op meetniveaus, een stukje toetstheorie, het verwerken van gegevens uit een survey, en er worden enkele eenvoudige technieken van beschrijvende aard behandeld. Ook krijg je informatie over de wijze waarop je de resultaten het beste kunt presenteren, en welke grafieken en plaatjes je kunt maken.

Hoofdstuk 9 geeft een inleiding in kwalitatieve data-analyse, analyses met data afkomstig uit open interviews, observaties, documenten, enzovoort.

8

Kwantitatieve gegevens verwerken

De analysefase komt aan de orde nadat de dataverzameling is afgerond. Hoe pak je dat aan? Hoe verwerk je die brij aan getallen en antwoorden die je hebt ontvangen? Hoe maak je hiervan een tabel of een grafiek, hoe lees je de resultaten hieruit af? Welke technieken gebruik je bij je analyses en waarmee moet je allemaal rekening houden? Daarover gaat hoofdstuk 8. Kwalitatieve analyses komen hier nog niet aan bod, die volgen in hoofdstuk 9.

SPSS of PASW

Bij kwantitatieve analyse wordt veel gebruikgemaakt van softwareprogramma's als SPSS, STATA, R, S-plus, SAS, AMOS en LISREL. Ook Excel heeft veel mogelijkheden voor statistische analyse. Er is een hulpprogramma te koop, genaamd XLstat, waarmee je binnen Excel over extra statistische functies kunt beschikken. Voor de analyses in dit hoofdstuk maken we echter gebruik van SPSS (vanaf versie 17 wordt ook wel de naam PASW gebruikt, maar SPSS blijft toch de meest gebruikte aanduiding van het programma). De softwarefabrikant brengt elk jaar een nieuwe versie uit. In 2014 is versie 22 aan de beurt. Nieuwere versies verschillen voornamelijk in de lay-out, niet zozeer in de inhoud van het programma. Voor de analyses in dit boek is oorspronkelijk gewerkt met versie 15; de voorbeelden zijn zo veel mogelijk in versie 21 weergegeven.

Naast de SPSS-voorbeelden in dit hoofdstuk vind je op de website bij dit boek een korte inleiding op het gebruik van SPSS. In de map 'Inleiding SPSS' wordt een aantal primaire functies van SPSS uitgelegd. Voor meer informatie over SPSS kun je terecht in de uitgebreide handleidingen die over dit programma zijn verschenen. Op de website vind je daarvoor een aantal literatuurverwijzingen en weblinks. Kijk maar onder de tab Extra materiaal bij hoofdstuk 8.

Inhoud en doelen

In dit hoofdstuk komen alleen de meest algemene statistische technieken aan de orde. Je vindt informatie over beschrijvingen van één en twee kenmerken, te weten univariate analyses (paragraaf 8.3) en bivariate analyses (paragraaf 8.4), uitgesplitst naar verschillen en overeenkomsten tussen kenmerken en naar de presentatie ervan. Het doel is om je kennis te laten maken met enkele mogelijkheden van kwantitatieve analyse en je te leren goede keuzes te maken. Verder moet je analyseresultaten op de juiste wijze kunnen interpreteren. In de onderzoekspraktijk zul je deze algemene statistische technieken het meeste gebruiken. Slechts een enkele keer zal het voorkomen dat je dieper moet gaan met je analyses en meer variabelen tegelijk moet analyseren, moet toetsen of een *causaal model* – het effect van een aantal kenmerken (voorspellers) op één of meer variabelen (uitkomsten) – moet berekenen. Deze onderwerpen vallen buiten het bestek van dit boek.

Voor studenten die dieper op een bepaald statistisch onderwerp willen ingaan, of voor onderzoekers die hiermee aan de slag willen gaan, is op de website bij het boek een aantal literatuurverwijzingen opgenomen onder de tab Extra materiaal, bij hoofdstuk 8. Daar vind je ook informatie over het boek *Statistiek in stappen* (Verhoeven, 2013), dat, voortbordurend op de methode die in dit boek wordt behandeld, een groot aantal statistische technieken introduceert.

Statistiek in stappen

Leerdoelen

Aan het einde van dit hoofdstuk ben je in staat om een aantal eenvoudige beschrijvende analyses van telkens één of twee variabelen te herkennen, uit te voeren en te interpreteren. Verder herken je hypothesen en weet je hoe je deze op moet stellen. Ook kun je de gegevens overzichtelijk weergeven in een grafiek of tabel. Je bent verder op de hoogte van een aantal samenvattende eigenschappen van deze variabelen. Ook weet je hoe je deze eigenschappen kunt herleiden (berekenen), denk bijvoorbeeld aan het gemiddelde. Ten slotte ben je na het doornemen van dit hoofdstuk in staat om enkele basistechnieken van de statistiek met behulp van het programma SPSS uit te voeren.

Kader 8.1

De onderzoekstool ondersteunt je bij de keuze voor een bepaalde figuur of grafiek, of om het meetniveau te bepalen. Ook bevat het een keuzediagram om de juiste kengetallen te berekenen. Je vindt de informatie in sectie 2 van fase 3: de analysefase.

8.1 Begrippen in kwantitatieve analyse

In deze paragraaf beschrijven we een aantal begrippen die bij kwantitatieve analyse gebruikt worden. Soms zijn de begrippen in de vorige hoofdstukken al genoemd, hier gaan we er nader op in. Ook wordt het concept 'meetniveau' geïntroduceerd. Dit concept heb je nodig om de juiste keuze voor analyses te kunnen maken.

8.1.1 Terminologie

Datamatrix

Een *datamatrix* is een rechthoekig blad, zoals een werkblad in Excel met rijen en kolommen, waar alle verzamelde gegevens worden ingevuld. In de cellen die ontstaan kun je de verzamelde gegevens per eenheid (case) noteren. Over het algemeen wordt een datamatrix op de computer ingevuld.

Op de website bij het boek vind je onder de tab Inleiding SPSS een voorbeeld van zo'n datamatrix.

Variabele

Een *variabele* is een eigenschap van een object, bijvoorbeeld een persoon die aan je onderzoek meedoet. Deze variabele kan van waarde veranderen. Zo is 'leeftijd' een variabele. De ene persoon is 49, de andere is 12 jaar oud.
Er zijn grofweg twee groepen variabelen:

- *Onafhankelijke variabelen*: ook wel oorzaakvariabelen (of predictoren) genoemd omdat daarmee een situatie wordt gemanipuleerd. De onafhankelijke variabele zélf ligt vast, maar deze veroorzaakt een verandering.
- *Afhankelijke variabelen*: dit zijn variabelen die veranderen onder invloed van de onafhankelijke variabelen. Andere benamingen hiervoor zijn: effectvariabele en gevolgvariabele (meer hierover in paragraaf 8.4.1).

Categorieën

Een variabele heeft *categorieën*, dat zijn alle waarden die de variabele kan aannemen. Zo wordt leeftijd bijvoorbeeld genoteerd in hele jaren. Temperatuur wordt weergegeven in graden (Celsius bijvoorbeeld). Bij een meningsvraag kun je de categorie 'helemaal mee oneens' tot 'helemaal mee eens' gebruiken. Geeft een persoon 49 als leeftijd op, dan is dat de *waarde* (ofwel score) van die persoon op de variabele 'leeftijd'.

Categorieën van variabelen kunnen worden weergegeven door middel van getallen. Zo geven we bijvoorbeeld aan de variabele 'sekse' voor de mannen een waarde '0' en voor de vrouwen een waarde '1'. Bij 'opleidingsniveau' geven we voor de categorie 'lagere school' de waarde '1', voor 'lager beroepsonderwijs' de waarde '2', voor 'vmbo-theoretische leerweg' de waarde '3', voor 'havo' de waarde '4', enzovoort. Bij een leeftijd van 39 jaar van een respondent noteren we de waarde '39'. Wat willen deze 'waarden' van een variabele eigenlijk zeggen? Is iemand met havo twee keer zo hoog opgeleid als iemand met lager beroepsonderwijs? Nee toch!

8.1.2 Meetniveaus van variabelen

Het *meetniveau* van een variabele geeft aan in welke mate je de waarden die aan de categorieën zijn toegekend, kunt gebruiken om ermee te rekenen. Er zijn vier meetniveaus waarop een variabele gemeten kan worden, oplopend van 'laag' naar 'hoog': nominaal, ordinaal, interval en ratio. Tijdens de statistische verwerking van je gegevens is het *meetniveau* een beslissende randvoorwaarde bij het kiezen van je analysetechniek (beschrijvend en toetsend). Dat geldt ook bij de keuze van de grafiek. We zullen deze meetniveaus nu achtereenvolgens behandelen.

Nominaal

Nominaal meetniveau zijn opgebouwd uit enkele losse categorieën. Tussen twee categorieën komt geen andere waarde voor; deze variabelen worden *discreet* genoemd. Met de categorieën van nominale variabelen kan niet worden gerekend, maar dat is ook het doel niet. De toegekende cijfers zijn slechts codes. We noemen ze ook wel kwalitatief. Voorbeelden van nominale variabelen zijn politieke keuze (PvdA, CDA, VVD, D66, SP, GroenLinks, PVV, zie tabel 8.1), geslacht (man, vrouw), woonplaats (Den Haag, Rotterdam, Amsterdam, Utrecht) en burgerlijke staat (gehuwd, gescheiden, weduwnaar/weduwe, alleenstaand).

Tabel 8.1 Nominaal meetniveau: politieke voorkeur

Politieke voorkeur	Categorie
PvdA	1
CDA	2
VVD	3
D66	4
SP	5
GroenLinks	6
PVV	7

Bijzondere nominale variabelen

Geslacht neemt een bijzondere plaats in als nominale variabele. Dit kenmerk bestaat slechts uit twee waarden, mannelijk en vrouwelijk. Het wordt daarom ook wel *dichotoom* genoemd.

dichotoom

Soms worden in surveys vragen gesteld waarbij je *meerdere antwoorden* kunt selecteren. De codering van deze antwoorden gebeurt op dezelfde wijze, namelijk in dichotome variabelen: als een antwoord is aangekruist, wordt een '1' genoteerd, is een antwoord niet aangekruist, dan wordt een '0' genoteerd. In dat geval worden de dichotome variabelen *dummy's* genoemd. In paragraaf 6.2.5 is hier al aandacht aan besteed. In tabel 8.2 zie je een voorbeeld van deze dummyvariabelen.

dummy's

Tabel 8.2 Dummycategorieën bij meervoudige vraag

Favoriete uitgaansgelegenheid	Categorie
restaurant	1=ja, 0=neen
bar	1=ja, 0=neen
bioscoop	1=ja, 0=neen
discotheek	1=ja, 0=neen
theater	1=ja, 0=neen
concertzaal	1=ja, 0=neen
sporthal	1=ja, 0=neen

Ordinaal

Ook al kun je niet met de waarden rekenen, soms zit er toch al een *rangorde* in je variabele. Kijk bijvoorbeeld maar naar opleidingsniveau, sociaaleconomische status, mate van tevredenheid met bepaalde zaken en mening over bepaalde onderwerpen. Dat zijn variabelen op ordinaal meetniveau. Ze bevatten de eigenschappen van nominale variabelen, plus één nieuwe eigenschap. Ook deze variabelen bevatten niet veel categorieën en zijn kwalitatief (en discreet) van aard, maar vanwege de *rangorde* worden ze op een iets hoger niveau gemeten: ordinaal dus (zie tabel 8.3).

Tabel 8.3 Opleidingsniveau als ordinale variabele

Opleidingsniveau	Categorie
lagere school	1
vmbo	2
havo	3
mbo	4

Opleidingsniveau	Categorie
vwo	5
hbo	6
wo	7

Interval

Met variabelen op intervalniveau kun je gewoon rekenen, ze zijn kwantitatief. De intervallen tussen twee categorieën (of waarden) zijn *gelijk*, de codes die aan waarden worden toegekend, zijn numeriek, en de waarden zijn 'continu' (dat betekent dat elke waarde tussen twee punten mogelijk is; zie Slotboom, 2008). Voorbeelden van intervalvariabelen zijn: temperatuur, jaartal en IQ. Er zijn twee beperkingen waardoor deze variabelen niet op het hoogste meetniveau kunnen worden gemeten. Neem bijvoorbeeld 'temperatuur':
Allereerst is er geen zogeheten '*natuurlijk nulpunt*'. Kijk bijvoorbeeld eens naar temperatuur in graden Celsius. Ooit is afgesproken dat 'nul graden Celsius' het nulpunt is, aangezien water bij die temperatuur bevriest. Dit nulpunt is dus een afspraak.
Het verschil tussen 5 en 10 °C is even groot als het verschil tussen 15 en 20 °C, *gelijke* intervallen dus. Het is echter niet mogelijk om te zeggen dat het bij 20 °C twee keer zo warm is als bij 10 °C. In de praktijk gebeurt dat overigens wel, maar statistisch gezien is het niet twee keer zo warm.

Het meetniveau van een Likertschaal

In bijzondere gevallen kennen we een interval meetniveau toe aan variabelen die oorspronkelijk op ordinaal meetniveau zijn gemeten. Dat gebeurt bijvoorbeeld bij Likertschalen. Stel dat je de mening over een bepaald onderwerp aan de hand van een aantal beweringen of items wilt nagaan, zoals in tabel 8.4 over milieubewustzijn. Vervolgens combineer je de items in één factor door de scores op de afzonderlijke beweringen bij elkaar op te tellen (dat heet 'somscore'). Deze samengestelde factor wordt op *intervalniveau* geanalyseerd.

Tabel 8.4 Schaalvragen over 'een beter milieu'

Voor een beter milieu is het nodig dat:	1 helemaal mee eens	2 mee eens	3 mee oneens	4 helemaal mee oneens
– men vaker met het openbaar vervoer reist				
– men het afval zo goed mogelijk scheidt				
– men zo min mogelijk cfk's gebruikt				
– de uitstoot van CO_2 wordt teruggedrongen				

Ratio

Variabelen op een laag meetniveau, zoals nominale en ordinale variabelen, hebben beperkingen als het gaat om het toepassen van bepaalde analysetechnieken. Interval- en ratiovariabelen (het hoogste meetniveau) kennen deze beperkingen niet. Voorbeelden van ratiovariabelen zijn: aantal arbeidsuren, inkomen in euro's of leeftijd in aantal jaren. Variabelen op dit niveau zijn numeriek, met de waarden kan daadwerkelijk gerekend worden (kwantitatief dus). Bovendien beschikken ze – behalve over de eigenschappen op interval meetniveau – over een natuurlijk nulpunt en *gelijke, betekenisvolle verhoudingen*. Het betreft kenmerken waarin als het ware wordt geteld (aantallen). Omdat zowel de intervallen als de verhoudingen daartussen gelijk zijn en we het nulpunt kennen, wordt het mogelijk om de verhoudingen tussen twee waarden te berekenen. Daarmee worden deze betekenisvol. Iemand van 30 jaar is drie keer zo oud als iemand van 10 jaar. Is het aantal arbeidsuren 'nul', dan heeft iemand geen betaalde baan, enzovoort.

betekenisvolle verhoudingen

Je moet je wel realiseren dat dit meetniveau veranderen kan zodra je een variabele gaat bewerken. Ga je bijvoorbeeld leeftijd of inkomen in klassen opdelen, dan is het meetniveau niet meer ratio, maar wordt het ordinaal. Immers, de klassen worden in een rangorde gezet, waarmee de oorspronkelijke verhoudingen verdwijnen.

In figuur 8.1 zijn alle kenmerken van de verschillende meetniveaus nog eens op een rij gezet.

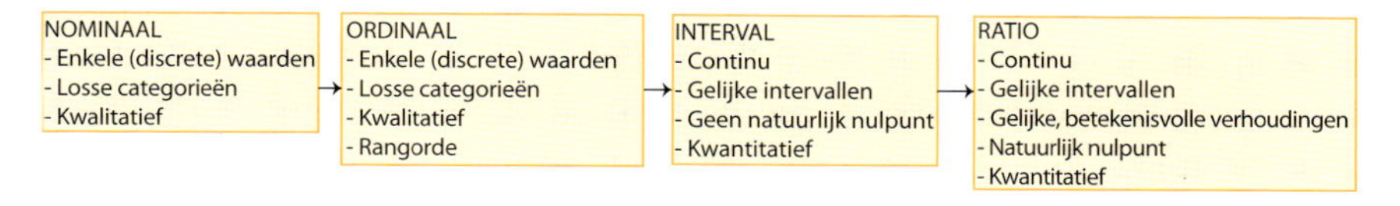

Figuur 8.1 Meetniveaus schematisch weergegeven

Meetniveaus instellen in SPSS

De laatste kolom in het Variable View-venster van de Data Editor bevat de keuze voor het meetniveau van de variabele. In SPSS zijn er drie mogelijkheden:

- NOMINAL voor nominale variabelen;
- ORDINAL voor ordinale variabelen;
- SCALE voor variabelen van interval- en rationiveau. Waarom zijn deze niveaus samengevoegd? Omdat vanaf intervalniveau over het algemeen dezelfde analysetechnieken mogelijk zijn. Kijk maar naar figuur 8.2.

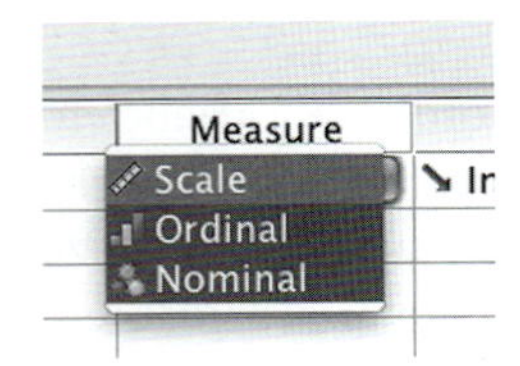

Figuur 8.2 Invoerscherm meetniveaus in SPSS

Op de website bij het boek vind je onder de tab Inleiding SPSS meer informatie over het gebruik van meetniveaus in SPSS. Het wordt sterk aangeraden om deze inleiding door te nemen voordat je zelf met SPSS aan de slag gaat.

De onderzoekstool biedt een diagram (fase 3, sectie 2.1) ter ondersteuning van je keuze voor het juiste meetniveau.

8.2 De analyse voorbereiden: hypothesen formuleren

Als je aan het onderzoek begint, heb je waarschijnlijk *verwachtingen* over de uitkomsten ervan. Statistische verwachtingen kun je opschrijven in de vorm van hypothesen.

Wat is een hypothese?

Hypothesen zijn toetsbare veronderstellingen over de uitkomsten van je analyses in je populatie. Let wel: we hebben het hier over statistische hypothesen! In gewoon Nederlands: naar aanleiding van je theorie geef je alvast een antwoord op je onderzoeksvragen en met behulp van (kwantitatieve) analyses toon je aan dat deze antwoorden voor *dit* onderzoek (voor deze *populatie*) juist zijn. Het spreekt vanzelf dat deze verwachtingen niet uit de lucht gegrepen zijn; je moet ze wel van de juiste argumenten voorzien. Daar gebruik je literatuur voor, meestal in de vorm van artikelen over eerdere onderzoeksresultaten en theorieën.

Mate van (on)zekerheid

Wanneer kun je nu vaststellen dat je gelijk hebt, dat je hypothesen waar zijn in je populatie? Dat kan pas als je met zekerheid kunt aantonen dat deze uitspraken niet toevallig zijn. Hoe zeker moet je daarvoor zijn? Hoe groot is dat toeval dan? Wat is je marge? In de meeste gevallen moet je wel voor 95% (of meer) zeker zijn dat je resultaten niet op toeval berusten: verwaarloosbaar klein. Hoe klein is dat dan? Men gaat ervan uit dat deze kans kleiner moet zijn dan 5%. Je hebt dan maximaal 5% 'onzekerheid', dat is de kans dat je de verkeerde beslissing neemt. Als je 100 keer een test doet en je vindt 96 keer een afwijking, dan is de kans op toeval 4%. Verwaarloosbaar klein dus.

Significantie

Een 'zekerheidsmarge' van 95% betekent dus dat er nog 5% onzekerheid bestaat. Hoe komen we aan het grenspercentage van 95? Dat is een beslissing die de onderzoeker neemt voordat het onderzoek begint. Soms worden ook andere afspraken gemaakt. Er kan ook worden gekozen voor een percentage van 90 (bij kleine steekproeven) of 99 (bij grote steekproeven). Verder is het afhankelijk van allerlei factoren, zoals de vraag hoe precies de uitspraken over de onderzoeksgroep moeten zijn. De meeste onderzoekers gaan uit van 95% als grenswaarde. Deze mate van 'zekerheid' bereken je met behulp van formules. Berusten je resultaten niet op toeval, is die kans kleiner dan 5%, dan spreek je van *significantie*; dit wordt weergegeven met behulp van de Griekse letter α, ofwel 'alpha'.

alpha

Hypothesen worden meestal opgesteld in twee delen:

- Een nulhypothese: de *basisveronderstelling*, ook wel H_0 genoemd, die gehandhaafd blijft zolang er onvoldoende bewijs is voor het alternatief. Dit zijn meestal de aannames zoals 'geen verband', 'geen verschil' of 'geen effect'.
- Een alternatieve hypothese: de *alternatieve veronderstelling*, ofwel H_1. Dit zijn meestal de aannames die wel een verband, een verschil of een effect veronderstellen.

In kader 8.2 vind je een aantal voorbeelden van hypothesen.

Voorbeelden van hypothesen

H_0: er is geen samenhang tussen opleidingsniveau en inkomen.
H_1: er is een samenhang tussen opleidingsniveau en inkomen.

H_0: er is geen verschil in muziekvoorkeur tussen ouderen en jongeren.
H_1: er is een verschil in muziekvoorkeur tussen ouderen en jongeren.

H_0: het inkomen van mannen en vrouwen in Nederland is even hoog.
H_1: het inkomen van mannen in Nederland is hoger dan dat van vrouwen.

H_0: het aantal jaren werkervaring heeft geen effect op de hoogte van het inkomen.
H_1: het aantal jaren werkervaring heeft een positief effect op de hoogte van het inkomen.

Kader 8.2

Samengevat: je formuleert hypothesen over een kenmerk of uitkomst in de populatie. Die toets je (kwantitatief) aan de hand van je steekproefgegevens. De kans dat zo'n hypothese waar is voor je populatie (en dus niet op toeval berust), loopt van 0 tot 100%. Is de kans op toeval kleiner dan (de afspraak van) 5%, dan verwerpen we de nulhypothese: de uitkomst is significant.

Meer over toets-theorie en over de *foutenverwachting* is te vinden op de website bij dit boek onder de tab Extra materiaal, hoofdstuk 8.

8.3 Univariate analyses

Beschrijvingen van één variabele tegelijk worden ook wel *univariate* analyses genoemd. Wat analyseren we? We analyseren data: gegevens! Een dataset bestaat uit variabelen van een aantal cases. Met 'cases' wordt bedoeld het aantal deelnemers (respondenten) aan je onderzoek, of het aantal ingevulde vragenlijsten, het aantal waarnemingen of onderzoekseenheden, de steekproefgrootte, enzovoort. Deze dataset gebruiken we voor de analyse.

Univariate beschrijvingen kun je op veel manieren maken. Wij behandelen er hier drie:

- *Frequentieverdelingen* van een kenmerk. Daarin wordt aangegeven hoe vaak een categorie (van een kenmerk) voorkomt, bijvoorbeeld in relatie tot het totale aantal cases.
- *Grafieken* (plaatjes) van een kenmerk.
- *Kengetallen*. Een kengetal geeft een samenvatting van een kenmerk door middel van één bepaalde eigenschap. Zo kun je bijvoorbeeld naar het midden (het centrum) van een verdeling kijken of naar de breedte waarover alle waarnemingen zich uitstrekken (de spreiding). Er zijn dus twee soorten kengetallen, te weten *centrum-* en *spreidingsmaten*.

In deze paragraaf wordt alleen ingegaan op beschrijvende statistiek. Voor een korte inleiding in de toetstheorie (inferentiële statistiek) verwijzen wij je naar het Extra materiaal van de hoofdstukken 3 en 8 op de website bij dit boek, en naar hoofdstuk 5 van *Statistiek in stappen* (Verhoeven, 2013).

8.3.1 Frequentieverdelingen

De meest voorkomende wijze om kenmerken te presenteren is door aan te geven hoe vaak de waarden voorkomen. Dit kun je doen met behulp van de tabel van een frequentieverdeling. Om te weten hoe je een dergelijke tabel kunt interpreteren, moet je ook bekend zijn met de manier waarop je zo'n tabel maakt. Een frequentieverdeling kan er heel eenvoudig uitzien (zie kader 8.3).

Voorbeeld van een frequentieverdeling

burgerlijke staat	aantal waarnemingen
gehuwd	6
alleenstaand	4
gescheiden	1
weduwe/weduwnaar	1

Kader 8.3

Kader 8.3 geeft alleen informatie over het aantal waarnemingen per categorie van een variabele. Je kunt ook iets meer informatie geven door de percentages van het totaal te berekenen. Zo ontstaat een *relatieve* frequentietabel (zie figuur 8.3). We zullen nu bespreken hoe je zo'n tabel samenstelt.

Burgerlijke staat

		Frequency	Percent	Valid Percent	Cumulative Percent
Valid	gehuwd/samenwonend	6	50,0	50,0	50,0
	alleenstaand	4	33,3	33,3	83,3
	gescheiden	1	8,3	8,3	91,7
	weduwe/weduwnaar	1	8,3	8,3	100,0
	Total	12	100,0	100,0	

Figuur 8.3 Relatieve frequentieverdeling van burgerlijke staat

Percenteren

Voor een relatieve frequentietabel heb je percentages nodig. Bij een percentage druk je het aantal waarnemingen uit in relatie tot het totale aantal waarnemingen, in procenten dus. In figuur 8.3 geven 6 van de 12 respondenten aan dat ze gehuwd zijn of samenwonen. De relatieve frequentie is 6/12 → 0,50, ofwel 50% van het totale aantal waarnemingen. In formulevorm ziet dat er als volgt uit:

$$\text{Percentage} = \frac{\textit{frequentie}}{\textit{totaal}} \text{x}100\%$$

Frequentietabel in SPSS

Figuur 8.3 is gemaakt in SPSS. In kader 8.4 zijn de bijbehorende opdrachten gegeven. SPSS is een Engelstalig programma; vandaar dat je alle aanduidingen in het Engels leest. Helemaal links vind je de termen 'valid', 'missing' en 'total'. Daar komen we zo op terug. Daarnaast zijn de omschrijvingen van de categorieën gegeven ('Value Labels' volgens SPSS).

Relatieve frequentietabel in SPSS

Om in SPSS een relatieve frequentietabel aan te maken geef je de volgende opdracht: Analyze → Descriptive Statistics → Frequencies → in het dialoogvenster (zie figuur hieronder) de variabele in het vlak 'Variable(s)' selecteren. Vervolgens op OK klikken.

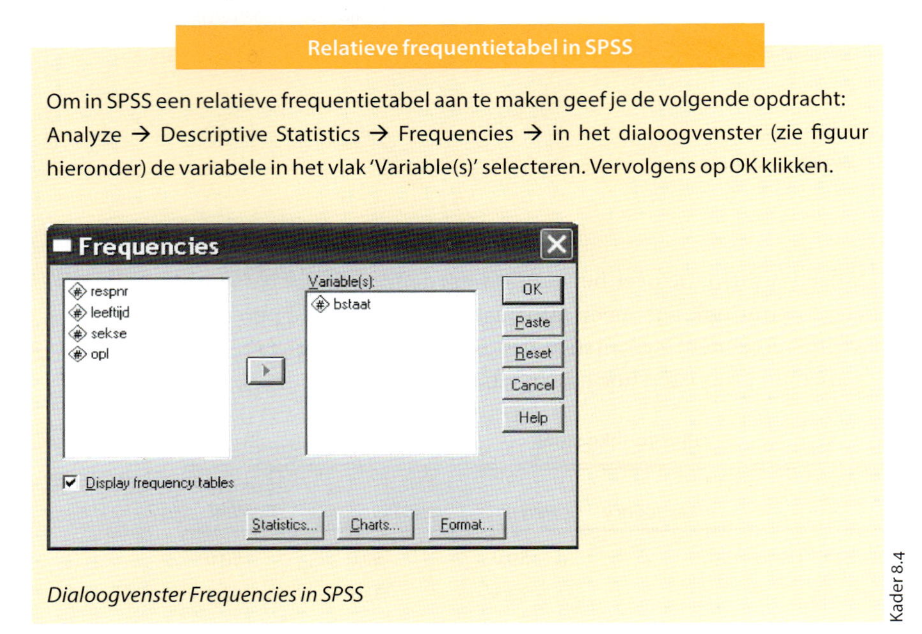

Dialoogvenster Frequencies in SPSS

Kader 8.4

Vervolgens zie je vier kolommen met getallen:

1. Onder '*Frequency*' (Nederlands: aantal) vind je het aantal waarnemingen per categorie.
2. Onder '*Percent*' (percentage dus) vind je het percentage per categorie van het totale aantal waarnemingen, inclusief ontbrekende antwoorden.
3. In de kolom '*Valid Percent*' wordt ook een percentage gegeven, namelijk dat van het aantal *geldige* waarnemingen ten opzichte van het totaal. De tabel heeft twee totalen (2 × 'total'). In figuur 8.4 zie je nog een verdeling van burgerlijke staat. De onderste 'total' staat op 13. Er zitten 13 mensen in deze steekproef. De 'total' daarboven is het totale aantal geldige waarnemingen en dat staat op 12. Er is één persoon die de burgerlijke staat niet heeft opgegeven. Dan wordt het percentage van het totale aantal *gegeven antwoorden* berekend en wordt het ontbrekende antwoord niet meegeteld. Dat antwoord is dus ' Missing' (om in SPSS-taal te spreken).

4. Helemaal rechts zie je *'Cumulative Percent'* (oplopend percentage); de relatieve waarnemingen worden opgeteld tot 100%.

Burgerlijke staat

		Frequency	Percent	Valid Percent	Cumulative Percent
Valid	gehuwd/samenwonend	6	46,2	50,0	50,0
	alleengaand	4	30,8	33,3	83,3
	gescheiden	1	7,7	8,3	91,7
	weduwe/weduwnaar	1	7,7	8,3	100,0
	Total	12	92,3	100,0	
Missing	missing	1	7,7		
Total		13	100,0		

Figuur 8.4 Burgerlijke staat en geldige percentages

Op de website bij het boek – in deel 5 van de inleiding SPSS – is een voorbeeld uitgewerkt van de wijze waarop je percentages van vragen met meer dan één antwoordmogelijkheid bekijkt.

8.3.2 *Grafieken van één variabele*

Om een goed beeld van een kenmerk te krijgen maken onderzoekers vaak gebruik van grafieken. Een ander voordeel van het gebruik van grafieken is dat ze zeer verhelderend kunnen zijn voor een breed publiek. Ook mensen die minder verstand hebben van de cijfers in statistische resultaten kunnen goed met grafieken uit de voeten, mits je natuurlijk de juiste grafiekkeuze maakt. Deze keuze hangt af van twee zaken: van je doel (wat wil je van een kenmerk laten zien) en van het meetniveau van het kenmerk. We laten dat zien als we de volgende grafieken behandelen: het cirkeldiagram, het staafdiagram en het histogram, lijngrafieken (zowel 'gewoon' als 'cumulatief' of oplopend), het boxdiagram en het spreidingsdiagram (zie figuur 8.5).

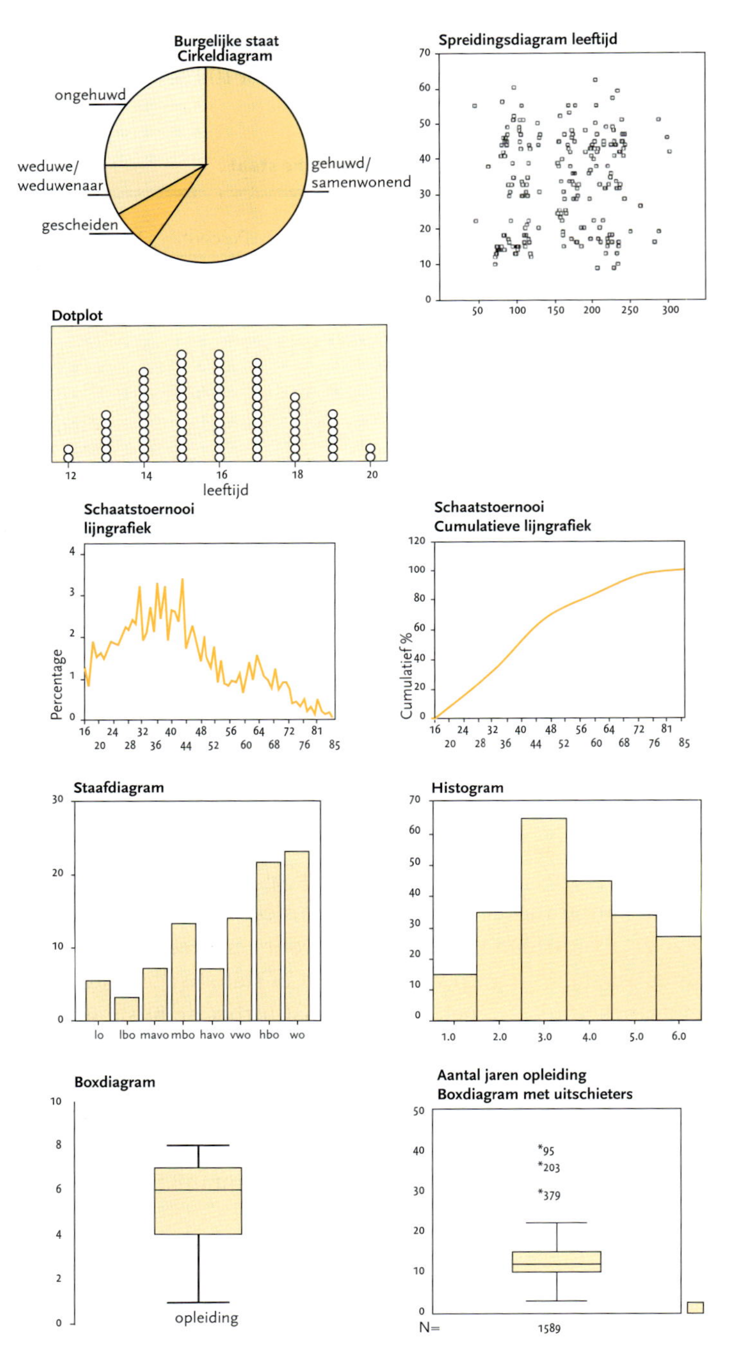

Figuur 8.5 *Overzicht van de verschillende grafieken in SPSS*

De belangrijkste functie van een grafiek is dat deze een overzichtelijke weergave van je kenmerk vormt. Het heeft daarom geen zin om bijvoorbeeld grafieken van kenmerken met slechts twee categorieën te maken, zoals sekse. Als je weet hoeveel procent vrouwen er in een verdeling zit, is het aantal mannen immers automatisch ook bekend. We beginnen dus met variabelen die drie of meer categorieën hebben.

Cirkeldiagram

De functie van een cirkeldiagram, ook wel 'taartpuntgrafiek' genoemd, is het tonen van de *verhouding* tussen de verschillende categorieën. Je ziet in één oogopslag welke taartpunt het grootst is en welke het kleinst, maar dat lukt alleen als in het cirkeldiagram een variabele met slechts enkele categorieën wordt weergegeven, zoals burgerlijke staat. Als we met een cirkeldiagram bijvoorbeeld de leeftijd in jaren proberen weer te geven, leidt dat tot een zeer verwarrend beeld. Daarom is deze weergave alleen geschikt voor variabelen van een laag meetniveau, nominaal of ordinaal.

Staafdiagram

Een staafdiagram wordt onder dezelfde voorwaarden toegepast als een cirkeldiagram: laag meetniveau, het beschrijven van de verhouding tussen de verschillende categorieën en slechts enkele waarden. Elke waarde wordt in de grafiek weergegeven door een aparte staaf. Je kunt snel zien in welke categorie zich de meeste waarnemingen bevinden: de categorie met de 'hoogste' staaf.

Histogram

Is een kenmerk van een hoger meetniveau interval of ratio, dan kan een histogram worden gemaakt. Dit wordt vaak gebruikt om de *vorm* van een verdeling te bekijken. Het is eigenlijk een staafdiagram voor continue variabelen (Huizingh, 2008). Door het continue karakter van de variabelen worden de staven in een histogram 'aan elkaar' getekend in plaats van enige ruimte tussen de staven te laten. De grenzen van de categorieën sluiten op elkaar aan. Zo kun je zien dat een variabele soms een top in het midden heeft en gelijke uitlopers naar beide zijkanten. Een dergelijke verdeling wordt ook wel 'klokvorm' of 'Gauss-kromme' genoemd en heeft speciale eigenschappen. Hierover lees je meer in paragraaf 8.3.4.
Soms worden interval- of ratiovariabelen ook in een staafdiagram weergegeven, zoals je in figuur 8.6 (aantal kinderen per gezin) kunt zien. Dit had ook een histogram kunnen zijn; immers, de categorieën (aantallen kinderen) sluiten op elkaar aan. Waarschijnlijk is hier gekozen voor een staafdiagram omdat er slechts enkele categorieën zijn en omdat zo de aantallen goed zichtbaar met elkaar vergeleken kunnen worden.

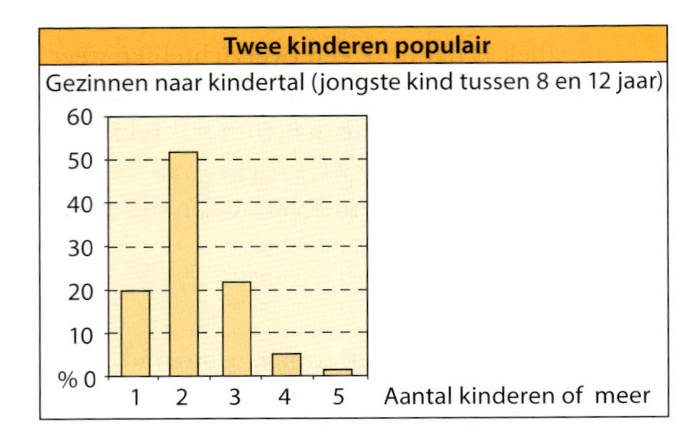

Figuur 8.6 *Staafdiagram aantal kinderen (bron: de Volkskrant, 4 februari 2003)*

Bijzondere grafieken

In figuur 8.7 zie je een gekanteld histogram van de leeftijdsverdeling van mannen en vrouwen in Nederland. Het CBS maakt veelvuldig gebruik van deze weergaven. Ze worden ook wel 'bevolkingspiramiden' genoemd. Figuur 8.7 laat een 'bult' zien tussen 40 en 50. Dat is een teken van toenemende vergrijzing. Ook zie je een piek rond de 65 jaar: de 'babyboomers', die net na de Tweede Wereldoorlog geboren zijn.

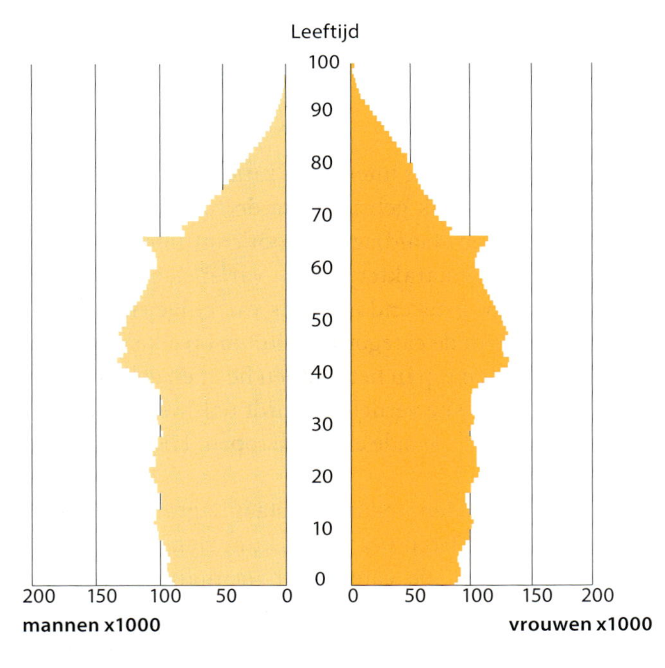

Figuur 8.7 *Bevolkingspiramide 2013 (bron: cbs.nl)*

Figuur 8.8 lijkt op een staafdiagram, maar dan gekanteld. Het geeft de resultaten van een onderzoek naar leefstijlen van jongeren tussen 14 en 18 jaar weer (*de Volkskrant*, 25 november 2005). Het is inderdaad een gekanteld staafdiagram, maar niet van één variabele. Voor elke 'stijlgroep' is een staaf aangemaakt die aangeeft hoeveel procent *van de totale groep ondervraagden* bij deze stijlgroep past. Het is dus eigenlijk niet één figuur, maar het zijn dertien figuren (een figuur met dertien variabelen). Kijk maar naar de bijbehorende percentages: tel je ze bij elkaar op, dan kom je bóven de honderd uit. Uit het bijschrift blijkt hetzelfde door de opmerking 'meerdere antwoorden mogelijk'.

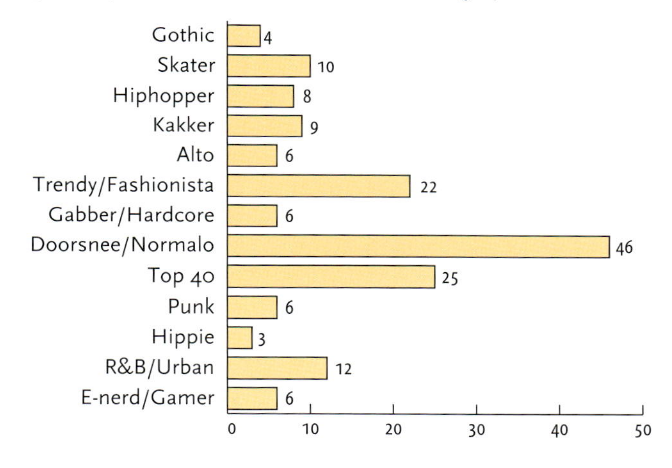

Figuur 8.8 Stijlgroep op basis van kleding en muziekkeuze

Lijngrafiek

Ben je geïnteresseerd in trends van een kenmerk, dan is een lijngrafiek een goede keus. Een lijngrafiek wordt gebruikt als de variabele minimaal op intervalniveau ligt. Het aantal categorieën is onbeperkt; meestal zijn het er veel, zoals bij aantallen of leeftijden. Ook ontwikkelingen in de tijd kunnen met behulp van lijngrafieken worden weergegeven. Tijd is dan een extra variabele, zoals we in paragraaf 8.4.2 zullen laten zien. De lijngrafiek van leeftijden in een schaatstoernooi in figuur 8.5 vertoont een grillig verloop met enkele pieken. Dit betekent dat daar het aantal personen van die leeftijd groot is. Toch kan het zijn dat deze grafiek nog geen goed beeld geeft van het verloop van de verdeling. Dan kan ook een cumulatieve lijngrafiek worden getekend. In figuur 8.5 is eerst een gewone lijngrafiek van de leeftijd van schaatsers getekend, vervolgens is de grafiek cumulatief weergegeven. Deze lijn begint bij 0% en eindigt bij 100%, als alle waarnemingen in de grafiek zijn getekend. Wat opvalt, is dat de lijn erg steil gaat lopen op het punt waar in de gewone grafiek veel uitschieters (dus de meeste waarnemingen) zitten. Dus: hoe meer waarnemingen, hoe steiler de lijn.

Boxdiagram

Indien je bij variabelen met een ordinaal meetniveau de verdeling zichtbaar wilt maken, dan kun je een boxdiagram gebruiken. Uitgangspunt daarbij is de mediaan, ofwel de middelste waarneming (zie voor een uitleg van dit begrip paragraaf 8.3.3). Je geeft dus aan waar het midden van de verdeling zit en hoe de waarnemingen daaromheen liggen. Verder valt op dat:

- uit de box aan weerskanten een steel steekt met een dwarsstuk. Deze dwarsstukken geven het begin (0%) en het einde (100%) van de verdeling aan, zeg maar de overige 50%. Een boxdiagram wordt vanwege die vorm ook wel 'repensteel' (een reep met twee stelen) of 'snorrendoos' genoemd;
- de mediaan door middel van een dikke streep in de verdeling zichtbaar is gemaakt; deze geeft de 50% middelste waarnemingen weer. Daaromheen is in een 'boxje' aan beide kanten 25% van de waarnemingen geplaatst. In figuur 8.5 is in de box in totaal 50% van de middelste waarnemingen te zien (wat in dit geval betekent dat de helft van de respondenten een opleiding op het niveau van havo, mbo, vwo of hbo heeft genoten, zie ook tabel 8.3);
- uitschieters door middel van een punt zichtbaar gemaakt worden, zoals je in figuur 8.5 kunt zien.

Een boxdiagram is een geschikte figuur om zowel de middelste 50% als de uitschieters weer te geven.

Spreidingsdiagram en dotplot

Een spreidingsdiagram is erg geschikt om van kwantitatieve variabelen (van een hoog meetniveau) de verdeling van de scores ten opzichte van elkaar te presenteren. In figuur 8.5 zie je een voorbeeld van de spreiding van leeftijd in een bepaalde steekproef, univariaat dus. Meestal worden in spreidingsdiagrammen twee variabelen afgebeeld, om zo hun ligging ten opzichte van elkaar te kunnen analyseren (zie ook paragraaf 8.4.2). Een andere manier om naar de verdeling van scores in één variabele te kijken is door middel van een dotplot, ofwel puntendiagram. In figuur 8.5 is een voorbeeld van zo'n dotplot te zien. Met een dotplot kun je nagaan of een variabele scheef verdeeld is en waar de uitschieters zitten. Je kunt dotplots zowel voor continue als voor discrete variabelen maken.

Tabel 8.5 geeft een overzicht van de kenmerken van de verschillende grafieken.

Tabel 8.5 Kenmerken van grafieken

Grafiektype	Kenmerken
cirkeldiagram	• enkele categorieën • nominaal (of ordinaal) meetniveau • oppervlakte is totaal aantal cases (100%) • 'taartpunt' is percentage (het relatieve aantal) • geeft inzicht in verhouding tussen categorieën
staafdiagram	• enkele categorieën • nominaal (of ordinaal) meetniveau • hoogte staven is (relatieve) aantal cases per categorie • geeft inzicht in verhouding tussen categorieën
histogram	• beperkt aantal categorieën • interval- of rationiveau • categorieën sluiten op elkaar aan • geeft inzicht in de vorm van een verdeling
lijngrafiek	• onbeperkt aantal categorieën • interval- of rationiveau • categorieën sluiten op elkaar aan • analyseren van trends, ontwikkelingen in de tijd
cumulatieve lijngrafiek	• onbeperkt aantal categorieën • interval- of rationiveau • categorieën sluiten op elkaar aan • weergave begint bij 0% en loopt tot 100% • geeft inzicht in o.a. ontwikkelingen in de tijd, trends
boxdiagram	• vanaf ordinaal meetniveau • laat uitschieters buiten beschouwing • geeft inzicht in middelste 50% van een verdeling
spreidingsdiagram	• vanaf interval- of rationiveau • wordt meestal voor de weergave van twee kenmerken gebruikt • geeft inzicht in verdeling van scores ten opzichte van elkaar

Grafieken in SPSS en Excel

Zowel in Excel als in SPSS kun je grafieken aanmaken. Er is één uitzondering: het histogram. Dat wordt in Excel standaard als staafdiagram weergegeven. Via het 'grafieken-icoontje' maak je een keuze uit een groot aantal grafieken, waaronder een kolomdiagram en een staafdiagram. Dit onderscheid is best verwarrend, aangezien wij (maar ook SPSS) er een heel andere benaming op na houden. Met een kolomdiagram in Excel wordt eigenlijk een gewone staafdiagram aangemaakt (zoals de bar chart in SPSS). De optie 'staafdiagram' in Excel geeft eigenlijk dezelfde figuur, een kolomdiagram dus, maar dan gekanteld. Wil je écht een histogram maken, dan doe je dat in SPSS, met het menu 'graphs'. Via het uitklapmenu en de daaropvolgende dialoogvensters kun je de keuze maken voor de juiste weergave. Welk programma je kiest voor het maken van je grafieken, is afhankelijk van een aantal factoren. Soms sluit de weergave in Excel beter aan op wat je wilt laten zien, soms slaagt SPSS daar beter in.

Op de website bij dit boek is onder de tab Inleiding SPSS een aantal voorbeelden uitgewerkt van het aanmaken van grafieken in SPSS.

8.3.3 Centrummaten

Een centrummaat is een kengetal dat een beschrijving geeft van het middel van een verdeling, van een variabele. We bespreken er een aantal.

Modus

De categorie in een variabele die het meest voorkomt, wordt modus genoemd. De modus kan worden toegepast bij variabelen *vanaf* een *nominaal* meetniveau; alle variabelen dus. Een voordeel is dat deze maat ook kan worden berekend bij variabelen die 'niet-numeriek' zijn. Zo is de categorie 'gehuwd' de modus van de variabele burgerlijke staat (tabel 8.6), omdat je daar de meeste waarnemingen ziet (namelijk 50% gehuwd). De schrijfwijze is: X_{mod}. In kader 8.5 zie je een numeriek voorbeeld van de modus. In figuren is de modus gemakkelijk te herkennen. Kijk maar eens naar het staafdiagram van stijlgroep in figuur 8.8. De modus is 'Doorsnee/Normalo', omdat deze staaf het langste is.

Voorbeeld modus

Gegeven de volgende rij waarnemingen:

1111222333445666677788999999

De modus is het meest voorkomende getal: 9 dus. Die komt zes keer voor.

Kader 8.5

Soms telt een verdeling niet één modus, maar twee. In de frequentietabel in tabel 8.6 kun je dat zien: zowel 'gehuwd/samenwonend' als 'alleenstaand' komt het meeste voor, allebei 34,5%. Deze verdeling wordt ook wel *bimodaal* genoemd, omdat ze twee toppen heeft.

bimodale verdeling

Tabel 8.6 Bimodale verdeling burgerlijke staat

Burgerlijke staat	Aantal	Percentage	Cumulatief percentage
gehuwd/samenwonend	10	34,5	34,5
alleenstaand	10	34,5	69,0
gescheiden	4	13,8	82,8
weduwe/weduwnaar	5	17,2	100,0
Totaal	29	100,0	

Mediaan

De mediaan is de *middelste* waarneming in een verdeling, of díé categorie waarin de middelste waarneming voorkomt. De mediaan geeft dus precies het midden van een (gesorteerde) verdeling aan, de breuklijn ligt bij 50% (zie kader 8.6). De schrijfwijze is ook wel: X_{med} of $X_{.50}$. Toepassing van de mediaan kan vanaf een meetniveau. Het is dus mogelijk om van de variabele 'opleidingsniveau' de mediaan te berekenen. In tabel 8.7 is de mediaan te vinden in de categorie mbo. Hoe kun je dat zien? Door naar de *cumulatieve* (*oplopende*) percentages te kijken. De categorie waarin zich het vijftigste percentiel bevindt (zo noemen we de middelste waarneming), is de mediane categorie. In dit geval is dat de categorie tussen 38,5% en 53,8%.

Voorbeeld mediaan

Gegeven de volgende waarnemingen:
111122233344566667788999999
In deze rij waarnemingen is de mediaan 6, het is de 14de van in totaal 27 waarnemingen (in dit geval getallen), een oneven aantal.Stel dat de getallenreeks er zo uitziet:
11112223334456666778899999
Nu zijn er 26 waarnemingen, een *even* aantal. De mediaan ligt precies tussen de 13de en de 14de waarneming in, dus tussen 5 en 6. De mediaan is daarmee het midden tussen de middelste twee scores: 5,5.

Kader 8.6

Bij sommige variabelen zijn de losse scores gegroepeerd tot een verdeling in klassen. Op de website bij het boek vind je onder de tab Extra materiaal bij hoofdstuk 8 informatie over de vraag hoe je het beste zo'n klassenindeling kunt maken en hoe je bij een verdeling in klassen de mediaan berekent.

Tabel 8.7 Mediaan opleidingsniveau

Opleidingsniveau			
	Aantal	*Percentage*	*Cumulatief percentage*
vmbo	2	15,4	15,4
havo	3	23,1	38,5
mbo	2	15,4	53,8 ←
vwo	2	15,4	69,2
hbo	2	15,4	84,6
wo	2	15,4	100,0
Totaal	13	100,0	

Gemiddelde

Het gemiddelde wordt verkregen door alle scores bij elkaar op te tellen (de som dus) en vervolgens te delen door het totale aantal waarnemingen.

rekenkundig gemiddelde

Het wordt ook wel het *'rekenkundig gemiddelde'* genoemd. In formulevorm ziet het gemiddelde eruit zoals in kader 8.7. De schrijfwijze is x_{gem} of $\overline{x}$ voor een steekproef. Gebruik je het gemiddelde uit de populatie, dan is de schrijfwijze σ. Een gemiddelde kan worden berekend voor variabelen vanaf een een interval- of rationiveau. Waarom is dat? Een gemiddelde geeft pas informatie als je met de kenmerken ook daadwerkelijk kunt rekenen. Je kunt bijvoorbeeld zeggen dat de gemiddelde levensverwachting van de mens tegenwoordig 85 jaar is, maar je kunt niet zeggen dat de gemiddelde burgerlijke staat 'gehuwd' is. Er bestaat geen gemiddelde burgerlijke staat! Je leest in personeelsadvertenties wel dat de kandidaat een 'gemiddeld opleidingsniveau' moet hebben. Maar we zagen al dat je van opleidingsniveau eigenlijk geen gemiddelde kunt uitrekenen, daarvoor is het meetniveau te laag. Dat je het toch regelmatig tegenkomt, is een gevolg van het feit dat het gemiddelde een bekende maat is die het meest gebruikt wordt. De mediaan is veel minder bekend. Uiteraard is dat geen valide argument om overal het gemiddelde voor te gebruiken.

Heb je vijf personen van 15, 16, 17, 18 en 19 jaar oud, dan is hun gemiddelde leeftijd (15 + 16 + 17 + 18 + 19)/5 = 17 jaar. Is er echter per leeftijdscategorie meer dan één persoon, dan moet je met deze aantallen rekening houden; je rekent dan het gemiddelde als volgt uit (zie kader 8.8): je neemt de som van alle waarnemingen maal hun aantal, en je deelt dat door het totale aantal waarnemingen.

De formule voor het berekenen van het gemiddelde

$$x_{gem} = \frac{\sum_{i=1}^{n} x_i}{n}$$

Uitleg:

- Het Σ-teken of sigma (Griekse hoofdletter) geeft aan dat het om een som gaat, een optelling.
- i (van 'index') is de zogeheten 'teller' die loopt tot aan 'n' ofwel het totale aantal waarnemingen (de steekproefgrootte).
- x_i is het aantal scores, geteld per waarneming.

Kader 8.7

Soms kom je waarden tegen die niet allemaal hetzelfde gewicht hebben. Denk maar aan het berekenen van je eindcijfer voor statistiek. De tentamens tellen waarschijnlijk zwaarder mee dan de opdrachten. Docenten kennen (kunstmatig) een gewicht aan de cijfers toe. Moet je het gemiddelde uitrekenen, dan houd je rekening met deze weging. Je gebruikt echter dezelfde formule als bij het rekenkundig gemiddelde. Kijk maar in tabel 8.8 voor een voorbeeld:

gewogen gemiddelde

Het rekenkundige gemiddelde

Stel, je hebt aan dertig mensen hun leeftijd gevraagd. De verdeling van hun antwoorden staat in de eerste kolom. Zo zijn bijvoorbeeld tien mensen 25 jaar oud. Voor het gemiddelde neem je eerst de som van alle waarnemingen, dus:

Aantal	Leeftijd	Aantal × leeftijd
2	22	44
10	25	250
12	35	420
6	41	246
30		**960**

Deze som deel je door het totale aantal waarnemingen: 960/30 = 32. Dat is de gemiddelde leeftijd.

Kader 8.8

Tabel 8.8 Gewogen gemiddelde eindcijfer statistiek

Onderdeel	Weging	Cijfer	Weging × cijfer
opdracht 1	1×	6	6
opdracht 2	1×	8	8
tentamen 1	3×	5	15
tentamen 2	3×	5,4	16,2
projectverslag	2×	7	14
Totaal	10		59,2
Eindcijfer			59,2/10 = 5,92

Op de website bij dit boek vind je onder de tab Extra materiaal bij hoofdstuk 8 antwoord op de vraag hoe je het beste het gemiddelde voor een variabele met een klassenindeling uit kunt rekenen.

Centrummaten in SPSS

In SPSS kun je op verschillende manieren kengetallen laten uitrekenen. De meest gebruikte manieren bij univariate beschrijvingen zijn:

- via Analyze → Descriptive Statistics → Descriptives → Options;
- via Analyze → Descriptive Statistics → Frequencies → Statistics;
- via Analyze → Descriptive Statistics → Explore → Statistics.

Het gemiddelde (mean) wordt meestal automatisch gepresenteerd, zoals in de opties 'Statistics' en 'Options'. Naargelang het meetniveau kun je dat veranderen. Verder hebben veel bewerkingen in SPSS de mogelijkheid tot 'Descriptives', waardoor je telkens de kengetallen van variabelen kunt opvragen.

8.3.4 Spreidingsmaten

Soms geeft een centrummaat te weinig informatie. Zo levert het gemiddelde aantal dagen ziekteverzuim niet voldoende informatie op over de spreiding van het ziekteverzuim. Een organisatie wil bijvoorbeeld weten tussen welke uitersten het ziekteverzuim zich bevindt, wat het minimumaantal ziektedagen is en wat het maximumaantal, en hoe vaak beide voorkomen. Voor deze situaties is een spreidingsmaat beter geschikt, omdat deze antwoord geeft op de vraag hoe de waarnemingen liggen ten opzichte van elkaar, met andere woorden: hoe de scores in de variabele zijn verdeeld.
Figuur 8.9 toont een Excel-grafiek van de spreiding van de variabele leeftijd (op de y-as) bij 250 personen (op de x-as). Zoals je uit de figuur kunt aflezen,

loopt deze spreiding van 10 tot ongeveer 62. De leeftijden variëren dus van 10 tot 62 jaar.
Figuur 8.10 toont de spreiding van het ziekteverzuim van 250 medewerkers in een organisatie. De figuur laat zien dat de meeste van de 250 personen tussen 0 en ongeveer 5 dagen ziek zijn (het ziet 'zwart' van de scores onder in de grafiek). Naar boven toe zie je minder scores, het aantal ziektedagen loopt op, maar het aantal mensen dat zo lang ziek is, neemt af. De verdeling van het ziekteverzuim loopt hiermee op van 0 tot 82, gemeten over een halfjaar. We bespreken nu een aantal spreidingsmaten.

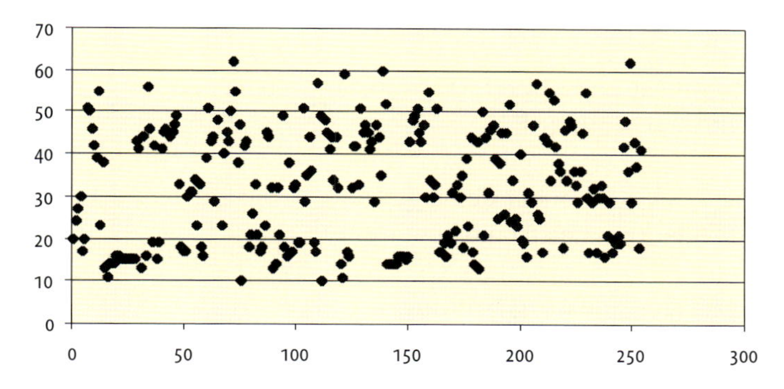

Figuur 8.9 Spreiding van leeftijd

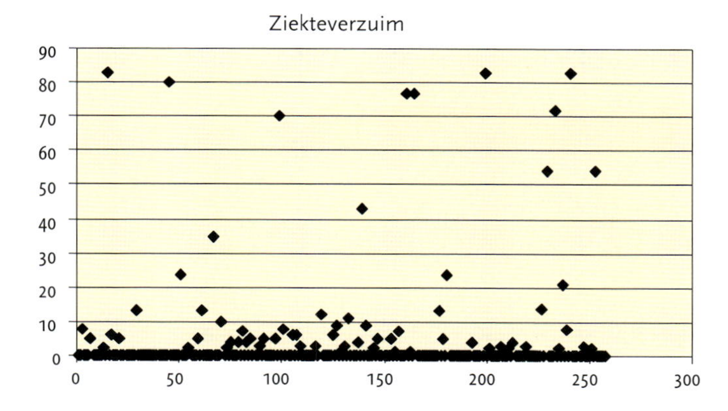

Figuur 8.10 Spreiding van ziekteverzuim in een halfjaar

Variatiebreedte

De eenvoudigste manier om de spreiding van een kenmerk weer te geven is met behulp van de variatiebreedte. Dat is simpelweg het verschil tussen de minimum- en de maximumscore. Zo kun je de variatiebreedte in de figuren 8.9 en 8.10 proberen af te lezen, maar vaak is dat lastig. Bij leeftijd loopt de verdeling van 10 tot en met 62 jaar (de hoogste score vind je nét iets boven de lijn van '60'), een variatiebreedte dus van 52 jaren. Bij aantal dagen ziekteverzuim loopt de verdeling op van 0 tot 82 dagen; de variatiebreedte is dus 82.
Voor tabel 8.7 (de verdeling van opleidingsniveau) is de variatiebreedte moeilijker uit te drukken in cijfers. In elk geval valt ze tussen vmbo en wetenschappelijk onderwijs. Je merkt al dat de variatiebreedte bij numerieke variabelen beter vast te stellen is.
Een andere spreidingsmaat is de interkwartielafstand, de spreiding van de middelste 50% van de waarnemingen.

Op de website bij het boek staat onder de tab Extra materiaal bij hoofdstuk 8 een voorbeeld van de interkwartielafstand beschreven.

Variantie en standaardafwijking

Voor continue variabelen vanaf een interval- en rationiveau kun je als spreidingsmaat de *variantie* gebruiken, of de afgeleide daarvan: de *standaardafwijking*. Wat is een variantie? Dat is niet simpel te zeggen: *de gemiddelde gekwadrateerde afwijking van het gemiddelde*. Vergeet dat maar weer snel! Eigenlijk geef je met deze maat aan hoe de waarnemingen rondom het gemiddelde verspreid liggen. Kader 8.9 toont de berekening.

Het berekenen van de variantie en de standaardafwijking

Formule variantie:

$$\sigma^2 = \frac{\sum_{i}^{N}(x_i - \mu)^2}{N}$$

Uitleg:

- *σ^2 (of s^2)*: als de verdeling van de populatie bekend is, dan wordt als notatie een σ^2 (kleine Griekse letter sigma) gebruikt. Is de verdeling onbekend, dan wordt de zogeheten steekproefvariantie gebruikt, s^2 dus.

Kader 8.9

vervolg

- Tussen haakjes staat dat telkens voor elke waarneming het verschil tussen een waarneming en het gemiddelde moet worden bekeken. Voor de populatie is de schrijfwijze μ, voor een steekproef x_{gem} of $\overline{x}$. Voor elk verschil nemen we het kwadraat. Zouden we dat niet doen, dan zouden alle verschillen bij elkaar opgeteld op 'nul' uitkomen. Dat willen we niet. Wij willen naar de 'afstanden' kijken, naar 'absolute' verschillen.
- Het gekwadrateerde verschil wordt getotaliseerd, dat wil zeggen dat alle verschilscores bij elkaar worden opgeteld.
- Het totaal van deze verschilscores wordt gedeeld door het totale aantal waarnemingen, waardoor de variantie ontstaat.

Deze *variantie* is een maat in het kwadraat, een zogeheten *vierkante maat*. Dat heeft het nadeel dat als de verschillen twee keer zo groot zijn, de variantie al vier keer zo groot wordt. Daarmee wordt deze maat onhandelbaar en lastig te interpreteren. Een oplossing voor dit probleem is om het kwadraat weg te halen. Dat kan natuurlijk niet zomaar, je moet daarvoor de wortel uit deze variantie trekken. Met deze wortel uit de variantie ($\sqrt{\sigma^2}$) ontstaat de *standaarddeviatie*, ofwel standaardafwijking

Kader 8.9

In het boek laten wij zien hoe je de variantie van de populatie uitrekent. Op de website vind je onder de tab Extra materiaal bij hoofdstuk 8 een voorbeeld van de variantie voor een steekproef.

Bijzondere eigenschappen van de standaardafwijking

De standaardafwijking heeft een aantal bijzondere eigenschappen:

- Is de grafiek van een verdeling symmetrisch en heeft zij de vorm van een klok, dan wordt dit ook wel de *Gauss-kromme* of een 'normale verdeling' genoemd. Uitgangspunten voor het tekenen van deze Gauss-kromme zijn het gemiddelde en de standaardafwijking. Op de x-as zet je alle mogelijke waarden van de verdeling uit, met het gemiddelde precies in het midden.
- Voor het interpreteren van de verdeling van de waarnemingen ten opzichte van het gemiddelde en de standaardafwijking kun je een aantal standaardregels hanteren. Kijk eens naar de klokvorm in figuur 8.11. Je kunt zien dat de waarnemingen gelijkmatig over deze vorm verdeeld zijn (hij is symmetrisch), namelijk:
  - *68%* van alle waarnemingen ligt tussen het gemiddelde plus of minus één keer de standaarddeviatie. Kijk naar de eerste twee lijnen vanaf het gemiddelde.

- *95%* van alle waarnemingen ligt tussen het gemiddelde plus of minus twee keer de standaarddeviatie. Kijk naar de tweede set lijnen vanaf het gemiddelde.
- *99%* van alle waarnemingen ligt tussen het gemiddelde plus of minus drie keer de standaarddeviatie. Kijk naar de derde set lijnen vanaf het gemiddelde.

sigma-intervallen

Deze empirische regel geldt voor elke variabele die een 'normale' verdeling heeft. Ze worden ook wel de *1-sigma-*, *2-sigma-* en *3-sigma-intervallen* (68,26%, 95,44% en 99,74%) van de verdeling genoemd. Van alle continue variabelen met een normale verdeling kun je zo'n grafiek tekenen. Overigens wordt deze regel ook toegepast als de verdeling niet 'normaal' is.

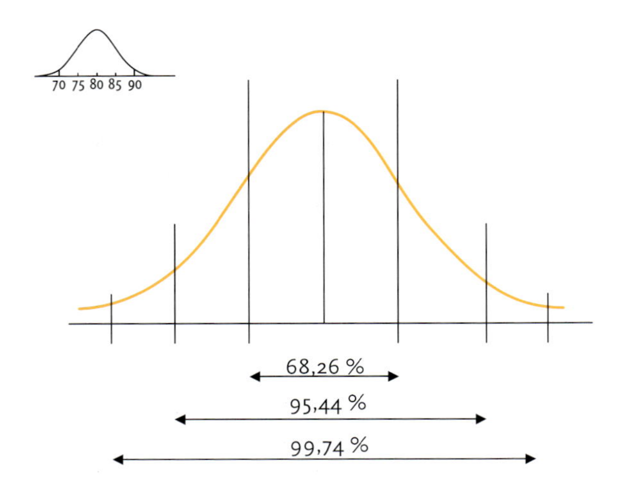

Figuur 8.11 Eigenschappen van de standaardafwijking

Op de website bij het boek is onder de tab Extra materiaal bij hoofdstuk 8 een voorbeeld uitgewerkt van het berekenen van de variantie voor variabelen met een klassenindeling.

Interpretatie van variantie en standaardafwijking

In kranten en tijdschriften zul je niet snel specifieke informatie vinden over de variantie van een verdeling. Wat kun je van een verdeling zeggen als je de variantie kent? Naarmate je een grotere variantie krijgt, kun je zeggen dat de spreiding van een kenmerk groter is. Een kleine variantie is, logischerwijs, een kleine spreiding. Dan liggen alle scores dicht rond het gemiddelde. Een probleem is alleen dat de variantie in feite een kwadraat is, een 'vierkante maat'

dus. De variantie kan daarom erg groot worden. We zeiden al dat dit lastig te interpreteren is. Wordt een verschil tussen twee scores twee keer zo groot, dan wordt de variantie vier keer zo groot (Swanborn, 2010). Wat is bijvoorbeeld 'het kwadraat van leeftijd' of van 'aantal arbeidsuren'? Lengte in centimeters geeft een variantie in cm^2, vierkante centimeters dus (Slotboom, 2008). Dat is echter niet de maat die wordt bedoeld.
De standaardafwijking geeft ons de gelegenheid om de spreiding beter te beoordelen. We trekken de wortel uit de variantie, zodat van de σ^2 (s^2) de σ (s) overblijft, een gestandaardiseerde maat dus. Kijk bijvoorbeeld eens naar de spreiding van 'aantal dagen ziekteverzuim' in figuur 8.10. Stel dat je het ziekteverzuim bij twee afdelingen onderzoekt. Het gemiddelde aantal dagen ziekteverzuim is bij beide afdelingen hetzelfde, maar de standaardafwijking (spreiding) verschilt. Bij de ene afdeling is er een kleine spreiding; de verdeling van dit aantal dagen ligt dicht rond het gemiddelde. De andere afdeling heeft een grote spreiding; er zijn mensen die heel kort ziek zijn en mensen die heel lang ziek zijn. De afdeling met een kleine spreiding in ziekteverzuim is daarmee wat homogener. Op de afdeling met een grote spreiding is de verdeling diverser. Alleen informatie over het gemiddelde aantal ziektedagen geeft geen compleet beeld van het ziekteverzuim op beide afdelingen; de spreiding (verdeling) van dit ziekteverzuim doet dat veel beter.

8.4 Bivariate analyse

De basis van je analyse ligt bij het beschrijven van de onderzochte kenmerken. In de vorige paragraaf kon je zien hoe dit van telkens één variabele kan worden gedaan. In deze paragraaf wordt behandeld hoe je een beschrijving van twee variabelen tegelijk kunt geven, zoals van inkomens van mannen en vrouwen, jaarcijfers van verschillende afdelingen, opleidingsniveau van mensen in bepaalde inkomenscategorieën, te veel om op te noemen. We zetten een aantal mogelijkheden voor je op een rij. Naast kruistabellen (het weergeven van twee frequentieverdelingen in één tabel) wordt een aantal grafieken van twee variabelen behandeld.
Kijk er wel mee uit! Vaak kan het gebeuren dat je slechts een kleine steekproef hebt, of één hele grote en één hele kleine steekproef. Zulke gegevens zijn moeilijk te vergelijken, laat staan dat je er betrouwbare conclusies op kunt baseren.
Verder worden vergelijkingen tussen twee kenmerken niet erg waardevol gevonden als je ze niet kunt toetsen. Wat wordt daarmee bedoeld? Welnu, je test of je de uitkomst van je analyses op een steekproef mag generaliseren naar de populatie. Dat zagen we al in paragraaf 8.2.

Een voorbeeld van een berekening van variantie

Kijk eens naar de verdeling van de variabele 'leeftijd' in de tabel hierna:

Variantie van leeftijd

Leeftijd (X)	n	n.x	$(x-\bar{x})$	$(x-\bar{x})^2$	$n(x-\bar{x})^2$
10	2	20	-5,6	31,36	62,72
11	1	11	-4,6	21,16	21,16
12	2	24	-3,6	12,96	25,92
13	5	65	-2,6	6,76	33,80
14	11	154	-1,6	2,56	28,16
15	13	195	-0,6	0,36	4,68
16	13	208	0,4	0,16	2,08
17	12	204	1,4	1,96	23,52
18	8	144	2,4	5,76	46,08
19	6	114	3,4	11,56	69,36
Totaal	73	1.139			317,48
Gemiddelde		15,6			4,40

Uitleg

- De berekening van de variantie gaat als volgt:
- Bereken allereerst het gemiddelde (som van alle scores gedeeld door het totale aantal waarnemingen). Dat is dus 15,6.
- Bereken voor elke score (van leeftijd) de afwijking van het gemiddelde: het verschil tussen elke observatie en het gemiddelde. Dus 10 – 15,6, 11 – 15,6, 12 – 15,6 enzovoort.
- Bereken voor elk verschil (van het gemiddelde) het kwadraat (zo haal je het 'minteken' uit de vergelijking). Dus $(-5,6)^2$, $(-4,6)^2$, enzovoort.
- Bereken nu voor de gekwadrateerde verschillen opnieuw het gemiddelde door de som van alle verschillen te berekenen en deze te delen door het totale aantal waarnemingen. Dus: (31,36 × 2) + (21,16 × 1) + (12,96 × 2), enzovoort en je deelt het totaal door 73 (het aantal waarnemingen).
- Resultaat: de variantie = 4,4 (en de standaardafwijking is $\sqrt{4,4}$ = 2,098).

Kader 8.10

Meer informatie over toets-theorie, met uitleg en voorbeelden, kun je vinden op de website bij het boek onder de tab Extra materiaal, hoofdstuk 3 en 8. Ook in *Statistiek in stappen* (Verhoeven, 2013) wordt een inleiding in toetstheorie gegeven. Ten slotte vind je op de website een aantal literatuurverwijzingen over dit onderwerp.

8.4.1 Kruistabellen

Een kruistabel is een frequentieverdeling van twee kenmerken tegelijk. Deze bestaat uit *kolommen* (van boven naar beneden) en *rijen* (van links naar rechts). Over het algemeen komt de onafhankelijke variabele in de kolommen en de afhankelijke variabele in de rijen. Elke *cel* (dat is het hokje met het aantal waarnemingen) geeft dus informatie over twee kenmerken tegelijk.

De structuur van kruistabellen

In tabel 8.9a zie je een kruistabel van de kenmerken 'geslacht' (onafhankelijke variabele) en 'betaald werk' (afhankelijke variabele). Aan de respondenten is gevraagd of ze een betaalde baan hebben; bovendien is hun geslacht genoteerd. In elke cel is het *aantal waarnemingen* zichtbaar van beide kenmerken tegelijk. Er zijn dus 119 mannen met een betaalde baan! In de laatste rij en kolom zijn de totalen zichtbaar. Daar vind je het totale aantal waarnemingen voor elk kenmerk afzonderlijk: 171 mannen en 82 vrouwen, en 168 mensen mét een betaalde baan en 85 mensen zónder een betaalde baan.

Evenals bij enkelvoudige frequentieverdelingen kun je hier de frequenties als percentage van het totaal weergeven. Er zijn drie manieren waarop dat kan:

1. Als *rijpercentage*, dus de waarnemingen in relatie tot het *rijtotaal*. Je vergelijkt dan de percentages van boven naar beneden, dus *kolomsgewijs* (vergelijking betaald werk-geen betaald werk). Een voorbeeld zie je in tabel 8.9b: 119 mannen hebben een betaalde baan. Dat is 119/168 × 100% = 70,8% van het totale aantal personen met een betaalde baan. Voor mannen ligt dat percentage bij betaald werk hoger dan bij 'geen betaald werk' (61,2%).
2. Als *kolompercentage*, dus de waarnemingen in relatie tot het *kolomtotaal*. Je vergelijkt nu de percentages van links naar rechts, dus *rijgewijs* (vergelijking mannen-vrouwen). Een voorbeeld hiervan vind je in tabel 8.9c: 119 mannen hebben een betaalde baan. Dat is 119/171 × 100% = 69,6% van het totale aantal mannen.Voor betaald werk ligt dat percentage bij mannen hoger dan bij vrouwen (59,8%).
3. Als *celpercentage*, dus de waarnemingen in relatie tot het *totaal* (tabel 8.9d). Als 119 mannen betaald werk hebben, dan is dat 119/253 × 100% = 47% van het totale aantal personen in de steekproef.

Tabel 8.9a Kruistabel 'geslacht' en 'werk': aantallen

	Man	Vrouw	Totaal
betaald werk	119	49	168
geen betaald werk	52	33	85
Totaal	171	82	253

Tabel 8.9b Kruistabel 'geslacht' en 'werk': rijpercentages

	Man	Vrouw	Totaal
betaald werk	119 70,8%	49 29,2%	168 100,0%
geen betaald werk	52 61,2%	33 38,8%	85 100,0%
Totaal	171 67,6%	82 32,4%	253 100,0%

Tabel 8.9c Kruistabel 'geslacht' en 'werk': kolompercentages

	Man	Vrouw	Totaal
betaald werk	119 69,6%	49 59,8%	168 66,4%
geen betaald werk	52 30,4%	33 40,2%	85 33,6%
Totaal	171 100,0%	82 100,0%	253 100,0%

Tabel 8.9d Kruistabel 'geslacht' en 'werk': celpercentages

	Man	Vrouw	Totaal
betaald werk	119 47,0%	49 19,4%	168 66,4%
geen betaald werk	52 20,6%	33 13,0%	85 33,6%
Totaal	171 67,6%	82 32,4%	253 100,0%

Interpretatie van kruistabellen

kruislings

In de tabellen 8.9b tot en met 8.9d moet je erop letten dat je de kolommen en rijen *kruislings* vergelijkt, zoals in donkergeel in de tabellen is aangegeven!
Kijk maar eens in tabel 8.9b naar de rijpercentages. Van de mensen met betaald werk is 29,2% vrouw. Dat is minder dan het totale percentage vrouwen (32,4%), terwijl het percentage vrouwen zonder betaalde baan hoger ligt

(38,8%) dan het totale percentage. Bij de mannen is het net andersom: het totale percentage is 67,6%, terwijl 70,8% betaald werk heeft en 61,2% geen betaald werk. Mannen hebben dus vaker betaald werk dan vrouwen.
Kijk nu eens naar de kolompercentages in tabel 8.9c. Onder de mensen met een betaalde baan (66,4%) zijn procentueel gezien meer mannen (69,6%) dan vrouwen (59,8%), terwijl er meer vrouwen dan mannen geen betaald werk hebben.
Ten slotte is de groep niet-werkende vrouwen het kleinste met 13% van het totaal (tabel 8.9d, celpercentages). Een vergelijking op twee kenmerken tegelijk dus.

Hoe je in SPSS een kruistabel maakt, wordt in kader 8.11 vermeld. Een voorbeeld van een in SPSS aangemaakte en bewerkte kruistabel vind je in figuur 8.12.

Op de website bij het boek vind je onder de tab Inleiding SPSS informatie over de opmaak van tabellen en hoe je die kunt aanpassen aan je wensen.

Kader 8.11

Kruistabellen in SPSS

Kies: Analyze → Descriptive Statistics → Frequencies → Crosstabs
In het dialoogvenster dat verschijnt, kies je de variabelen uit het venster links en je verplaatst ze naar rechts onder 'Variable(s)'. Denk erom dat je ook in SPSS de variabelen volgens een vaste structuur in de kruistabel plaatst. Onafhankelijke variabelen plaats je in de kolommen, afhankelijke variabelen in de rijen. Is de status van de variabelen niet duidelijk, kijk dan welke volgorde het beste resultaat oplevert.

Hebt u betaald werk? * Geslacht Crosstabulation

			Geslacht		
			man	vrouw	Total
Hebt u betaald werk?	ja	Count	485	359	844
		% within Geslacht	62,1%	43,8%	52,7%
	nee	Count	296	461	757
		% within Geslacht	37,9%	56,2%	47,3%
Total		Count	781	820	1601
		% within Geslacht	100,0%	100,0%	100,0%

Figuur 8.12 Kruistabel geslacht × werk

Onafhankelijk of afhankelijk?

Het onderscheid tussen onafhankelijke en afhankelijke variabelen is erg belangrijk. Zoals je in de kruistabellen kunt zien, bepaalt het onder meer de structuur van je analyse. Wil je bijvoorbeeld het effect voorspellen van het opleidingsniveau op inkomen, dan is opleidingsniveau de onafhankelijke variabele (oorzaak) en het inkomen de afhankelijke variabele (gevolg). Figuur 8.13 laat het model zien: de pijl van het effect van opleidingsniveau gaat naar inkomen. Een causaal verband dus.

Figuur 8.13 Effect van opleiding op inkomen

Nu wordt ook de structuur van de analyse duidelijk: de onafhankelijke variabele bepaalt de afhankelijke variabele en in die zin gaat de een aan de ander (in de tijd) vooraf. Op haar beurt kan een afhankelijke variabele weer een variabele manipuleren. Kijk maar eens naar figuur 3.5, het gedragsmodel van Ajzen en Fishbein. Attitude, normen en controle (onafhankelijk) hebben een effect op intentie (afhankelijk) en intentie heeft weer een effect op gedrag (afhankelijk); dat wordt een indirect effect genoemd.

Het is mogelijk om kruistabellen te maken waarbij je kunt kijken in hoeverre de samenhang tussen twee variabelen wordt veroorzaakt (zeg maar 'gecontroleerd') door een derde variabele. Op de website kun je onder de tab Extra materiaal bij hoofdstuk 8 informatie vinden over het opnemen van zo'n controlevariabele, evenals een SPSS-voorbeeld. Overigens is er meer dan één manier om in SPSS analyses voor aparte groepen uit te voeren of controlevariabelen te gebruiken. In de literatuurverwijzingen op de website vind je een aantal titels met informatie over dit onderwerp.

8.4.2 Grafieken van twee variabelen

Naast het weergeven van twee variabelen in kruistabellen, kun je ze ook in een grafiek presenteren. In deze paragraaf laten we drie mogelijkheden zien: staaf- en spreidingsdiagrammen en lijngrafieken.
Bij de getoonde voorbeelden wordt aangegeven hoe je op eenvoudige wijze via SPSS een grafiek maakt via 'Graphs → Legacy Dialogs'.

Op de website bij het boek vind je onder de tab Inleiding SPSS informatie over het gebruik van een meer geavanceerde tool bij het maken van grafieken: de 'Chart Builder'.

Staafdiagram

Figuur 8.14 geeft twee voorbeelden van een staafdiagram waarbij twee variabelen met elkaar worden vergeleken, te weten geslacht en opleidingsniveau. Links is het staafdiagram *geclusterd*: aparte staven voor mannen en vrouwen zijn naast elkaar geplaatst. De hoogste staaf geeft aan dat daar de grootste groep zit. Rechts zie je dat je de staven ook boven op elkaar kunt plaatsen; dat heet *gestapeld*. In dat geval is het iets moeilijker om de verschillen tussen mannen en vrouwen direct te zien. Hoe je deze grafieken in SPSS maakt, zie je in kader 8.12. In kader 8.13 (en figuur 8.15) vind je nog een voorbeeld van een geclusterd staafdiagram.

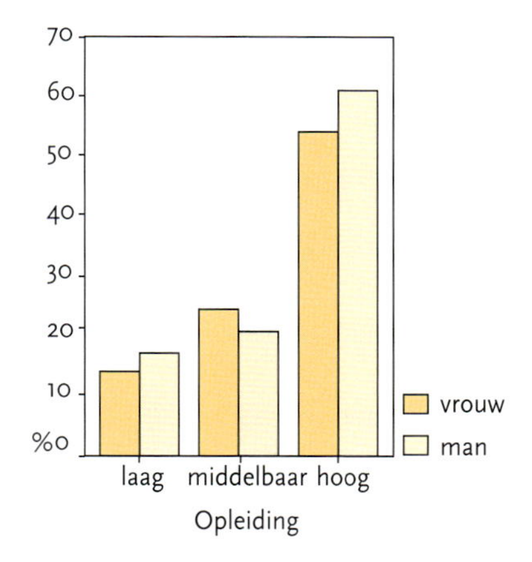

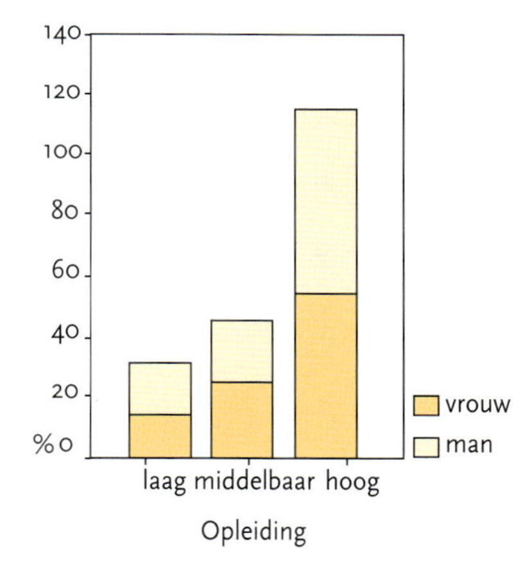

Figuur 8.14 Geclusterd en gestapeld staafdiagram

Staafdiagrammen in SPSS

Voor het maken van geclusterde en gestapelde staafdiagrammen in SPSS kun je onder meer het volgende menu gebruiken:
Graphs → Legacy Dialogs → Bar → Clustered (of Stacked) → Summaries for groups of cases
In het dialoogvenster voer je op de y-as de *afhankelijke* variabele in (opleidingsniveau) en op de x-as de *onafhankelijke* variabele (geslacht).

Kader 8.12

Voor het maken van je grafieken kun je naast de 'Legacy Dialogs' de chart builder gebruiken. Hoe dit moet, kun je lezen op de website bij dit boek onder de tab Inleiding SPSS.

Spreidingsdiagram

Vanaf intervalniveau kan de relatie tussen twee kenmerken grafisch worden weergegeven via een spreidingsdiagram (zie ook paragraaf 8.3.2). Een spreidingsdiagram is heel geschikt om verbanden tussen twee variabelen te analyseren. Elk punt in een diagram geeft de plaats aan van een waarneming op zowel het ene als het andere kenmerk. Hier kruisen deze kenmerken elkaar als het ware. Naarmate de punten meer als een wolk zichtbaar zijn, is de kans op samenhang tussen kenmerken groter.

Veel kinderen zijn arm

Volgens de gegevens van het CBS zijn veel kinderen in Nederland arm. Op 5 oktober 2010 rapporteert BN DeStem: 'Iets meer dan 11 procent van alle kinderen tot 18 jaar groeide in 2009 op met kans op armoede. Zij leefden in een gezin met een inkomen tot maximaal 120 procent van het sociaal minimum. Dat blijkt uit cijfers die het Centraal Bureau voor de Statistiek (CBS) gisteren publiceerde. Het ging om 382.000 minderjarige kinderen. Dat is iets minder dan in 2008, toen dit aantal 385.000 was. Tussen 2003 en 2008 nam het aantal gemiddeld af met 20.000 kinderen per jaar. Maar door de financiële crisis zijn de cijfers de afgelopen twee jaar gestabiliseerd, stelt het CBS. Kinderen uit eenoudergezinnen lopen meer risico op armoede dan kinderen die bij beide ouders wonen.'

Figuur 8.15 illustreert deze resultaten met een geclusterde grafiek. De hoogste staaf geeft het hoogste percentage weer. Dat is de staaf uit 2008 van kinderen met één ouder. Wat betekent dit volgens het artikel? Dat kinderen uit eenoudergezinnen met een inkomen gelijk aan 110 of 120% van het sociale minimum 50% kans hebben op armoede, terwijl dat in de periode daarvoor slechts iets meer dan 25% was. Denk maar eens na of de titel de lading wel dekt.

Bron: *BN DeStem*, 5 oktober 2010

Kader 8.13

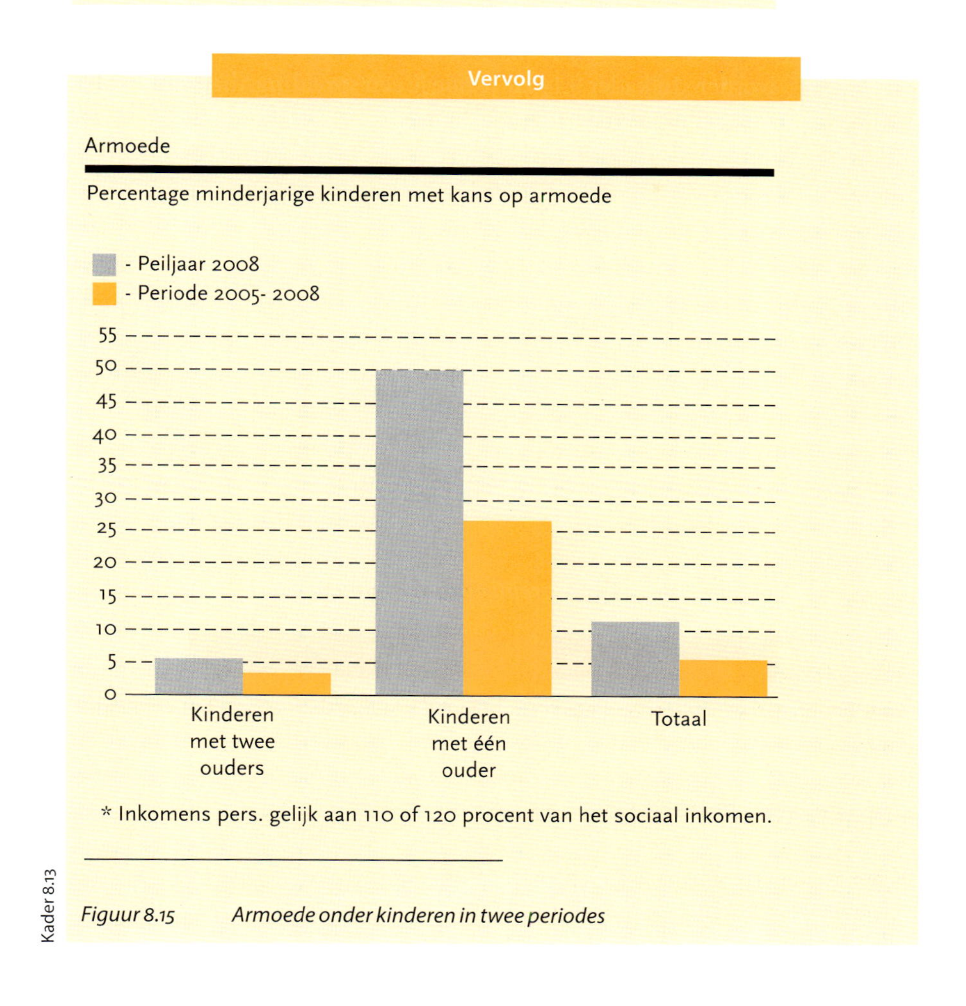

Figuur 8.15 *Armoede onder kinderen in twee periodes*

Figuur 8.16 laat twee spreidingsdiagrammen zien. Het linker diagram laat zien hoeveel uren mensen met een bepaalde leeftijd aan hun hobby besteden. Je kunt zien dat respondentnummer 28 van 69 jaar ongeveer één uur per week aan zijn hobby besteedt, en respondentnummer 41 van 68 jaar acht uur. De punten liggen erg verspreid en vormen niet een mooie 'puntenwolk', wat duidt op weinig samenhang tussen de kenmerken leeftijd en hobby. Het rechter diagram laat de leeftijd zien van vaders en hun kinderen. Daar zie je wél een duidelijke puntenwolk: van links beneden naar rechts boven. Hier is dus een verband tussen de twee variabelen (leeftijd vader en leeftijd kind) aanwezig. Het spreekt vanzelf dat de aanwezigheid van dit verband nog getoetst moet worden. In kader 8.14 zie je hoe je een spreidingsdiagram in SPSS kunt maken met behulp van de 'Legacy Dialogs'.

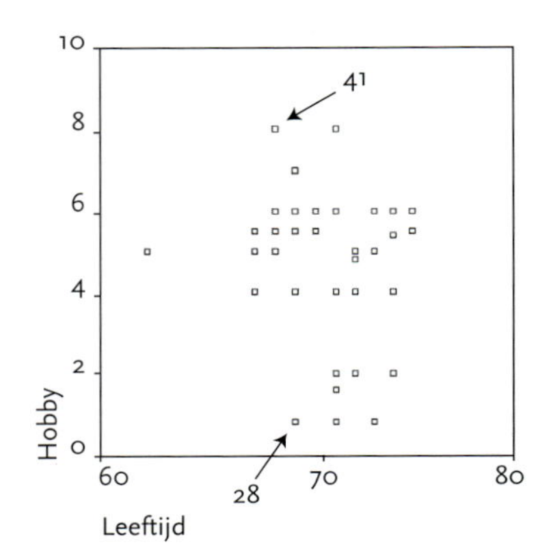

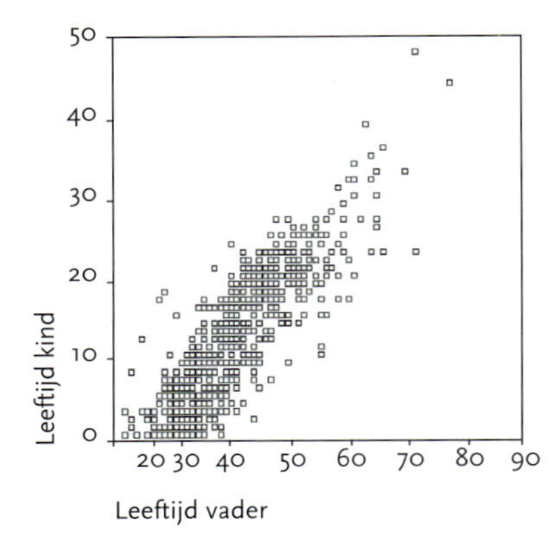

Figuur 8.16 Twee spreidingsdiagrammen

Spreidingsdiagram in SPSS

Voor het maken van een spreidingsdiagram in SPSS kun je onder meer het volgende menu gebruiken:

Graphs → Legacy Dialogs → Scatter → Simple → Define

In het dialoogvenster voer je de variabelen in; de onafhankelijke variabele voor de x-as en de afhankelijke variabele voor de y-as.

Kader 8.14

Lijngrafiek

Een goede methode om ontwikkelingen van bijvoorbeeld omzet in de tijd weer te geven is door middel van een lijngrafiek. Tijd is hier dan een aparte variabele. Je hebt bijvoorbeeld op verschillende tijdstippen gegevens verzameld over de omzet. Omzet is dan de afhankelijke variabele, tijd is de onafhankelijke variabele.
Figuur 8.17 laat een voorbeeld zien waarin zelfs meer dan twee variabelen zijn opgenomen. In een marketingonderzoek zijn vragen over kauwgommerken gesteld; alle antwoorden zijn voor elk merk in een lijn uitgezet. De hoogste score correspondeert met het meest bekende en populaire kauwgommerk.

Als je denkt dat er een samenhang tussen twee kenmerken bestaat, dan kun je dat toetsen met behulp van correlatieanalyse. Op de website bij het boek vind je onder de tab Extra materiaal bij hoofdstuk 8 aanvullende informatie over correlaties tussen variabelen.

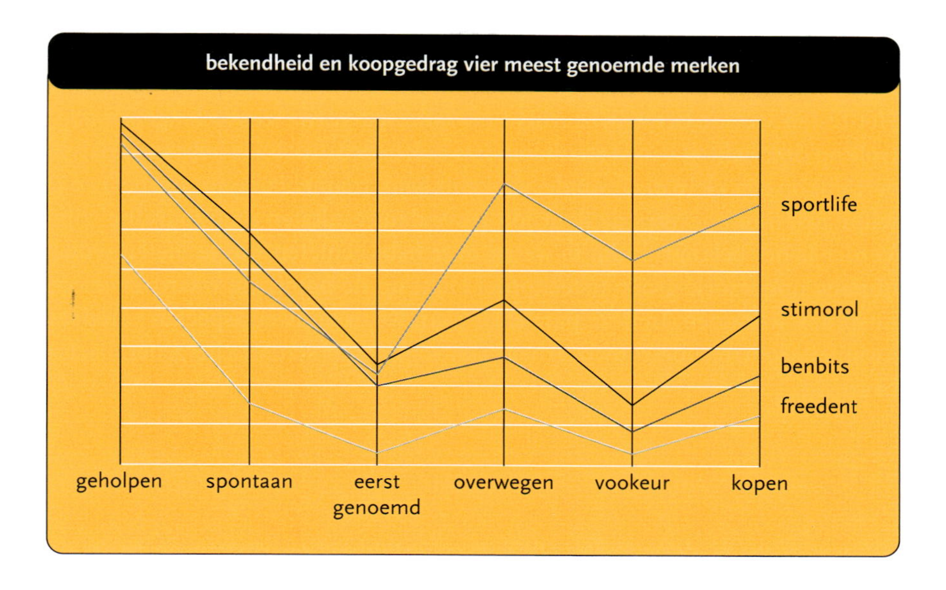

Figuur 8.17 Bekendheid en populariteit kauwgommerken

bijzondere grafiek

Figuur 8.18 toont een van de resultaten van het onderzoek naar leefstijlen van Nederlandse jongeren tussen 14 en 18 jaar (Lampert et al., 2005; *de Volkskrant*, 24 november 2005). Eigenlijk zijn het twee figuren in elkaar. Allereerst zie je een vlakverdeling van wat een cirkeldiagram geweest kan zijn. Elk vlak geeft een percentage jongeren aan dat bij een bepaalde leefstijl hoort. De vlakken zijn echter in een grafiek geplaatst waaruit nóg twee kenmerken zichtbaar worden: de mate van 'statusgerichtheid' van jongeren (van links naar rechts) en de mate van 'exploratie' (van beneden naar boven), wat betekent 'onderzoekend, naar buiten gericht'.

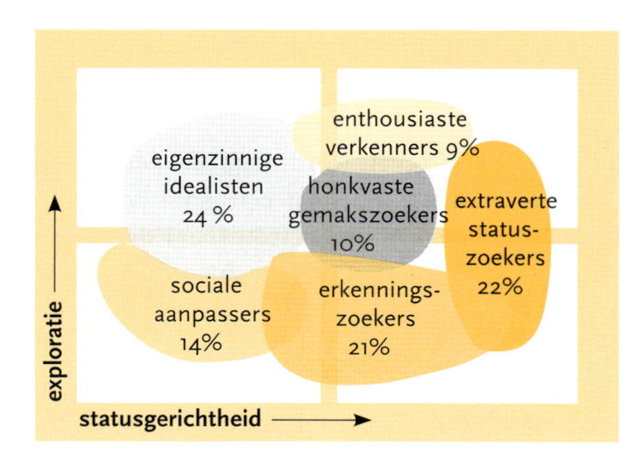

Figuur 8.18 Leefstijlen Nederlandse jongeren

8.5 Kwaliteit van de analyses

Het testen van de betrouwbaarheid en validiteit vormt een belangrijke controle op de kwaliteit van je resultaten (zie ook hoofdstuk 6). Je hebt een analyse verricht op een klein deel van de 'werkelijkheid' (namelijk de steekproef) en je wilt nagaan in hoeverre de door jou gevonden resultaten niet 'toevallig' zijn. Verder is het belangrijk om te weten of je hebt gemeten wat je meten wilde, of jouw onderzoeksgroep ((steekproef) lijkt op de populatie waarover je een uitspraak wilt doen. In deze paragraaf gaan we in op twee aspecten van deze kwaliteitscontrole: betrouwbaarheid van schalen en statistische generaliseerbaarheid.

8.5.1 *Betrouwbaarheid van schalen*

interne consistentie

Bij statistische analyses heb je altijd de mogelijkheid om de betrouwbaarheid van gegevens te controleren. Zo kan de homogeniteit (gelijkvormigheid) van een set vragen door middel van een betrouwbaarheidsanalyse worden geanalyseerd. Dit wordt ook wel *interne consistentie* genoemd.
Een van de meest gebruikte statistische methoden om de betrouwbaarheid van een schaal te meten is de betrouwbaarheidsanalyse (die je met SPSS kunt doen). Je kunt dan nagaan of de afzonderlijke vragen van de schaal (de items) samen een homogeen beeld geven van dat ene begrip. Zo wordt onder meer gekeken of de items ongeveer gelijke gemiddelden hebben. Vervolgens wordt geanalyseerd of, en zo ja, hoe sterk de homogeniteit van de items met elkaar samenhangen. Hangt elk item niet of nauwelijks samen met alle andere items uit de schaal, dan beïnvloedt dit de betrouwbaarheid (en daarmee de kwaliteit) van de schaal negatief. Deze betrouwbaarheid wordt uitgedrukt in één gezamenlijke maat: de betrouwbaarheidscoëfficiënt. Een hogere score betekent een grotere betrouwbaarheid.

Cronbach's alpha

Via een ingewikkelde procedure, waarbij gekeken wordt naar de sterkte van de relatie tussen elk item en de andere items, ontstaat een getal (van min oneindig oplopend tot maximaal 1) dat aangeeft hoe betrouwbaar de vragen een begrip meten: de *betrouwbaarheidscoëfficiënt* of Cronbach's alpha. Er zijn verschillende regels voor de interpretatie van dit getal. Hier gaan we ervan uit dat een Cronbach's alpha boven de 0,60 een voldoende homogeen beeld geeft van hetzelfde begrip. Is de betrouwbaarheid van de schaal hoog genoeg, dan kun je deze variabelen in verdere analyses als één begrip beschouwen. De

onderzoeker zal uit deze variabelen dan ook één samengestelde maat construeren (in SPSS) en daarmee verder werken.
Overigens geldt bij psychologische experimenten een hogere grens voordat de betrouwbaarheid van een aantal items wordt geaccepteerd. Daar moet Cronbach's alpha wel 0,80 of zelfs 0,90 zijn (het moet dus tegen de hoogste waarde '1' aan liggen) om het keurmerk 'betrouwbaar' te krijgen. In kader 8.15 en 8.16 vind je twee voorbeelden.

Op de website bij het boek vind je onder de tab Extra materiaal bij hoofdstuk 8 een uitgewerkt voorbeeld van een betrouwbaarheidsanalyse in SPSS. Ook wordt de theorie achter Cronbach's alpha behandeld.

Mening over overheidsmaatregelen

In een surveyonderzoek is de respondenten gevraagd hun mening te geven over overheidsmaatregelen op het gebied van onderwijs. Er wordt een aantal stellingen gepresenteerd; de respondenten kunnen aangeven in hoeverre zij het daarmee eens zijn, oplopend van 'helemaal mee oneens' tot en met 'helemaal mee eens' (een Likertschaal dus). Vervolgens wordt nagegaan of deze items samen een betrouwbare meting van het begrip 'overheidsmaatregelen in het onderwijs' vormen. Deze betrouwbaarheid wordt uitgedrukt in de betrouwbaarheidscoëfficiënt. Een hoge score betekent een hoge betrouwbaarheid. In dat geval concludeer je dat de items samen inderdaad betrouwbaar het begrip 'overheidsmaatregelen in het onderwijs' meten.

Kader 8.15

Sociabiliteit

In een onderzoek naar contacten tussen ouderen in een buurt werd een aantal vragen gesteld over *sociabiliteit*: de mate waarin men zich makkelijk onder andere mensen begeeft. De respondenten (wijkbewoners boven 55 jaar) konden aangeven in hoeverre ze het eens waren met de volgende stellingen:

- ✓ Een gesprek aanknopen met een onbekende kost weinig moeite.
- ✓ Ik ben een spraakzame persoon.
- ✓ Ik onderneem liever dingen met anderen samen dan alleen.
- ✓ Ik vind het gezellig om onder de mensen te komen.

De antwoorden uit deze schaal werden geanalyseerd en de onderlinge betrouwbaarheid bleek laag te zijn (Cronbach's alpha 0,49). De betrouwbaarheid van de resultaten liet dan ook te wensen over. Toch werden de afzonderlijke vragen gezien als één begrip, namelijk sociabiliteit.

Kader 8.16

vervolg

Bij een herhaling van dit onderzoek wordt geprobeerd om het instrument (in dit geval is dat een aantal vragen dat een begrip meet) betrouwbaarder te maken door het als volgt te operationaliseren:

- ✓ Ik leg gemakkelijk contact.
- ✓ Ik spreek zelf mensen aan.
- ✓ Ik bouw netwerken van personen om mij heen.
- ✓ Ik breng mensen met elkaar in contact.
- ✓ Ik geef persoonlijke informatie om gemeenschappelijke gespreksonderwerpen te vinden.
- ✓ Ik ben lid van verenigingen.

Verwacht wordt dat herhaling van dit onderzoek tot een hogere betrouwbaarheid leidt, omdat de gemeten aspecten waarschijnlijk 'dichter' bij elkaar liggen.

Kader 8.16

Split-half en test-hertest

Andere methoden om betrouwbare begrippen uit je variabelen te halen zijn de factoranalyse (die we in dit boek niet behandelen), de split-half methode en de test-hertest. In die laatste methode neem je eenzelfde test twee keer af bij verschillende groepen, waarna je bekijkt of de resultaten onderling overeenkomen (samenhangen).
De split-half methode kun je gebruiken als je resultaten hebt uit een enkele groep. Je deelt je steekproef (willekeurig) in twee gelijke helften. Van beide subgroepen reken je de testscore uit, om vervolgens te analyseren of deze twee testscores onderling samenhangen. Doen ze dat, dan is je meting betrouwbaar.

8.5.2 Validiteit

Is een (kwantitatief) onderzoeksresultaat betrouwbaar, dan ga je vervolgens na of het ook valide is. Je gaat na of je met de begrippen wel meet wat je meten wilt (constructvaliditeit), of je de resultaten van je analyse mag generaliseren (statistische generaliseerbaarheid), en of je wel de juiste conclusies hebt getrokken (interne validiteit). Deze validiteit kun je op veel manieren nagaan. Aan de hand van een voorbeeld bespreken we nu hoe je de statistische generaliseerbaarheid van de steekproef kunt toetsen.

Statistische generaliseerbaarheid

De generaliseerbaarheid van je analyseresultaten kun je onder andere nagaan door te toetsen in hoeverre de eigenschappen die je in de steekproef hebt gevonden, gelden voor de populatie. Stel dat je onderzoek doet onder 500 jongeren, van wie 225 meisjes en 275 jongens. In je steekproef zitten dan meer jongens dan meisjes. Op het eerste gezicht kun je zeggen dat de verhouding wat betreft het kenmerk 'geslacht' scheef is, want meestal is de verhouding tussen mannen en vrouwen ongeveer fiftyfifty. Deze constatering zal in een kwantitatief onderzoek niet voldoende zijn. Je moet een stap verder gaan en toetsen of jouw steekproef representatief is voor het kenmerk sekse. Dat wil zeggen dat de samenstelling van je steekproef voor dit kenmerk ongeveer gelijk moet zijn aan de samenstelling voor dit kenmerk van je populatie. Het kan zijn dat de verdeling van je kenmerk (sekse) in de steekproef zo sterk afwijkt van de verdeling van dit kenmerk in de populatie dat je moet concluderen dat de steekproef voor het kenmerk 'sekse' niet representatief is voor je populatie. Het voorbeeld 'geslacht' is gemakkelijk, omdat je ervan uit kunt gaan dat er ongeveer evenveel mannen als vrouwen zijn.
Bij andere kenmerken is representativiteit lastiger te bepalen. Hoe bepaal je dat bijvoorbeeld voor leeftijd of burgerlijke staat? Dat kun je onder meer doen door je gegevens te vergelijken met gegevens uit andere onderzoeken, of met bestaande statistieken over bepaalde bevolkingsgroepen. Zo is bij het CBS via de website informatie op te vragen over de samenstelling van de bevolking. Als je geen idee hebt hoe je populatie eruitziet, kun je altijd via deze website informatie krijgen. Wil je echter informatie hebben over specifieke groepen uit de bevolking, bijvoorbeeld sporters, studenten, bewoners van de wijk Mortiere in Middelburg, dan kun je met deze algemene gegevens niets beginnen. In dat geval onderzoek je of er op lokaal niveau statistieken beschikbaar zijn. Meestal echter moet je 'roeien met de riemen die je hebt' en is het niet echt mogelijk om de generaliseerbaarheid van je gegevens vast te stellen.

In de kaders 8.17 en 8.18 vind je nog twee voorbeelden van kwaliteitsbeoordeling.

Op de website bij het boek vind je onder de tab Extra materiaal bij hoofdstuk 8 een aantal aanbevelingen voor boeken over het gebruik en de interpretatie van toetsen.

Verkiezingspolls

De Tweede Kamerverkiezingen van 2003 leidden tot veel speculaties over de uitkomst ervan. Een aantal onderzoeksbureaus organiseerde polls om te kunnen voorspellen wat de resultaten zouden zijn. Verschillende methoden leidden tot verschillende uitkomsten.

Het doel van zo'n onderzoek is natuurlijk om zo *valide* mogelijke uitspraken te kunnen doen over een hele grote groep personen, namelijk alle stemgerechtigden in Nederland. Vooral de selectieve non-respons van de (meestal) telefonische interviews leidde echter tot verminderde validiteit. Hoe kan dat? Onder de mensen die niet reageerden, zaten relatief veel alleenstaanden en 'maatschappelijk actieven'. De uiteindelijke steekproef kwam op deze kenmerken niet overeen met de populatie (de stemgerechtigden in Nederland) waardoor de generaliseerbaarheid van de resultaten niet groot was. Behalve de validiteit is hier ook de betrouwbaarheid in het geding. Je kunt immers vraagtekens zetten bij de verschillende onderzoeksopzetten (zie ook kader 6.22).

Bron: *de Volkskrant*, 18 januari 2003

Kader 8.17

Interpretatie van onderzoek

Een artikel over de kwaliteit van de rijvaardigheidskeuring van 65-plussers bevat de volgende zinnen: 'De vraag is hoe valide medische keuringen van ouderen zijn. Meet een arts die een keuring uitvoert van een hem niet bekend persoon wel wat hij wil weten, of meet die arts zaken die minder betrouwbaar zijn? Belangrijk zijn bijvoorbeeld de gezichtsscherpte en de gezichtsveldbeperking. Het onderzoek hiernaar is oriënterend. Veel nauwkeuriger is een meting met de UFOV-meter (useful field of view). Er is waarschijnlijk geen huisarts die hiermee werkt' (Kenter, 2002).

Als je een onderzoek op grond van dit artikel moet beoordelen, kunnen fouten ontstaan, zowel toevallig als systematisch. Als een arts 'meet wat hij meten wil', dan is het vraagstuk van de begripsvaliditeit aan de orde; heeft een arts het over de nauwkeurigheid van een instrument, dan is de betrouwbaarheid in het geding.

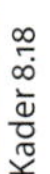

Voor aanvullende begeleiding biedt de onderzoekstool uitkomst met behulp van een aantal statistische websites en rekenhulpjes (fase 3, secties 2.5 en 2.6). Sectie 2.7 ten slotte bevat een template om een analyseplan te schrijven. Dat plan kun je indienen bij de begeleider van je onderzoek.

8.6 Belangrijkste gebruikte begrippen en hun betekenis

Begrip	Betekenis
Variabele	Kenmerken van alle eenheden die bij je onderzoek betrokken zijn.
Categorie	Waarde die een variabele kan aannemen.
Meetniveau	Eigenschap van variabelen die aangeeft in welke mate je met deze variabelen kunt rekenen.
Nominaal meetniveau	Variabelen met slechts enkele losse categorieën, waarmee niet gerekend kan worden.
Ordinaal meetniveau	Variabelen met enkele losse categorieën in een bepaalde volgorde, waarmee niet gerekend kan worden.
Interval meetniveau	Kwantitatieve variabelen zonder natuurlijk nulpunt, waarbij de intervallen tussen twee waarden hetzelfde zijn. Hiermee kan worden gerekend.
Ratio meetniveau	Kwantitatieve variabelen met natuurlijk nulpunt, waarbij de verhoudingen tussen twee waarden gelijk (betekenisvol) zijn. Er kan mee worden gerekend.
Hypothesen	Toetsbare veronderstellingen over de uitkomsten van je analyses.
Significantie	Het gevonden resultaat is niet 'toevallig'.
Frequentietabel	Tabel waarin wordt aangegeven hoe vaak scores voorkomen (in relatie tot het totale aantal), met andere woorden hoe de verdeling eruitziet.
Relatieve frequenties	Het aantal waarnemingen ten opzichte van het totale aantal waarnemingen.
Percenteren	Het uitdrukken van relatieve frequenties in percentages.
Valide percentages	Geldige percentages, alleen van diegenen van wie de score genoteerd is.
Grafiek	Grafische weergave (soms wel diagram genoemd) van variabelen.
Kengetal	Samenvatting van een variabele (kenmerk) door middel van één eigenschap.
Centrummaat	Kengetal dat het midden van de variabele beschrijft.
Modus	Getal dat het vaakste voorkomt.
Bimodaal	Indien een variabele twee modi (pieken) heeft.
Mediaan	Middelste getal van een verdeling.
(Gewogen) gemiddelde	De som van alle scores (maal hun gewicht), gedeeld door het totale aantal waarnemingen.
Spreidingsmaat	Kengetal dat de spreiding van een variabele beschrijft.
Variatiebreedte	Maximum- minus minimumscore.
Variantie	Gemiddelde gekwadrateerde afwijking van het gemiddelde.
Standaardafwijking	Afgeleide van de variantie (wortel), ofwel de spreiding van een variabele.

Variabele	Kenmerken van alle eenheden die bij je onderzoek betrokken zijn.
Gauss-kromme	Klokvorm die optreedt bij de grafiek van een verdeling, indien deze normaal is.
Normale verdeling	Symmetrische verdeling waarbij 68% binnen één keer de SD vanaf het gemiddelde valt, 95% binnen twee keer de SD en 99% binnen drie keer de SD vanaf het gemiddelde.
Kruistabel	Frequentietabel van twee variabelen tegelijk.
Rijpercentage	Percentage van het rijtotaal.
Kolompercentage	Percentage van het kolomtotaal.
Celpercentage	Percentage van het gehele totaal.
Onafhankelijke variabele	Oorzaakvariabele die een verandering van een andere variabele kan veroorzaken.
Afhankelijke variabele	Gevolgvariabele die verandert onder invloed van de onafhankelijke variabele.
Cronbach's alpha	Statistische maat om betrouwbaarheid van een schaal aan te geven.
Test-hertest	Statistische test voor betrouwbaarheid, door de mate van overeenstemming tussen een oorspronkelijke en herhaalde meting.
Split-half	Statistische test voor betrouwbaarheid, door de steekproefresultaten in tweeën te delen en de mate van overeenstemming te berekenen.

8.7 Opdrachten

1. Wat is het meetniveau van de volgende variabelen:
   a. waterhoogte door middel van Normaal Amsterdams Peil;
   b. windkracht in Beaufort;
   c. regenval in millimeters;
   d. weertype.
2. Stel, je doet onderzoek naar het gebruik van sociale media door studenten van een hogeschool in de Randstad. Je vergelijkt de verschillen in gebruik en waardering tussen twee groepen: studenten van de opleiding communicatie en studenten van de lerarenopleiding Nederlands. Daarbij gebruik je informatie over het type sociale media dat wordt gebruikt, de frequentie van het gebruik (van 'nooit' tot 'meer dan dagelijks'), lengte van het gebruik (in minuten) en waardering (rapportcijfer van 1 tot en met 10). Benoem de meetniveaus.
3. Lees de volgende conclusies aandachtig door. Welke hypothesen zijn hierbij getoetst, denk je?

a. 'Studenten studeren steeds meer en steken minder tijd in hun baantjes. Dat blijkt uit de nieuwe Studentenmonitor, een jaarlijks onderzoek onder studenten' (*de Volkskrant*, 22 november 2005). Dit is het resultaat van een vergelijking tussen 2004 en 2003.
b. In vergelijking met 'gewoon wandelen' is Nordic Walking niet of nauwelijks ontlastend voor de gewrichten, zoals tot nu toe vaak wordt aangenomen. 'Wel is het een prima sport om een betere conditie te krijgen of om af te vallen. Ook is het zeer geschikt voor sporters met bepaalde fysieke beperkingen. Deze conclusies trekt inspanningsfysioloog en bewegingswetenschapper Wil van Bakel uit eigen onderzoek naar de effecten van Nordic Walking op het lichaam' (*de Tweevoeter*, 2005).
c. Uit onderzoek blijkt dat het gebruik van sociale media onder studenten communicatie hoger ligt dan onder studenten medicijnen.

4. Op de televisie wordt het programma 'Obese' aangekondigd. Men heeft kandidaten nodig die aan een aantal criteria voldoen. Zo moeten ze onder andere een Body Mass Index hebben van boven de 25. Er melden zich 1000 kandidaten aan. De verdeling is als volgt: 325 personen met een BMI van 25, 200 met een BMI van 26, 200 met een BMI van 27, 155 met een BMI van 28 en de overige kandidaten zijn evenredig verdeeld over een BMI van 29 en 30. Maak van deze verdeling een frequentietabel. Geef de absolute aantallen en de relatieve en cumulatieve percentages.
5. Bekijk figuur 8.19. Je ziet daar de leeftijdsopbouw van 41 respondenten (die gefinisht zijn bij de afstand 100 km) die aan de enquête van de Fietschallenge deelnamen.
   a. Waar vind je de hoogste respons in absolute aantallen? De modus dus?
   b. Bereken de respons in percentages per leeftijdsgroep.

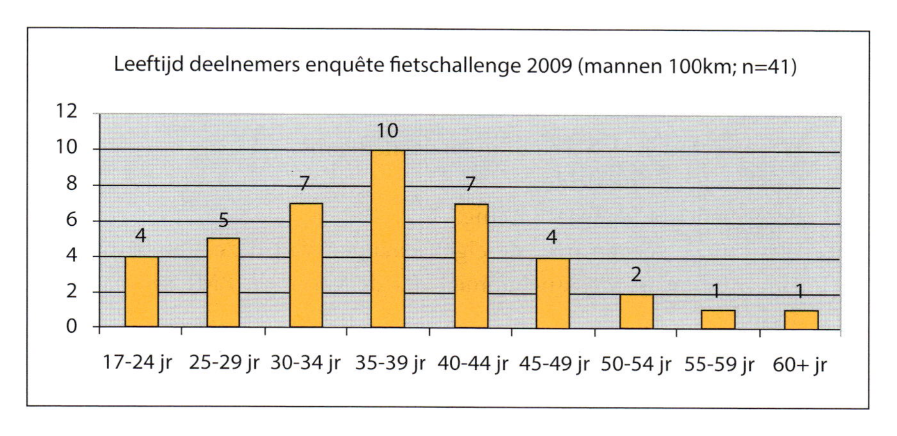

Figuur 8.19 *Respons enquête Fietschallenge in aantallen per leeftijdscategorie; mannen 100 km; n=41 (bron: www.cyclobenelux.com)*

6. Bekijk de grafiek in figuur 8.20. Het is een boxdiagram van alcoholgebruik onder 27 personen. Eerst werd hun gevraagd hoeveel alcohol zij zelf denken te gebruiken (weinig, gemiddeld, veel) en vervolgens werd hun alcoholgebruik in glazen alcohol op een stapavond gemeten.
   a. Wat betekenen de staven in de diagram?
   b. Vergelijk de drie groepen. Wat zie je? Kloppen de beweringen van deze jongeren? Geef de interkwartielafstand voor de drie groepen.
   c. Stel, de gemiddelde leeftijd in deze steekproef is 22 jaar, de standaarddeviatie is 2. Hoeveel procent van deze personen is tussen de 20 en 24 jaar oud? Tussen welke leeftijden bevindt zich 95% van de waarnemingen?

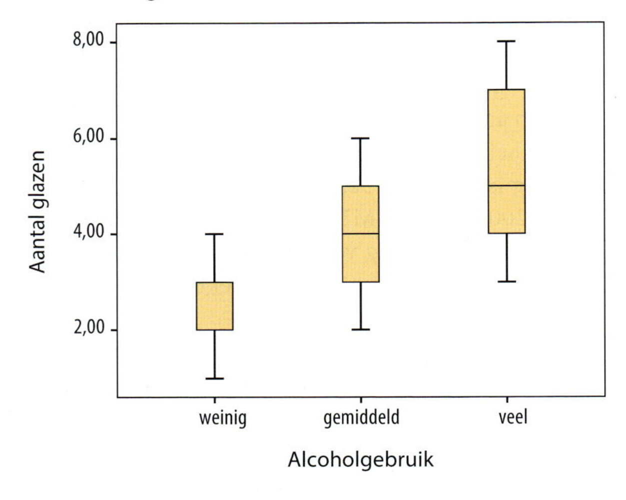

Figuur 8.20 Boxdiagram alcoholgebruik

7. In opgave 3 heb je een frequentietabel voor BMI van 1000 kandidaten voor 'Obese' aangemaakt.
   a. Waar bevinden zich de modus en de mediaan?
   b. Bereken het gemiddelde.
   c. Bereken de standaardafwijking.
   d. Wat kun je zeggen over de eigenschappen van deze standaardafwijking, indien wordt aangenomen dat de variabele BMI normaal verdeeld is?
8. Er is een aantal methoden om het inkomensniveau in een land te bepalen. Zo kun je het modale inkomen berekenen of de mediaan.
   a. Geef de verschillen aan tussen beide maten.
   b. Meestal wordt 'modaal inkomen' gebruikt. Waarom is het gemiddelde hier geen goede maat, denk je?

9. Van een steekproef van 11 studenten uit de opleiding wordt het IQ gemeten. De uitslag is als volgt: 100, 115, 90, 95, 88, 105, 107, 109, 100, 110, 130.
   a. Bereken alle mogelijke centrummaten.
   b. Bereken de standaarddeviatie.
   c. Bereken de interkwartielafstand.
   d. Maak een boxdiagram van de verdeling. Wat valt je op?
10. Tabel 8.10 toont een leeftijdstabel. Vul de ontbrekende cellen in en bereken de standaarddeviatie.

Tabel 8.10 Leeftijdstabel

Leeftijd (X)	n	n.x	$(x - \bar{x})$	$(x - \bar{x})^2$	$n(x - \bar{x})^2$
10	10	100	-23		
25	4	100		64	256
55	10	550	22		
40	6	240		49	294
Totaal	30	990			10.680
Gemiddelde		33			

11. Het programma 'So you think you can dance' is een talentenshow voor dansers. Onder de deelnemende kandidaten bevinden zich 25% hiphopdansers, 30% streetdansers, 5% klassieke dansers, 35% moderne dansers en 5% ballroomdansers. Wat voor een figuur zou je maken om deze verdeling te laten zien? Beargumenteer je antwoord en teken de figuur.
12. Bestudeer de kruistabellen in tabel 8.9b tot en met 8.9d. Beantwoord de volgende vragen:
   a. Hoeveel procent van de vrouwen heeft geen betaald werk?
   b. Hoeveel procent van de personen zonder betaald werk is man?
   c. Hoeveel procent van de respondenten is man zonder betaalde baan?
13. Benoem de variabelen en waarden in de volgende uitspraken:
   a. 'Onderzoek toont aan dat mannen nog steeds vaker een leidinggevende functie hebben dan vrouwen.'
   b. 'De werkhouding van studenten in een projectgroep is uitstekend.'
   c. 'Nederlandse kinderen tussen 10 en 16 jaar zijn tegenwoordig gemiddeld dikker dan vijftien jaar geleden.'
   d. 'Om te zien hoe de rolverdeling is tussen jongens en meisjes in een peuterklasje, organiseert de onderzoeker een aantal observaties in een aantal situaties: een vrije speelsituatie, een eenvoudige opdracht en een spelletje.'

   e. 'Het streven naar duurzaamheid neemt een steeds grotere plek in bij ondernemers op verschillende terreinen in Nederland, en ondernemingen van verschillend formaat. Uit onderzoek blijkt dat 60% van de ondervraagde ondernemers duurzaamheid "belangrijk" tot "zeer belangrijk" vindt.'
   f. 'Onderzoek naar het gebruik van Twitter toont aan dat politici en kleine ondernemers het meest naar hun "blauwe vogel" grijpen. Zij doen dat vrijwel dagelijks'.

14. Een internetwinkel wil weten welke kenmerken zijn bezoekers hebben en hoe zij op zijn website terechtkomen. Daartoe wordt een onderzoek georganiseerd, waarbij geslacht, leeftijd en inkomen worden genoteerd, evenals de burgerlijke staat, het opleidingsniveau en de manier waarop men over de website gehoord heeft. Dat laatste zou kunnen zijn: via een zoekmachine (1), reclame (2), via familie/bekenden (3), anders (4). Als de burgerlijke staat bekend is, wordt deze in vier categorieën verdeeld: getrouwd of samenwonend (1), gescheiden (2), weduwe/weduwnaar (3) of alleenstaand (4). Opleidingsniveau wordt verdeeld in: basisschool (0), vmbo (1), havo (2), mbo (3), vwo (4), hbo (5), wo (6), wo+ (7). Geslacht heeft twee codes: '1' is man en '2' is vrouw. Bekijk de dataset uit tabel 8.11. Je wordt gevraagd om deze gegevens in te voeren in SPSS. Eerst moet je ze echter controleren op juistheid.
    a. Wat staat er in de rijen, wat in de kolommen?
    b. Bij leeftijd zie je een aantal keren '999' staan. Wat betekent dat? Wat betekenen de komma's bij Bstaat en Ink?
    c. Er zitten twee foutjes in de data. Kun je aangeven waar ze zitten? Verbeter ze in je databestand.
    d. Wat zou 'Ink' kunnen zijn? Wat betekent 'Bstaat', 'Opl' en 'Lft'?

Tabel 8.11 Invoer SPSS

Respnr	Geslacht	Lft	Bstaat	Ink	Opl	Website
1	2	18	4	952	2	3
2	1	26	2	1.134	3	2
3	1	134	1	907	2	1
4	2	25	4	862	1	4
5	2	35	1	2.722	7	2
6	2	28	2	2.359	5	2
7	2	25	1	1.542	3	3
8	1	49	3	1.860	4	2
9	2	36	,	,	0	3

Respnr	Geslacht	Lft	Bstaat	Ink	Opl	Website
10	1	33	1	2.541	7	4
11	1	35	1	2.042	6	3
12	1	999	,	1.179	2	1
13	1	40	1	1.179	3	3
14	2	30	1	680	1	1
15	1	35	2	1.815	4	3
16	V	38	2	1.361	3	1
17	2	60	3	2.405	5	2
18	2	999	2	1.179	6	3
19	1	58	1	2.722	7	4

Maak een codeboek bij de gegevens en voer het in een SPSS Variable View-venster in. Verwerk de gegevens in een SPSS-databestand. Sla het bestand op als 'opg8_14.sav'.

15. Welke centrum- en spreidingsmaten zijn geschikt voor de kenmerken uit het bestand 'opg8_14.sav'?
16. Laat in SPSS de volgende kengetallen berekenen bij de data van 'opg8_14.sav' behorend bij de juiste variabelen:
    a. modus;
    b. mediaan;
    c. gemiddelde;
    d. variantie;
    e. standaarddeviatie;
    f. bereik (in SPSS heet dat *range*), ofwel variatiebreedte.
17. Open het bestand 'opg8_14.sav'.
    a. Maak een kruistabel van geslacht en website. Let op de plaatsing van de variabelen! Laat kolomsgewijs de percentages aanmaken en beantwoord de vraag hoeveel procent van de vrouwen de website via bekenden kent.
    b. Maak een geclusterd staafdiagram van het resultaat bij vraag 14a, dus een staafdiagram van geslacht en wijze waarop men informatie over de website kreeg.
    c. Maak een tabel van burgerlijke staat en website. Laat celgewijze percentages aanmaken. Hoeveel procent van de hele steekproef woont samen en kent de website via reclame?
18. Bestudeer figuur 8.15: het staafdiagram over armoede. Interpreteer de grafiek in het licht van de tekst in kader 8.13. Heeft de journalist gelijk? Beargumenteer je antwoord.

19. Bestudeer figuur 8.21. Je ziet een boxdiagram van leeftijd van studenten aan de hbo. Beantwoord de volgende vragen:
    a. Wat is de minimum- en de maximumleeftijd?
    b. Bij welke leeftijd vind je de mediaan? Hoe kun je dat zien?
    c. Leg de bijzondere positie van 'case 403' uit.

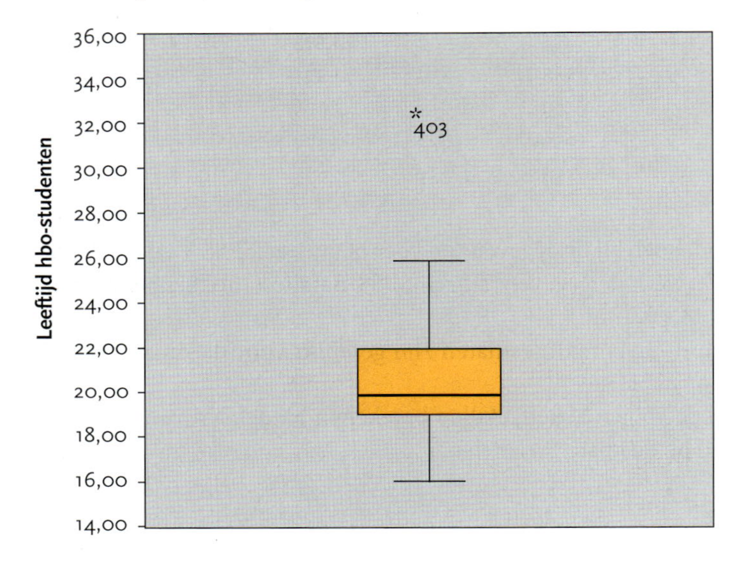

Figuur 8.21 Boxdiagram leeftijd hbo-studenten

De antwoorden op deze vragen vind je op de website onder de tab Uitwerking opdrachten, hoofdstuk 8. Informatie over de ontwerpcasussen vind je op de website onder de tab Ontwerpcasussen, hoofdstuk 8.

9

Kwalitatieve analyse

In dit hoofdstuk behandelen we een aantal uitgangspunten van en instrumenten voor kwalitatieve analyse. Kwalitatieve analyse is zeer uitgebreid, kent vele verschillende methoden. Er is vrijwel nooit één antwoord op een onderzoeksvraag mogelijk. Verder zijn de analyseregels minder duidelijk dan bijvoorbeeld voor kwantitatief onderzoek, waardoor dit type analyse nog wel eens als 'vaag' wordt bestempeld.
Methodologische uitgangspunten zijn natuurlijk belangrijk, maar er wordt ook veel belang gehecht aan de uitleg die de onderzoeker aan de analyse geeft. Door diens interpretatie ontstaat een stukje subjectiviteit, waarmee de beleving van de situatie meer diepte krijgt. Daarnaast werkt de onderzoeker met een aantal theoretische vuistregels, die deze verdieping versterken.
Een belangrijk voordeel van kwalitatieve analyse is de open benadering, de mogelijkheid om in te spelen op situaties, organisaties en personen. Dat is mede afhankelijk van de organisatie, de onderzoeksvraag, ontwikkelingen tijdens het onderzoek en dergelijke. In dit hoofdstuk wordt de gefundeerde theoriebenadering behandeld, als uitgangspunt voor je analyses.
Denk niet te licht over kwalitatieve analyse. Omdat niet alle uitgangspunten van tevoren vastliggen, lijkt het of 'alles mag' en of de resultaten worden bepaald door de interpretatie van de onderzoeker. Niets is minder waar. Kwalitatieve analyse is een zeer diepgaand en intensief proces, dat meerdere fasen omspant en daardoor betrouwbare uitkomsten kan brengen. Een belangrijk aspect dat hierbij een rol speelt, is dat van de *iteratie*. Daarmee wordt in kwalitatief onderzoek de wisselwerking bedoeld tussen het analyseren van gegevens en het verzamelen ervan. Een kwaliteitskeurmerk voor de betrouwbaarheid van je resultaten.
Het belangrijkste kwalitatieve analyse-instrument dat in dit hoofdstuk wordt besproken, is de methode van constante vergelijking volgens de gefundeerde theoriebenadering (Glaser & Strauss, 1967; Boeije, 2012). Daarnaast worden in dit hoofdstuk enkele softwarepakketten besproken die als hulpmiddel dienen bij het verwerken en coderen van gegevens. De toepassing ervan wordt aan de hand van praktijkvoorbeelden toegelicht.

Op de website bij het boek wordt onder de tab Extra materiaal bij hoofdstuk 9 ingegaan op alternatieve methoden van kwalitatieve analyse.

Begeleiding bij kwalitatieve analyses is voorhanden in de onderzoekstool. In sectie 3 van fase 3 vind je een bondige samenvatting van de stappen in kwalitatieve analyse, een template om de stappen voor jouw analyse in te voegen, en een aantal tools die je bij je analyse kunt inzetten.

Leerdoelen

Aan het einde van dit hoofdstuk ben je in staat om aan de hand van de behandelde uitgangspunten een stuk tekst samen te vatten en begripsmatig zodanig te beschrijven dat het antwoord geeft op je onderzoeksvragen. Verder heb je inzicht in de manier waarop deze begrippen worden gegroepeerd en gecategoriseerd en kun je deze in diagramvorm presenteren. Ook ben je in staat om de aspecten van kwalitatief onderzoek ten aanzien van betrouwbaarheid en validiteit te benoemen.

Kader 9.1

9.1 Uitgangspunten bij de kwalitatieve analyse van teksten

Bij kwalitatieve analyse van teksten kan het gaan om de analyse van interviews, focusgroepen, manuscripten en andere tekst(bestanden), geluidsbanden, video- en fotomateriaal, muziek, noem maar op. Gesproken en geschreven tekst dus eigenlijk. Je kunt deze gegevens beschrijven of samenvatten, maar je kunt er ook veel diepgaander naar kijken. Zo kun je komen tot een samenvatting van de tekst in codes, in begrippen. Vervolgens breng je een waardering aan van deze begrippen door ze in een bepaalde volgorde te sorteren. Zo ontstaat een structuur. In feite vormt zich tijdens de analyses voor je ogen een model. In deze paragraaf bespreken we een aantal uitgangspunten van kwalitatieve analyse en de meest toegepaste procedure, die we in paragraaf 9.2 illustreren aan de hand van een interviewtekst over het ‘glazen plafond’.

9.1.1 Gefundeerde theoriebenadering

Een van de doelen van kwalitatief onderzoek is kennis op te doen op een bepaald terrein en daarover een theorie te ontwikkelen. In dit hoofdstuk zal blijken dat dit zeker raakvlakken heeft met het verrichten van kwalitatief praktijkonderzoek. We bespreken eerst een aantal theoretische uitgangspunten van kwalitatieve analyse. Deze uitgangspunten volgen de 'gefundeerde theoriebenadering' (ook wel *Grounded Theory* genoemd), die door Glaser en Strauss (1967) is ontwikkeld en die tegenwoordig vaak als uitgangspunt wordt gebruikt bij het analyseren van kwalitatief materiaal. Kader 9.2 toont een voorbeeld van het toepassen van deze methode.

Wat veteranen vertellen

Op initiatief van het Veteraneninstituut is een grootschalig interviewproject opgezet waarbij ervaringen van veteranen in gewapende conflicten en vredesmissies tussen de Tweede Wereldoorlog en heden zijn opgetekend. Dit resulteerde in ruim duizend interviewverslagen. Deze verslagen zijn onlangs opnieuw geanalyseerd, waarbij nieuwe onderzoeksvragen beantwoord zijn; daarbij is de gefundeerde theoriebenadering gebruikt. Dit resulteerde in een verrijkte publicatie 'Wat veteranen vertellen' (zie ook hoofdstuk 5; Van den Berg, Stagliola & Wester, 2010).

Kader 9.2

Betekenis verlenen

Kwalitatief onderzoek zoals dat in dit boek aan de orde komt, gaat over de betekenis die mensen aan bepaalde situaties en gedrag verlenen. Kijk eens naar het verschil tussen survey- en interviewvragen. In een survey wordt bijvoorbeeld gevraagd op welke politieke partij je zult gaan stemmen bij de volgende verkiezingen. Verder niet. Als je zo'n vraag echter in een diepte-interview verwerkt, dan ga je veel meer in op de wijze waarop mensen tot hun keuze komen, welke argumenten een rol spelen, in welke mate en waarom. Geïnterviewden kiezen niet uit van tevoren vastgestelde antwoordmogelijkheden, ze geven antwoord vanuit hun eigen referentiekaders, hun eigen belevingswereld. Zo ontstaat een beeld van de (sociale) werkelijkheid dat door de onderzochten zélf wordt aangereikt, waar ze middenin staan.

symbolisch interactionisme

De stroming die deze onderzoeksstrategie vertegenwoordigt, wordt ook wel *symbolisch interactionisme* genoemd (Boeije, 2012; Wester, 1991). Het is een interpretatieve en open benadering van onderzoek. Dat wil zeggen dat de belevingswereld van je onderzoekseenheden (vaak respondenten) centraal staat. Ook je rol als onderzoeker is belangrijk, want je vormt (zij het kort) onderdeel van deze sociale werkelijkheid, en wordt daarmee een instrument in het onderzoek. In die zin ben je ook flexibel en speel je in op de situatie zoals je die tegenkomt. We bespraken deze stroming al in paragraaf 1.3.

Iteratief proces

Het kwalitatief onderzoeksproces verloopt niet vast omlijnd. Natuurlijk heb je wel een onderzoeks- en analyseplan, dat in fasen verloopt. Tijdens deze fasen wisselen de dataverzameling en de analyse elkaar echter af. Zo kan het voorkomen dat je tijdens de analyse concludeert dat je niet op alle onderzoeksvragen een antwoord kunt geven. Je kunt besluiten om na een eerste ronde van dataverzameling nog een tweede of zelfs derde ronde in te lassen, waarbij je gebruikmaakt van de resultaten van eerdere onderzoeksronden. Kortom, je herhaalt het onderzoeksproces (iteratie) totdat je het idee hebt dat je een betrouwbaar antwoord op de onderzoeksvragen (en daarmee op de probleemstelling) kunt geven (zie kader 9.3). Deze herhaling wordt de methode van *constante vergelijking* genoemd. Het heeft als voordeel dat het de betrouwbaarheid van je resultaten verhoogt, omdat je met de 'nieuwe' data kunt controleren of datgene wat je tijdens eerdere analyses hebt gevonden, klopt. Deze methode van constante vergelijking is een van de belangrijkste uitgangspunten van de hier beschreven kwalitatieve analysemethode.

constante vergelijking

Microkredieten

Lim (2010) deed onderzoek naar het systeem van Microkredieten in Pondicherry in India. Naast observaties nam hij interviews af in een aantal ronden. Na elke ronde ging hij na in hoeverre hij zijn onderzoeksvragen kon beantwoorden, om daarna in de nieuwe ronde gebruik te maken van de eerdere resultaten.

Kader 9.3

Inductief karakter

Kwalitatief onderzoek, in het bijzonder de gefundeerde theoriebenadering, heeft een inductief karakter. In hoofdstuk 1 zijn we hier al op ingegaan. Het betekent dat we met het verzamelen en analyseren van gegevens een theoretisch model opbouwen. Met andere woorden: we zoeken naar een bepaalde structuur in de data, we toetsen geen van tevoren opgestelde theorie (dat zou deductie zijn).

Dat kwalitatief onderzoek voornamelijk gericht is op inductie, is volgens sommige (kwantitatieve) wetenschappers een bezwaar. Waarom? Wel, het afleiden van een goede structuur (theorie) uit je gegevens is een tijdrovend, duur en zwaar karwei, dat maar door weinig onderzoekers tot een goed einde gebracht wordt, zeker wanneer je je bedenkt dat kwalitatief onderzoek verschillende en minder duidelijke richtlijnen kent. Daarom is ook de gefundeerde theoriebenadering in de loop der jaren wat milder (flexibeler) geworden; daarmee bedoelen we dat er wel degelijk theoretische uitgangspunten worden opgesteld voordat men aan de analyses begint. De richting van je analyses blijft echter inductief: het vormen van een theoretische structuur uit je materiaal.

Sensitizing concepts

Wil je met je kwalitatieve onderzoek kennis opdoen of een theorie ontwikkelen, dan ga je allereerst terug naar je probleemstelling. In deze probleemstelling heb je een aantal algemene begrippen geformuleerd die je gaat onderzoeken of uitdiepen. Dit worden in de gefundeerde theoriebenadering ook wel *sensitizing concepts* genoemd (zie Wester, 1991; Wester, Smaling & Mulder, 2000; Baarda et al., 2001, p. 29; Boeije, 2012, p. 47, 81), ofwel *'richtinggevende begrippen'*. Deze begrippen geven alleen *richting* aan je zoektocht. Ze zijn niet vastomlijnd, en ruim omschreven. De afbakening, het ontdekken van de betekenis ervan, gebeurt in de loop van je onderzoek.

Theorie in praktijkgerichte kwalitatieve analyses?
Over het algemeen wordt bij (kwalitatief) praktijkonderzoek geen theorie ontwikkeld, maar worden praktijkvragen beantwoord. De zojuist besproken uitgangspunten lijken in dat verband wat opgeblazen. Toch klinken de theoretische uitgangspunten door in praktijkgericht kwalitatief onderzoek. Ze dienen als basis voor kwalitatieve analyse.
Kijken we eens naar een getrianguleerde onderzoeksopzet met zowel kwantitatieve als kwalitatieve onderdelen. Zo kan kwalitatief onderzoek aan een vragenlijstonderzoek *voorafgaan*, zoals in een vooronderzoek. Tijdens het vooronderzoek worden bijvoorbeeld interviews georganiseerd of wordt literatuuronderzoek verricht om het veld te leren kennen en het onderwerp van het onderzoek (theoretisch) af te bakenen. Experts verstrekken informatie over het onderwerp, over belangrijke termen en gebruikte begrippen, en de betekenis die hieraan in een organisatie wordt verleend. Het kan ook zijn dat het kwalitatieve deel *na afloop* van een survey wordt georganiseerd, bij wijze van verdieping. Ook dit kan de vorm van open interviews hebben, of van groepsgesprekken. Het doel is om de achtergrond van resultaten te verkennen, beter te begrijpen of in het juiste kader te plaatsen. Vervolgens helpt de inductieve benadering bij je analyses je verder. Immers, je gebruikt toch een aantal theoretische vuistregels die leiden tot 'richtinggevende begrippen'. Zo is het gebruik van theorie misschien niet zo expliciet, maar dan toch impliciet aanwezig.

9.1.2 Stappen in kwalitatieve analyse

Hoe ga je met de verzamelde gegevens om? Hoe analyseer je ze? Dat doe je door je gegevens uiteen te rafelen en er vervolgens structuur in aan te brengen. Hoe gaat dat in zijn werk? We bespreken deze methode in acht stappen:

Stap 1
Allereerst worden de gegevens verkend. Lees de teksten (interviewverslagen enzovoort) heel goed door en verdeel ze in kleine fragmenten die je in één

uiteen-rafelen

woord kunt samenvatten (*uiteenrafelen*). Denk hier niet te licht over: ga na waarom je precies dát fragment selecteert.

Stap 2

Vervolgens evalueer je de gebruikte termen. Welke *waarde* kennen de onderzoekseenheden (de onderzochte personen) aan de gebruikte termen toe? Je interpreteert de betekenis ervan. Zijn deze termen negatief van toonzetting of juist positief?

Stap 3

Dan bedenk je met welk woord je dit fragment het beste kunt omschrijven, je *codeert* het. Meestal zet de onderzoeker deze code in de kantlijn van de tekst of hij maakt een code aan in het daarvoor bestemde softwareprogramma. Gebruik het liefst één code (woord) voor de omschrijving van je fragment; het is onder andere bedoeld om je materiaal samen te vatten (Boeije, 2012). Deze wijze van coderen wordt ook wel *open coderen* genoemd; dit is het feitelijke *uiteenrafelen*. Het vindt plaats aan het begin van het analyseproces en het is een eerste vorm van definiëring van de gevonden begrippen. Het is nog heel exploratief; waar nodig verzamel je nieuwe gegevens.

open coderen

Stap 4

Vervolgens ga je termen *groeperen*. Wat hoort bij elkaar? Je brengt als het ware een eerste ordening aan.

Stap 5

Nu sorteer je de gecodeerde begrippen en je brengt een *hiërarchie* aan: wat is de belangrijkste code, welke komt daarna, enzovoort.

Stap 6

Je zoekt naar *verbanden* tussen de begrippen, naar associaties en/of combinaties. Je maakt hoofdgroepen en subgroepen aan door te kijken welke codes bij elkaar horen en op welke wijze ze kunnen worden geordend. Denk goed na over de redenen om begrippen te groeperen, zoek bewijs voor je groepering in de tekst. In deze fase kun je natuurlijk ook besluiten om codes op te splitsen. Het proces dat we hier beschrijven, wordt ook *axiaal coderen* genoemd (Wester, 1991; Boeije, 2012). Dit is veel minder exploratief in vergelijking met het eerdergenoemde open coderen.

axiaal coderen

Stap 7

Dan breng je structuur aan in je begrippen, je zoekt naar relaties tussen begrippen en beantwoordt de vraag waarom je bepaalde begrippen en bepaalde volgordes van begrippen hebt aangetroffen. Dit structureren wordt ook wel *selectief coderen* genoemd. Deze verbanden en volgorde breng je samen in een *model*, ofwel een *diagram*. Boeije (2012) beschrijft hoe je dit heel mooi kunt weergeven in een *codeboom*.

selectief coderen

Stap 8

Ten slotte breng je het gevonden model in verband met je probleemstelling:
- Kan er een antwoord op de vraag worden gegeven?
- Zijn er aanvullende vragen?
- Ontbreekt er nog informatie? Zo ja, dan ga je opnieuw gegevens verzamelen, totdat je een volledig antwoord op de probleemstelling kunt formuleren.

Als je de acht stappen doorleest, lijkt het vrij gemakkelijk. In werkelijkheid is het analyseren van kwalitatief materiaal een ingewikkeld, intensief en tijdrovend proces, dat in verschillende fasen van gegevensverzameling en analyse plaatsvindt en dat meerdere malen wordt doorlopen. Constante vergelijking dus.

Exploreren, specificeren, reduceren en integreren

De acht stappen kunnen worden samengevat in vier fasen (Boeije, 2012):
1. *Exploratie*: tijdens de eerste fase ga je na welke begrippen er in je materiaal zitten. Je ontdekt als het ware het materiaal.
2. *Specificatie*: Vervolgens ga je de begrippen verder ontwikkelen en benoemen en waar nodig verzamel je nieuw materiaal. Dat is fase twee: specificatie.
3. *Reductie*: Tijdens de reductiefase probeer je de gevonden begrippen te ordenen en terug te koppelen naar de probleemstelling.
4. *Integratie*: Ten slotte integreer je de geanalyseerde begrippen in een bepaalde structuur, een diagram. Dat is de vierde en laatste fase.

Het is lastig precies aan te geven waar (bij welke stap) de eerste fase ophoudt en waar de tweede begint: het is immers een open benadering! Ook het iteratieve proces van de analyse speelt een rol: wanneer het juiste moment daar is om nieuwe gegevens te verzamelen, wordt door de onderzoeker bepaald, door jou dus.

9.2 Casus inhoudsanalyse

Er is veel discussie over het al dan niet bestaan van een glazen plafond dat vrouwen ervan weerhoudt om door te stromen naar hogere posities. Zo schrijft Marijke Stellinga over *De mythe van het glazen plafond* (2009). Kunnen vrouwen niet doorstromen of willen ze het niet? Stel, je verricht een inhoudsanalyse naar de huidige stand van zaken met betrekking tot het zogeheten 'glazen plafond'. Daarmee wordt de situatie bedoeld waarin vrouwen nauwelijks (kunnen) doorstromen naar hoge(re) posities in organisaties. Tijdens je vooronderzoek breng je de huidige stand van zaken in kaart in Nederland en Vlaanderen. Daarvoor bekijk je wetenschappelijke artikelen en krantenartikelen. Je voert hierop een inhoudsanalyse uit, waarbij je probeert om begrippen te ontdekken die je voor een aantal diepte-interviews met vrouwen kunt gebruiken.

Wat vinden vrouwen van het glazen plafond? Wat is er aan uitspraken van hen te vinden in artikelen in kranten en tijdschriften? In kader 9.4 hebben we een aantal uitspraken van vrouwen over het glazen plafond bijeengebracht, die we vervolgens zullen analyseren.

Uitspraken van vrouwen over het glazen plafond

- Dat vrouwen niet doordringen tot de top van het bedrijfsleven, heeft ook met henzelf te maken. Het zit tussen de oren. Vrouwen *denken* dat ze geen leiding kunnen geven en bovendien zijn ze minder *ambitieus*. Ze hebben sowieso over het algemeen een andere leiderschapsstijl dan mannen. Ze zijn minder hard, werken aan de relatie en minder aan hun eigen carrière.'
- 'Vrouwen kunnen best doorstromen naar hogere functies. Ze willen gewoon niet. Ze zijn tevreden met hun deeltijdbaan. Laat ze toch!'
- 'Heb je het jaarverslag gezien? Daar staan geen foto's van vrouwen in. Bij ons bedrijf is de balans niet goed. Dat heeft te maken met een aantal eisen voor het innemen van hoge posities, zoals mobiliteit, overwerk, buitenlandse ervaring. Daaraan kunnen vrouwen vaak niet voldoen. Overigens, de gemiddelde leeftijd van onze werknemers ligt niet erg hoog.'
- 'In ons vak, in de kunst, zijn posities van mannen en vrouwen gelijk. Zowel mannen als vrouwen kunnen iets bereiken in de kunst, talent telt en niet dominantie. Wat mij wel ergert, is dat bij vrouwen nog steeds naar het uiterlijk wordt gekeken. Dat is bij mannen minder. Zo ga ik elke vier weken naar de kapper en let ik erg op mijn lijn.'
- 'Het percentage leidinggevende vrouwen bij onze organisatie is 25, veel te weinig natuurlijk. Vrouwen voelen zich vaak nog niet geaccepteerd en ze gedragen zich daarnaar; zullen dus niet snel op een hogere functie solliciteren.'
- 'Bij ons bedrijf kun je in een hogere functie alleen vier dagen in deeltijd werken. Dat is voor veel vrouwen (met bijvoorbeeld kinderen) te veel. Daarom stromen ze slecht door.'

Kader 9.4

Vervolg

- 'Vrouwen worden nog steeds anders behandeld dan mannen. Vrouwen moeten zich mannelijk gaan gedragen om in het bankwezen geaccepteerd te worden. Dat lukt nog wel aardig, maar de druk om niet door te stromen is erg groot. Hoe vaak ik mezelf niet moet bewijzen dat ik werk en gezin kan combineren, zeker op dit niveau, is niet leuk meer. Deze sociale druk zal veel vrouwen ervan weerhouden om het ook maar te proberen.'
- 'Tja, hoe is het nu? Moeten we nu emanciperen of juist niet? Er is al veel bereikt, maar het kan nog veel beter. Er zijn te weinig vrouwen in leidinggevende posities. In de ene branche wordt het geaccepteerd dat je in deeltijd werkt, in de andere branche moet je dit verantwoorden of kan het helemaal niet.'
- 'Aan de ene kant ben ik een voorstander van positieve discriminatie. Als er scheefheid is in het percentage mannen en vrouwen aan de top, kun je bij gelijke geschiktheid kiezen voor een vrouw. Aan de andere kant hebben vrouwen vaak andere kwaliteiten dan mannen. Met de algemene objectieve criteria komen vrouwen niet aan de bak. Selectiecommissies moeten deze kwaliteiten anders leren waarderen.'
- 'Weet je wat ik niet eerlijk vind? Dat mannen vaak meer verdienen in dezelfde positie dan vrouwen. Dat is ook een soort "glazen plafond", denk ik. Vrouwen bereiken zo'n positie wel, maar krijgen vervolgens niet hetzelfde salaris.'
- 'De meest voorkomende vorm van arbeidsverdeling tussen mannen en vrouwen in Nederland is de "anderhalfverdiener". De traditionele arbeidsverdeling tussen mannen en vrouwen wordt echter in stand gehouden. Vrouwen hebben nog steeds de kleinste aanstelling en zij zijn daarmee financieel afhankelijk van hun partners.'
- 'Vrouwen voelen zich veel sneller verplicht om ook aan hun gezin te denken dan mannen. Ze vragen zich af of ze wel meer kunnen gaan werken, overwerken, een drukke leidinggevende functie accepteren. Bij mannen ligt dat anders. Zij doen dat juist voor hun gezin, het verdient extra (zowel inkomen als aanzien). Dat ze wat vaker van huis zijn, nemen ze op de koop toe. Bij vrouwen gaat dat anders.'

'Vrij naar: Kohlmann, 2003; Stellinga, 2009

Kader 9.4

Tekstanalyse 'Glazen plafond'

We behandelen de analyse van de tekst over het glazen plafond volgens de stappen die in paragraaf 9.1.2 genoemd zijn. Eerst lees je de hele tekst een aantal malen aandachtig door om een goede indruk van het onderwerp te krijgen. Het is van belang om alleen alle *relevante* informatie voor je onderwerp te selecteren. Het onderwerp is hier 'glazen plafond'. Je let er dus op dat de geselecteerde tekst(en) ook over dit onderwerp gaan. Een opmerking als 'Overigens, de gemiddelde leeftijd van onze werknemers ligt niet erg hoog' hoeft daarom niet in deze analyse te worden meegenomen. Daarna volgt stapsgewijs de analyse.

Stap 1

Je deelt de tekst op in relevante fragmenten, het zogenoemde uiteenrafelen. In de hier gekozen tekst kun je het uiteenrafelen voor iedere respondent apart doen. De tekst bestaat uit verschillende (sub)onderwerpen. Daarop kun je de *indeling* baseren (groeperen). Zo kun je bijvoorbeeld de sectie 'Heb je het jaarverslag gezien? Daar staan geen foto's van vrouwen in. Bij ons bedrijf is de balans niet goed' als één relevant fragment zien.

Stap 2

Interpreteer de betekenis van de gevonden termen, het zogenoemde *waarderen*. In het zevende stukje vind je informatie over onder andere 'onzekerheid' en 'sociale druk'. Deze begrippen hebben in de tekst een negatieve lading.

Stap 3

In deze analyse is het van belang begrippen te *ontdekken* die je bij je diepte-interviews als gespreksonderwerp kunt gebruiken. Dat betekent dat je per fragment een samenvatting in één of meer kernwoorden geeft (open coderen). In dit voorbeeld gebruik je voor je analyse geen van tevoren bepaald begrip. Het fragment in punt 2 kun je samenvatten met de code 'sekseongelijkheid in de organisatie'.

Stappen 4, 5 en 6

Je gaat de begrippen *groeperen*, *sorteren* en *evalueren*. Je maakt een *volgorde* van kernwoorden (hiërarchie). Het kan zijn dat er veel overlap is en dat je één of meer kernwoorden kunt samenvoegen. Ook kun je codes splitsen. Kijk nog eens naar de code 'sekseongelijkheid in de organisatie'. Eigenlijk is de code 'ongelijkheid' een hoofdbegrip dat weer kan worden opgesplitst in een aantal subcategorieën, waaronder 'organisatiekenmerken'.
Dit proces herhaal je een aantal malen, waarbij je telkens opnieuw naar de tekstfragmenten kijkt en ze vergelijkt, *het axiaal coderen*. Verder kijk je naar het niveau waarop zo'n kernwoord zich bevindt: personen, groepen, organisaties, enzovoort. Per kernwoord kun je in een tabel de waardering noteren: wordt een woord positief of negatief gewaardeerd? In kader 9.4 wordt over 'acceptatie' gesproken in negatieve zin, bijvoorbeeld als men stelt dat het wordt 'geaccepteerd' dat je in deeltijd werkt.

Stappen 7 en 8

Wat is oorzaak, wat is gevolg? Ook deze zogeheten *causale ordening* kun je in de kernwoorden aanbrengen, afhankelijk van je probleemstelling en je onderzoeksvragen. Je brengt structuur aan in je codes. Vervolgens zet je ze in een *diagram*, een boomstructuur (zie figuur 9.1). Je werkt van onder af naar boven, van specifiek naar algemeen. Als het goed is, staan bovenaan dus de belangrijkste begrippen. In dit diagram is dat de ervaren ongelijkheid tussen mannen en vrouwen, gevolgd door de sociale druk en onderaan persoonlijke eigenschappen. Vanuit hoofdbegrippen kun je weer nieuwe gegevens verzamelen en vervolgens kun je de analyse herhalen. Doel daarbij is om te vergelijken of jouw bevindingen met behulp van andere analyses ook boven water komen. Kortom, de herhaling bevordert de betrouwbaarheid van je resultaten.

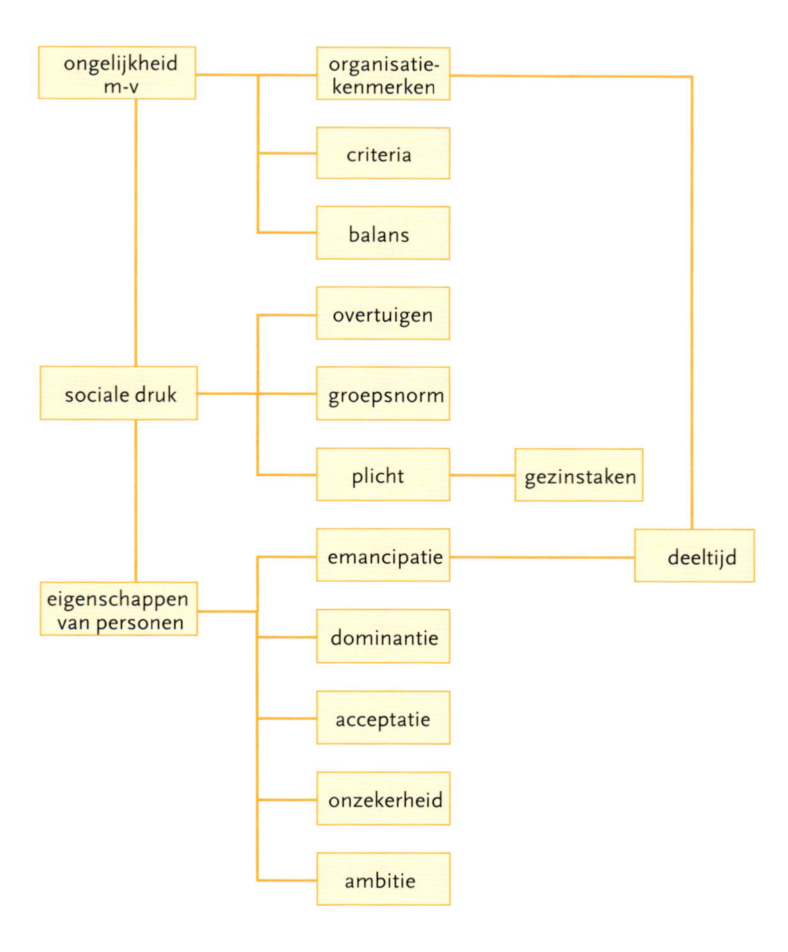

Figuur 9.1 *Mogelijk diagram van de analyse van uitspraken over het 'glazen plafond'*

Codering van de tekst kan een diagram opleveren zoals dat in figuur 9.1 is afgebeeld. Dit diagram is het resultaat van één analyse door één onderzoeker. Dit is dus maar een van de mogelijkheden: vergelijking met nieuwe gegevens of een analyse door een andere onderzoeker kan leiden tot een heel ander diagram. Zo zou het bijvoorbeeld kunnen zijn dat er een relatie is tussen sociale druk en ongelijkheid; in een nieuw diagram kan deze relatie door lijnen worden weergegeven. Het kan echter ook zo zijn dat de eerste bevindingen worden bevestigd. In een meer kwantitatieve aanpak zou je er nog voor kunnen kiezen om een telling te verrichten van het aantal malen dat de kernwoorden voorkomen. Naarmate deze woorden meer zijn gebruikt door de respondenten, is de 'lading' groter en weegt het kernwoord kennelijk zwaarder.

De begrippen die je uit de analyse van de tekst over het 'glazen plafond' naar boven haalt, gebruik je als uitgangspunt voor de te houden diepte-interviews. De analyse van de tekst gaat dus aan de diepte-interviews vooraf. Op een *lager niveau* in het diagram (dus op een niveau onder de kernbegrippen, zie figuur 9.1) kun je eventueel al een goede operationalisatie vinden van deze begrippen. Zo vind je bijvoorbeeld als operationalisatie van organisatiekenmerken in de tekst van kader 9.4 het percentage vrouwen bij een organisatie. Je kunt natuurlijk ook in andere literatuur naar vergelijkingsmateriaal en operationalisaties zoeken.

Er zijn natuurlijk meer systemen van kwalitatief onderzoek in omloop. Op de website bij het boek vind je onder de tab Extra materiaal bij hoofdstuk 9 informatie over de matrixbenadering voor kwalitatieve analyse.

9.3 Hulpmiddelen bij de kwalitatieve analyse

Bij het weergeven van de resultaten van je analyse kun je gebruikmaken van een aantal hulpmiddelen. Deze zijn onder te verdelen in meer praktische hulpmiddelen (zoals het logboek en het diagram) en in software. In de volgende twee paragrafen passeren ze de revue.

9.3.1 Tools voor modellen en diagrammen

Allereerst bespreken we een aantal handige tools die je kunt inzetten bij het inzichtelijk maken van je gegevens. Het gaat om tools bij het maken van modellen en diagrammen, en voor het aanbrengen van structuur in je analyse.

Mindmapping

Het aanbrengen van structuur is een element dat gedurende het hele onderzoeksproces een rol speelt. Het beschreven proces van codering lijkt bijvoorbeeld een beetje op *mindmapping*. Dat is een methode waarmee je structuur aanbrengt in je ideeën over allerlei zaken door ze in sleutelwoorden op papier te zetten, te groeperen, te evalueren, te coderen en te structureren. Deze methode kun je dus ook bij je analyse gebruiken.

Om je gedachten te ordenen kun je een vel papier nemen en dat 'landscape' gebruiken. Je begint in het midden van het papier, verder gebruik je een aantal gekleurde stiften, pennen of potloden. Doel van deze oefening is om een vaag onderwerp te specificeren. De manier van ordenen is alle gedachten over een onderwerp in sleutelwoorden op het papier zetten. Vervolgens bedenk je welke gedachten met elkaar in verband staan en je brengt lijnen aan, dikker of dunner, afhankelijk van de sterkte van het verband. Ten slotte ontstaat een diagram zoals in figuur 9.2, waarin jouw ideeën schematisch worden weergegeven.

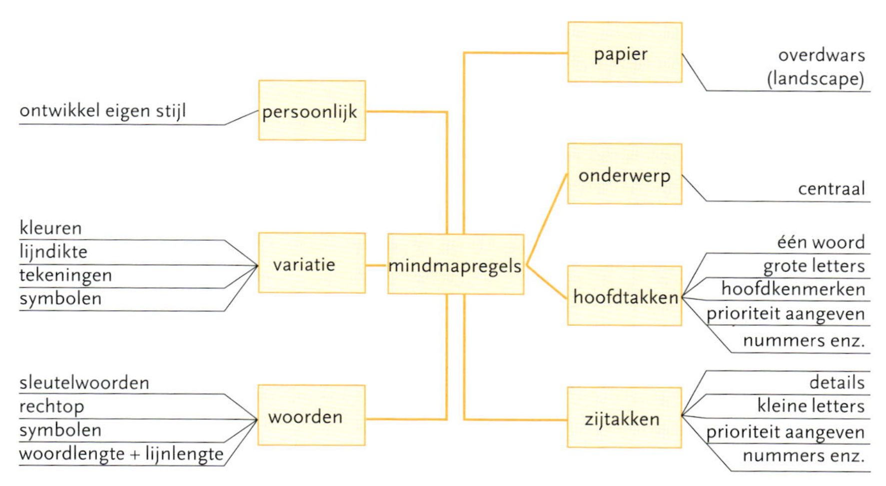

Figuur 9.2 Regels voor mindmapping

Figuur 9.1 geeft een voorbeeld van een diagram met de resultaten van een kwalitatieve analyse van het 'glazen plafond'. De opzet is ongeveer gelijk aan die van een mindmappingdiagram.

Boomdiagram

Zoals we reeds hebben aangegeven, kun je een *schematische weergave* van de resultaten in een diagram zetten, zoals bij mindmappen gebruikelijk is. Ook kan hiervoor een boomdiagram (bijvoorbeeld op de computer) worden ontworpen.

Kaartsysteem

Je kunt een *kaartsysteem* maken door de termen op kaartjes te schrijven en deze te ordenen. Voor zo'n systeem kun je ook gebruikmaken van de bekende gele 'Post-it'-papiertjes, die je op een groot bord plakt en daarna structureert, zoals in figuur 9.3.

Figuur 9.3 Voorbeeld diagram van plakbriefjes (bron: dreamstime.com)

Logboek

Een belangrijk hulpmiddel bij het aanbrengen van structuur in je analyse is je *logboek,* dat in hoofdstuk 2 is geïntroduceerd. Hierin houd je alle aantekeningen van je analyses bij, de keuzes die je gemaakt hebt, en de argumenten daarbij. Het is ook belangrijk om aan te geven waarom je iets níét hebt gekozen, of waarom iets is mislukt. Je kunt het voor je rapportage nodig hebben. Een tip: dateer je logboek en hanteer een soort nummering. In deze nummering kun je niveaus aanbrengen, bijvoorbeeld 4.3.1 (fase, onderdeel, type). Achteraf kun je dan makkelijk terugvinden in welke fase van je onderzoek de aantekening is gemaakt. Zeker als je meer dan één keer teruggaat naar het verzamelen van gegevens is de volgorde van aantekeningen belangrijk.

9.3.2 *Software als hulpmiddel bij kwalitatieve analyse*

Analyse van teksten of video- en geluidsmateriaal gebeurt meestal via de computer. Om deze analyse te ondersteunen zijn er vele computerprogramma's op de markt. Zo kun je observatiegegevens analyseren met The Observer[tm]. Teksten kunnen onder andere met MAXqda of met Kwalitan worden verwerkt, of met KODANI.

Veel hogescholen en universiteiten bieden de mogelijkheid om goedkoop software aan te schaffen voor gebruik tijdens je studie, via de webwinkel SURFspot.nl. Je kunt inloggen met je studentnummer en de software downloaden voor gebruik op je eigen computer.

SURFspot.nl

Heb je teksten wel op papier, maar niet digitaal? Geen probleem. Je hoeft niet alles over te typen, want in de meeste softwarepakketten is het tegenwoordig mogelijk om met gescand materiaal te werken. Je scant de tekst in bewerkbare tekst in en zet deze vervolgens over naar het pakket waarmee je gaat analyseren. We behandelen nu een aantal van deze hulpprogramma's.

Kwalitan 5.0

Kwalitan 5.0 is een Nederlands softwarepakket dat bij kwalitatieve analyse van gegevens gebruikt kan worden. Dit programma is een hulpmiddel bij het analyseren en ordenen van je gegevens, maar ook bij het maken van memo's voor je logboek. Met Kwalitan kun je teksten, muziek, afbeeldingen en videomateriaal analyseren door middel van codering en ordening, selectie, zoekmogelijkheden (filters), enzovoort. Naast een 'gewone' licentie is het voor studenten mogelijk om een speciale licentie aan te vragen. Deze licentie is een stuk voordeliger, ze is drie maanden geldig en kan eenmalig worden verlengd met drie maanden.

In Kwalitan kun je op twee manieren analyseren: door de tekst, dus de gegevens van de *onderzochte*, als uitgangspunt te nemen, of door de begrippen, dus de gegevens van de *onderzoeker*, als uitgangspunt te nemen. Dit beschrijven van de tekst met behulp van begrippen noemen we *coderen*. Met het programma kun je een ordening aanbrengen in deze codes, je kunt een boomstructuur maken (de rangorde vaststellen) zoals in een diagram. Dat kan op maximaal acht niveaus. Gebruik je de gegevens van de onderzochte als uitgangspunt, de woorden in de tekst dus, dan is het mogelijk om een telling te laten uitvoeren, maar ook om de rangorde te bepalen of woordgroepen samen te stellen. Het tellen van woorden en het coderen van begrippen zou je natuurlijk best zonder een computer kunnen doen. Software heeft echter het grote gemak dat je kunt selecteren en terugzoeken. Je kunt filterwoorden aanbrengen, maar ook zoeken met behulp van 'logische operatoren'. Dat zijn tussenvoegsels voor zoektermen, zoals 'en ... of' en 'niet'.

Matrix

Frequenties van begrippen en dergelijke kunnen in een matrix worden ondergebracht. Dat is in feite een gegevenstabel waarin je weergeeft hoe vaak begrippen voorkomen. Deze tabel kun je vervolgens inlezen in andere programma's om er (meer kwantitatieve) analyses op uit te voeren.

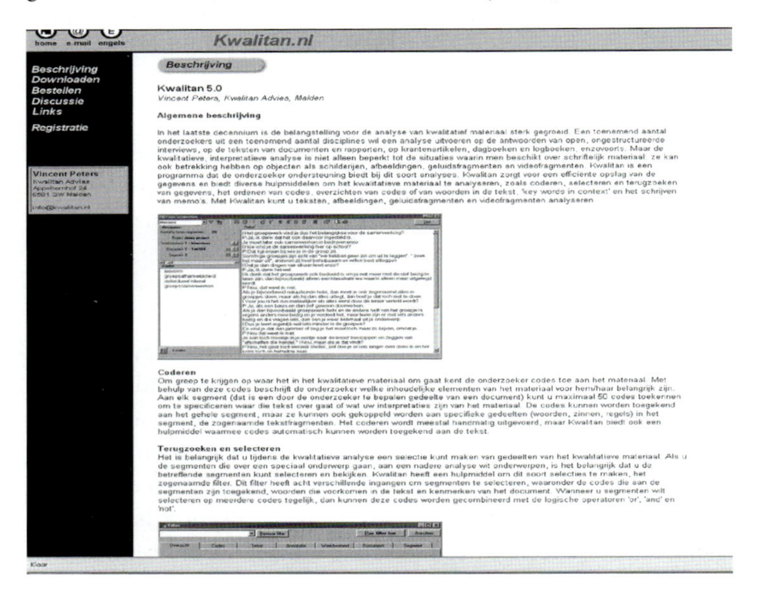

Figuur 9.4 Het demoscherm van Kwalitan 5.0

Memo's

Het is belangrijk om aantekeningen te maken van alle beslissingen die je tijdens je analyse neemt, en van de argumenten om deze beslissingen te nemen. Als onderzoeker houd je daarvan een logboek bij. In Kwalitan is het mogelijk om memo's aan te maken en bij te houden. Deze memo's zijn gegroepeerd in vijf onderwerpen, waaronder codering (begrippen), theorie en methode. Titels en typering kun je aanpassen aan je eigen wensen.

KODANI

KODANI (Kil, 2007) is geen programma op zich, het is een methode die je helpt om Excel in te zetten bij het analyseren van kwalitatief materiaal. Zo wordt de analyse eenvoudiger en overzichtelijker en kun je ook beter je resultaten en conclusies in een rapport verwerken. De verwerkingsmethode is opgezet volgens de gefundeerde theoriebenadering. Het sluit dus mooi aan op alle informatie die je in dit hoofdstuk hebt gelezen. Voor een volledige handleiding verwijzen wij naar de website www.ontwerpenvaneenonderzoek.nl. We volstaan hier met een samenvattende beschrijving van de belangrijkste onderdelen van het programma.

Werkbladen

Het programma werkt met de gebruikelijke Excel-werkbladen. Zo zijn er bijvoorbeeld werkbladen:

- om interviewonderwerpen per geïnterviewde in te voeren;
- om resultaten te verwerken;
- voor de definitie van codes;
- om structuur in je teksten aan te brengen.

Een leuk werkblad is die van de 'losse flodders', voor het noteren van allerlei ideeën en suggesties die tijdens het interview naar voren zijn gekomen.
In het werkblad van de resultaten kun je een aantal filters aanbrengen. Dat zijn de codes die je bij het uiteenrafelen van de teksten hebt verzameld en gedefinieerd. Het is de bedoeling dat je dit heel consequent doet. Gebeurt dat goed, dan zul je zien dat het aangebrachte filter direct een overzicht geeft van het aantal gevonden codes ten opzichte van het totaal. Zo kun je bijvoorbeeld de volgorde van belangrijkheid ontdekken en structuur in je tekst aanbrengen.

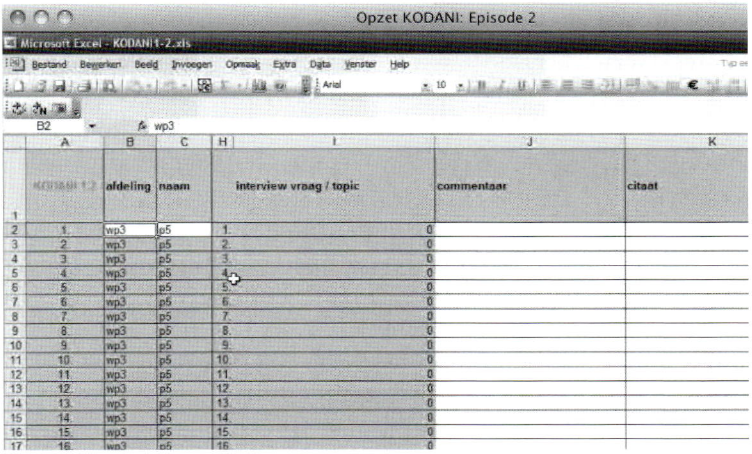

Opzet KODANI: Episode 2

Microsoft Excel - KODANI1-2.xls

	A	B	C	H	I	J	K
1		afdeling	naam		interview vraag / topic	commentaar	citaat
2	1.	wp3	p5	1.	0		
3	2.	wp3	p5	2.	0		
4	3.	wp3	p5	3.	0		
5	4.	wp3	p5	4.	0		
6	5.	wp3	p5	5.	0		
7	6.	wp3	p5	6.	0		
8	7.	wp3	p5	7.	0		
9	8.	wp3	p5	8.	0		
10	9.	wp3	p5	9.	0		
11	10.	wp3	p5	10.	0		
12	11.	wp3	p5	11.	0		
13	12.	wp3	p5	12.	0		
14	13.	wp3	p5	13.	0		
15	14.	wp3	p5	14.	0		
16	15.	wp3	p5	15.	0		
17	16.	wp3	p5	16.	0		

Figuur 9.5 Werkblad van Kodani (bron: Kil, 2007)

Introductie en handleiding
Op de eerdergenoemde website wordt het programma aangeboden. Ook vind je een beknopte handleiding en een aantal video's met een instructie. In deze video-instructie wordt aan de hand van een voorbeeld (kwaliteit van de koffie in het bedrijf waar je werkt) getoond hoe je interviewresultaten in de werkbladen noteert, en vervolgens laat de ontwerper zien hoe je structuur in je gegevens aanbrengt.
Het programma biedt de mogelijkheid om je gegevens samen te vatten in een diagram. Het vormt een handig hulpmiddel bij het verwerken van je kwalitatieve gegevens.

Diagrammen maken

Een handig hulpmiddel bij het *mindmappen* is het softwarepakket *Mindmanager 9*. Je kunt er diagrammen mee maken, maar je kunt ook 'realtime' samenwerken met andere onderzoekers en je onderzoeksinformatie ordenen. Dat geldt ook voor het planningsprogramma Inspiration. Het is uitermate geschikt voor mindmapping en voor het maken van boomdiagrammen. Je kunt het programma ook gebruiken voor het maken van een onderzoeksplan, een tijdpad, organogrammen, enzovoort. Een trialversie van Inspiration is via internet te downloaden. Beide programma's zijn verkrijgbaar via SURFspot.
Ook met het programma MAXqda (voor kwalitatieve data-analyse) kun je diagrammen aanmaken. Uiteraard kun je voor het maken van je eigen ontwerp ook je toevlucht nemen tot standaardprogramma's zoals Word, PowerPoint en Excel.

Tekstverwerker

Bij analyse met behulp van een 'gewone' tekstverwerker (dus geen speciale software) kun je gebruikmaken van de mogelijkheden die het programma biedt om je analyse goed te laten verlopen. We zetten een paar mogelijkheden voor je op een rij:

- Stukken tekst die niet relevant lijken, kun je uit de 'hoofdtekst' verwijderen. Gooi ze niet definitief weg, maar sla ze op in een apart bestand onder een andere naam (bijvoorbeeld 'niet-relevante teksten'). Het gebruik van 'knippen' en 'plakken' is daarbij essentieel.
- Om een stuk tekst gemakkelijk terug te vinden kun je de regels of de selectie nummeren. In Word kan dat met behulp van de document-instelling in het opmaakmenu onder 'indeling'. Je kunt verschillende manieren van nummering kiezen: per regel, per tekstdeel of per sectie (dat is een stuk tekst met een andere dan de standaardopmaak). Kijk voor meer informatie over regelnummering in je Help-menu of op online fora.

- Er zijn ook andere vormen van tekstnummering mogelijk. Je kunt bijvoorbeeld een nummering per onderzochte persoon toepassen en de teksten die bij deze persoon horen, onderverdelen in fragmenten. Zo is de eerste code de persoon en de tweede het fragmentnummer, bijvoorbeeld '1/3'. Hierachter kun je dan de begrippen uit het desbetreffende fragment noemen, bijvoorbeeld '1/3/ongelijk/criteria/dominantie'.
- Wil je de tekst als geheel bewaren en vervolgens de fragmenten afzonderlijk coderen, dan kun je ze in aparte documenten zetten met behulp van 'kopiëren' en 'plakken' en vervolgens de codes plaatsen. Zo blijft de oorspronkelijke tekst intact.

Op deze manier kun je de tekstverwerker gebruiken om teksten te analyseren. Je hebt dus eigenlijk geen andere hulpmiddelen nodig.

9.4 Kwaliteit van resultaten

Kwalitatief onderzoek heeft altijd veel kritiek te verduren als het gaat om de kwaliteit van de resultaten. Volgens de critici is kwalitatief onderzoek niet *betrouwbaar* en dus niet *valide*. Vanuit het gezichtspunt van kwantitatief onderzoek is dit te begrijpen; daar is betrouwbaarheid een voorwaarde voor validiteit. Is onderzoek niet betrouwbaar, dan kan het nooit valide zijn. Doe je kwalitatief onderzoek, dan kun je deze claim wel nuanceren. Ook al wordt de kwaliteit van je onderzoek nog steeds bepaald door betrouwbaarheid en validiteit, ook bij kwalitatief onderzoek kun je maatregelen nemen om een zo hoog mogelijke kwaliteit te krijgen.

9.4.1 Betrouwbaarheid

De belangrijkste vraag die je hier moet stellen, is met welk doel je het criterium van betrouwbaarheid kunt inzetten bij kwalitatief onderzoek. Daarmee kijk je in hoeverre je de eis van betrouwbaarheid kunt toepassen op je onderzoek en wat je eraan kunt doen om de betrouwbaarheid zo hoog mogelijk te maken. De eerdergenoemde kritiek op betrouwbaarheid van kwalitatief onderzoek hangt samen met de voorwaarde van herhaalbaarheid. Omdat bij kwalitatief onderzoek een open benadering wordt gekozen, waarbij ontwikkeling van modellen vaak tijdens een onderzoeksperiode plaatsvindt, is er geen afgebakende setting voor het onderzoek die bij herhaling dezelfde resultaten geeft. De herhaalbaarheid van het onderzoek staat dus onder druk, vinden de critici. De betrouwbaarheid is daarmee moeilijk na te gaan, zeker als de steekproef ook nog klein is.

De communicatie bij personeelszaken

Neem een gevalsstudie naar de in- en externe communicatie van de afdeling personeelszaken van een bedrijf als voorbeeld. Om deze te 'proeven' loop je in de zomervakantie als onderzoeker vier weken mee met het personeel; je observeert hen in hun werksituatie door zelf mee te doen, participerende observatie dus. Verder organiseer je gesprekken met leden van de afdeling (en van andere afdelingen), waarin je ingaat op de in- en externe communicatie, het effect en de waardering ervan, de organisatiestructuur, enzovoort. Hierbij gebruik je opnameapparatuur. Je houdt nauw contact met één persoon bij de opdrachtgever. Alle onderzoekshandelingen noteer je nauwkeurig in je logboek. Ten slotte bestudeer je de communicatie door middel van het analyseren van in- en externe berichten, nieuwsbrieven, persberichten, enzovoort. Het resultaat laat je door een collega-onderzoeker lezen en beoordelen. Het gehele 'veldwerk' neemt ongeveer vier maanden in beslag.

Kader 9.5

Kijken we eens naar het voorbeeld in kader 9.5. Is zo'n onderzoek betrouwbaar? Je zou misschien zeggen van niet. Een kwalitatieve opzet zoals dit is moeilijk te herhalen, laat staan dat je met een herhaling dezelfde resultaten krijgt. Je kunt daarvoor de volgende argumenten aandragen:

- Er wordt slechts één organisatie onderzocht, vergelijking van materiaal is niet mogelijk.
- De beleving van specifieke personen staat centraal, op andere momenten in de tijd is deze beleving anders, of zijn er weer andere personen bij het proces betrokken.
- Je loopt in een bepaalde periode met de personeelsmedewerkers mee. In een andere periode, bijvoorbeeld in december of in de zomer van het jaar daarop, kunnen zich hele andere situaties voordoen.

Toch is de betrouwbaarheid goed te noemen:

- Er wordt een goed uitgewerkte, gedetailleerde onderzoeksopzet gebruikt, evenals
- gebruik van triangulatie,
- ntensief contact met één contactpersoon,
- gebruik van 'peer feedback',
- er wordt een logboek bijgehouden en
- er wordt gebruikgemaakt van opnameapparatuur.

Triangulatie

Letterlijk betekent triangulatie 'driehoeksmeting'. Het betekent dat je vanuit verschillende invalshoeken naar de probleemstelling kijkt. Triangulatie kan verschillende vormen aannemen (Van Staa & Evers, 2010):

- *methode-triangulatie*, waarbij verschillende dataverzamelingsmethoden worden gebruikt; een voorbeeld vind je in kader 9.5;
- *data-triangulatie*, waarbij verschillende groepen worden onderzocht, met verschillende steekproefmethoden op diverse tijdstippen; ook hiervan is kader 9.5 een goed voorbeeld;
- *onderzoekerstriangulatie*, waarbij een aantal onderzoekers aan een project werken;
- *theoretische triangulatie*, waarbij verschillende theoretische uitgangspunten worden beschreven.

9.4.2 *Validiteit*

Bij kwalitatief onderzoek speelt de validiteit een grote rol, soms zelfs groter dan de betrouwbaarheid. Hoe komt dat? Wel, kwalitatieve onderzoekers zijn actief betrokken bij het verzamelen van gegevens. Ze gaan als het ware 'mee' met de onderzochten om hun gegevens te verzamelen en hun neutraliteit staat soms onder druk. Verder gebruiken ze vuistregels en veel richtlijnen, maar niet altijd gestandaardiseerde methoden. We zagen al in de vorige paragraaf dat de betrouwbaarheid daarmee onder druk staat. Daarom wordt veel aandacht besteed aan de reikwijdte van de resultaten.

De kritiek van kwantitatieve onderzoekers betreft zowel de generaliseerbaarheid als de *inhoudsvaliditeit* (representativiteit van de meetinstrumenten) van kwalitatief onderzoek. Als een steekproef niet aselect is, dan staat de generaliseerbaarheid (de populatievaliditeit) ter discussie. Bovendien laat ook de begripsvaliditeit (meet je wel wat je meten wilt?) te wensen over, aangezien de *beleving* van de onderzoekseenheden centraal staat. Bij het onderzoek wordt de belevingswereld van te onderzoeken personen als het belangrijkste aspect gezien en niet het te meten begrip of instrument. De critici hebben ongelijk. In kwalitatief onderzoek wordt namelijk wel degelijk met deze criteria rekening gehouden, maar op een andere wijze dan bij kwantitatief onderzoek. We gaan in op enkele aspecten van deze discussie.

inhoudsvaliditeit

Generaliseerbaarheid

Als generaliseerbaarheid al een rol speelt in kwalitatief onderzoek, dan is het de *inhoudelijke* generaliseerbaarheid, of in welke mate de conclusies in soortgelijke situaties gelden (Baarda et al., 2001, p. 100). Die wordt onder andere verkregen door de werkelijkheid (de situatie die je onderzoekt) zo veel mogelijk intact te laten.

Zo is het in de gevalsstudie van de afdeling personeelszaken in kader 9.5 helemaal niet de bedoeling om de resultaten van het onderzoek te generaliseren naar een grotere populatie van organisaties. De organisatie in kwestie wil gewoon weten hoe het gesteld is met de in- en externe communicatie van haar organisatie, om er iets aan te kunnen veranderen als dat nodig of gewenst is. Een beschrijving van de situatie in deze organisatie is voldoende. In dit geval bestaat de reikwijdte in de geldigheid voor soortgelijke (toekomstige) situaties, en de communicatie bij afdelingen met een soortgelijke structuur.

Meten wat je meten wilt

Dan komen we bij de *begripsvaliditeit* van kwalitatief onderzoek. ‘Meet je wel wat je wilt meten?’ is de vraag die critici stellen. Zo kan het zijn dat een geïnterviewde in een gesprek een bepaald antwoord geeft dat maatschappelijk geaccepteerd is, dat hem of haar in een bepaalde groep plaatst. Zo zal iemand altijd beweren ‘tegen discriminatie’ te zijn, terwijl dat misschien niet helemaal juist is. Zulke antwoorden worden ook wel ‘sociaal wenselijk’ genoemd. Ook kan het bijvoorbeeld zijn dat het antwoord op een vraag over de frequentie van tandartsbezoek (‘bijna nooit’) niet écht een antwoord is op de vraag naar goede tandzorg, maar eerder op een vraag naar de angst voor tandartsbezoek. Dan moet je doorvragen om daar achter te komen.

Meer algemeen moet je de vraag stellen hoe een onderzoeker bepaalt op welke manier een begrip gemeten wordt. Kijken we naar het voorbeeld van de onderzoeker als interviewer: als de onderzoeker de kunst van het doorvragen verstaat, kan hij wel achter het werkelijke antwoord op een vraag komen. Je kunt dus wel degelijk rekening houden met de begripsvaliditeit, bijvoorbeeld door *gesprekstechnieken* te gebruiken in open interviews. Ook het gebruik van systematische metingen, zoals in kader 9.6, verhoogt de validiteit.

gesprekstechnieken

E-cartoon als assessmentinstrument

E-cartoon is een assessmentinstrument dat gebruikt kan worden in beoordelingssituaties. In 'cartoonvorm' wordt een aantal praktijksituaties gepresenteerd, bijvoorbeeld interacties met collega's, leidinggevenden of klanten. Elke probleemsituatie kent een aantal acties, evenals verschillende manieren waarop een kandidaat/proefpersoon het praktijkprobleem kan oplossen. Met behulp van een animatie worden verschillende sociale situaties getoond. Daarna kan de kandidaat vier reacties aanklikken en beoordelen hoe effectief elke reactie is. De eindscore geeft aan in hoeverre men effectief kan omgaan met sociale situaties.
Deze zogeheten Situational Judgment Tests hebben een validiteit die te vergelijken is met de validiteit van het assessment center en van het gestructureerde interview (McDaniel, Morgeson, Finnegan, Campion & Bravermann, 2001). Ze worden toegepast bij assessment en selectie, maar ook in het onderwijs (bijvoorbeeld bij stages).

Bron: www.vandermaesenkoch.nl

Kader 9.6

Interne validiteit

Bij het checken van de interne validiteit wordt nagegaan of het de onderzoeker lukt om de onderzoeksvraag goed te beantwoorden, ofwel of de conclusies *zuiver* zijn. Je probeert een verband aan te tonen tussen de gevonden resultaten en de probleemomschrijving. Een kwalitatief onderzoeker kiest het uitgangspunt en de interpretatie van de onderzochte persoon als basis voor de interne validiteit, dus de context waarin de onderzochte persoon de informatie plaatst. Ook hier moet de onderzoeker er rekening mee houden dat zijn eigen achtergronden zijn visie op het onderzoek kunnen beïnvloeden. Zorg er dus voor dat je je objectiviteit als onderzoeker bewaart. Ook zou het kunnen zijn dat de onderzochte personen op de hoogte zijn van het feit dat je een onderzoek organiseert. Daardoor geven zij andere antwoorden dan wanneer zij daar niets van weten; een soort test-effect dus.

9.4.3 Maatregelen om de kwaliteit van onderzoek te verhogen

Ten slotte geven we een overzicht van maatregelen die je kunt nemen om de kwaliteit van je resultaten te verhogen. We zoemen in op kwalitatief onderzoek. De maatregelen zijn samengebracht in tabel 9.1 en telkens is aangegeven of deze maatregel de betrouwbaarheid, de validiteit of beide vergroot.

Tabel 9.1 *Maatregelen voor het verhogen van de betrouwbaarheid en validiteit van kwalitatief onderzoek*

Maatregel	Betrouw-baarheid	Validiteit
Verantwoording onderzoeksopzet • Beargumenteer je probleemstelling en je onderzoeksopzet zo gedetailleerd mogelijk. Die vormen samen immers het belangrijkste uitgangspunt voor je onderzoek.	X	
Logboek • Zorg voor registratie van alle (methodologische) stappen die je zet. De argumentatie van de methoden zet je in een logboek.	X	X
Herhaling • Bewaar de bewerkingen op je materiaal in een apart bestand, zodat het ruwe materiaal (de gespreksverslagen en dergelijke) bewaard blijft voor eventuele heranalyse. • Bij gesprekken maak je gebruik van opnameapparatuur. • Bij groepsgesprekken en observaties kun je meerdere observatoren inzetten. Doel is om overeenstemming (*intersubjectiviteit*) over het resultaat te bereiken.	X	
Iteratie • Doorloop het proces van analyse en dataverzameling meerdere malen.	X	
Communicatie • Onderhoud nauw contact met de opdrachtgever over de opzet en de uitvoering van je onderzoek, bij voorkeur via slechts één contactpersoon.	X	
Peer feedback • Maak gebruik van 'peer feedback'- of 'peer consultation'-methoden, waarbij collega-onderzoekers je opzet, dataverzameling en analyse van commentaar voorzien.	X	X
Triangulatie • Maak zo veel mogelijk gebruik van een getrianguleerde opzet, bij zowel de methode als de analyse.	X	X
Systeem • Probeer zo veel mogelijk je resultaten systematisch vast te leggen (analysemethode, software). Zo kun je het aantal malen dat een term in een tekst of gespreksverslag voorkomt, tellen en vervolgens de betrouwbaarheid tussen (bijvoorbeeld) verschillende onderzoekers (observatoren) berekenen met behulp van een bepaalde rekenmethode. Dit heet de interbeoordelaarsbetrouwbaarheid. Toch een beetje rekenen dus. Bij observatieonderzoek is dit een veelgebruikte methode. • Verder kun je gebruikmaken van beproefde instrumenten zoals de GT-benadering. • In kader 9.6 vind je een voorbeeld van zo'n systeem.	X	X

Maatregel	Betrouw-baarheid	Validiteit
Steekproeven • Het trekken van steekproeven moet gericht zijn op je doel. Voor kwalitatief onderzoek wordt vaak gebruikgemaakt van deskundigen, zoals in doelgerichte steekproeven. De sneeuwbalmethode helpt je aan voldoende expertise: je vraagt aan je respondent of hij nog iemand weet met wie je het onderzoek kunt voortzetten (zie paragraaf 7.5.1).		X
Extreme cases • Zoek naar extreme cases om een zo breed mogelijke beschrijving van een verschijnsel te kunnen geven, of kijk naar gevallen die je informatie juist tegenspreken (negatieve gevallen dus).		X

9.5 Belangrijkste gebruikte begrippen en hun betekenis

Symbolisch interactionisme	Open benadering van (kwalitatief) onderzoek waarbij de belevingswereld van de onderzochten centraal staat.
Methode van constante vergelijking	Het herhalen van onderzoeksstappen (iteratie) tot een betrouwbaar antwoord op de onderzoeksvragen ontstaat.
Inductief onderzoek	Onderzoek waarbij tijdens de analyse theorie wordt ontwikkeld.
Deductief onderzoek	Onderzoek waarbij tijdens de analyse bestaande theorieën worden getoetst.
Sensitizing concepts	Richtinggevende begrippen uit de onderzoeksopzet die tijdens de analyse worden uitgediept.
Uiteenrafelen	De tekst in kleine fragmenten verdelen die je in één woord (code) kunt samenvatten.
Open coderen	Samenvatting van stukje tekst in één of enkele woorden.
Axiaal coderen	Het analyseren van mogelijke verbanden tussen tekstfragmenten en codes.
Selectief coderen	Structuur aanbrengen in je analyses met behulp van een diagram.
Codeboom	Resultaat van de analyse samengevat in een diagram.
Mindmapping	Methode om structuur aan te brengen in ideeën, die lijkt op het coderen, structureren en evalueren van analyses.
Peer feedback (consultation)	Betrouwbaarheidsverhogend instrument waarbij (onderzoeks)collega's meelezen met de voorstellen, resultaten en conclusies en deze van commentaar voorzien.
Methode-triangulatie	Inzet van meerdere methoden van onderzoek.
Data-triangulatie	Inzet van verschillende onderzoeksgroepen (datasets).

Onderzoekerstriangulatie	Inzet meerdere onderzoekers.
Theoretische triangulatie	Inzet van verschillende theoretische uitgangspunten.
Inhoudsvaliditeit	Representativiteit van meetinstrumenten
Iteratie	Afwisseling tussen dataverzameling en analyse.

9.6 Opdrachten

1. Er wordt veel onderzoek gedaan naar hoe Marokkanen in Nederland leven. Daarbij kun je verschillende invalshoeken hanteren. We bedoelen dat je deze situatie vanuit verschillende standpunten kunt bekijken, maar ook dat je verschillende methoden kunt gebruiken om onderzoek te doen.
   a. Bedenk eens zo'n getrianguleerde, kwalitatieve onderzoeksopzet.
   b. Wissel het voorstel uit met andere studenten en voorzie elkaar van 'peer feedback'. Welke aanpassingen adviseer je en wat ga je zelf (nog) veranderen? Let daarbij op mogelijke problemen met de betrouwbaarheid en de validiteit van het onderzoek.
2. Kijk nog eens naar het stuk over het glazen plafond (kader 9.4).
   a. Codeer en structureer op je eigen wijze de tekst. Maak daarbij twee diagrammen. Gebruik als uitgangspunt voor het eerste diagram het ordeningsprincipe 'niveau van organisatie' en voor het tweede het ordeningsprincipe 'niveau van het individu'.
   b. Kom jij tot andere conclusies? Welke?
   c. Bespreek de resultaten in je studiegroep.

3. Op de website bij het boek staat onder de tab Extra materiaal bij hoofdstuk 9 een voorbeeldinterview met patiënten die de ziekte van Lyme hebben.
   Voer een analyse uit met behulp van de gefundeerde theoriebenadering. Codeer en structureer de tekst. Tot welke conclusies kom je?
4. Lees de tekst in kader 9.7. Het is een *mogelijke* interviewuitwerking van een onderzoek dat onder Amsterdamse jongeren tussen 12 en 18 jaar in 2002 is georganiseerd. Analyseer de tekst en maak van de gevonden begrippen een diagram. De vraag die we bij dit stuk tekst willen beantwoorden, is: welke factoren zijn van invloed op de vrijetijdsbesteding van jongeren?

Interview met een onderzoeker naar de tijdsbesteding van kinderen

Men zegt dat kinderen het tegenwoordig druk hebben. Wat vind jij daarvan?
Druk zijn is géén probleem! Kinderen met een vol programma in hun vrije tijd zijn tevredener dan kinderen die in hun vrije tijd weinig of niets te doen hebben. Wij hebben onderzoek gedaan naar de tijdsbesteding van allochtone en autochtone kinderen. Uit de resultaten blijkt dat niet-ingeburgerde allochtone meisjes het meest ontevreden zijn over hun vrije tijd.

Hoe komt dat volgens jou?
De kinderen die veel ondernemen in hun vrije tijd, aan wie de kranten zoveel aandacht schenken, zijn over het algemeen 'witte' kinderen. Zij volgen een relatief hogere opleiding en hebben redelijk veel geld te besteden. Kinderen met een lege agenda zijn daar jaloers op. Zij willen wel sporten, naar de bioscoop en de disco, maar ze hebben daar geen geld voor.

Welke groep heeft dan zo'n lege agenda?
Vooral allochtone meisjes hebben vaak een lege agenda, ze besteden relatief veel tijd aan school, huiswerk en huishoudelijke taken als je dat vergelijkt met autochtone leeftijdsgenootjes. Ze willen liever druk zijn, maar door de thuissituatie en hun financiële positie, namelijk niet veel zakgeld, is dat niet mogelijk. Van deze meisjes, die zich niet ingeburgerd voelen, is 17% ontevreden over de invulling van de vrije tijd. Van de Nederlandse leeftijdsgenoten is slechts 4% ontevreden hierover.

Dus... kinderen hebben het niet echt heel druk?
Nou, zo wil ik dat niet zeggen. Mijn conclusie zou eerder zijn dat jongeren die het druk hebben, hier nauwelijks over klagen. Jongeren die het niet zo druk hebben, zijn wél ontevreden over hun vrijetijdsbesteding.

Wat vind je van de tijdsbesteding van kinderen? Eenzijdig? Veelzijdig?
Kinderen kunnen eigenlijk heel goed activiteiten combineren. Gemiddeld zitten ze zo'n drie uur per dag achter de computer, maar ze spelen ook nog steeds buiten. Fietsen, trampolinespringen, rolschaatsen, balspelen. Kinderen vermaken zich goed.

Zitten kinderen dan niet te veel achter de computer of hun eigen tv?
Nee, dat vind ik niet. Ze gaan met hun tijd mee, maar ze knutselen ook nog steeds graag. Jongens spelen nog steeds met lego, meisjes rijgen kralen, tekenen en kleien. Die bezigheden zijn al decennia lang populair en hun populariteit is nog niet afgenomen. Tegelijkertijd heeft ook dit een financiële component: ouders met weinig of geen geld kunnen hun kinderen hier niet van mee laten genieten.

Kader 9.7

Vervolg

Wat kan de samenleving doen?
We moeten ons niet richten op die drukke kinderen met een grote diversiteit aan bezigheden, die komen er wel. Juist de kinderen met een lege agenda moeten de aandacht krijgen. Zij lopen het risico achter te blijven in de samenleving. Ze hebben hulp nodig bij het opbouwen van een vriendenkring en het meer naar buiten treden

Kader 9.7

5. Wat kun je doen om de betrouwbaarheid en de validiteit van de tekstanalyse uit opdracht 4 te vergroten?
6. Welke aspecten van de kwaliteit van onderzoek spelen een rol bij de volgende situaties?
   a. Een onderzoeker houdt interviews met echtparen die geen kinderen kunnen krijgen. Het onderwerp is de verwerking van dit gemis. Zelf heeft de onderzoeker net een miskraam achter de rug.
   b. Je interviewt mensen over de wijze waarop zij duurzaamheid in hun onderneming toepassen. Dat betekent dat je personen selecteert die daar in hun bedrijf mee bezig zijn.
   c. Je doet een gevalsstudie in een organisatie. Je loopt een aantal maanden mee op de afdeling communicatie. Het analyseresultaat wordt besproken met meerdere onderzoekers.
   d. Voor het onderzoek naar de procedure van microkredieten onderhoudt de onderzoeker nauwe contacten met één persoon van de organisatie.
   e. Voor datzelfde onderzoek naar microkrediet heeft de onderzoeker voor een meervoudige opzet gekozen: participerende observaties, literatuurstudie, focusgroepinterviews en diepte-interviews met experts.
   f. Je onderzoekt het proces tijdens sollicitatieprocedures bij de afdeling personeelszaken van een grote onderneming. Daar wordt een nieuwe systematische aanpak van sollicitatieprocedures geanalyseerd dat tot een *betere* selectie van kandidaten kan leiden.
7. In dit hoofdstuk en in hoofdstuk 5 heb je kunnen lezen over het veteranenonderzoek. Bespreek de betrouwbaarheid en de validiteit van deze secundaire kwalitatieve analyse.
8. Bediscussieer de voor- en nadelen van het gebruik van software bij je kwalitatieve analyses. Kijk eens naar de verschillen en overeenkomsten tussen de twee methoden die in dit hoofdstuk besproken zijn: Kwalitan en KODANI.
9. Zoek een publicatie van een onderzoek waarbij interviews zijn gehouden. Geef een korte samenvatting van deze publicatie, waarbij de volgende aspecten aan bod komen:

a. de probleemstelling en invalshoek(en);
b. de omvang en methode van de steekproef;
c. de analysemethode die is gebruikt;
d. de resultaten;
e. de presentatie van modellen na afloop of voorafgaand aan de analyse.

Schrijf deze samenvatting in ongeveer 200 woorden, zodat duidelijk is waar het onderzoek over gaat.

10. Jonge onderzoekers doen onderzoek naar het gevoel van veiligheid bij een voetbalvereniging en een hockeyclub. Daarbij gaat het om waargenomen en ervaren pestgedrag, maar ook om verbaal geweld, gebruik van wapens, diefstal, enzovoort. Eerst nemen de onderzoekers een enquête af, daarna gaan ze met een aantal sporters praten. Vervolgens observeren ze het gedrag van de sporters tijdens de training en wedstrijd. Gemiddeld genomen geven de sporters aan zich veilig te voelen op hun club. Slechts een zeer kleine minderheid geeft een lage score voor de veiligheid. Waarom zou juist deze groep interessant zijn voor de onderzoekers? Welk kwaliteitsaspect van onderzoek speelt hierbij een rol? Hoe zou je de dataverzameling en analyse aanpakken?

De antwoorden op deze vragen vind je op de website onder de tab Uitwerking opdrachten, hoofdstuk 9. Informatie over de ontwerpcasus vind je onder de tab Ontwerpcasussen, hoofdstuk 9.

Deel IV

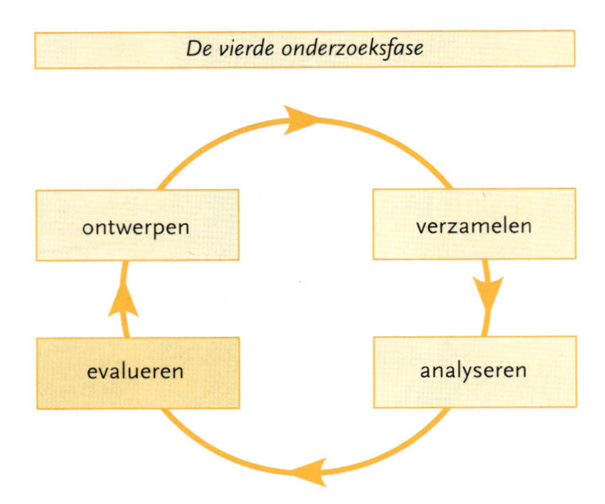

Deel IV, het laatste deel van het boek, geeft antwoord op de vraag hoe je het beste je conclusies uit je resultaten kunt evalueren, waarderen en rapporteren.

In hoofdstuk gaan we in op het trekken van conclusies aan de hand van de analyseresultaten, het beoordelen van deze conclusies en het maken van discussiepunten. We gaan in op valkuilen, maar ook op de vraag of je de onderzoeksdoelstelling hebt gehaald. Bij het evalueren van onderzoeksresultaten beantwoorden we vragen als:

- Welke conclusies kan ik trekken op grond van mijn resultaten?
- Wordt de onderzoeksvraag beantwoord?
- Is het onderzoek betrouwbaar en valide?
- Welke aanbevelingen kan ik voor de toekomst doen (zowel naar de opdrachtgever als naar de onderzoekstechniek)?
- Welke methodologische en inhoudelijke leermomenten kan ik uit het onderzoek halen?
- Welke discussiepunten levert het onderzoek op?

In hoofdstuk wordt alle informatie samengevoegd tot een onderzoeksverslag. Wat daarin moet komen en in welke volgorde, hoe je moet omgaan met literatuurverwijzingen en op welke wijze je de conclusies presenteert, komt in dit hoofdstuk aan de orde. Ook krijg je een aantal schrijftips.

10

Conclusie en discussie

Het veldwerk is achter de rug. De analyses zijn klaar. Er ligt een grote stapel resultaten op je bureau. Uit deze resultaten moet je nu de juiste conclusies gaan trekken. Een lastig karwei. Bovendien, wat zijn de 'juiste conclusies' eigenlijk? Met de juiste conclusies wordt bedoeld 'geldige conclusies'. Dat wil zeggen dat je een geldig antwoord geeft op de centrale vraag in je onderzoek. Een intern valide antwoord dus.
Over het op de juiste manier trekken van conclusies gaat dit hoofdstuk. Meer theoriegericht koppel je de resultaten aan de centrale vraag en meer praktijkgericht stel je een aantal aanbevelingen op voor de organisatie (van je opdrachtgever). Ook het beoordelen van resultaten komt aan de orde, zowel voor kwalitatief als voor kwantitatief onderzoek.

Leerdoelen

Aan het einde van dit hoofdstuk ben je in staat om:

- te bepalen wat de inhoud moet zijn van de conclusies, de aanbevelingen en de discussie;
- op de juiste wijze conclusies te trekken op grond van de resultaten van je analyse;
- de conclusies in een breder perspectief te plaatsen;
- zinvolle, bruikbare aanbevelingen voor verder beleid of onderzoek te doen. Zinvol wil zeggen: bruikbaar voor de organisatie (van je opdrachtgever);
- een relevante discussieparagraaf over het onderzoeksonderwerp te schrijven.

Kader 10.1

In fase 4 van de onderzoekstool vind je een groot aantal checklists. Je komt nu immers aan het einde van je onderzoek, een goed moment om alles nog eens na te lopen. Voor dit hoofdstuk zijn (in fase 4) secties 2 (conclusie), 3 (discussie) en 4 (onderzoekskwaliteit) van belang.

10.1 Conclusies trekken

Als je de conclusies gaat trekken, is het moment aangebroken om nogmaals op de 'research road' (zie hoofdstuk) stil te staan en terug te kijken. Hoe ben je

tijdens het onderzoeksproces te werk gegaan, hoe verliepen het ontwerp en het veldwerk? Hoe luidde de probleemstelling (centrale vraag) ook alweer? Kun je deze beantwoorden met de resultaten van de analyses? Wordt het onderzoeksdoel gehaald? Wat ging er goed en wat ging er fout?
Je kunt daarbij ook nog een uitstapje maken naar eventuele literatuur die je bij de opzet van je onderzoek hebt gebruikt. Zijn daar nog interessante koppelingen te vinden? Ook kun je jouw eigen resultaten vergelijken met de resultaten uit ander onderzoek, waardoor de betrouwbaarheid, maar ook de geldigheid van je eigen resultaten verder wordt verhoogd.

Definitie

Wat houdt dat nu precies in: conclusies trekken? Bij het trekken van conclusies verbind je de onderzoeksresultaten met de probleemstelling. Je interpreteert de resultaten dus aan de hand van de probleemstelling en je beantwoordt de vraag. Ook ga je in op de vraag of je met deze antwoorden je onderzoeksdoel kunt bereiken. Conclusies trekken is dus niet simpelweg het samenvatten van de resultaten: er komt meer bij kijken!

10.1.1 Antwoord geven op de hoofdvragen uit je onderzoek

Wat komt er kijken bij het trekken van conclusies? We bespreken een aantal aspecten.

Feedbackloop: terug naar de probleemstelling

Allereerst pak je de probleemstelling en de doelstelling van je onderzoek erbij. Als het goed is, heb je dat tijdens je veldwerk en analyse ook gedaan. Meestal heb je veel meer analyses gedaan dan nodig is om een goed antwoord op de vraag te formuleren. Je zult hier dus een selectie uit je analyses moeten maken, en alleen de meest relevante resultaten vermelden.

samenvatting

Ook al is het trekken van conclusies niet hetzelfde als het geven van een samenvatting van je resultaten, toch moet je wel een soort *samenvatting* maken. Eerst schets je kort de aanleiding van je onderzoek en herhaal je de probleemstelling. Dan stip je de opzet van het onderzoek nog eens aan. Vervolgens ga je de deelvragen beantwoorden en daarna de probleemstelling.

Zinnen, geen cijfers

Begin de conclusie het liefst niet met de zin: 'Het antwoord op de probleemstelling is ...' Dat is veel te kort door de bocht. Ook is het niet de bedoeling dat je de resultaten herhaalt, die spreken al voor zich. Het doel van de conclusies is om een goed (en liefst) bondig antwoord op de probleemstelling te formuleren. Dat doe je in je eigen woorden. Doe je kwantitatief onderzoek, vermijd dan het gebruik van de numerieke resultaten; die heb je al laten zien. De conclusie bestaat uit zinnen, geen cijfers.

Conclusies uitleggen

Daar komt echter nog iets bij. In je resultaten heb je alleen de uitkomsten beschreven, zonder interpretaties. In de conclusies ga je de resultaten interpreteren, of een mogelijke verklaring geven voor het gevonden resultaat. Heb je bijvoorbeeld loopbaanverschillen gevonden tussen mannen en vrouwen, dan zou je een verklaring kunnen zoeken in het feit dat veel vrouwen hun loopbaan onderbreken om kinderen te krijgen, in het falende emancipatiebeleid of in het glazen plafond. Ook kan het zo zijn dat je resultaten de uitkomsten uit een ander onderzoek bevestigen of tegenspreken. In je conclusies bespreek je deze vergelijking en beschrijf je hoe je denkt dat de verschillen of overeenkomsten tot stand zijn gekomen. Hierover meer in paragraaf .1.

krantenartikelen

Meestal presenteer je eerst de resultaten van je onderzoek, alvorens met de conclusies te komen. Korte artikelen over onderzoek die in dag- en weekbladen verschijnen, wijken vaak van deze volgorde af. Zo kun je in een dagblad een artikel tegenkomen over het feit dat vrouwen, ondanks hun gegroeide arbeidsdeelname, nog steeds een inkomensachterstand hebben op mannen. Vervolgens wordt deze conclusie in het artikel zelf aan de hand van de resultaten verduidelijkt (zie kader 10.2).

Meer vrouwen van 65-plus aan het werk

Het aantal vrouwen van 65 jaar en ouder dat werkt, is gestaag aan het stijgen. Aan het begin van dit jaar hadden 47.000 van hen een betaalde baan, tegen 38.000 in het eerste kwartaal van 2011. Dat blijkt uit cijfers van het CBS. Ruwweg de helft van deze werkende oudere vrouwen heeft een kleine parttimebaan van minder dan 12 uur.
Bart Veltman van het gespecialiseerde uitzendbureau 65plus herkent de trend: 'Ook bij ons is de verschuiving te zien. Tot een jaar of vier geleden hadden we 75 procent mannen en 25 procent vrouwen in ons kandidatenbestand. Nu is het percentage vrouwen gestegen naar 34.' Hij ziet een aantal redenen voor de stijgende arbeidsdeelname van oudere vrouwen, gebaseerd op de dagelijkse praktijk van zijn bureau. 'Vrouwen komen vaker dan vroeger alleen te staan door een scheiding en voelen dan een economische noodzaak om te gaan werken. Dat gebeurt ook als ze weduwe worden.'
Verder ziet hij ook een verband met de babyboomer-generatie: 'Vrouwen van die generatie zijn vaker hoogopgeleid. Ze hebben een hbo- of universitaire opleiding, zijn dan sowieso zelfstandiger en willen na hun 65e doorwerken.' Veltman signaleert overigens ook een hogere arbeidsdeelname van allochtone vrouwen van 65-plus. Daarvoor heeft hij geen verklaring.

Bron: *de Volkskrant*, 21 juli 2013

Kader 10.2

In het artikel in kader 10.2 wordt een analyse van cijfermateriaal van het CBS beschreven. De journalist begint met de conclusie: het aantal vrouwen van boven de 65 dat nog werkt, is aan het stijgen. Vervolgens beschrijft hij de resultaten aan de hand van het cijfermateriaal, daarna de interpretatie en discussie. De volgorde waarin het onderzoek in dit artikel wordt weergegeven, is dus anders dan de volgorde die je in onderzoeksverslagen tegen zult komen. In dit geval is het eerst presenteren van de conclusies functioneel, omdat de journalist dit kan aangrijpen om erover uit te weiden. Overigens houdt de journalist nog een prikkelende vraag open: wat is de verklaring voor de hogere arbeidsdeelname van allochtone vrouwen vanaf 65 jaar?
In kader 10.3 vind je nog een voorbeeld van conclusies waarbij de probleemstelling wordt beantwoord.

Atletiekvereniging Velox

In een onderzoek onder de deelnemers aan de veldloop (cross) bij atletiekvereniging Velox is de tevredenheid met de organisatie onderzocht. In de conclusie wordt deze vraag als volgt beantwoord.
'Het antwoord op de vraag "Hoe worden de organisatie en het verloop van de cross ervaren?" is: "Goed". Met een gemiddelde van 8+ kan de organisatie van de cross zeer tevreden zijn. Deze 8+ gaf in de resultaten weinig spreiding te zien, wat betekent dat de meeste respondenten er hetzelfde over denken.'

Kader 10.3

Uit alle twee de kaders blijkt dat een conclusie inderdaad meer is dan het geven van een samenvatting van de resultaten. De voorbeelden laten ook zien dat een conclusie op verschillende manieren en met verschillende doelen gepresenteerd kan worden.

1. Het *naar voren* plaatsen van de conclusie in een krantenartikel, zoals dat van de arbeidsdeelname van 65-plus vrouwen, kan een indicatie zijn voor de vraag hoe belangrijk de schrijver van het artikel deze conclusie acht. Ook wordt in het artikel een mogelijke verklaring gegeven voor de stijgende arbeidsdeelname: vrouwen staan er vaker dan vroeger alleen voor (bijvoorbeeld door scheiding). Er blijft echter een onverklaarde vraag over, namelijk die over de verhoogde arbeidsdeelname van oudere allochtone vrouwen. Het antwoord op die vraag wordt aan de lezer overgelaten.
2. De conclusie van de waardering voor de veldloop is kort en bondig: 'Goed'. Een *kernachtige samenvatting* die inhoudelijk evaluatief is. Immers, voor de opdrachtgever is dit een teken van waardering.

10.1.2 Presenteren van conclusies: een voorbeeld

Eind 2002 verschijnt het artikel uit kader 10.4 in het *Algemeen Dagblad*. Nederland is in paniek! Praatprogramma's halen deskundigen naar de studio, het is het hoofditem in het nieuws van 20.00 uur. Documentaires halen oud materiaal uit de kast en brengen gesprekken met patiënten op de buis.

Meer borstkanker bij gebruik alcohol

Onderzoek: elk glas verhoogt risico met zeven procent
Alcohol vergroot de kans op borstkanker bij vrouwen. Dit blijkt uit een grootschalig internationaal onderzoek waaraan verscheidene Nederlandse epidemiologen deelnamen. De wetenschappers vergeleken de gegevens van 58.000 borstkankerpatiënten met die van ruim 95.000 vrouwen zonder borstkanker.
Wie elke dag een glas alcohol drinkt, vergroot het risico van borstkanker met zeven à acht procent. Worden dat twee, drie of vier glazen, dan loopt het risico ook met deze factor op. Vrouwen die gemiddeld vier glazen alcohol per dag drinken, hebben 28 tot 32 procent meer kans de ziekte te krijgen dan hun seksegenoten die het bij mineraalwater houden.
Volgens prof. dr. P. van den Brandt, hoogleraar epidemiologie aan de Universiteit in Maastricht en lid van het onderzoeksteam, is zeker vier procent van alle borstkankergevallen te wijten aan alcoholgebruik. 'In Nederland zou het dan gaan om ruim vierhonderd gevallen per jaar.'
Het gebruik van alcohol heeft ook positieve bijverschijnselen, erkent Van den Brandt. 'Vrouwen worden geconfronteerd met de moeilijke afweging tussen voor- en nadelen van matige alcoholconsumptie. Zo is vaak aangetoond dat gebruik van een of twee alcoholische consumpties de kans op hart- en vaatziekten verlaagt. Vergeet niet dat ook andere factoren beschermend werken tegen hart- en vaatziekten, zoals stoppen met roken, voldoende beweging en het vermijden van overgewicht.'
Naast alcoholconsumptie spelen tal van andere factoren een rol bij het risico van borstkanker. Eerder toonden wetenschappers aan dat vrouwen die langdurig de pil slikken, minstens twee keer zoveel kans hebben op de ziekte als niet-sliksters.
Andere oorzaken zijn de leeftijd van de eerste menstruatie (hoe vroeger, des te groter het risico), het krijgen van kinderen (hoe meer kinderen, des te lager het risico) en de aanwezigheid van borstkanker in de familie.
De onderzoeksresultaten zijn verschenen in het tijdschrift *British Journal of Cancer.*

Bron: Van Vliet, 2002

Kader 10.4

Wat is er aan de hand? Het krantenartikel presenteert de resultaten van een recent onderzoek waaruit blijkt (aldus de verslaggever) dat elk glas alcohol dat een vrouw extra drinkt, de kans op borstkanker met 7 tot 8% doet stijgen. Teleurgesteld laten veel vrouwen hun glaasje rode wijn staan. Weg gezelligheid. Opgewonden verslaggevers rekenen voor, dat een avondje doorzakken de kans op borstkanker met bijna de helft vergroot (zes glazen maal 8% is immers 48%, of niet soms?). Wat nu?

De beste manier om deze onderzoeksresultaten te controleren is door het oorspronkelijke artikel uit het *British Journal of Cancer* (Collaborative Group on Hormonal Factors in Breast Cancer, 2002) erbij te halen. Wat blijkt? Er is kwantitatief onderzoek verricht naar de factoren die het krijgen van borstkanker beïnvloeden. Met andere woorden: men heeft onderzocht welke factoren bijdragen aan de kans op borstkanker en hoe groot het effect van ieder van deze factoren is. Verder heeft men onderzocht of het gebruik van alcohol en/of nicotine de kans op borstkanker vergroot. De onderzoekers voerden een kwantitatieve secundaire analyse uit op bestaande data uit 53 eerdere studies naar het onderwerp en vergeleken het gedrag van meer dan 58.000 vrouwen mét borstkanker met dat van ruim 95.000 vrouwen zonder borstkanker. Ze analyseerden een model waarin een aantal factoren is opgenomen die mogelijk invloed hebben op het krijgen van borstkanker. Die factoren zijn onder meer alcoholgebruik, roken, sporten, erfelijkheid, aantal kinderen, leeftijd (eerste menstruatie), borstvoeding, opleiding en land van herkomst.
In deze studie werd vervolgens gekeken naar de '*relatieve kans*' op het krijgen van borstkanker en de effecten van alcohol (maar ook van roken) *boven op* deze relatieve kans. De kans op het voorkomen van kanker bij niet-drinkende vrouwen (als een referentiecategorie) wordt daarbij vergeleken met de kans op kanker bij vrouwen die wel alcohol drinken. Je zult begrijpen dat iedere vrouw, op grond van een aantal factoren, een zekere kans heeft op het krijgen van borstkanker. Vervolgens wordt gekeken met hoeveel procent de kans op kanker toeneemt bij het gemiddeld drinken van een extra glas alcohol per dag. Het bleek dat bij gemiddelde consumptie van één glas extra per dag dit risico met 7,1% *toeneemt boven op de bestaande kans.*
Uit Nederlandse studies is gebleken dat de kans op borstkanker bij vrouwen tot 75 jaar ongeveer 8,8% is, bij gebruik van één glas alcohol per dag stijgt dit risico tot ongeveer 9,4% (7% van het basisrisico van 8,8% is 0,6%). Je moet hier de kans op borstkanker dus niet in absolute percentages bekijken, maar *relatief*, in verhouding tot de algehele kans op borstkanker op grond van andere factoren. Anders gezegd: de kans op borstkanker voor vrouwen in ontwikkelde landen wordt met 0,7 per 100 vrouwen vergroot bij het drinken van één extra glas alcohol.

Omdat in de media werd uitgegaan van een absoluut effect, ontstond er paniek. Journalisten op de televisie rekenden voor dat het gebruik van vijf glazen alcohol de kans op kanker met een derde deed stijgen. Een schoolvoorbeeld van het effect dat het verkeerd presenteren van resultaten kan veroorzaken. Je moet dus heel wat wijn drinken om de kans op borstkanker dramatisch te verhogen. Dan is de kans dat je aan alcoholvergiftiging bezwijkt, echter groter (Van Vliet, 2002).

Recent onderzoek naar borstkanker

Kader 10.5

Overigens is inmiddels recent meer onderzoek gedaan naar het effect van alcohol op – onder andere – borstkanker. Gebleken is dat alcohol inderdaad de kans op borstkanker verhoogt, maar dat geldt voor alcohol in het algemeen, niet alleen voor wijn. Zo verhoogt matig alcoholgebruik het risico op bepaalde vormen van kanker, maar deze kans is niet groot (Allen et al., 2009). Ook moet je voorzichtig zijn met het interpreteren van een 'effect', daar waar je slechts over een 'verband' kunt spreken.

10.2 Discussie en evaluatie

Met het presenteren van je resultaten en het trekken van je conclusies is je onderzoek nog niet afgerond. In veel gevallen zal je – bijvoorbeeld naar aanleiding van de doelstelling van je opdrachtgever – ook een aantal aanbevelingen doen. Dat zijn adviezen die je geeft ter verbetering of verandering van een situatie bij de opdrachtgever. Dit is het laatste onderdeel van je onderzoek en het vindt plaats nadat je de conclusies getrokken hebt.

Ook is er dan ruimte voor discussie. Discussie? Jazeker, aan het eind van veel onderzoek laat de onderzoeker vaak zijn persoonlijke licht nog eens op de zaak schijnen, noemt hij de methodologische en inhoudelijke *leermomenten* (evaluatie dus) en geeft hij eventueel een eigen mening over het onderwerp. Niet elk onderzoeksverslag bevat een discussieparagraaf. Je ziet het vaker bij empirisch onderzoek dan bij praktijkgericht onderzoek. Het doel van je onderzoek bepaalt meestal of je een discussieparagraaf aan je onderzoeksverslag toevoegt. Is een discussie relevant voor het doel van je onderzoek, dan doe je dat wel. Zo niet, dan beperk je de tekst tot de praktische kant: het doen van bruikbare aanbevelingen voor de opdrachtgever. Hierop komen we in paragraaf 10.2.3 nog terug.

leermomenten

10.2.1 Conclusies in breder perspectief

In de discussie bespreek je allereerst de conclusies in het licht van de probleemstelling. Wat betekenen deze conclusies bijvoorbeeld voor de samenleving? Daarop ga je in de discussieparagraaf in.

Betekenis van je conclusies

In de discussieparagraaf kun je je eigen mening kwijt over de conclusies. Je kunt bijvoorbeeld de conclusies verbinden aan een meer politiek standpunt, er andere meningen naast zetten en eventueel wat extra literatuur bespreken. Wat betekenen de resultaten voor de opdrachtgever, voor de praktijkdoelen, maar ook voor de kennisdoelen van het onderzoek?
Zo kun je de resultaten van onderzoeken naar de arbeidsdeelname en het inkomen van vrouwen (zie kaders 10.2 en 10.6) in een bepaald licht plaatsen. Je kunt bijvoorbeeld een politiek discussiepunt aan je onderzoeksverslag toevoegen door uitspraken te doen over het huidige emancipatiebeleid in Nederland en hoe politieke partijen daarmee moeten omgaan. Je kunt ook beargumenteren dat vrouwen zelf een rol spelen bij het oplopen van achterstand op de arbeidsmarkt ten gevolge van de keuzes die zij maken voor gezin en kinderen. Dat kan dan weer reacties oproepen van andere onderzoekers.

Lage arbeidsdeelname door vrouwen

Naar aanleiding van een onderzoek naar lage arbeidsdeelname door Nyfer (*de Volkskrant*, 2 juni 2003) bracht de onderzoeker de eigen, onafhankelijke keuze van vrouwen als een bepalende factor naar voren. Een beleidsadviseur reageerde hierop door aan te geven dat vrouwen niet 'zomaar' kiezen voor een lage arbeidsdeelname, maar dat die keuze afhankelijk is van de 'gegeven omstandigheden', zoals verlofmogelijkheden, druk uit de omgeving, wens van mannelijke partners of moederschapsideologie.

Kader 10.6

10.2.2 Evaluatie van het onderzoeksproces

Een ander onderdeel van je discussie vormt het evalueren van het onderzoeksproces. Wat ging er goed, wat ging er fout? Zijn er leermomenten, en zo ja, welke? Kader 10.7 laat een voorbeeld zien. Zo kan het gebeuren dat tijdens het veldwerk de werving van respondenten of interviewkandidaten niet verloopt zoals je had gepland. De discussie is de plaats om hierop nader in te gaan en aan te geven waar in een eventueel volgend onderzoek verbetering aangebracht zou kunnen worden. Ook een te lage respons, het verloop van contacten met de opdrachtgever of diens medewerkers en dergelijke kun je in de evaluatie van het proces meenemen.

Leermoment

Zo ontdekte een onderzoeker dat tijdens het printen van zeshonderd vragenlijsten de antwoordcoderingen bij vijftig prints verkeerd op de formulieren terechtgekomen waren. Zelf had hij over de fout heen gelezen. Had hij het nog een keertje laten nakijken, dan was het zeker ontdekt. Zo'n kapitale fout ondermijnt de begripsvaliditeit van de vragenlijst. In zijn discussie van de dataverzameling bespreekt de onderzoeker dat een extra externe check beter was geweest. De antwoorden op de foutief geprinte vragen zijn niet in de analyse meegenomen.

Kader 10.7

Kwaliteit van het resultaat

Tijdens je onderzoek is op verschillende momenten de kwaliteit van het onderzoek aan de orde geweest:

- Kwantitatief:
  - Tijdens de operationalisatie houd je rekening met de (begrips)validiteit van de instrumenten. Deze dient zo hoog mogelijk te zijn.
  - Tijdens de samenstelling van de steekproef houd je rekening met de mogelijke generaliseerbaarheid van je resultaten (en je conclusies).
  - Tijdens de analyse toets je de betrouwbaarheid van je gegevens en controleer je of je instrumenten valide zijn.
- Kwalitatief:
  - Je ontwerp is getrianguleerd.
  - Tijdens de operationalisatie houd je een proefinterview.
  - Tijdens de analyse maak je gebruik van iteratie.
  - Tijdens de verslaglegging voorzien medestudenten of collega's je rapport van 'peer feedback' (in het geval van collega's: peer consultation).

Methodologische verantwoording afleggen

Bij de evaluatie van je product kom je nogmaals op de kwaliteitsaspecten van onderzoek terug. Bij *kwantitatief* onderzoek kijk je naar de statistische generaliseerbaarheid. Met andere woorden: was de steekproef voldoende extern valide? Hoe is het verder gesteld met de validiteit van je meetinstrumenten? Heb je écht gemeten wat je meten wilde? Hoe 'sociaal wenselijk' waren de antwoorden? Wat is de *interne validiteit* van je resultaten? Zijn er situaties geweest die deze validiteit bedreigen? Was er sprake van selectie, groei of externe gebeurtenissen? Kun je met de verkregen resultaten een goed antwoord geven op je onderzoeksvraag? (Zie ook: Boeije et al., 2009.) Bij *kwalitatief* onderzoek

bespreek je, naast de betrouwbaarheid en de reikwijdte, de inhoudsvaliditeit van de resultaten en ga je in op de mate waarin systematische analyses zijn ingezet.
Kortom, wat is de *methodologische kwaliteit* van je onderzoek? Zie kader 10.8 voor een voorbeeld.

Zelfstandigheid en ouderenzorg

In een onderzoek onder ouderen kreeg de onderzoeker te maken met het probleem dat de methodologische kwaliteit van zijn onderzoeksresultaten werd ondermijnd doordat de respondenten sociaal wenselijke antwoorden gaven.
De probleemstelling was: 'In hoeverre is het mogelijk om de hulpvraag bij ouderen in een woonzorgcentrum centraal te stellen?' Doel van dit praktijkonderzoek was om na te gaan of niet zozeer het zorg*aanbod* (een vast dienstenpakket in een wooncentrum voor ouderen), maar de zorg*vraag* als uitgangspunt voor de dienstverlening kon gelden. Zo zouden eigen verantwoordelijkheid en zelfstandigheid van ouderen uitgangspunt blijven. Om op de onderzoeksvragen een antwoord te krijgen zetten de onderzoekers een kwalitatief onderzoek op met half gestructureerde interviews met een aantal bewoners.
De onderzoekers hebben de resultaten van dit (deel)onderzoek kritisch tegen het licht gehouden. Uit de literatuur (Van den Heuvel, 1987) blijkt dat ouderen geneigd zijn om sociaal wenselijke antwoorden te geven en 'snel' tevreden te zijn. Zij hebben, zo stelt de auteur, niet geleerd om kritisch te zijn. De onderzoekers hebben geprobeerd om dit probleem op te vangen door meer dan één gespreksronde te organiseren en open vragen te stellen, om zo een genuanceerder beeld te krijgen. In hun conclusies stellen ze dat ze dit probleem desondanks niet hebben kunnen oplossen. Ook in de latere gespreksronden werd sociale wenselijkheid in de antwoorden geconstateerd (Wester et al., 2000, p. 59).

Kader 10.8

Bruikbaarheid

Vaak gebeurt het dat de methodologische kwaliteit van je resultaten niet erg hoog is. Dat kan allerlei oorzaken hebben. Bijvoorbeeld: een groot respondentenbederf (dat wil zeggen dat respondenten weigeren mee te werken omdat ze bijvoorbeeld 'surveymoe' zijn), een niet-generaliseerbare steekproef, 'politieke' antwoorden of toevallige fouten tijdens het veldwerk, waardoor de betrouwbaarheid te wensen overlaat. Wat moet je dan met de resultaten? In de prullenmand ermee? Nee, je moet behalve naar de methodologische kwaliteit zeker ook naar de *bruikbaarheid* van de resultaten kijken.

Conceptuele bruikbaarheid
Zo kunnen onderzoeksresultaten indirect worden ingezet, bijvoorbeeld om een discussie over een bepaald onderwerp aan te zwengelen. Dit wordt *conceptueel gebruik* genoemd. Onderzoek naar de effecten van inburgering van nieuwkomers kan bijvoorbeeld de discussie over het vormen en veranderen van het asielbeleid aanzwengelen. Het kan tot gevolg hebben dat de definitie van het begrip 'nieuwkomers' (asielzoekers, gezinsherenigers, vluchtelingen) opnieuw wordt bekeken. Ook al zijn resultaten niet generaliseerbaar naar een bredere groep, ze worden vaak wel als *indicatief* gezien, als een suggestie om iets met de resultaten te doen.

Instrumentele bruikbaarheid
Gebruik van onderzoeksresultaten kan ook heel direct zijn. In dat geval is een onderzoek opgezet om bepaalde veranderingen te begeleiden en te ondersteunen. Zulk onderzoek is veelal heel praktijkgericht van opzet. De validiteit en betrouwbaarheid moeten weliswaar zo hoog mogelijk zijn, maar de bruikbaarheid van de resultaten is voor opdrachtgevers voldoende reden om het onderzoek als geslaagd aan te merken. In dit geval worden de resultaten *instrumenteel gebruikt* (Boeije et al., 2009; 't Hart et al., 1998, p. 188-191).
Tijdens je evaluatie kijk je terug. Welke aanwijzingen heb je om aan te tonen dat de bruikbaarheid van je onderzoek voldoende was? Wat verwachtte je als onderzoeker van de bijdragen van deskundigen in de organisatie? Waren deze bijdragen bruikbaar? Was de informatie die vanuit de organisatie kwam, bruikbaar voor je onderzoek? Hoe vond je de medewerking vanuit de organisatie? Zijn er al veranderingen in gang gezet? Hoe gaat de organisatie om met de onderzoeksinformatie?

Hawthorne-effect
Vaak echter zijn het ook aspecten van het onderzoek zélf die bijdragen aan een verandering van de organisatie, zoals het *Hawthorne-effect*. Zoals we al zagen in hoofdstuk 6, worden personen (in een organisatie) soms beïnvloed als zij weten dat er een onderzoek plaatsvindt. Op die manier heeft ook het onderzoeksproces zélf effect binnen een organisatie en niet alleen de resultaten (Arnold, Cooper & Robertson, 1998, p. 43). Dit bijzondere test-effect beïnvloedt de interne validiteit. Immers, met de presentatie van de resultaten is het veranderingsproces al ingezet.

Gevalsstudie
Dat onderzoek toch heel bruikbaar kan zijn, ook al zijn de resultaten misschien niet generaliseerbaar, bewijst de gevalsstudie of casestudy. De kwaliteit

van casestudy's wordt nogal eens in twijfel getrokken. Een casestudy kent slechts één eenheid van onderzoek: N=1. Volgens critici van casestudy's is er slechts één beschrijving mogelijk, die van het 'geval', wat problemen geeft voor de generaliseerbaarheid. Bovendien kun je geen *hertest* doen om de betrouwbaarheid te verhogen. Zo zijn er wel meer punten van kritiek te bedenken.
Alle kritiek is echter gebaseerd op de eisen die aan *kwantitatief* onderzoek worden gesteld, terwijl een gevalsstudie kwalitatief onderzoek betreft. Ook bij een gevalsstudie kunnen de betrouwbaarheid en de validiteit worden aangegeven. Denk bijvoorbeeld aan het iteratieve karakter, triangulatie, 'peer feedback', contact met de opdrachtgever, vergelijking met andere casestudy's oftewel inhoudsvaliditeit, systematische analyse, inhoudelijke generaliseerbaarheid, enzovoort.
Naast meer formele kwaliteitscriteria die een rol kunnen spelen, kan de bruikbaarheid van de resultaten voor een organisatie (vaak het domein van een gevalsstudie) zeer groot zijn.

In kader 10.9 wordt een voorbeeld van instrumentele bruikbaarheid van resultaten beschreven. Het gaat om een onderzoek naar het gebruik van Huisartsen Informatie Systemen bij de gebruikersvereniging ATLAS, gehouden in 2003.

ATLAS Ledenraadpleging

ATLAS is een gebruikersvereniging van twee Huisartsen Informatie Systemen. Een Huisartsen Informatie Systeem is een communicatiesysteem waarbij patiëntinformatie uitwisselbaar is tussen de aangesloten huisartsen, apotheken en andere medische hulpdiensten. De gebruikte systemen zijn voortdurend in ontwikkeling en de vereniging wilde graag meningen en suggesties van haar leden gebruiken bij het ontwikkelen van beleid. Omdat alleen de leden van de vereniging zijn ondervraagd, is het resultaat niet generaliseerbaar naar de gehele populatie van huisartsen. Het onderzoek is meer opgezet om beslissingen over op handen zijnde veranderingen te ondersteunen en de inbreng door de leden van de gebruikersvereniging over deze Huisartsen Informatie Systemen zo groot mogelijk te maken. Daarmee werd de instrumentele bruikbaarheid vergroot.

Bron: Verhoeven, 2003

Kader 10.9

10.2.3 Aanbevelingen doen

Ten slotte is het belangrijk om een aantal aanbevelingen te doen. Aanbevelingen zijn grofweg in twee groepen in te delen: aanbevelingen voor de organisatie en aanbevelingen voor toekomstig onderzoek. Bij aanbevelingen voor toekomstig onderzoek gaat het vaak om suggesties voor het verruimen van een steekproef, het meten van aanvullende factoren, enzovoort.
Wil men de onderzoeksresultaten gebruiken om een verandering te begeleiden en te evalueren, dan strekken aanbevelingen zich uit tot suggesties voor optimalisering van deze verandering, compleet met bespiegelingen voor de toekomst. Daarbij kun je aangeven met welke maatregelen het doel van het onderzoek (bijvoorbeeld verbetering van de dienstverlening) kan worden bereikt.

Aanbevelingen voor de organisatie

Aanbevelingen voor een organisatie behelzen praktische aanwijzingen voor veranderingen of verbeteringen ten aanzien van het onderzoeksonderwerp. Let erop dat de aanbevelingen af te leiden zijn uit de onderzoeksresultaten. Een organisatie heeft vaak een tweeledig doel met het laten uitvoeren van onderzoek. Ten eerste wil men een aantal suggesties voor verandering krijgen, maar ten tweede wil men de onderzoeksresultaten ook kunnen gebruiken om in de organisatie voldoende steun te krijgen voor de door te voeren veranderingen.

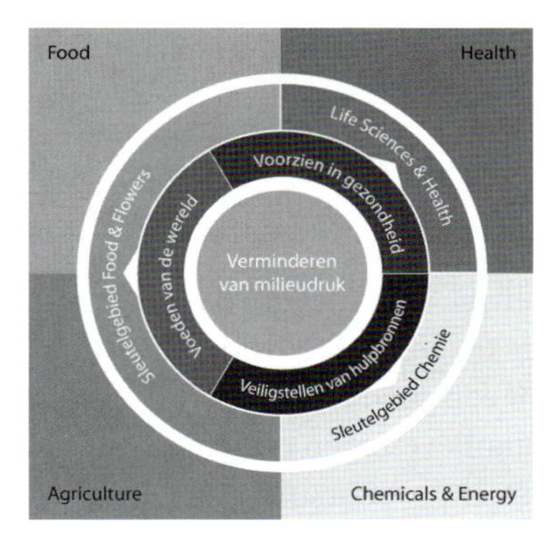

Figuur 10.1 *Aanbevelingen voor de ontwikkeling van studies 'life sciences' in Nederland, in diagramstijl*

Dit kan ertoe leiden dat je als onderzoeker te maken krijgt met de verborgen agenda van een opdrachtgever die een maatregel wil doordrukken met behulp van jouw onderzoeksresultaten. Zorg er dus voor dat je de baas blijft over je onderzoeksresultaten en laat je bij het doen van aanbevelingen niet onder druk zetten. In figuur zie je een voorbeeld van aanbevelingen voor de ontwikkeling van studies in de 'life sciences', met de vier pijlers gezondheid, voedsel, landbouw en chemie die in een diagram zijn geplaatst. In kader 10.10 vind je een voorbeeld van aanbevelingen voor beleid op het gebied van beweeg- en eetgedrag.

Monitor Gezond Gewicht

Bij TNO (Kwaliteit van Leven) onderzochten ze factoren die beweeg- en eetgedrag beïnvloeden. Er werd gewerkt met een steekproef uit de Nederlandse bevolking (4-11 jaar, 12-17 jaar en 18 jaar en ouder). Naar aanleiding van de resultaten werden onder andere de volgende aanbevelingen gedaan:

- ontwikkelen van beleid zodat er een fitnorm komt voor volwassenen en kinderen;
- zorgen voor goede voorlichting over gezond bewegen;
- zorgen voor goede voorlichting over gezond eten, bijvoorbeeld van groente en fruit;
- zorgen voor campagnes die ook de jeugd aanspreken;
- stimuleren van bewegingsprogramma's op bedrijven (Van Keulen, Chorus & Verheijden, 2010).

Kader 10.10

Aanbevelingen voor toekomstig onderzoek

In de wetenschap wordt onderzoek als 'goed' bestempeld als het meer vragen oproept dan het beantwoordt. Op zich klopt dat wel. Uit je resultaten zouden nieuwe vragen kunnen ontstaan. Je kunt deze 'nieuwe' onderzoeksvragen opnemen met een aanbeveling voor verder onderzoek (zie kader 10.11).
Aanbevelingen voor verder onderzoek kunnen echter ook een andere oorzaak hebben. Zo kan het gebeuren dat een steekproeftrekking niet goed is verlopen, dat er een hoge non-respons was, of dat de gekozen onderzoeksopzet (door toevallige omstandigheden) niet heeft geleid tot een goede beantwoording van de centrale vraagstelling. In zo'n geval kun je aanbevelingen opnemen om het onderzoek te herhalen met een andere opzet, steekproef of analyse. Uiteraard misbruik je deze mogelijkheid niet om naar nieuwe opdrachten te hengelen.

Sociale netwerken van mannen en vrouwen op de arbeidsmarkt

In hun verslag van de secundaire analyse naar de aanwezigheid van sociale contacten die mannen en vrouwen aan een betere baan kunnen helpen, concludeerden Verhoeven, Jansen en Tazelaar (2000) dat in deze studies niet is gekeken naar de invloed die daarbij van de partner verwacht kan worden. Ook de drie onderzoekers zelf hebben niet onderzocht welke rol de partner speelt in het verkrijgen van een (betere) positie op de arbeidsmarkt en welke netwerkcontacten hij of zij meebrengt in de relatie. In hun aanbevelingen voor verder onderzoek doen zij dan ook de suggestie om in verdere studies de rol van de partner en het daarbij behorende netwerk wél te onderzoeken.

Kader 10.11

10.2.4 Conclusie en discussie op een rij

Ten slotte presenteren we de inhoud van de conclusie en discussie puntsgewijs, aan de hand van een aantal vragen (kader 10.12).

Conclusies en discussie vragenderwijs

Conclusie	Discussie
Herhaal de probleemstelling van het onderzoek.	Is er een verbinding met andere onderzoeksresultaten?
Herhaal de doelstelling van het onderzoek.	Zo ja, welke en hoe? Kun je de conclusies verbreden? Zo ja, hoe?
Kort samengevat:	
Wat zijn de aanleiding en de opzet van het onderzoek?	Zijn er discussiepunten? Zo ja, welke?
Wat is het antwoord op de (deel)vragen?	Zijn er leermomenten? Wat ging goed, wat ging fout?
Hoe kun je die antwoorden verklaren?	Hoe is het gesteld met de betrouwbaarheid en validiteit van het onderzoek? Welke bedreigingen van de validiteit en betrouwbaarheid waren er; hoe heb je dat opgelost? Wat zijn je aanbevelingen: • voor verder onderzoek; • voor beleid; • voor verbetering of verandering?

Kader 10.12

10.3 Belangrijkste gebruikte begrippen en hun betekenis

Conclusie	Samenvatting van de belangrijkste resultaten en antwoord op de probleemstelling.
Discussie en evaluatie	Je evalueert je conclusies en geeft je eigen mening, verder bespreek je de kwaliteit van de resultaten en doe je aanbevelingen.
Methodologische kwaliteit	Kwaliteit van de opzet (het ontwerp) van je onderzoek.
Conceptueel gebruik	De onderzoeksresultaten worden indirect gebruikt (bijvoorbeeld voor een discussie).
Instrumenteel gebruik	De onderzoeksresultaten worden direct gebruikt (bijvoorbeeld om veranderingen door te voeren).
Aanbevelingen	Suggesties voor verandering (bijvoorbeeld in een organisatie) of voor toekomstig onderzoek.

10.4 Opdrachten

1. Lees kader 10.8 over zelfstandigheid in de ouderenzorg door.
   a. Welke kritiek uiten de onderzoekers op de methodologische kwaliteit?
   b. Wat hebben de onderzoekers geprobeerd om dit probleem op te lossen? Waarom lukte dat niet, denk je?
   c. Bedenk zelf een manier om de kwaliteit van dit onderzoek te verhogen.
2. In kader 10.2 wordt een artikel weergegeven over de arbeidsdeelname van vrouwen van 65-plus.
   a. Bedenk een mogelijke verklaring voor de hogere arbeidsdeelname van allochtone vrouwen van 65-plus.
   b. Welke beleidsaanbevelingen zou jij doen en aan wie zou jij die aanbevelingen doen?
   c. Bedenk een relevante aanbeveling voor vervolgonderzoek.
3. Een aantal proefpersonen doet mee aan onderzoek naar de effecten van nicotinepleisters op hun rookgedrag. De proefpersonen melden zich via een advertentie aan en ze worden aselect in de experimentele en controlegroep geplaatst. Vanwege tijd- en geldgebrek vindt er geen voormeting plaats. Tijdens het experiment valt één proefpersoon uit: hij blijkt een acute vorm van kanker te hebben en overlijdt kort daarna. Verder blijkt dat een relatief groot gedeelte van de groep al vroeg in het onderzoek stopt met roken en dat dit erg succesvol is. Navraag leert dat de proefpersonen de begeleiding van de onderzoeker erg op prijs stellen. De onderzoeker concludeert dat de nicotinepleisters het gewenste effect hebben. Met welke

bedreigingen van de interne validiteit moet hij in zijn conclusies rekening houden?

4. Lees het artikel over de lage arbeidsdeelname bij vrouwen in kader 10.6.
   a. Bedenk zelf een aantal beleidsaanbevelingen.
   b. Welke aanbevelingen voor onderzoek zou je doen?
5. De 'Monitor Gezond Gewicht' van TNO (kader 10.11) heeft in zijn conclusies de volgende zin staan: 'De resultaten zijn gebaseerd op zelfrapportage. Zelf gerapporteerde gegevens komen niet altijd overeen met daadwerkelijk eet- en beweeggedrag, zij leiden vaak tot sociaal wenselijke antwoorden en overschatting van gezond gedrag (...)' (Van Keulen et al., 2010). Dezelfde situatie doet zich voor bij het onderzoek onder ouderen in kader 10.9 (Zelfstandigheid en ouderenzorg). Beschrijf over welk kwaliteitsaspect de onderzoekers het hier hebben. Wat is een oplossing voor dit probleem in beide onderzoeken?

Studieduur nauwelijks afgenomen

Alle maatregelen die de laatste decennia zijn genomen om studenten tot sneller studeren aan te zetten, hebben er niet toe geleid dat zij jonger afstuderen. Studenten zijn gemiddeld 25,1 jaar wanneer ze hun masterbul halen. Dat was in 1995 ook zo, blijkt uit cijfers van het CBS.

De overheid probeert al lang de studieduur te beperken, omdat de kosten van universitair onderwijs per deelnemer hoog zijn (12.900 euro per student in 2003). De invoering van de tweefasenstructuur, die de duur van veel studies tot vier jaar beperkte, de verhoging van de collegegelden noch de prestatiebeurs hebben veel effect gehad.

Wel studeren vrouwen wat sneller af dan mannen. Waar mannen in 2004 gemiddeld 67 maanden over hun studie deden, slaagden vrouwen in 61 maanden. (...) De uitgaven van huishoudens aan het onderwijs zijn de laatste 8 jaar fors gestegen: van 0,9 miljard euro in 1995 naar 1,4 miljard euro in 2003. Deze stijging hangt samen met de vrijwillige ouderbijdragen, de kosten voor excursies en vooral ook de gestegen kosten voor boeken en leermiddelen.

Bron: Robin Gerrits, *de Volkskrant*, 7 januari 2006

Kader 10.13

6. Lees de resultaten van het onderzoek naar 'studieduur' in kader 10.13. Bespreek in kleine groepjes de volgende punten:
   a. Wat was volgens jou het doel van het CBS-onderzoek?
   b. Bedenk een goede probleemstelling voor het onderzoek. Tip: het is beleidsonderzoek!
   c. Wat is de belangrijkste conclusie?

   d. Welke aanbevelingen zou je aan de overheid doen, gelet op de resultaten?
   e. Zijn aparte aanbevelingen voor vrouwen en mannen hier zinvol? Beargumenteer je antwoord.
7. Lees de resultaten van het onderzoek naar leesvaardigheid in kader 10.14. Naar aanleiding van deze onderzoeksresultaten wil minister Van Bijsterveld eind 2010 flinke onderwijshervormingen doorvoeren.
   a. Bespreek de betrouwbaarheid van het onderzoek.
   b. Zijn de resultaten generaliseerbaar? Zo ja, naar welke populatie? Beargumenteer je antwoord.
   c. Welke aanbevelingen zou jij aan de minister doen?

Leesvaardigheid onder Nederlandse jongeren

Een van de onderzoeksprogramma's van de Organisatie voor Economische Samenwerking en Ontwikkeling (OESO) is PISA (Programme for International Student Assessment). PISA onderzoekt de praktische kennis en vaardigheden van 15-jarige leerlingen. Dit onderzoek wordt verricht in 65 landen, door middel van een representatieve steekproef in elk land. In Nederland werd een steekproef van 4760 leerlingen uit een populatie van 204.019 15-jarigen getrokken. In 2009 werd onderzoek verricht naar de leesvaardigheid van 15-jarigen en in mindere mate naar wiskunde en natuurwetenschappen. In 2003 stond wiskunde centraal, in 2006 natuurwetenschappen.
Over de resultaten zeggen zij het volgende: 'In elk van de drie onderzoeksgebieden eindigt Nederland ruim boven het gemiddelde van de OESO-lidstaten. Bij leesvaardigheid staat Nederland gemiddeld op de tiende plaats in de lijst van alle deelnemende landen. Bij wiskunde staat Nederland op de elfde plaats en bij natuurwetenschappen ook op de elfde plaats van alle deelnemende landen. Nederlandse leerlingen scoren in ieder van deze vaardigheden hoger dan de leerlingen in buurlanden België en Duitsland (...). In Nederland is de leesvaardigheid de afgelopen 10 jaar niet significant gedaald; wel komt laaggeletterdheid vaker voor bij laag opgeleiden. Ook kennis van natuurwetenschappen is niet significant minder geworden. De wiskundekennis is wel significant gedaald.'

Bron: Gille, Loijens, Noijons & Zwitser, 2010

Kader 10.14

8. Uit het vervolgonderzoek PISA 2012 blijkt dat Nederland verder daalt op de wereldranglijst wat betreft leesvaardigheid. Weliswaar komt het puntenaantal voor leesvaardigheid hoger uit dan in 2009, maar relatief gezien doet Nederland het slechter door de komst van twee nieuwkomers in de top: Estland en Polen. Klein lichtpuntje: voor wiskunde stijgt Nederland een plaatsje van 11 naar 10 (*de Volkskrant*, 3 december 2013). De top drie wordt ingenomen door Aziatische landen, de eerste Europese topper is sinds jaar en dag Finland.

a. Wat voor onderzoeksopzet is bij opdracht 7 en 8 gebruikt? Gebruik bij je antwoord de website van PISA.
b. Bespreek de bruikbaarheid van de resultaten. Gaat het hier over conceptuele en/of instrumentele bruikbaarheid? Beargumenteer je antwoord.

De antwoorden op deze vragen vind je op de website onder de tab Uitwerking opdrachten, hoofdstuk 10. Informatie over de ontwerpcasus vind je onder de tab Ontwerpcasussen, hoofdstuk 10.

11

Een onderzoeksrapport samenstellen

Bespraken we in het vorige hoofdstuk de manier waarop je conclusies trekt en aanbevelingen doet, in hoofdstuk 11 komt aan de orde hoe je uit deze brij aan informatie tot een goed rapport komt.
Gedurende je onderzoek heb je heel wat tekst verzameld: de onderzoeksopzet, je vooronderzoek, gegevensverzameling, een berg resultaten, je conclusies en aanbevelingen en – niet te vergeten – je logboek. Met deze gegevens ga je een onderzoeksverslag schrijven.
Een samenhangend onderzoeksrapport maken is niet eenvoudig. Hoe dat het beste kan, in welke volgorde dat moet en aan welke wetenschappelijke eisen je rapport moet voldoen, wordt in dit hoofdstuk behandeld. We laten zien hoe je de resultaten het beste kunt weergeven en hoe je een (management)samenvatting maakt. Tevens bespreken we specifieke aspecten van kwalitatief en kwantitatief onderzoek. We besteden niet alleen aandacht aan de inhoud van het rapport, maar ook aan de vorm en de stijl, met schrijftips die je helpen bij het schrijven van een leesbaar rapport. We besluiten met een paragraaf over het beoordelen van rapporten.

Voordat we de opbouw van het onderzoeksrapport stap voor stap uiteenzetten, willen we nog een paar algemene punten onder je aandacht brengen:

- Bij het opzetten van je onderzoek maak je al een begin met je rapport, dat zagen we in hoofdstuk 3; werken aan de rapportage doe je eigenlijk gedurende je hele onderzoek. Niet alleen doe je dat door het bijhouden van een logboek, ook maak je alvast een inhoudsopgave zodat je weet waar je naartoe werkt. Deze inhoudsopgave kun je nu gebruiken bij het schrijven van je onderzoeksverslag.
- Bij het schrijven van je rapport maak je voor elke doelgroep keuzes. Dat doe je door in te spelen op de manier waarop de resultaten binnen een organisatie zullen worden ingezet, maar ook op de personen die met het rapport moeten gaan werken.

- Voordat een rapport definitief wordt vastgesteld, gaan vaak meerdere versies 'over tafel'. Houd daarmee rekening bij het plannen van de benodigde tijd! Plan je deze fase te krap, dan kom je beslist in tijdnood.
- Rapporten worden vaak uitgebracht om een zo breed mogelijke groep mensen te informeren over de uitkomsten van een onderzoek, maar ook om zogeheten kritische toetsing mogelijk te maken. Publicatie van een onderzoek kan het begin zijn van een onderzoeksstroom als de uitkomsten van een onderzoek in een nieuwe analyse worden getoetst. Soms zul je dan ook het verzoek krijgen om (onderzoeks)rapporten van anderen (collega's) te beoordelen.

Leerdoelen

Aan het einde van dit hoofdstuk heb je kennis van de opzet en structuur van een goed onderzoeksverslag, de tijdplanning en de doelen van je onderzoeksrapportage (en mogelijke publicatie ofwel openbaarmaking ervan). Verder ben je op de hoogte van de criteria waaraan een wetenschappelijk rapport (voor publicatie) en een managementrapport moeten voldoen, en weet je hoe je de geraadpleegde literatuur moet vermelden.

Kader 11.1

Ook in de onderzoekstool loopt het project op z'n eind. In fase 4 - secties 5 tot en met 12 van de tool - vind je checklists, controlevragen en templates om je project af te ronden.

11.1 Opbouw van een onderzoeksrapport

Eigenlijk kunnen we kort zijn over de opbouw van een onderzoeksrapport: je schrijft het zoals je het uitvoert! Dat klinkt heel gemakkelijk, maar dat is het niet. Rapporten schrijven is bijna een vak apart, je moet er veel ervaring in opdoen voordat je er vaardigheid in krijgt. Sommige mensen zijn geneigd om in een rapport een korte samenvatting te geven van hun onderzoek, waarbij ze dan allerlei belangrijke zaken vergeten. Zo is een rapport niet leesbaar. Andere onderzoekers weiden in hun rapport juist zozeer uit dat het bol staat van de overbodige informatie of van herhalingen. Ook dat is niet de bedoeling.

Hoe het dan moet? Dat hangt van veel factoren af. Heel flauw natuurlijk, maar het is wel zo. In zijn algemeenheid is er echter wel een 'format' voor een onderzoeksverslag te geven. Gaat het om een wetenschappelijk verslag, dan is de belangrijkste eis dat je op grond van het onderzoeksverslag het onder-

zoek zelfstandig kunt herhalen. Dat betekent dat alle relevante informatie erin moet staan, maar niet te veel en op de juiste plaats!
Het is bij het schrijven van een onderzoeksverslag dan ook noodzakelijk om een bepaalde structuur aan te houden. In veel gevallen (eigenlijk in de meeste gevallen) is een bepaalde indeling verplicht. Hierna vind je een voorbeeld van een voorgeschreven indeling. Als je een dergelijke indeling volgt bij het schrijven, zie je als het ware het onderzoek onder je handen vorm krijgen. Dat maakt dat het schrijven van een onderzoeksrapport, ondanks alle eisen waaraan je moet voldoen, ook heel leuk kan zijn.

Titelblad
Samenvatting
Inleiding
Methode
Resultaten
Conclusie en discussie
Literatuurlijst
Bijlagen

Figuur 11.1 Indeling van een onderzoeksrapport

Fase 4, secties 7 en 10 van de onderzoekstool bieden een schematisch overzicht van de indeling (en mijlpalen) van een onderzoeksrapport.

11.2 De hoofdtekst van een onderzoeksrapport

In de vorige paragraaf is een overzicht van de opbouw van een onderzoeksverslag gegeven. In deze en de volgende paragraaf geven we aanwijzingen voor de inhoud van elk onderdeel. Naast de opmaak van het titelblad komt aan de orde hoe je een samenvatting schrijft, en welke informatie er in de inleiding, methode, resultaten, conclusies en discussie moet komen.

11.2.1 Titelblad

Op het titelblad zet je, hoe kan het ook anders, de titel. Denk over deze titel goed na. Deze moet 'de lading dekken'. Kortom, in één zin moet duidelijk worden waarover het verslag gaat. De relaties tussen belangrijke onderdelen uit je onderzoek worden in één zin beschreven. Sommige titels worden, van-

wege deze eisen, rare gedrochten. Daarom kiest men er vaak voor om naast een pakkende, korte titel een ' ondertitel' te maken, waarin iets nader op de te onderzoeken relaties wordt ingegaan.
Drie voorbeelden van titels zie je in kader 11.2. Over het algemeen zijn deze titels goed te begrijpen, vaak echter zijn ze maar matig leesbaar. Zo zou de derde titel informatiever zijn geweest indien een tijdpad opgenomen was (dus de periode die het onderzoek beslaat). Dat geldt (in mindere mate) ook voor de tweede titel. In de eerste titel staat niet vermeld bij wie de beleving van discriminatie wordt onderzocht: de medewerkers of de cliënten. Dat zou het informatiegehalte wel hebben verhoogd.

Titels van onderzoeksrapporten

Discriminatie op de werkvloer
Een onderzoek naar de beleving van discriminatie bij thuiszorgorganisatie 'Carius'

Van Deltawerken tot dialect
Een studie naar de ervaren Zeeuwse identiteit bij de bewoners van steden en dorpen in Zeeland

Wat veteranen vertellen
Verschillende perspectieven op verhalen over ervaringen tijdens militaire operaties

Kader 11.2

Naast titel en eventueel ondertitel vermeld je op het titelblad:

- je naam;
- datum en plaats (bijvoorbeeld van de hogeschool als je daar je afstudeerverslag inlevert);
- de naam van je begeleider/examinator;
- het instituut of de school waarvoor/waarbij je het verslag maakt;
- (soms het aantal woorden uit de hoofdtekst).

11.2.2 Samenvatting

maximaal 250 woorden

Je verslag begint altijd met een samenvatting; in het Engels heet dat een *abstract*. Dat is een stukje van (meestal) *maximaal* 250 woorden (ongeveer een halve pagina) waarin je het hele onderzoek (opzet, vraagstelling, steekproef en methode) en de belangrijkste resultaten beschrijft. De meeste lezers van je rapport zijn geïnteresseerd in een kort overzicht van het onderzoek, dus alles moet erin staan. Op basis van de samenvatting bepaalt de lezer of het rapport relevant voor hem is en of hij het al dan niet leest, het in de bibliotheek leent, aanvullende informatie opvraagt, enzovoort. Dit deel van het verslag is waarschijnlijk het moeilijkste. Je moet in een paar korte alinea's een heel onderzoek beschrijven en je mag niets vergeten, dus je moet hoofd- en bijzaken goed van elkaar kunnen onderscheiden. Een samenvatting schrijf je daarom pas als het hele rapport klaar is en je een goed overzicht hebt. In paragraaf 11.4 gaan we in op een ander type samenvatting: het managementrapport (of -samenvatting).

Voorwoord

Soms kom je voorafgaand aan een samenvatting een persoonlijke noot tegen, een bedankje door de onderzoeker of iets dergelijks. Daarvoor is een samenvatting niet de juiste plaats. Formuleer je meer persoonlijke woorden in een voorwoord. In kader 11.3 vind je een voorbeeld.

Kader 11.3

Voorwoord

Bij het tot stand komen van het rapport is een aantal mensen behulpzaam geweest. Graag bedanken wij Marnix Peters voor zijn hulp bij de analyse. Gerda Huizer hielp bij het schrijven van het rapport en de lay-out. Jan Baks voorzag eerdere versies van het rapport van commentaar. Ten slotte bedanken wij Saskia Versteeg van de vakgroep, die ons de gelegenheid gaf het onderzoek uit te voeren.

11.2.3 Inleiding en aanleiding

In de *inleiding* van je verslag beschrijf je *probleem- en doelstelling*. Daaraan vooraf gaat de *aanleiding* tot het onderzoek, evenals een korte situatieschets. Bij *praktijkgericht onderzoek* vormt een probleemsituatie in een organisatie of bij een groep personen vaak de aanleiding om onderzoek te verrichten. Dit is dus de directe reden waarom men (in een organisatie) besluit om een onderzoek op te starten. In kader 11.4 worden twee korte voorbeelden van een aanleiding tot praktijkonderzoek gegeven.

praktijkgericht onderzoek

Aanleiding tot praktijkonderzoek

Profiel bezoeker Deltawerkenonline

'De website www.deltawerken.com kent sinds haar oprichting een groeiend aantal bezoekers, tot wel 1.000 per dag. De ontwerpers van deze website willen hun aanbod van informatie via deze website – maar ook van hun producten – afstemmen op deze bezoeker: hun doelgroep. Ze weten echter niet wat het profiel is van deze bezoeker. Daarom laten zij een websurvey verrichten, waarin achtergrondkenmerken van de bezoekers, de reden van hun bezoek en hun interesses zullen worden gemeten.'

Bron: www.deltawerken.com

Parlementair onderzoek tbs-stelsel

In juni 2005 besloot de Tweede Kamer tot het houden van een parlementair onderzoek naar het tbs-stelsel. De directe aanleiding was het feit dat een tbs'er zich aan zijn verlof had onttrokken (hij was niet teruggekeerd naar de instelling) en ondertussen een moord had gepleegd.

Kader 11.4

empirisch onderzoek

Is je rapport een verslag van *empirisch onderzoek*, dan geef je in de theoretische inleiding een overzicht van (eventueel) eerder verricht onderzoek naar het onderwerp, een overzicht van je literatuurverkenning dus. Ook presenteer je de theorie op basis waarvan theoretische verwachtingen over de uitkomsten van het onderzoek kunnen worden gevormd. Daarnaast is dit het moment om je conceptuele model uit te werken. Daarmee toon je ook de *relevantie* van het onderwerp aan, dus waarom het belangrijk is om over dit onderwerp een onderzoek op te zetten.

Het belangrijkste doel van een inleiding (zowel praktijk- als theoriegericht) is om lezers voor het onderwerp te interesseren en het nut van dit onderzoek aan te geven, in termen van het wetenschappelijk belang en/of het praktijkbelang van het onderzoek (zie kader 11.5).

Branding

Als je sportschoenen van een bepaald merk verkoopt, dan wordt lang niet altijd meer alleen op de kwaliteit gelet. Het imago dat een sportmerk heeft, speelt een steeds groter wordende rol. Dit was aanleiding voor een jonge fabrikant van sportschoenen om te onderzoeken hoe het met het imago van zijn sportmerk gesteld was. Het praktijkbelang was dat de fabrikant eventuele aanbevelingen ten behoeve van gerichte marketing wilde gaan uitvoeren.

Kader 11.5

Begripsafbakening of modelbouw?

Niet iedere opdrachtgever zit te wachten op een uitgebreide theoretische paragraaf. Is het onderzoek hoofdzakelijk praktijkgericht, dan kun je ervoor kiezen om deze theoretische onderbouwing tot een minimum te beperken. Het is in elk geval belangrijk om een goede begripsafbakening in je rapport op te nemen. Bijvoorbeeld: 'Onder ... verstaan wij ...' (de *stipulatieve* betekenis, weet je nog?). Wil je toch collega-onderzoekers laten kennisnemen van je theoretische opzet, schrijf dan naast de praktijkgerichte versie een meer theoriegerichte paragraaf. Zo kan het inzetten van eerder onderzoek naar een bepaald onderwerp de betrouwbaarheid van je eigen onderzoek verhogen.

stipulatieve betekenis

Na het afbakenen van het onderwerp volgt de probleemstelling en daarmee ook de doelstelling van het onderzoek (samen de *probleemomschrijving*). Zo luidt het doel van het parlementaire onderzoek naar het tbs-stelsel als volgt: '(...) achterhalen waarom het tbs-stelsel in de huidige vorm onvoldoende in staat is de maatschappij te beschermen tegen mensen die na behandeling opnieuw ernstige misdrijven plegen (...)' (Parlementair Documentatie Centrum, 2005). Meestal volgen dan enige deelvragen, meer concrete onderzoeksvragen waarmee je tijdens je onderzoek aan de slag bent gegaan.

11.2.4 Methode

Een van de belangrijkste kwaliteitseisen die je aan een onderzoeksverslag stelt, is dat het onderzoek met de informatie uit het verslag precies na te bootsen moet zijn (*herhaalbaarheid*). De paragraaf waarin je de onderzoeksmethode beschrijft, moet dus heel nauwkeurig en precies zijn opgebouwd. Lezers van je rapport, onder wie andere onderzoekers, moeten op grond van de inhoud van deze paragraaf kunnen beoordelen of je opzet methodologisch gezien klopt. Bij praktijkgericht onderzoek wordt dit vaak als een minder belangrijk punt gezien. Opdrachtgevers willen graag korte en kernachtige informatie over de opzet, onderzoeksgroep en -methode. Onderzoekskwaliteit is voor hen meer neveninformatie, want meestal zijn zij vooral geïnteresseerd in de samenvatting en (natuurlijk) de aanbevelingen die uit het rapport volgen.

herhaalbaarheid

We hebben de belangrijkste onderdelen van de methodeparagraaf voor je op een rijtje gezet.

Deelnemers aan je onderzoek

operationele) populatie, het steekproefkader en de manier van steekproeftrekking (select of aselect, welke specifieke methode). Hier is ook plaats voor een beschrijving van de populatie op relevante achtergrondkenmerken. Bij de beschrijving van de onderzoeksgroep in kwalitatief onderzoek ga je in principe op dezelfde manier te werk. Heb je interviews gehouden, beschrijf dan uit welke groep de geïnterviewden afkomstig zijn en hoe je hen benaderd hebt.

Onderzoeksontwerp

In het onderzoeksontwerp (soms wordt de titel 'design' gebruikt) geef je aan welke dataverzamelingsmethode je gekozen hebt en op basis van welke argumenten dit is gebeurd. Is het een kwalitatieve of kwantitatieve methode, of een combinatie ervan? Heb je een enquête opgezet, diepte-interviews gehouden, een observatie of experiment georganiseerd, of bureauonderzoek verricht? Zet de beperkingen en mogelijkheden op een rij; breng niet alleen de methodologische argumenten naar voren, maar ook omstandigheden als tijd, geld, beschikbare onderzoekscapaciteit en onderzoekseenheden.

Operationalisatie

Welke instrumenten heb je gebruikt om je theorie te toetsen, om je onderzoeksvragen te beantwoorden? Dat beschrijf je in de operationalisatie. Je laat zien hoe je de begrippen uit de inleiding hebt omgezet in zogeheten 'meetbare eenheden', *meetinstrumenten* dus. Met een meetinstrument bedoelen we de techniek om een begrip te meten. Dat kan bijvoorbeeld een vraag zijn, een observatiecategorie of een gespreksonderwerp.

meetinstrumenten

Atletiekvereniging Velox

Voor atletiekvereniging Velox werd een enquête georganiseerd in de vorm van een postenquête onder *alle* vrijwilligers. Uit de populatie is dus geen steekproef getrokken, hiervoor was het aantal personen te beperkt. In de enquête was een aantal vragen opgenomen over de motivatie voor het doen van vrijwilligerswerk bij Velox. In de begripsafbakening van het onderzoeksrapport noemt de onderzoeker een aantal doelen voor vrijwilligerswerk: sociale relatie, stimulering, investering en zorg (Lindeman, 1996). In de methodeparagraaf geeft de onderzoeker onder 'instrumenten' de operationalisatie in de vorm van een aantal stellingen (items) waarop respondenten (op een vijfpuntsschaal) konden reageren met 'helemaal van toepassing' tot 'helemaal niet van toepassing'. Enkele van deze items zijn:

- 'Een sportorganisatie kan niet zonder vrijwilligers.'
- 'Een maatschappelijke organisatie kan niet zonder vrijwilligers.'
- 'Het is leuk om met andere vrijwilligers om te gaan.'
- 'Het is goed om anderen te helpen.'
- 'Vrijwilligerswerk is ontspannend.'
- 'Met vrijwilligerswerk kun je nieuwe kennis en vaardigheden opdoen.'

Kader 11.6

Evaluatieonderzoek jeugdorkest

Het verslag van het evaluatieonderzoek naar de bestuurlijke organisatie van een jeugdorkest geeft aan dat de ervaringen, meningen en suggesties van de respondenten het belangrijkste uitgangspunt vormden bij het houden van de diepte-interviews. De verantwoording van de 'instrumenten' is in het verslag heel globaal gehouden: een kleine groep onderzoekseenheden, een open benadering en de beleving door respondenten als uitgangspunt. Het doel van de diepte-interviews was het verzamelen van opvattingen, begrippen en onderwerpen die in vervolgonderzoek aan de orde kunnen komen. De behandelde onderwerpen waren informatie over de huidige organisatie, de betekenis die de betrokkenen hieraan verlenen, hun ervaringen met en ideeën over de organisatie en hun wensen voor de toekomst. Ter informatie is een onderwerpslijst als bijlage bij het rapport gevoegd.

Kader 11.7

Bij kwantitatief onderzoek is de (beschrijving van de) operationalisatie een nauwgezet karwei, bij kwalitatief onderzoek is dat niet minder het geval. Daarbij beschrijf je ook de gehanteerde onderwerpslijst en de manier waarop je vanuit de begrippen tot de onderwerpen bent gekomen. De gebruikte onderwerpslijst of vragenlijst doe je als bijlage bij het verslag. De kaders 11.6 en 11.7 laten voorbeelden zien van operationalisaties.

Analyseprocedure of -plan

Vervolgens bespreek je welke analyseprocedure je gebruikt om de gegevens te verwerken, te beschrijven en te toetsen. Hier komt je logboek goed van pas: je kunt precies nagaan welke methoden je hebt gebruikt, en daarover in dit gedeelte tekst en uitleg geven. Bij kwantitatieve analyse is meestal duidelijk welke analyses nodig zijn om de vragen te beantwoorden. Ook worden de *hypothesen* vermeld die je gaat toetsen (de statistische verwachtingen dus).

hypothesen

Ook kwalitatieve analyse wordt bij voorkeur systematisch aangepakt, zo zagen we al in hoofdstuk 9. Zo gespraken we de *gefundeerde theoriebenadering* van Glaser en Strauss (1967); een ander voorbeeld is de *matrixbenadering* van Miles & Huberman (1994); daarover vind je informatie op de website bij het boek. Dit zijn theoretische uitgangspunten (benaderingen) voor de *analyse*. Ze moeten daarom *niet* bij de modelbouw (begripsafbakening, theoretische inleiding) worden besproken, tenzij ze gebruikt worden als uitgangspunt bij het inhoudelijke deel van het onderzoek. In je plan geef je aan welke stappen je in de analyse gaat zetten en (indien nodig) welke benadering daaraan ten grondslag ligt.

11.2.5 Resultaten

De resultaten in je onderzoeksverslag geven een zo objectief en onafhankelijk mogelijk beeld van het verzamelde materiaal, of het nu kwantitatief of kwalitatief is. Je geeft hier een beschrijving van de respons en van de resultaten van je analyses. Nog geen conclusies vermelden dus, al is het moeilijk om dit niet te doen!

Hoe is het 'veldwerk' verlopen?

Voordat je de resultaten van je analyse presenteert, beschrijf je het verloop van het veldwerk. Heb je een enquête gehouden, dan vermeld je ook de respons. Een voorbeeld van de weergave van je respons in je rapport is in tabel 11.1 te zien. Heb je diepte-interviews georganiseerd en is daarbij de sneeuwbalmethode gehanteerd om aan gesprekspartners (respondenten dus) te komen, hoe is dat gegaan, telefonisch, schriftelijk, via je netwerk van contacten? Wat was het resultaat?

Tabel 11.1 Voorbeeldtabel respons enquête woonwijken

Woonwijk	Respons per woonwijk in procenten (tussen haakjes het aantal vragenlijsten)		Verdeling vragenlijsten per woonwijk in procenten
Saerberg	82,0	(123)	26,7
Saerdijk	73,3	(110)	23,9
Klaarrijn	72,0	(108)	23,4
Overgauw	80,0	(120)	26,0
Totaal	76,8	(461)	100,0

In tabel 11.1 zie je een voorbeeld van de respons van een vragenlijstonderzoek in vier woonwijken in een middelgrote stad. De respons is hoog, de verdeling per woonwijk ongeveer gelijk. Zulke schoolvoorbeelden van respons zul je in de praktijk niet vaak tegenkomen.

Kwantitatieve resultaten

Bij kwantitatief onderzoek bestaat de resultatenparagraaf uit cijfermatige gegevens en uit toetsresultaten, voorzien van een toelichting. Ook worden de *belangrijkste* tabellen en grafieken getoond. Bij grote hoeveelheden tabellen en grafieken worden de meeste (minder relevante) figuren in de bijlage geplaatst. Hierover later meer.

Significant?

In dit deel van het verslag wordt ook aangegeven of bepaalde verwachtingen zijn uitgekomen ('significant zijn') of niet: of je hypothesen verworpen zijn. Je gaat dus nog niet in op de vraag hoe dat komt of wat het antwoord op de probleemstelling moet zijn. De verklaring van je resultaten bewaar je voor de conclusieparagraaf.

Tegenwoordig bestaat er veel discussie onder onderzoekers over de vraag of het nu werkelijk zo belangrijk is om de nadruk te leggen op 'significantie' van resultaten. Kwaliteit van onderzoek kent veel meer kanten dan alleen een cijfermatige test. Nieuwsgierig geworden? Kijk op de website nelverhoeven.nl voor aanvullende informatie.

Kwalitatieve resultaten

Voor kwalitatief onderzoek geldt eigenlijk hetzelfde: je doet verslag van de genomen stappen en beschrijft de gevonden informatie. Soms kun je de resultaten presenteren aan de hand van een diagram (kijk hiervoor figuur 9.3 nog maar eens na!). Een kanttekening is hier echter op z'n plaats. Bij kwalitatief onderzoek wordt vaak gebruikgemaakt van *iteratieve processen*, waarbij dataverzameling en analyse elkaar afwisselen. Is dat het geval, dan wordt daar natuurlijk verslag van gedaan. Zo'n afwisseling wordt meestal in de methodeparagraaf aangekondigd, en in de resultaten besproken.

iteratieve processen

11.2.6 Conclusies en discussie

We zeiden het al in hoofdstuk 10. In het laatste deel van je verslag is het allereerst van belang dat je terugkijkt: wat waren je vragen voor het onderzoek, hoe is het onderzoek verlopen? Het is niet de bedoeling om het hele onderzoek hier nog eens uit te schrijven. Je herhaalt de probleem- en doelstelling en daarna ga je 'gewoon' antwoord geven op deze vraag. Dat doe je door nu wél conclusies aan je resultaten te verbinden en ze te interpreteren; zonder nog cijfers te vermelden.
Ook 'mag' je in de discussie nog even je eigen mening kwijt. Kijk nog maar eens wat hierover in hoofdstuk 10 is gezegd. In de discussieparagraaf, die achter de conclusies wordt geplaatst, geef je een onderbouwde interpretatie van de resultaten en je probeert de lezer ervan te overtuigen dat je gelijk hebt. Eventueel kun je hierbij teruggrijpen op (nieuw gevonden) literatuur.
Verder is hier de plek om de gebruikte methoden te evalueren: wat ging er goed en wat ging juist fout, wat kan er in vervolgonderzoek anders? Zijn je resultaten valide? Betrouwbaar? Hoe is het gesteld met de bruikbaarheid?

Aanbevelingen bij praktijkonderzoek

Ten slotte geef je aan in hoeverre voor de opdrachtgever de doelstelling is gehaald en wat er nu moet gebeuren: je doet een aantal aanbevelingen. Dit deel van het rapport is voor de opdrachtgever het belangrijkste. De aanbevelingen moeten dan ook van goede kwaliteit zijn. Dus niet: 'Verricht nog eens verder onderzoek', dat is veel te vaag, en bovendien kan het worden opgevat als hengelen naar nieuwe opdrachten. Een goede aanbeveling is helder, eenduidig (voor één uitleg vatbaar), resultaatgericht en gericht op het onderzoeksonderwerp (zie kader 11.8). Het moet een suggestie zijn voor een verandering die ook haalbaar is. Onbruikbare aanbevelingen verdwijnen in de prullenmand. Verder moet een aanbeveling op vrij korte termijn te realiseren zijn. Aanbevelingen doen over een (nog onbekende) situatie in de (nog onbekende) verre toekomst heeft geen zin.

Aanbeveling voor het promoten van een informatieve website

In opdracht van een overheidsorganisatie wordt door onderzoeksbureau O & O onderzocht hoe het is gesteld met de bekendheid en het gebruik van een website met informatie over en achtergronden van het emancipatiebeleid bij de overheid. Deze website wordt regelmatig geactualiseerd en is bedoeld voor politici en beleidsmakers. Er staat achtergrondinformatie op, men kan zoeken naar statistische gegevens, artikelen en nieuwsberichten. Uit het onderzoek blijkt dat niet iedereen op de hoogte is van het bestaan van de website, dat informatie over deze website niet iedere belanghebbende bereikt (de doelgroep is te smal) en dat men soms liever 'papieren' informatie heeft. Bij mensen die bekend zijn met de website en deze regelmatig bezoeken, blijkt de waardering voor de inhoud van de site echter heel hoog te zijn. Op basis van deze resultaten doet het bureau 'O & O' de volgende aanbevelingen:

- Stel iemand aan om de website dagelijks actueel te houden.
- Ontwikkel een goede zoekmogelijkheid voor de site.
- Maak de website goed en snel toegankelijk, met de juiste informatie op de juiste plaats en in een goede, leesbare opmaak.
- Zorg voor printmogelijkheden (bijvoorbeeld met pdf-files of door het aanbieden van een zogenoemde 'printversie' van de informatie).
- Zorg voor e-mailmogelijkheden (de mogelijkheid om het bericht vanaf de site naar je eigen e-mailadres te sturen).
- Start een pr-campagne op om de website breder bekend te maken, met als oogmerk het uitbreiden van de doelgroep.
- Breng naast de website een regelmatig verschijnende nieuwsbrief uit (op papier en via e-mail) met daarin de laatste informatie over de bijgewerkte site.

Kader 11.8

11.3 Literatuurverwijzingen en bijlagen maken

De hoofdtekst van je rapport bevat in principe alle benodigde informatie: de theorie, de onderzoeksopzet, resultaten en de conclusie. Je hebt je beperkt tot hoofdzaken, maar er is soms aanvullende informatie die niet direct belangrijk is voor de hoofdtekst, maar die toch het vermelden waard is. Zulke informatie plaatsen we in de bijlage. In deze paragraaf beschrijven we hoe dat gaat. Eerst laten we zien hoe je literatuurverwijzingen aanbrengt en hoe je een literatuurlijst maakt. Ook tonen we een aantal voorbeelden van literatuurverwijzingen volgens de methode van de *American Psychological Association* (APA). Hierover vind je meer informatie in paragraaf 11.3.2.

Bronvermelding

Tijdens je onderzoek en dus ook in je onderzoeksverslag maak je vaak gebruik van literatuur en van resultaten van andere onderzoekers. Het is belangrijk dat je zo goed mogelijk hiernaar verwijst. Waarom? De lezer ziet waar de informatie vandaan komt en waar aanvullende informatie over een onderwerp verkregen kan worden. Ook verhoogt het de betrouwbaarheid van je tekst. Je kunt immers de informatie die wordt vermeld, onderbouwen.

Plagiaat

Het is wel zo netjes om te vermelden waar je de informatie vandaan hebt; sterker nog, het is verplicht. Je hebt deze per slot van rekening maar 'geleend' van de oorspronkelijke bron. Doe je net of de tekst van jou is, dan heet dat *plagiaat* (ofwel 'letterroof'). Dat is niet toegestaan; het wordt binnen een opleiding vaak bestraft met een onvoldoende en in heel ernstige gevallen worden studenten zelfs van school gestuurd. Wetenschappers die plagiëren, worden soms ontslagen, of hun publicaties worden teruggetrokken.

Gedragscode

Behalve het vermelden van bronnen zijn er nog meer regels waaraan iedere onderzoeker zich moet houden. Deze regels zijn onder andere samengebracht in de Nederlandse Gedragscode Wetenschapsbeoefening en ze gaan over zorgvuldigheid, betrouwbaarheid, controleerbaarheid, onpartijdigheid en onafhankelijkheid van (wetenschappelijk) onderzoek (Vereniging Nederlandse Universiteiten, 2012). Deze gedragscode is tevens van toepassing op praktijkonderzoek. Zo'n gedragscode voor onderzoek is er ook aan hogescholen, waar men uitgaat van professionaliteit, respect, zorgvuldigheid, integriteit en verantwoording van keuzes. Deze gedragscode is opgesteld door de Vereniging Hogescholen (Andriessen, Onstenk, Delnooz, Smeijsters & Peij, 2010).

11.3.1 Literatuurverwijzingen in de lopende tekst

In de lopende tekst verwijs je meestal naar een publicatie door de achternaam van de auteur te vermelden met daarachter het jaartal waarin het artikel is verschenen en de pagina's waarop je de informatie kunt terugvinden. Dat kan op verschillende manieren. In kader 11.9 staan een paar voorbeelden, volgens bepaalde opmaakregels (APA). Daarover meer in de volgende paragraaf.

Bronvermeldingen in de lopende tekst

- (Jansen, 2006) → Een verwijzing naar de auteur en zijn werk. Indien je in het algemeen naar zijn werk verwijst, hoef je geen paginanummers te vermelden.
- (Jansen, 2006, p. 35-39) → Nu wordt naar de auteur Jansen verwezen en het specifieke tekstdeel waaruit jouw verwijzing afkomstig is, bijvoorbeeld bij een citaat.
- 'Jansen stelt in zijn proefschrift (2006) (...)' → Nu heb je de auteursnaam in de tekst gezet, dat hoeft niet nogmaals tussen haakjes.
- 'Verhoeven, Jansen en Tazelaar (2000) beschrijven sociaal kapitaal van mannen en vrouwen in het licht van posities op de arbeidsmarkt. (...) Vrouwen beschikken over het algemeen over minder goede contacten dan mannen (Verhoeven et al., 2000).' → Dit betreft een dubbele verwijzing in één alinea. Bij de eerste keer vermeld je alle auteurs, de tweede keer hoeft dat niet, dan kun je volstaan met 'et al.' (*et alii*, oftewel: en anderen).

Kader 11.9

Verwijzingen naar internetpagina's

Ook verwijzingen naar internetpagina's moeten in de tekst worden vermeld. In hoofdstuk 2 bespraken we de grote populariteit van Google, zodat er zélfs een nieuw werkwoord is ontstaan 'googelen'. Een waarschuwing is echter wel op zijn plaats: iedereen mag eigenlijk alles op internet plaatsen. Daarmee is echter nog niet gezegd dat deze informatie ook betrouwbaar is; de herkomst van de informatie is vaak moeilijk te achterhalen en daardoor ook moeilijk te controleren op echtheid. Bovendien kom je op internet heel vaak zogeheten 'grijze literatuur' tegen. Dat zijn publicaties die in een kleine oplage, voor een beperkte doelgroep, zijn gemaakt, zoals onderzoeksrapporten, verslagen, afstudeerscripties, enzovoort. Probeer dus bij het zoeken naar bronnen op internet in elk geval de oorsprong van de informatie te achterhalen. Waar komt deze vandaan? Uit een gerenommeerd (wetenschappelijk) tijdschrift, een krant, een online encyclopedie? Ook dan hoeft het nog niet zo te zijn dat de informatie betrouwbaar is.

Wikipedia

Neem bijvoorbeeld de vrije encyclopedie 'Wikipedia'. Op de hoofdpagina van deze populaire encyclopedie staat dat iedereen informatie kan zoeken, toevoegen of bewerken. Wikipedia kan daarom geen garantie geven over de juistheid van de informatie. Zij 'hosten' immers alleen de informatie (Wikipedia, 2013). Voorzichtigheid lijkt geboden. Toch lijkt het tegenwoordig wel mee te vallen met die betrouwbaarheid, getuige het aantal fouten per artikel (3,86) vergeleken met de fouten per artikel in de Encyclopaedia Britannica (2,82). De laatste wordt toch als meest betrouwbare bron ter wereld beschouwd (Vierkant, 2012).

Google Scholar

(Wil je meer *betrouwbare* (onderzoeks)bronnen van internet gebruiken, zoek dan informatie via Google Scholar (in het Nederlands Google wetenschap), de zoekmachine voor wetenschappelijke informatie. Soms stuit je bij Google Scholar op uitgevers die veel geld vragen voor artikelen. Tip: log in via de *thuis-login* van de bibliotheek van de hogeschool of universiteit. Via de thuislogin kun je meestal zonder bijkomende kosten de gewenste artikelen downloaden.

Internet kent vele typen bronnen: webpagina's, online tijdschriften, kranten, downloads, pdf-bestanden, databestanden en ga zo maar door. Het citeren van zo'n website kan op verschillende manieren. Bevat de website een zelfstandig (elektronisch) document, dan heeft deze een auteur. Dan kun je die als 'gewone' verwijzing in de tekst gebruiken (zie kader 11.9), voorzien van het jaartal waarop de tekst op de website is gemaakt. In veel gevallen volstaat het echter als je tussen haakjes de gebruikte 'webstek' (de URL) vermeldt.

11.3.2 APA-richtlijnen voor de literatuurlijst

De bronnen waarnaar je in de lopende tekst verwijst, worden samengebracht in de literatuurlijst, direct achter de hoofdtekst. Het is belangrijk dat je de literatuur in de lijst ook daadwerkelijk in de tekst gebruikt. Deze literatuurlijst wordt volgens de richtlijnen van één instituut voor standaardisering in de Verenigde Staten samengesteld: the *American Psychological Association* (APA). In (sociaal)wetenschappelijke artikelen en verslagen worden deze richtlijnen strikt gehanteerd. Het doel van deze regels is te komen tot een 'standaard' voor het schrijven van artikelen en rapporten. De APA stelt voorschriften vast voor:

- de literatuurverwijzingen van allerlei bronnen in de tekst;
- de literatuurlijst (opmaak, volgorde, inhoud);

- de structuur van een artikel/onderzoeksverslag;
- de opmaak.

Geregeld verschijnt er een nieuwe versie van de richtlijnen, aangepast aan nieuwe en veranderde inzichten, internetontwikkelingen en dergelijke. Op dit moment (2013) is versie 6 in omloop. De meeste sociaalwetenschappelijke onderzoeksinstituten volgen deze APA-richtlijnen, wat er in de praktijk op neerkomt dat een artikel niet voor publicatie wordt geaccepteerd als het niet aan de richtlijnen voldoet.

APA als richtlijn

De voorwaarden van de APA zijn erg strikt. Aangezien dit boek gaat over praktijkgericht onderzoek, is ervoor gekozen om de regels meer als *richtlijn* te beschouwen en ze wat minder strak te hanteren dan in de wetenschappelijke onderzoekswereld gebruikelijk is (zie ook kader 11.10). Zo is het bij wetenschappelijke artikelen niet gebruikelijk om tabellen en grafieken in de hoofdtekst te plaatsen; alle figuren worden altijd in de bijlage gezet. Bij praktijkonderzoek is dat anders; daar is het meer gebruikelijk om de resultaten ook met tabellen en grafieken te verduidelijken.
Bedenk dat deze regels ooit een keer door iemand bedacht zijn. Je kunt over het nut en de noodzaak van deze regels dus je twijfels hebben. Toch moet je er kennis van nemen. Immers, je zult in boeken en tijdschriften altijd artikelen tegenkomen die volgens de APA-regels zijn opgebouwd. Je moet dus de onderdelen kunnen herkennen en gebruiken. Daarom is het raadzaam om er zelf ook mee aan de slag te gaan. Zo hebben wij er voor dit boek voor gekozen om de literatuurlijst wel in APA te vermelden, maar de geraadpleegde websites niet. Deze keuze is gemaakt om redenen van helderheid: een groot aantal verwijzingen naar websites in APA geeft niet het heldere, bondige overzicht dat we nu hebben gepresenteerd. Overigens zijn er talloze verschillende richtlijnen; dat verschilt per discipline (zie bijvoorbeeld Habraken, 2012).

ISBN of DOI

Een boek heeft altijd een ISBN, dat is kort voor internationaal standaardboeknummer. Er is nu ook zo'n uniek nummer voor (digitale) artikelen, de Digital Object Identifier. Dit nummer is nuttig wanneer je artikelen via internet zoekt. Het is in het leven geroepen om vindbaarheid in de digitale omgeving te bevorderen; het bestaat uit een uitgeversnummer, een tijdschriftnummer en een uniek artikelnummer. Dit nummer maakt het gemakkelijk artikelen (via internet) op te sporen, ook als je de auteur en titel niet weet. Bij verwijzingen naar artikelen, ook via internetpagina's, is het raadzaam dit nummer te vermelden (zie kader 11.10).

APA-literatuurlijst

De literatuurlijst achter in dit boek is volgens APA-richtlijnen opgezet. We geven een aantal voorbeelden:

Boek

Groot, J.J., & Tiessen, J.M. (2009). *Statistiek en demografie*. Den Haag: Uitgeverij Lemma.

Wester, F. (1995). *Strategieën voor kwalitatief onderzoek* (3e druk). Muiderberg: Coutinho.

Artikel in wetenschappelijk tijdschrift

Verhoeven, N., Jansen, W., & Tazelaar, F. (2000). Sociaal kapitaal van mannen en vrouwen op de arbeidsmarkt. *Tijdschrift voor Arbeidsvraagstukken, 16*(1), 49-67.

Artikel met DOI-nummer

Cashin, S.E., & Elmore, P.B. (2005). The survey of attitudes toward statistics scale: A construct validity study. *Educational and Psychological Measurement, 65*(3), 509-524. DOI: 10.1177/0013164404272488.

Hoofdstuk in een boek

Amersfoort, J. van (1998). Migratie en migratietheorieën. In R. Pennix, H. Munstermann & H. Entzinger (red.), *Etnische minderheden en de multiculturele samenleving* (pp. 59-84). Groningen: Wolters-Noordhoff.

Rapport

Verhoeven, P.S. (2004). *NIP-HRM ledenraadpleging 2004. Vragenlijstonderzoek naar tevredenheid met en verwachtingen ten aanzien van de HRM-sectie van het Nederlands Instituut voor Psychologen*. Middelburg: Bureau voor Onderzoek & Statistiek.

Internet – website met auteur

Verhoeven, N. (2010). *Onderzoeken doe je zo!* Den Haag: Boom Lemma uitgevers. Verkregen op 12 december 2010 via www.onderzoekendoejezo.nl.

Internet – website zonder auteur

Fietsnet. Stel zelf je fietsroute samen (n.d.). Verkregen op 11 december 2013 via www.fietsnet.be.

Internet – online document met DOI-nummer

Schiraldi, G.R. (2001). *The post-traumatic stress disorder sourcebook: A guide to healing, recovery, and growth*. DOI: 10.1036/0071393722.

Internet – artikel van online encyclopedie

Onderzoek (2006). Verkregen op 27 april 2006, via nl.wikipedia.org/wiki/Onderzoek.

Internet – online tijdschrift

Moens, J. (2006). Tien opkomende basisbehoeften van consumenten. *Managersonline*. Verkregen op 27 maart 2006, via www.managersonline.nl/indexg.php.

Kader 11.10

Vervolg

Allereerst wordt hier een boek van Groot en Tiessen gebruikt. Het is in 2009 uitgegeven bij Uitgeverij Lemma in Den Haag. Je ziet dat de voorletter volgt op de achternaam. Dat is nodig om de verwijzing te kunnen onderbrengen in een alfabetische rangschikking op achternaam. De gehanteerde interpunctie (komma, punten, dubbele punt) is standaard voorgeschreven. De tweede vermelding is van F. Wester, uitgegeven in 1995 door Coutinho in Muiderberg. De titel is *Strategieën voor kwalitatief onderzoek*. In verwijzingen naar boeken of opzichzelfstaande publicaties wordt een titel altijd cursief weergegeven.

Dan zie je een artikel, geschreven door Verhoeven, Jansen en Tazelaar, uitgebracht in het jaar 2000. Nu is de titel van het tijdschrift cursief gedrukt: *Tijdschrift voor Arbeidsvraagstukken*. De titel van het artikel is dat niet. Achter de tijdschrifttitel is de volgende informatie zichtbaar:

- het *volume* (zestiende jaargang);
- het *issue* (eerste periodiek; kwartaal of maand);
- de *pagina's* waar het artikel te vinden is (49-67).

Het rapport van Verhoeven uit 2004 lijkt qua verwijzing erg op de boeken van Groot & Tiessen en van Wester, met dat verschil dat niet de uitgever, maar het bureau dat het rapport ontwikkelde, wordt vermeld.

Verwijzingen naar internetsites hebben niet alleen het jaar waarin de pagina of het artikel is verschenen, maar ook de datum waarop toegang tot de website is verkregen en/of de DOI. Websites worden regelmatig bijgewerkt en het kan dus voorkomen dat je zo'n website bezoekt en de gewenste informatie niet meer vindt. Verder bevat een verwijzing naar een internetsite altijd de URL of de DOI, zodat de informatie voor iedereen te controleren is. Zoals eerder is gezegd, is de DOI een uniek nummer dat bij het artikel hoort. Zelfs al heb je de titel van het artikel niet, of ontbreken de auteurs, met de DOI kun je het artikel altijd terugvinden.

Internetpagina's bevatten niet altijd alle informatie. Zo is er soms geen auteur bekend of geen jaartal waarin de gegevens op internet zijn geplaatst. Is de auteur onbekend, dan laat je dat gedeelte weg. Is het jaar onbekend, dan komt tussen haakjes (n.d.) te staan (no date).

Kader 11.10

Volgorde van de referenties

De referenties in de literatuurlijst worden in alfabetische volgorde opgenomen. Bij buitenlandse namen en publicaties van dezelfde auteur is het soms best lastig om de juiste volgorde te hanteren. In principe kun je de volgende richtlijnen aanhouden:

1. *Alfabet*: de publicaties worden alfabetisch gerangschikt op de achternaam van de eerste auteur.

2. *Beginletters*: bij achternamen met dezelfde beginletters gaat de kortste naam met dezelfde letters voor, dus 'Kers' komt voor 'Kersenboom'.
3. *Voorvoegsels*:
   a. de behandeling van Nederlandse (losse) voorvoegsels zoals 'Van' of 'Van de' verschilt tussen België en Nederland. In België worden deze voorvoegsels op volgorde van het eerste voorvoegsel opgenomen. Zo gaat 'Van Buuren' dus vooraf aan 'Van Vooren'. In Nederland wordt niet op volgorde van het voorvoegsel geordend, maar op alfabetische volgorde van de hoofdnaam, dus 'Buuren, van'. Wij houden de Nederlandse schrijfwijze aan.
   b. In het Engels kom je vaak vaste voorvoegsels tegen zoals 'Mac' in 'MacArthur'. Deze worden gewoon alfabetisch geordend.
4. *Publicatiejaar*: voor meerdere publicaties van een auteur geldt dat de oudste publicatie eerst komt (ordening op publicatiejaar dus). Zijn er meerdere publicaties in een jaar, dan wordt een a, b of c toegevoegd: 2004a, 2004b, 2004c, enzovoort.
5. *Meerdere auteurs*: bij publicaties met dezelfde eerste auteur en een verschillende tweede auteur wordt geordend op de naam van de tweede auteur. De volgorde van auteurs binnen één publicatie wordt niet alfabetisch bepaald. Daar spelen andere argumenten een rol. Zo heeft de eerste auteur meestal het meeste aan het artikel of het boek geschreven.

Meer weten? Op de website bij dit boek vind je een aantal handige links.

11.3.3 Tools voor het beheren van referenties

Het verwerken van bronnen in je tekst is een secuur karwei. Doe je het niet goed, dan loop je de kans dat een rapport wordt afgewezen, een artikel niet wordt geaccepteerd of dat je een lager cijfer krijgt. Dat mag niet gebeuren. Daarom zijn er sinds jaar en dag softwarepakketten op de markt die het werk aanzienlijk gemakkelijker maken.

Software voor verwijzingen

Twee van deze pakketten zijn Endnote® (www.endnote.com) en Reference Manager® (www.refman.com). Eenmaal geïnstalleerd kun je ze al schrijvend ook in Word gebruiken. De gebruikersvriendelijkheid is nogal wisselend. Aan de ene kant kun je heel gemakkelijk bronnen invoeren en in Word importeren, aan de andere kant worden in je document talloze 'velden' aangemaakt die de opmaak van je uiteindelijke rapport bemoeilijken. Beide pakketten zijn vrij kostbaar.

Referenties beheren via internet

Op eenvoudige wijze kun je referenties ook via internet beheren, bijvoorbeeld via citationmachine.net. Op deze website kun je instellen welke stijl van refereren je wilt hebben (MLA, een opmaakstijl voor taal- en letterkunde, of APA 6th). Vervolgens geef je aan om welk type referentie het gaat (boek, artikel, internetsite, enzovoort). Je voert de gegevens in en vervolgens krijg je de literatuurverwijzing in de juiste opmaak.

Online abonnementen

Ook is het mogelijk een online abonnement op een referentiedatabase te nemen. Veel hogescholen en universiteiten hebben deze service voor medewerkers en studenten. Zo is er bijvoorbeeld RefWorks® (www.refworks.com). Je opent het programma via internet. Tijdens je zoektocht naar artikelen en boeken staat RefWorks dus aan. Heb je iets gevonden? Dan kun je de bron in de database importeren. Ben je aan je rapport bezig, dan kun je al schrijvend referenties in je document importeren en aan het einde de juiste referentielijst samenstellen. Zo maak je geen vergissingen en heb je straks een perfecte alfabetische lijst die volledig in APA is aangemaakt.

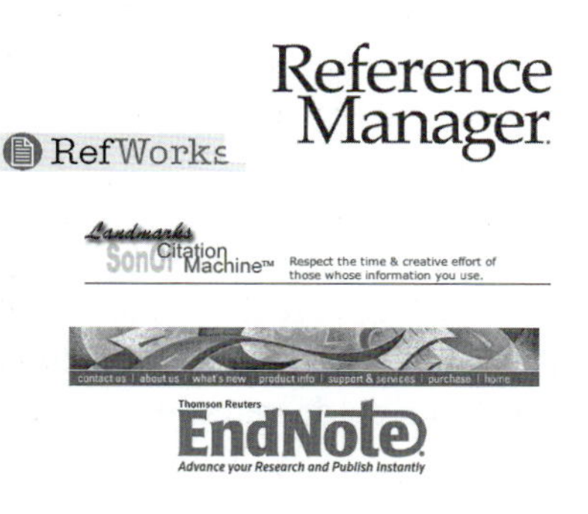

Figuur 11.2 Referentiesoftware

Referenties in Word

Ten slotte kun je vanaf Word 2007 een bibliografie aanmaken. Een literatuurlijst dus. Je moet wel vanaf het begin van je tekst citaties in een bepaald veld bijhouden. Doe je dat op de juiste manier, dan kun je in Word via 'galerie' een bibliografie aan laten maken, ook weer geheel volgens APA-regels. Het beheer vindt plaats via 'documentelementen'. Zie figuur 11.3.

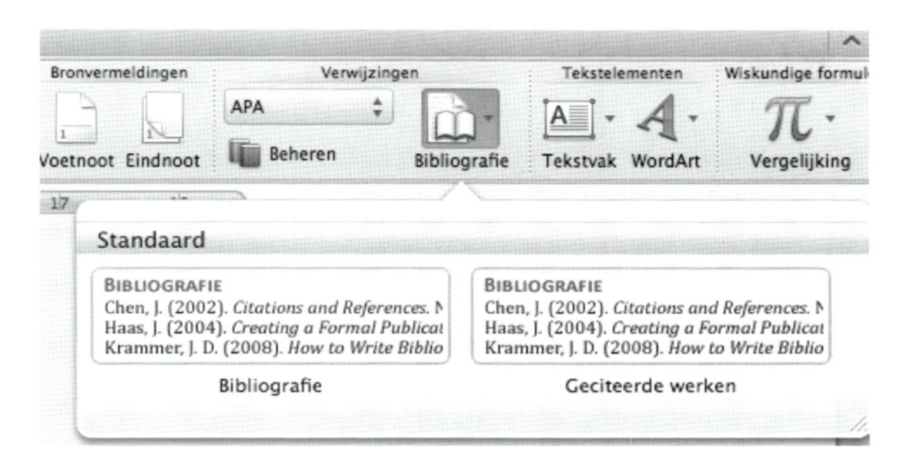

Figuur 11.3 *Word documentelementen*

In fase 4, sectie 6 van de onderzoekstool vind je nog meer hulpmiddelen voor het maken van een referentielijst.

11.3.4 Bijlagen

In de bijlagen wordt uitsluitend aanvullende informatie opgenomen die niet direct nodig is bij het lezen van de tekst, maar die bijvoorbeeld als naslagwerk kan worden gebruikt (mits helder genummerd, zie kader 11.11). Soms is er voor bepaalde tabellen en overzichten in de tekst geen plaats, simpelweg omdat ze te groot zijn. Het kan ook zijn dat ze voor een direct begrip van de tekst niet nodig zijn. Deze overzichten worden dan in een bijlage geplaatst. Aanvullende analyseresultaten kunnen voor sommige lezers interessant zijn, maar lang niet voor iedereen. Ook die resultaten kun je in de bijlagen kwijt. Afhankelijk van de doelgroep van je onderzoeksverslag kun je een overzicht van de respons, een aantal tabellen en meer technische uitwerkingen van toetsen ook naar de bijlagen verplaatsen. In de bijlagen is dus plaats voor:

- onderwerpslijsten;
- volledige vragenlijsten;
- uitnodigings- en aanbevelingsbrieven;
- technische uitleg over bijvoorbeeld het aanmaken van de websurvey;
- aanvullende resultaten;
- te grote tabellen;
- niet direct relevante informatie;
- responsgegevens, tabellen en technische uitwerkingen van toetsen (afhankelijk van doelgroep).

Nummering bijlagen

Voor alle duidelijkheid moet je de bijlagen nummeren en van titels voorzien. Bijvoorbeeld:
Bijlage A.1 Uitnodigingsbrief
Bijlage A.2 Voorbeeld vragenlijst
Bijlage B.1 Tabellen achtergrondkenmerken
Bijlage B.2 Tabellen toetsresultaten, enzovoort.
In de tekst verwijs je dan als volgt. '(...) In de bijlage (A.2) is een voorbeeld van de gebruikte vragenlijst opgenomen (...)' en '(...) Voor een volledig overzicht van alle achtergrondkenmerken verwijzen wij naar bijlage B.1 (...)'.

Kader 11.11

11.3.5 Criteria voor de inhoud van een onderzoeksrapport

Wat moet er nu precies in een onderzoeksverslag komen? Welk onderdeel hoort in welke sectie thuis? In tabel 11.2 vind je alle onderdelen van een onderzoeksrapport nog eens op een rij. Voor elk onderdeel zijn de belangrijkste criteria voor de inhoud ervan samengevat.

Tabel 11.2 Criteria voor het schrijven van een onderzoeksrapport of artikel

Titelblad	• Complete titel en eventueel ondertitel • Naam onderzoeker(s)/auteur(s) • Datum en plaats • Instituut • Naam coördinator/begeleider
Samenvatting	• Ongeveer een halve pagina A4 (circa 250 woorden) • Probleem- en doelstelling • Opzet, resultaten en belangrijkste conclusies • Relevante informatie! • Kort en bondig
Inhoudsopgave	• Altijd opnemen in je onderzoeksverslag • Bij artikelen is een inhoudsopgave niet altijd nodig
Inleiding	• Aanleiding tot het onderzoek • Doel van het onderzoek (onderzoeksdoel en doel opdracht) • Probleemstelling en deelvragen • Begripsafbakening • Theoretische ondersteuning (modelbouw)
Methode	• Populatie en steekproef • Meetinstrumenten (operationalisatie) • Dataverzamelingsmethode en verloop veldwerk • Analysemethoden

Resultaten	• Beschrijving van de onderzoeksgroep • Kwantitatieve en kwalitatieve resultaten • Tabellen, diagrammen en overzichten • Onafhankelijke weergave van de resultaten • Nog geen conclusies!
Conclusie en discussie	• Herhaling centrale vraagstelling en doelstelling • Koppeling van de resultaten aan de vraagstelling • Antwoord op de centrale vraagstelling • Overige conclusies • Aanbevelingen • Evaluatie van de resultaten methodologisch • Discussie over de uitkomsten • Eigen mening mag, argumenteren moet
Literatuurlijst	• Alfabetische volgorde • Juiste opmaak (APA) • Wees volledig en precies • Alle verwijzingen in de lopende tekst worden in de literatuurlijst vermeld
Bijlagen	• Minder relevante tabellen • Aanvullende informatie • Erg grote overzichten/tabellen (die niet in de lopende tekst passen) • Uitnodigingsbrieven, vragenlijsten • Heldere nummering • Duidelijke en *volledige* verwijzing in de lopende tekst
Algemene aanwijzingen	• Is de tekst helder, overzichtelijk en eenduidig? • Is de tekst voor iedereen goed te lezen? Geen jargon dus! • Zet citaten tussen aanhalingstekens • Controleer de tekst op spelling en grammatica • Controleer de tekst op stijl • Gebruik een overzichtelijke paragraafindeling • Controleer of je paragraaftitels duidelijk zijn, of zij de 'lading' dekken • Houd telkens dezelfde opmaak aan

11.4 Een managementsamenvatting schrijven

Een onderzoeksverslag bevat vaak veel technische beschrijvingen, lastige tabellen en ingewikkelde interpretaties. Iedere opdrachtgever wil een leesbaar rapport ontvangen. Eentje die zo naar de directie kan, zonder ingewikkelde uitleg en saaie presentaties. Dat is best lastig. Immers, om de kwaliteit van je resultaten te waarborgen moet je precies beschrijven wat je hebt onderzocht, hoe, wanneer, waar en ga zo maar door. Daarmee is het onderzoeksverslag niet het aangewezen 'leesbare' rapport dat de opdrachtgever wil hebben. Verder zal de opdrachtgever snel met de aanbevelingen aan de slag willen, die willen ze dus eerst zien. Kortom, hun interesse ligt bij de uitleg van de resultaten, de implicatie voor de organisatie en bij de aanbevelingen.

Gelukkig is er een oplossing voorhanden. Je kunt namelijk een managementsamenvatting of een managementrapport schrijven. Dat is een uitgebreide samenvatting (ofwel een verkort overzicht) van het onderzoek, aangevuld met een uitleg van de resultaten en een helder overzicht van de aanbevelingen. In praktijkonderzoek is dit wel het meest gelezen deel van rapporten en verslagen. Hierin is – in een notendop – de belangrijkste en meest bruikbare informatie voor een organisatie of doelgroep samengevat. Men kan er zó mee aan de slag.
Nu kun je je afvragen waarom de samenvatting van het rapport daarvoor niet gebruikt kan worden. Wel, deze is veel te kort en bevat geen aanbevelingen en uitgebreide uitleg van de resultaten. Je zult dus een verkorte, helder leesbare, versie van het onderzoeksverslag moeten maken. Eentje die direct gebruiksklaar is.

Inhoud managementrapport

- Aanleiding voor het onderzoek
- Korte inleiding met achtergrond en definities
- Centrale vraag- en doelstelling
- Beschrijving methoden en procedure, tijdlijn
- Korte beschrijving resultaten en uitleg ervan
- Conclusies en aanbevelingen in een lijst

Kader 11.12

Het is moeilijk aan te geven uit hoeveel pagina's een managementrapport of -samenvatting moet bestaan. Schrijf je echt een uitgebreide samenvatting, houd het dan op ongeveer maximaal vier pagina's A4. Wil je echt een kort rapport schrijven, ga dan uit van acht tot tien pagina's. De belangrijkste criteria zijn dat alle belangrijke resultaten vermeld worden, dat alle aanbevelingen vermeld worden en dat de opdrachtgever er direct mee aan de slag kan. De criteria voor de inhoud staan in kader 11.12.

In de onderzoekstool vind je een checklist en template voor het schrijven van een management samenvatting (fase 4, sectie 8).

11.5 Schrijftips

Het schrijven van een onderzoeksverslag wordt vaak als een zware opgave ervaren. Het moet op een bepaalde tijd klaar zijn, de opdrachtgever (of begeleider) is niet tevreden over de inhoud, je raakt geblokkeerd tijdens het schrijven. Dat zijn de negatieve kanten van het schrijfproces. Er zijn natuurlijk ook positieve kanten: zoals we al opmerkten, ontwikkelt het onderzoek zich tijdens het schrijven als het ware 'onder je handen'. Net als bij het opnemen van een film krijgt een rapport langzaam vorm. Een film wordt in allemaal korte stukjes opgenomen, meestal niet in chronologische volgorde. Als je uiteindelijk de film monteert, gaat het verhaal leven. Het wordt compleet.

Liever geven we geen kant-en-klaar recept voor het schrijven van een rapport. Toch kan het nuttig zijn om de tips uit deze paragraaf te lezen als je een rapport gaat schrijven.
Wil je toch een 'recept' voor het schrijven van een rapport, dan kan dat met de template in de onderzoekstool.

Uitgebreide inhoudsopgave

Een goed hulpmiddel bij je schrijfactiviteiten is het bijhouden van een uitgebreide inhoudsopgave, bijvoorbeeld in je logboek of als apart document. Die maak je al aan het begin van je onderzoek: zo zal je rapport eruit gaan zien. De APA-richtlijnen kunnen daarbij als uitgangspunt dienen. Bij elk hoofdstuk maak je (sub)paragrafen. Daarbij geef je aan wat in elke paragraaf aan de orde moet komen. Zo zie je snel welke informatie in welke paragraaf moet worden geplaatst, en wordt het schrijven van een rapport een 'invuloefening'. Zo'n uitgebreide inhoudsopgave is een heel flexibel instrument. Je kunt tijdens je onderzoek en het schrijfproces onderdelen veranderen of verplaatsen. Het kan gebeuren dat je ideeën krijgt over de inhoud van bepaalde paragrafen. Deze ideeën kun je dan kwijt in je uitgebreide inhoudsopgave. Bovendien kun je controleren hoever je bent en wat je nog moet doen.

Planning

Het beste advies dat we hier kunnen geven, is om je tijd voor het schrijven van een onderzoeksverslag zo ruim mogelijk te plannen. Immers, het kost veel tijd om een verslag te schrijven, overleg hierover te plegen en het vervolgens te herschrijven! In de praktijk pakt dit echter vaak anders uit. Je kunt wel tijd willen maken, maar vaak is er niet veel tijd voor het schrijven van een rapport of een verslag. De opdrachtgever wil snel resultaat zien, je leeronderzoek of je afstudeeronderzoek moet wel in 'week 20' worden ingeleverd. Kortom, er is vaak weinig tijd voor dit belangrijke onderdeel. Bovendien valt het schrijven van het rapport aan het einde van het traject en moet je vaak al verloren tijd inhalen. Het is daarom extra belangrijk om de beschikbare tijd goed te plannen. Men zegt ook wel: 'Tijd is maar een deel van het woord, dat eigenlijk "prioriteit" is.'

Om je een beetje te helpen deze tijd zo goed mogelijk in te delen, bevat kader 11.13 een globale schets van een aantal mijlpalen tijdens het schrijven (ook wel *milestones* genoemd). Bedenk daarbij dat alles afhankelijk is van het gemak waarmee je schrijft, de voorbereidingen die je al hebt verricht, andere werkzaamheden, nevenactiviteiten, enzovoort.

Mijlpalen bij het schrijven van een onderzoeksverslag

1. Lezen en herlezen van je 'opbrengst'.
2. Vaststellen van de uitgebreide inhoudsopgave.
3. Maken van een eerste opzet (hier kun je nog werken met steekwoorden, bijvoorbeeld als resultaat van een mindmapsessie).
4. Uitschrijven van de opzet.
5. De opzet een paar dagen laten liggen.
6. Herlezen van de opzet.
7. Herschrijven van de opzet.
8. De eerste conceptversie is klaar!

Kader 11.13

Na het passeren van deze eerste acht mijlpalen kun je het resultaat bij je begeleider of opdrachtgever aanleveren. Op basis van het commentaar dat je terugkrijgt, herhaal je telkens de mijlpalen 6 tot en met 8, totdat beide partijen tevreden zijn.
Bedenk dat de meeste tijd gaat zitten in het bedenken en opzetten van je rapport, inclusief het doornemen van je 'opbrengst', de mijlpalen 1 tot en met 3 dus. Gebruik de uitgebreide inhoudsopgave als uitgangspunt bij het maken van je opzet. Het uitschrijven van de opzet neemt relatief minder tijd in beslag. Het lezen, herlezen en herschrijven kosten echter weer veel tijd.

Versiebeheer

Een onderzoeksrapport schrijf je niet in één keer. Er gaan verschillende malen versies heen en weer tussen de onderzoeker en de opdrachtgever, de student en de studiebegeleider. Beheer in elk geval je versies zo goed mogelijk, bijvoorbeeld door in de documentnaam aan te geven welke versie het betreft. Een paar voorbeelden:

- rapport_NV_vs1, rapport_NV_vs2, rapport_NV_def, etc. Werk je in een groep, dan kan het handig zijn om de initialen van de persoon die het document samenstelt, te vermelden.

- verslag_vs1_7jan14, verslag_vs2_9jan14, etc. Hier is zowel een versie als een datum vermeld.

Een ander hulpmiddel is het plaatsen van de datum of een versienummer in de kop- of voettekst.

Werken in een 'cloud'

Werk je met meerdere mensen aan een project, zo kon je in hoofdstuk 2 al lezen, dan kan het lidmaatschap van een 'cloud' een oplossing zijn. Je kunt documenten in allerlei formaten online bewerken, samen met een ander lid van deze omgeving (en tegelijkertijd!). Je kunt mensen uitnodigen om je documenten te bekijken, documenten 'online' plaatsen of als attachment verzenden. Ieder lid van de groep heeft altijd de beschikking over alle documenten, in de laatste versie. Versiebeheer is zo erg gemakkelijk, aangezien je kunt bijhouden wie het laatste een document heeft bewerkt. Ook kun je eerdere versies herstellen. Dropbox is zo'n voorbeeld, maar ook Google Documenten (zie kader 11.14).

Google Documenten

Kader 11.14

Nadat je een account hebt aangemaakt in Google, kun je naar Docs gaan. In Docs kun je documenten uploaden en mensen (medestudenten) uitnodigen om je documenten te lezen of te bewerken. Zo kun je bijvoorbeeld je rapport hierin zetten. Heeft een van de studenten uit je groep iets in het rapport veranderd of aangevuld, dan kan hij deze aanvulling via Google Documenten invoeren en iedereen die in deze groep is uitgenodigd, kan de wijzigingen zien.

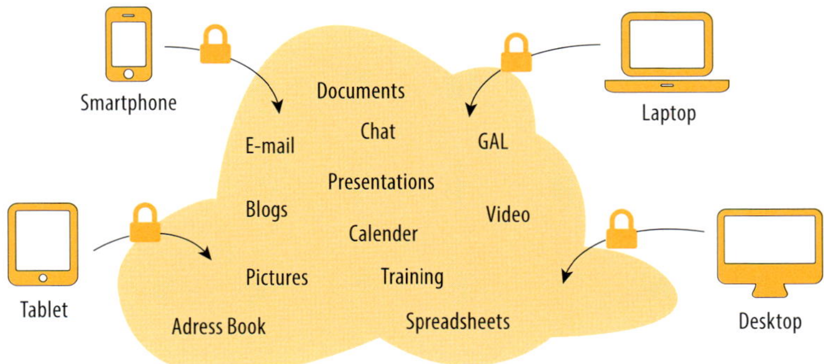

Figuur 11.4 Werken in de cloud (bron: werkenindecloud.nl)

Peer feedback en peer consultation

Probeer zelf de eerste versie ook als een ruwe versie te beschouwen, hierop kun je zeker nog commentaar verwachten. Werk je in studiegroepen, zorg dan voor meelezers (*peer feedback*) zodat je elkaars rapport van commentaar kunt voorzien. Daarmee wordt *niet* bedoeld dat je onbeperkt kritiek op elkaars werk mag hebben. Als samensteller van het rapport heb je daar niets aan! Voorzie het werk van je medestudent(en) van handige tips, opbouwende kritiek en aanvullende informatie. Ga ook een discussie over de inhoud niet uit de weg. Organiseer een bespreking van je werk in groepsvorm, waarbij je het werk kunt bediscussiëren. Zo kun je heel veel van elkaars vorderingen (maar ook fouten) leren!

Onderzoekers maken heel veel gebruik van deze methode om elkaar te ondersteunen bij hun werk. Zo'n collegiale meeleessessie wordt vaak niet 'peer feedback' maar *peer consultation* genoemd. Het is een collegiale dienst, vrijblijvend en onafhankelijk. Voordeel is dat het de betrouwbaarheid van je onderzoek vergroot.

Het kan zijn dat je uiteindelijke rapport in verschillende versies wordt uitgebracht. Dat gebeurt bijvoorbeeld als er verschillende doelgroepen zijn: het management, de deelnemers, de onderzoekers. Zo kan het gebeuren dat je de informatie op verschillende manieren presenteert, zowel qua stijl als qua informatie en complexiteit. Bijvoorbeeld:

- aansluitend bij de voorkennis van de doelgroep (zij zijn niet altijd op de hoogte van je onderzoeksjargon);
- kort en kernachtig samengevat, met aanbevelingen voor het management;
- met de nadruk op de herhaalbaarheid van het onderzoek, het theoretische model en de methodologische aspecten; kortom, een versie die geschikt is voor collega-onderzoekers. Dit is immers een voorwaarde om de betrouwbaarheid te kunnen nagaan.

Meer weten over peer feedback en peer consultation? Bij het extra materiaal van hoofdstuk 11 op de website vind je een leeswijzer.

Eindelijk is het dan zover: je verslag is klaar. Heb je begeleiding via de onderzoekstool, dan kun het eindverslag daar inleveren (fase 4, sectie 11 en 12), samen met het complete logboek.

11.6 Presentatie en beoordeling

Nu je verslag klaar is, ga je het publiceren of presenteren. Je verdedigt de inhoud voor medestudenten, opdrachtgevers, docenten of zelfs een groter publiek. Soms halen rapporten de krant, soms worden ze in (wetenschappelijke) tijdschriften gepubliceerd. In ieder geval moet je ervoor zorgen dat de belangrijkste resultaten bekend worden. Ook volgt de beoordeling, meestal door de docent of examencommissie. Haalt het de krant, dan kan het zijn dat het wordt beoordeeld voor een breder publiek. We gaan nu in op de wijze waarop je de resultaten kunt presenteren, en we geven een voorbeeld van de manier waarop rapporten beoordeeld kunnen worden.

11.6.1 Presentatie van het eindresultaat

Het resultaat van je onderzoek staat meestal in een rapport. Is het je afstudeerverslag? Dan zal je het resultaat waarschijnlijk voor een groep beoordelaars (docenten, medestudenten, examencommissie) moeten verdedigen. Een goede presentatie is daarom een must. Daarnaast kan het zijn dat je de onderzoeksresultaten gaat presenteren op een conferentie. Naast de vele verschillen in voorwaarden voor het inleveren van conferentie-papers kun je ook kiezen voor het maken van een poster. We bespreken nu achtereenvolgens voorwaarden voor het houden van presentaties en het maken van een poster.

Presentatie

Je kent ze wel: presentaties waarbij men uitgaat van 'meer is beter'. Volgepropte slides, een heuse slide-show met 35 slides (dia's) voor 20 minuten (echt waar!), onderzoekers die slides voorlezen, ellenlange verhalen. Slaapverwekkend en bovendien schiet zo'n presentatie haar doel voorbij. Een goede presentatie is prikkelend, stemt tot nadenken (en discussie) en de slides (dia's) dienen slechts *ter ondersteuning* van het verhaal. Nu is het niet iedereen gegeven om een goede presentatie te houden. Sommige mensen zijn erg zenuwachtig om voor een groep te staan, ze doen het voor het eerst, zijn juist te langdradig en ga zo maar door. Presenteren kun je leren, maar het vergt wel oefening. De nu volgende richtlijnen kunnen je daarbij helpen (bron: Department of Information and Computing Science, Universiteit Utrecht):

- Begin je presentatie met je voor te stellen, en noem de titel.
- Daarna vertel je kort wat je precies gaat doen (een outline).
- Dan volgt de inleiding, methode, beschrijving van de resultaten die voor iedereen te volgen is, en een conclusie. Discussiepunten kunnen ook heel interessant zijn.
- Geef van tevoren aan of je na afloop van je presentatie vragen beantwoordt, of dat het publiek je mag onderbreken voor vragen.
- Heb je een droge mond? Zorg voor een glaasje water.

- Neem voldoende 'rust' tussen twee onderdelen van je presentatie (haal bijvoorbeeld even adem).
- Je slides dienen (slechts) ter ondersteuning van je verhaal, lees ze dus niet voor!
- Beweeg niet te veel (maar wees ook geen standbeeld), houd je handen rustig voor je, en kijk zo'n beetje 'over je publiek heen'. Priemende ogen vindt niemand fijn.
- Gebruik je een afstandsbediening bij je slides, 'speel' dan niet met het infrarood lichtje.

Powerpoint
Een Powerpointpresentatie dient ter ondersteuning van je verhaal. Een paar tips:
- Iedere slide heeft een titel.
- Gebruik een groot lettertype (minimaal 18 punts).
- Zet niet meer dan acht regels op een slide.
- Gebruik een rustige kleurcombinatie.
- Een animatie is natuurlijk niet verboden, maar zorg dat het functioneel is, niet hinderlijk.

Prezi
Tegenwoordig is het erg populair om een Prezi-presentatie te maken. Prezi is een webtool waarmee je mooie presentaties met animaties kunt maken. Je slaat je presentatie in het programma op, zodat je er overal (ter wereld) toegang toe hebt (zie www.prezi.com). Je kunt ook een desktopversie van het programma op je computer zetten (gratis voor docenten).

Posters

Een hele leuke manier om je resultaten te presenteren is door middel van een poster. Een poster heeft een A1- of A0-formaat en bevat de belangrijkste informatie uit je onderzoek. Ook hier kan het fout gaan, met volle posters, te kleine lettertypes, onleesbare figuren en een onduidelijke structuur, dus:
- Gebruik een heldere structuur (begin, midden, eind), maar ook een titel (en dat is niet de probleemstelling!).
- Gebruik een leesbaar lettertype, ten minste 18 punts.
- De figuren vertellen het verhaal, de tekst is ondersteunend, maximaal ongeveer 500 woorden.
- Focus op de boodschap in je poster.

Op de website bij dit boek onder de tab Extra materiaal vind je een aantal weblinks naar informatieve websites voor het maken van poster- en andere presentaties.

11.6.1 Rapporten beoordelen

Het kan zijn dat een rapport alleen intern gebruikt wordt. Het komt ook vaak voor dat een rapport openbaar wordt gemaakt door publicatie in een krant of (wetenschappelijk) tijdschrift, als proefschrift (bij een promotieonderzoek) of boek. Zulke publicaties kun je op verschillende manieren beoordelen. Je kunt allereerst kijken naar de bruikbaarheid van de resultaten of een rapport beoordelen op de gehanteerde methoden en de theorie. De manier waarop je dit doet, is afhankelijk van je doel. Werk je op een beleidsafdeling bij een gemeentelijke instantie en wil je het rapport gaan gebruiken bij het ontwikkelen van een nieuw beleidsplan, dan zal de nadruk liggen op de bruikbaarheid van de resultaten van het rapport. Ben je als onderzoeker geïnteresseerd in een bepaalde theorie of wil je een hypothese toetsen, dan zul je de begripsafbakening en de theoretische onderbouwing of de methodologische opzet van het verslag bekijken. Kortom, de manier waarop je naar een verslag kijkt, is afhankelijk van de functie die een onderzoeksverslag voor jou heeft.

Doelgroep voor publicatie

De manier waarop je een (onderzoeks)artikel beoordeelt, is afhankelijk van het doel van dat artikel. Maar hoe weet je welk doel een schrijver met een artikel wil bereiken? Dat kun je beoordelen door te kijken naar de vertaalslag die in het artikel wordt gemaakt. Een artikel kan bestemd zijn voor verschillende doelgroepen:

1. *Onderzoekers*. Deze doelgroep heeft vaak een eigen tijdschrift. Het doel kan hier zijn om een theorie te belichten of een methode te toetsen.
2. *Studenten*. Hier is het doel vaak het duidelijk maken van een onderzoeksopzet, de manier waarop een onderzoek wordt uitgevoerd. Je zult dus moeten letten op de manier waarop de informatie aan studenten gepresenteerd wordt. Is de uitleg helder? Is er een duidelijke structuur in het artikel aangebracht?
3. *Managers/beleidsmakers*. Artikelen en rapporten voor deze doelgroep hebben vaak als doel om met de resultaten van een onderzoek beleid te ontwikkelen. Een samenvatting van het onderzoek is meestal voldoende, de nadruk ligt op de waardering van de aanbevelingen.
4. *Uitvoerenden*. Zijn de resultaten van een onderzoek belangrijk voor uitvoerenden in een bepaalde organisatie? Dan moet je rekening houden met de voorkennis van deze doelgroep. Bij het beoordelen van een verslag ga je na in hoeverre aansluiting wordt gevonden bij zulke groepen. Is er bijvoorbeeld een onderzoek naar het effect van veiligheidsvoorschriften voor kraanwagenchauffeurs gedaan, dan moeten de aanbevelingen voor de uitvoerenden zodanig worden opgesteld dat ze opgevolgd kunnen worden.

5. *Breed publiek*. Vaak zie je in landelijke en regionale dagbladen korte artikelen staan waarin verslag gedaan wordt van een onderzoek en de resultaten ervan. Het doel is informatie te verstrekken aan een zeer breed publiek op willekeurig welk niveau. Een lastig karwei, want hoe bepaal je wat je moet opnemen en wat je juist weg moet laten?

Beoordelingscriteria van opleidingen
Studenten doen praktijkonderzoek om een vak te halen (of af te studeren) en zich te specialiseren op een bepaald gebied. We hebben ervoor gekozen geen vaststaande set beoordelingscriteria op te nemen. Immers, iedere school, iedere opleiding of vakgroep hanteert daarvoor weer andere richtlijnen.

Op de website bij het boek onder de tab Extra materiaal kun je een voorbeeld vinden van mogelijke beoordelingscriteria bij onderzoek. Daar is ook informatie voor docenten beschikbaar over het begeleiden van onderzoeksprojecten.

11.6.2 Voorbeeld: de Rhedense Sociale Dienst

In kader 11.15 is een artikel over een onderzoek bij de Rhedense Sociale Dienst opgenomen. We laten een klein stukje hieruit lezen, en bespreken vervolgens de beoordeling van dit rapport aan de hand van een ingezonden reactie in de krant.

Bij de beoordeling van de inhoud van het artikel valt onmiddellijk op dat het artikel begint met de respons: 'Van de 800 enquêtes kwam meer dan de helft terug.' Verder gaat het artikel voornamelijk in op de vraag waarover de cliënten bij deze Sociale Dienst tevreden zijn. Daarnaast wordt een viertal punten van kritiek genoemd. Ten slotte lezen we dat het onderzoek over twee jaar zal worden herhaald 'om zo de kwaliteit van de dienstverlening te waarborgen'. Met de kennis die je over het opzetten en uitvoeren van een onderzoek hebt opgedaan, ben je nu in staat om dit artikel kritisch op een aantal punten te beoordelen. Zo gebeurde dat ook in Rheden (zie kader 11.15). Kader 11.16 laat een ingezonden reactie op het onderzoeksartikel zien. Volgens de briefschrijver worden de conclusies uit het onderzoek in het artikel wat 'snel' weergegeven; ze liggen heel wat genuanceerder als je de beperkingen van het onderzoek kent. Door te veel informatie weg te laten werd de lezer op het verkeerde been gezet.

Rhedense Sociale Dienst doet werk goed

De Rhedense Sociale Dienst doet zijn werk goed, zo is gebleken uit een onderzoek onder cliënten, dat een onafhankelijk bureau in opdracht van de gemeente Rheden heeft uitgevoerd. Van de 800 enquêtes die verstuurd zijn, kwam meer dan de helft terug.

Uit de resultaten van het onderzoek is gebleken dat cliënten het meest tevreden zijn over de behandeling door ambtenaren. Verder scoorden informatieverstrekking, de zorgvuldigheid waarmee een aanvraag wordt afgehandeld en de snelheid waarmee een beslissing genomen wordt hoog. Toch bleek er op enkele punten nog ontevredenheid te bestaan. De telefonische bereikbaarheid van de Sociale Dienst laat volgens de cliënten te wensen over. Doordat er alleen 's morgens telefonisch spreekuur is, zijn de wachttijden lang. Daarnaast vindt men dat de gemeente te weinig inzicht biedt in de afhandeling van beroep- en bezwaarschriften, is men ontevreden over het moeilijke taalgebruik in brieven en beschikkingen en wil men meer privacy aan de balie van het gemeentehuis.

Gemeente Rheden wil over twee jaar het cliëntentevredenheidsonderzoek herhalen, om zo de kwaliteit van de dienstverlening te waarborgen.

Kader 11.15

Ingezonden reactie op onderzoek Rhedense Sociale Dienst Voorbarige conclusies

Onlangs las ik in uw krant een bericht waarin gesteld werd dat de Rhedense Sociale Dienst adequaat functioneert. Uit een enquêteonderzoek zou dit zijn gebleken. Ofschoon ik geen kennis heb genomen van de inhoud van het onderzoeksrapport, lijken me enkele kritische kanttekeningen op zijn plaats.

Ten eerste blijkt uit het bericht dat een enorm deel van de respondenten het enquêteformulier niet heeft teruggestuurd. Uit het feit dat 'meer dan de helft' van de potentiële participanten daadwerkelijk heeft meegedaan aan het onderzoek, kan immers de slotsom getrokken worden dat een kleinere helft het enquêteformulier terzijde heeft geschoven. Een non-respons van bijna 50 procent is voor een enquête behoorlijk. Het is heel goed mogelijk dat juist onder deze groep van niet-respondenten zich cliënten bevonden die zich niet geroepen voelden mee te werken aan een enquête die in opdracht van de Sociale Dienst werd uitgevoerd. Het idee dat deelname geen bijdrage levert aan het oplossen van de problemen die zij ondervinden met de Sociale Dienst, kan in deze overweging hebben meegespeeld.

Kader 11.16

Vervolg

Voorts was ik ten tijde van de enquête zelf nog cliënt van de Rhedense Sociale Dienst. Zodoende heb ik deelgenomen aan het betreffende onderzoek. Het viel mij op dat de vraagstelling in sterke mate gericht was op praktische kwesties als bereikbaarheid en de begrijpelijkheid van taalgebruik. Uiteraard zijn dit belangrijke indicatoren voor het adequaat functioneren van een overheidsorgaan. De mogelijkheden voor het uiten van kritiek op het functioneren van de dienst waren in het betreffende onderzoek echter zeer beperkt. Zodoende kent het onderzoek ook in dit opzicht expliciete tekortkomingen.
Ten slotte heb ik uit eigen ondervinding en gesprekken met zowel leden van de stichting Mensen in de Bijstand als de Cliëntenraad mogen ervaren dat de dienst wel degelijk bij tijd en wijle steken laat vallen. Naast dat kritiek geuit wordt op de bejegening door sommige consulenten, bestaat onvrede over de bureaucratische striktheid waarmee de Sociale Dienst de wet- en regelgeving toepast. Door deze stringente interpretatie ontstaan persoonlijke frustraties. Zo worden cliënten verplicht te solliciteren naar betrekkingen waarop ze nauwelijks kans maken. Ook over het relatief grote aantal boetes en maatregelen wordt geklaagd. Zelf heb ik mogen ervaren dat een juridisch medewerker van de Sociale Dienst zijn verweer op een bezwaarschrift louter op inzichten van mijn toenmalige consulent fundeerde. Het hanteren van het beginsel van hoor en wederhoor leek hem klaarblijkelijk niet noodzakelijk: een kenmerk van evident amateurisme.

Bob Bouhuis, Laag-Soeren
Hogeschooldocent methoden van onderzoek

Kader 11.16

In kader 11.17 plaatsen we een aantal kritische opmerkingen bij het artikel.

Beoordeling artikel Rhedense Sociale Dienst

1. Over de werkelijke respons komen we niets te weten; de term 'meer dan de helft' kan zoveel betekenen. Bob Bouhuis heeft gelijk als hij stelt dat de respons nog heel goed is. Stel eens dat er een non-respons is van 45%. Dan is toch een groot deel van de enquêteformulieren niet ingevuld. Wat vinden juist deze mensen van de dienstverlening, waarom vullen zij het formulier niet in? Zijn dit soms ontevreden cliënten? We weten het niet. In elk geval laat de populatievaliditeit van dit onderzoek (en daarmee de betrouwbaarheid van de resultaten) te wensen over. We kunnen op basis van de gegevens geen conclusies trekken over de mening van de hele populatie (alle cliënten van de dienst).

Kader 11.17

Vervolg

2. De melding dat de cliënten tevreden zijn over de behandeling door ambtenaren, is niet erg specifiek. Je weet niet over welke behandeling door ambtenaren dit gaat. Ook weet je niet hoe 'tevredenheid' is gemeten. Uit welke antwoorden konden de mensen kiezen? En uit hoeveel?
3. Bij de zinsnede 'snelheid waarmee een beslissing genomen wordt' zou meer informatie moeten komen. Hoe snel is 'snel': een week, een maand? Waarmee is de reactietijd vergeleken? Andere sociale diensten? Sociale wenselijkheid van antwoorden ligt op de loer. Immers, een cliënt die meedoet aan het onderzoek wil misschien juist geen kritiek spuien, ook al is het onderzoek anoniem.
4. Ook zou het informatief zijn om te weten waarom het onderzoek juist over twee jaar zal worden herhaald. Is er een interventie op komst, wil men het effect van bepaalde maatregelen meten? Moet men verantwoording afleggen aan het ministerie? Is er een bezuiniging of een reorganisatie aanstaande?
5. Het doel is: de kwaliteit van de dienstverlening waarborgen. Akkoord. Waarborgen betekent 'zeker stellen'. Wat nu als de algehele kwaliteit niet als goed is beoordeeld in deze meting. Dat blijkt niet eenduidig uit dit artikel. Wil men dan een verbetering? Of wil men de kwaliteit sowieso verbeteren? En over welk aspect van 'kwaliteit' van dienstverlening wordt een uitspraak gedaan? Eerst moet je dus vaststellen wat onder 'kwaliteit' wordt verstaan en hoe dit gewaardeerd wordt.

Kader 11.17

11.6.3 Status van wetenschappelijke publicaties

Als een onderzoek wordt gepubliceerd als boek of in een tijdschrift, krijg je de gelegenheid om het kritisch door te nemen. Vooral aan publicaties in bekende en prestigieuze wetenschappelijke en vaktijdschriften wordt (zeker in de academische gemeenschap) een hoge status verleend. Maar al wordt een publicatie in een bepaald tijdschrift hoog gewaardeerd, dan is dat nog geen waarborg voor kwaliteit (Dassen & Keuning, 2008).
Aan publicatie in een tijdschrift gaat een intensieve periode van zogeheten *peer review* vooraf. Collega-onderzoekers (vaak wetenschappers) die in de redactie van een tijdschrift zitten, beoordelen je rapport en voorzien het van commentaar. Soms gebeurt het dat je een aanbeveling voor een wijziging krijgt waar je het niet mee eens bent. Wijzig je het artikel niet, dan wordt het niet geplaatst. Zo kan het plaatsen van een artikel een politieke of strategische keuze worden, minder op inhoudelijke aspecten gebaseerd. Ook zijn niet alle 'peer reviews' van even hoge kwaliteit. Het gevolg is dat de kwaliteit van de artikelen kan verschillen, ondanks het feit dat het tijdschrift zo'n hoge status

heeft. Het is daarom altijd aan te bevelen om rapporten en artikelen, maar ook boeken, kritisch te lezen en te vergelijken met materiaal dat je uit andere bronnen verzamelt.

Ten slotte...

Helaas leidt de toegenomen publicatiedruk onder onderzoekers tot een overwaardering van (kwantitatieve) artikelen die significante resultaten kunnen tonen. Dat is jammer. Naast onverantwoordelijk gedrag (zoals plagiaat, methodologische fouten en zelfs fraude) werkt het situaties in de hand waar onderzoekers erop gebrand zijn om zo veel mogelijk gegevens te verzamelen. Dat is natuurlijk nooit de bedoeling van een publicatie. Mocht je ooit in de gelegenheid zijn om een artikel te publiceren, schrijf dan helder, met afstand, onafhankelijk en met een goed verantwoorde methodeparagraaf. Maar vooral: wees trots op het door jou bereikte resultaat. Wij wensen je daarbij veel succes!

11.7 Belangrijkste gebruikte begrippen en hun betekenis

APA-richtlijnen	Rapport- en referentiestijl van de American Psychological Association.
Referenties	Verwijzingen naar gebruikte bronnen.
ISBN	Internationaal standaardboeknummer.
DOI	Digital Object Identifier, uniek nummer van geschreven bron.
Plagiaat	Letterroof: tekst van een andere bron gebruiken zonder bronvermelding.
Mijlpaal	Subdoelstelling tijdens het onderzoek, waaraan een termijn gekoppeld is (milestone).
Thuis-login	Mogelijkheid om vanaf elke (werk)plek in te loggen op het zoeksysteem van de bibliotheek (van hogeschool of universiteit).
Peer review	Beoordeling van artikelen door collega-onderzoekers, voorafgaand aan publicatie.
Peer feedback/ consultation	Medestudenten/collega's lezen mee met rapportversies en geven commentaar.
Poster	Presentatie van samenvatting en highlights van je onderzoek op een vel papier (A1- of A0-formaat).

11.8 Opdrachten

1. De referentielijst achter in het boek is erg uitgebreid. De volgende referenties staan er in elk geval bij. Geef steeds aan om welk type document het gaat. Waaraan kun je dat zien?
   a. Ajzen, I. (1987). Attitudes, traits, and actions: Dispositional prediction of behavior in personality and social psychology. In L. Berkowitz (Ed.), *Advances in Experimental Social Psychology* (pp. 1-63). New York: Academic Press.
   b. Arnold, J., Cooper, C.L., & Robertson, I.T. (1998). *Work psychology. Understanding human behaviour in the workplace.* London/Harlow: Prentice Hall.
   c. Canning, A.B. (2002). *An introduction: Big6™ information problem-sol ving with technology.* Verkregen op 21 november 2002 via www.big6.com.
   d. Crok, S., Slot, J., Trip, D., & Klein Wolt, K. (2002). *Vrijetijdsbesteding jongeren in Amsterdam.* Amsterdam: Bureau voor o + s.
   e. Meer vrouwen van 65-plus aan het werk. (21 juli 2013). *de Volkskrant.*
   f. Staa, A. van & Evers, J. (2010). 'Thick analysis': strategie om de kwaliteit van kwalitatieve data-analyse te verhogen. *KWALON, 15(*1).
2. Bekijk nogmaals de literatuurverwijzingen uit opdracht 1 en vermeld (indien mogelijk) titel, auteur, jaar en paginanummers.
3. Hierna vind je een aantal onderzoeksonderwerpen. Bespreek (een) mogelijke doelstelling(en) en doelgroep van deze onderzoeken in je groep.
   a. Een webwinkel wil weten wat het profiel van zijn bezoekers is en wat ze vinden van het aanbod van artikelen en de kwaliteit.
   b. Bij een speciaal geselecteerde groep proefpersonen wordt een nieuw medicijn getest. Opdrachtgever is de producent van het medicijn.
   c. De provincie Zeeland stelt een onderzoek in om na te gaan hoe de bewoners van de provincie denken over de ontpoldering van de Hedwigepolder.
   d. Studenten houden open interviews met de bewoners van bejaardencentra in de Randstad om te onderzoeken of (en zo ja in welke mate) deze mensen zich eenzaam voelen.
   e. Onderzoekers berekenen tussen 2010 en 2014 ieder kwartaal de verwachte effecten van de crisis op de werkgelegenheid in Nederland.
4. Lees het artikel over het onderzoek bij de Rhedense Sociale Dienst in kader 11.15 nogmaals door.
   a. Wat zouden hier een probleem- en doelstelling kunnen zijn?
   b. Doe eens een voorstel voor het samenstellen van de steekproef.

c. Welke dataverzamelingsmethode is gebruikt?
d. Welke conclusie trekt de journalist in het artikel?
e. Bespreek de kwaliteit van het onderzoek. Baseer je op de reactie in kader 11.16.

5. Lees het artikel over de keuze van ouders voor twee kinderen in kader 11.18.
   a. Eigenlijk worden twee onderzoeken beschreven. Waar ligt het omslagpunt in de tekst?
   b. Met welk doel voert de journalist het onderzoek dat hij als tweede beschrijft hier op? Beargumenteer je antwoord.
   c. Welke methode is gebruikt in het onderzoek dat de journalist als eerste beschrijft? Welke onderzoekseenheden?
   d. Bedenk voor beide onderzoeken een probleem- en doelstelling.
   e. Bedenk zelf een discussiepunt naar aanleiding van de conclusies en bespreek dat in je studiegroep.
6. Gebruik kader 11.18 over de keuze voor twee kinderen.
   a. Hoe zou jij een korte samenvatting maken van het onderzoeksresultaat? Gebruik maximaal 100 woorden.
   b. Wat zou jij veranderen om van de korte samenvatting een managementsamenvatting te maken?
   c. Het beschreven onderzoek is 'puur cijfermatig'. Wat bedoelt De Hoog, denk je? Welk kritiekpunt snijdt hij aan?
   d. Maak een alternatief onderzoeksvoorstel waarin aan dit kritiekpunt tegemoetgekomen wordt.
7. Lees de volgende rapporttitels door en geef voor iedere titel de mogelijke populatie en de probleemstelling. Wat zou de aanleiding kunnen zijn? Dekt de titel de lading, denk je? Stel eventueel een alternatieve titel voor.
   a. Effecten van fysieke training op cognitieve vaardigheden bij pubers.
   b. De crisis de baas; van werkloosheid naar zzp-status.
   c. Ontwikkelingen op de huizenmarkt in Groningen: wonen op een gasbel.
   d. Gebarentaal: analyse van non-verbale vaardigheden van docenten in het voortgezet onderwijs.

De antwoorden op deze vragen vind je op de website onder de tab Uitwerking opdrachten, hoofdstuk 11. Informatie over de ontwerpcasus vind je onder de tab Ontwerpcasussen, hoofdstuk 11.

Meeste ouders kiezen voor twee kinderen

Het Nederlandse gezin standaardiseert. Uit cijfers van het Centraal Bureau voor de Statistiek (CBS) blijkt dat ouders in verreweg de meeste gevallen de voorkeur geven aan twee kinderen. Het CBS heeft de samenstelling onderzocht van bijna een miljoen gezinnen waarvan het jongste kind tussen de 8 en 12 jaar oud is. Ruim de helft van die kinderen leeft met één broer of zus. Een op de elf kinderen heeft het rijk alleen. Daarmee is het aandeel van gezinnen met één kind iets kleiner dan dat van gezinnen met drie kinderen. Een op de twintig gezinnen telt vier kinderen, terwijl een gezin met vijf of meer kinderen uitzonderlijk is geworden.

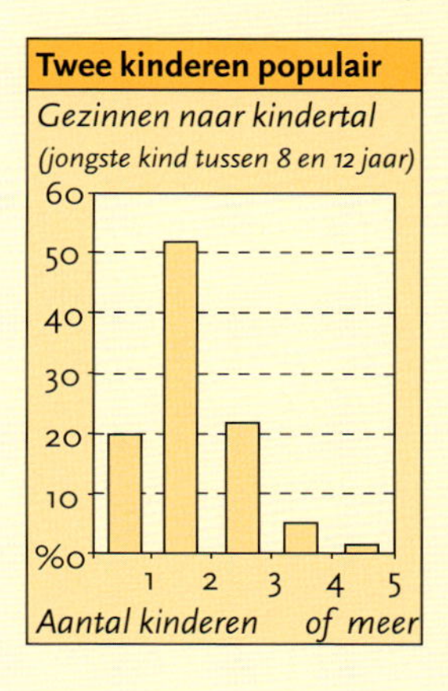

Het onderzoek van het CBS is puur cijfermatig. Maar volgens gezinssocioloog Kees de Hoog is het standaardgezin meestal de vrucht van een compromis tussen man en vrouw. Zes jaar geleden werkte De Hoog, verbonden aan de Universiteit van Wageningen, mee aan een onderzoek van de Nationale Gezinsraad. Overigens is de door het CBS gesignaleerde ontwikkeling volgens hem al in de jaren zestig ingezet.

In een ruwe schets tekent De Hoog de standaardgezinsvorming. Het initiatief ligt bij de vrouw. Maar haar kinderwens wordt zelden enthousiast onthaald. De man vreest inkomensderving en opvangproblemen, maar gaat uiteindelijk toch door de bocht.

De stap van één naar twee is een stuk minder groot dan van geen naar één. Opnieuw zal het de vrouw zijn die de kwestie aanroert en opnieuw zal de man bezwaar aantekenen. Maar de combinatie van werk en zorg is dan al mogelijk gebleken en dus is zijn verzet minder hardnekkig. Blijft de standaardvrouw echter aandringen, dan houdt de standaardman voet bij stuk. Twee kinderen moeten genoeg gezin zijn.

Ook de steeds hogere leeftijd waarop kinderen worden verwekt, speelt een kleine rol. De Hoog: 'Een vrouw die op haar 38ste een tweede kind krijgt, ziet zichzelf niet opnieuw met luiers in de weer als ze de veertig is gepasseerd.'

Bij de CBS-berekening zijn ook allochtone gezinnen, waar het kindertal doorgaans hoger is, meegeteld. Toch constateert De Hoog ook onder Turken en Marokkanen een teruggang: van gemiddeld zeven kinderen naar drie à vier. 'De integratie is kennelijk toch niet helemaal mislukt.

Kader 11.18

Bijlage: bronnen

Inleiding

Bij het schrijven van dit boek is ervoor gekozen om niet telkens te verwijzen naar literatuur die gebruikt is, tenzij het om letterlijke citaten gaat. Daarvan vind je in de tekst telkens een verwijzing. Deze bijlage bevat een overzicht van geraadpleegde literatuur. Ook wordt een lijst van websites gepresenteerd die gebruikt is bij het ontwikkelen van de tekst, bij voorbeelden en soms bij figuren. Dit boek is een inleiding in methoden en technieken. Dat betekent dat niet elk onderwerp sterk is uitgediept.

Voor diegenen die over bepaalde onderwerpen meer willen lezen dan in dit boek vermeld wordt, is op de website bij het boek per hoofdstuk een aantal tips en suggesties voor literatuur, websites en andere informatie opgenomen.

Geraadpleegde literatuur

Aantal laaggeletterden stijgt snel. (13 november 2013). *de Volkskrant*.

Docent Nederlands vindt favoriete schrijvers leerling helemaal niets. (1 november 2002). *de Volkskrant*.

Hoe verschillende peilingen de vier grootste partijen inschatten. (18 januari 2003). *de Volkskrant*.

Meer vrouwen van 65-plus aan het werk. (21 juli 2013). *de Volkskrant*.

Nederland daalt op wereldranglijst onderwijs, maar scoort op wiskunde. (3 december 2013). *de Volkskrant*.

Opiniepeilers ondermijnen democratie met gebakken lucht. (3 juni 2010). *NRC Handelsblad*.

Loonkosten top stijgen met 20%. (24 mei 2003). *de Volkskrant*.

Peilingen hebben veel kwaad gedaan. (10 juni 2010). *NRC Handelsblad*.

Proefpersonen voor psychologisch onderzoek. (2006). Verkregen op 19 februari 2006 via www.aanbodpagina.nl.

Stijgt laaggeletterdheid echt of is het nonsens? (15 november 2013). *de Volkskrant*.

Tiener start eerder met seks: Wapen kinderen met goede voorlichting. (7 november 2002). *de Volkskrant.*

Tussen kakkers en normalo's. (24 november 2005). *de Volkskrant.*

Twee kinderen populair. (24 februari 1993). *de Volkskrant.*

Veel kinderen zijn arm. (5 oktober 2010). *BN DeStem.*

Vrouw werkt niet zomaar weinig. (2 juni 2003). *de Volkskrant.*

Zwangere vrouw vaker opgenomen. (24 november 2005). *de Volkskrant.*

Abma, T., Nierse, C., Griendt, J. van de, Schipper, K., & Zadelhoff, E. van. (2007). *Leren over lijf en leven. Een agenda voor sociaal-wetenschappelijk onderzoek door nierpatiënten* (onderzoeksverslag). Universiteit Maastricht.

Ajzen, I. (1987). Attitudes, traits, and actions: Dispositional prediction of behavior in personality and social psychology. In L. Berkowitz (Ed.), *Advances in experimental social psychology* (pp. 1-63). New York: Academic Press.

Ajzen, I., & Fishbein, M. (1980). *Understanding attitudes and predicting social behavior.* Englewood Cliffs, NJ: Prentice Hall.

Allen, N.E., Beral, V., Casabonne, D., Kan, S.W., Reeves, G.K., Brown, A., & Green, J. (2009). Moderate alcohol intake and cancer incidence in women. *Journal of the National Cancer Institute, 101*(5), 296-305.

Anderson L.W., Krahwohl, D.R., & Mayer R.E. (2001). Taxonomy for learning, teaching, and assessing: A revision of Bloom's taxonomy of educational objectives. Columbus: Allyn & Bacon.

Andriessen, D., Onstenk, J., Delnooz, P., Smeijsters, H. & Peij, S. (2010, 30 augustus). Gedragscode voor het voorbereiden en uitvoeren van praktijkgericht onderzoek binnen het Hoger Beroepsonderwijs in Nederland. HBO-raad.

Armstrong, G. (1998). *Football hooligans.* Oxford: Berg.

Arnold, J., Cooper, C.L., & Robertson, I.T. (1998). *Work psychology. Understanding human behaviour in the workplace.* London/Harlow: Prentice Hall.

Baarda, D.B., & Goede, M.P.M. de (2001). *Basisboek methoden en technieken.* Houten/Groningen: Stenfert Kroese.

Baarda, D.B., Goede, M.P.M. de, & Kalmijn, M. (2000). *Enquêteren en gestructureerd interviewen. Praktische handleiding voor het maken van een vragenlijst en het voorbereiden en afnemen van gestructureerde interviews.* Houten: EPN.

Baarda, D.B., Goede, M.P.M. de, & Meer-Middelburg, A.G.E. van der (1998). *Basisboek open interviewen. Praktische handleiding voor het voorbereiden en afnemen van open interviews.* Houten: Educatieve Partners, Stenfert Kroese.

Baarda, D.B., Goede, M.P.M. de, & Teunissen, J. (2001). *Basisboek kwalitatief onderzoek. Praktische handleiding voor het opzetten en uitvoeren van kwalitatief onderzoek.* Groningen: Stenfert Kroese.

Becker, H., & Verhoeven, N. (2000). *Utrechtse emeriti; een sociologische verkenning* (researchnota). Utrecht: Universiteit Utrecht.

Bensing, J.M., & Lindert, H. van (2003). Vermoeider dan ooit. *Medisch Contact, 58.*

Berg, H. van den, Stagliola, S., & Wester, F. (red.) (2010). *Wat veteranen vertellen. Verschillende perspectieven op biografische interviews over ervaringen tijdens militaire operaties*. Amsterdam: Pallas Publications.

Boeije, H. (2010). Classificatie van kwalitatief onderzoek. *KWALON, 15*(1).

Boeije, H. (2012). *Analyseren in kwalitatief onderzoek. Denken en doen*. Den Haag: Boom Lemma uitgevers.

Boeije, H., Hart, H. 't, & Hox, J. (2009). *Onderzoeksmethoden* (8e druk). Den Haag: Boom Lemma uitgevers.

Boog, B. (2007). Handelingsonderzoek of Action Research. *KWALON, 12*(1).

Borstkankervereniging (2005). *Rapport doorlooptijden borstkankerzorg*. Nederland: Borstkankervereniging.

Brinkman, J. (2001). *Cijfers spreken. Statistiek en methodologie voor het hoger onderwijs*. Groningen: Wolters-Noordhoff.

Bruin, R. de, & Molenbroek, J.F.M. (2001). RSI bij studenten. *Tijdschrift voor Ergonomie, 26*(4), 17-28.

Buuren, H. van, & Hummel, H. (1997). *Onderzoek, de basis*. Groningen: Wolters-Noordhoff.

Canning, A.B. (2002). *An introduction: Big6™ information problem-solving with technology*. Verkregen op 21 november 2002 via www.big6.com.

Chalmers, A.F. (1987). *Wat heet wetenschap*. Amsterdam/Meppel: Boom.

Collaborative Group on Hormonal Factors in Breast Cancer (2002). Alcohol, tobacco and breast cancer – Collaborative reanalysis of individual data from 53 epidemiological studies, including 58515 women with breast cancer and 95067 women without the disease. *British Journal of Cancer, 87*(11), 1234-1245.

Crok, S. (2003). *Gelukkig druk*. Verkregen op 6 februari 2003 via www.onstat.amsterdam.nl.

Crok, S., Slot, J., Trip, D., & Klein Wolt, K. (2002). *Vrijetijdsbesteding jongeren in Amsterdam* (onderzoeksrapport). Amsterdam: Bureau voor o + s.

Dassen, T., & Keuning, F. (2008). *Lezen en beoordelen van onderzoekspublicaties. Een handleiding voor studenten hbo- en wo-gezondheidszorg, geneeskunde en gezondheidswetenschappen*. Amersfoort: Thieme Meulenhoff.

Dekker, P. (red.) (1999). *Vrijwilligerswerk vergeleken. Nederland in internationaal en historisch perspectief*. Sociaal en Cultureel Planbureau.

Dekker, W., & Teeffelen, G.J. van. (2003, 24 mei). Loonkosten top stijgen 20%. *de Volkskrant*.

Delnooz, P. (1996). Onderzoekspraktijken. Amsterdam: Boom.

Department of Information and Computing Sciences. (n.d.) *Richtlijnen voor het aanmaken en geven van presentaties*. Verkregen op 14 december 2013 via www.cs.uu.nl/docs/vakken/iv/docs/richtlijnenvoorpresenteren.pdf.

Dessel, G. van (2011). *Mobiel onderzoek de toekomst?* Op 6 oktober 2013 verkregen via www.checkmarket.com/nl/2011/06/mobiel-onderzoek-de-toekomst.

Dijk, J. van. (1984). Westers marxisme als sociale wetenschap: object, methode en praktijk van een onderzoekstraditie. Nijmegen: SUN.

Dochy, F., Segers, M. & Sluijsmans, D. (1999). The use of self-, peer and co-assessment in higher education: A review. *Studies in Higher Education, 24* (3), 331-350.

Doodhagen, A. (2011). *Ezelsbruggen voor een goed gesprek*. Verkregen op 24 november 2013 via www.praktijkleren.nl.

Eisenberg, M.B., & Berkowitz, R.E. (1992). Information problem-solving: The big six skills approach. *School Library Media Activities Monthly, 8*(5), 27-29, 37 & 42.

Elzinga, L. (2012). *Mobiel marktonderzoek is geen keuze meer*. Verkregen op 21 november 2012 via www.frankwatching.com.

Emans, B. (1990). *Open interviewen. Theorie, techniek en training*. Groningen: Wolters-Noordhoff.

Engbersen, G. (1991). Moderne armoede. *Sociologische Gids, 38*(1), 7-24.

Ess, H. van (2002). Dresseer uw zoekmachine. Zeven zoektips voor betere resultaten. *Computertotaal, september*, 52-54.

Gaag, N. van der (2002). Waar wonen wij? De geografische verdeling van de bevolking in Nederland. *DEMOS, 18*(7), 56-60.

Gageldonk, A. van, & Rigter, H. (1998). *Preventie van psychische en gedragsproblemen: een beknopt overzicht van de stand van wetenschap*. Den Haag: ZON. Verkregen op 23 december 2002 via www.trimbos.nl.

Gerrits, R. (2006, 7 januari). Studieduur nauwelijks afgenomen. *de Volkskrant*.

Gille, E., Loijens, C., Noijons, J., & Zwitser, R. (2010). *Resultaten PISA-2009; praktische kennis en vaardigheden van 15-jarigen. Nederlandse uitkomsten van het Programme for International Student Assessment (PISA) op het gebied van leesvaardigheid, wiskunde en natuurwetenschappen in het jaar 2009*. Arnhem: Cito.

Glaser, B.G., & Strauss A.L. (1967). *The discovery of Grounded Theory*. Chicago: Aldine. Nederlandse vertaling (1968). *De ontwikkeling van de gefundeerde theorie*. Alphen aan den Rijn: Samsom.

Gootjes-Klamer, L. (2009). *Over smaak valt te twisten; onderzoek naar waardering van beeldende kunst bij Pabo studenten*. Poster gepresenteerd op de conferentie 'Onderzoek in cultuureducatie' op 22 juni 2009 in Zwolle. Verkregen op 19 september 2010 via www.cultuurnetwerk.nl.

Habraken, A. (2012). *Bronvermelding volgens de richtlijnen van de APA*. Verkregen op 11 december 2013 via http://drcwww.uvt.nl/its/voorlichting/handleidingen/bibliotheek/apa.pdf.

Hart, H. 't, Dijk, J. van, Goede, M. de, Jansen, W., & Teunissen, J. (1998). *Onderzoeksmethoden*. Amsterdam: Boom.

Heuvel, W.J.A. van den. (1987). De mening van ouderen: tevreden? In C.W. Aakster (red.), *'Oud'. Beeld van ouderen en ouderenzorg*. Groningen: Wolters-Noordhoff.

Hogendoorn, M. (1999). *Communicatieonderzoek. Een strategisch instrument*. Bussum: Coutinho.

Hopstaken, L.E.M. (1994). *Willens en wetens. Ziekmelden als beredeneerd gedrag*. Universiteit Groningen.

Huff, D. (1991). *How to lie with statistics*. London: Penguin Books.

Huizing, L., Ossenbruggen, R. van, Muller, M., Wal, C. van der, & Lensvelt-Mulders, G. (2007, oktober). *Improving panel sampling: Embedding propensity scores & response behavior in sampling frames* (onderzoeksverslag). Amsterdam: Motivaction.

Huizingh, E. (2012). *Inleiding SPSS 20.0 voor IBM SPSS Statistics*. Den Haag: Academic Service.

Iprospect. (n.d.). *Nationale Search Engine Monitor*. Verkregen op 19 december 2013 via www.iprospect.nl/our-world/iprospect-onderzoek/nationale-search-engine-monitor.

Jadad, A. (1998). *Randomised controlled trials*. London: BMJ Books.

Janssen-Noordman, A., & Merrienboer, J.J.G. van (2002). *Innovatief onderwijs ontwerpen. Via leertaken naar complexe vaardigheden*. Groningen: Wolters-Noordhoff.

Janssen-Noordman, A., Nelissen-de Vos, Y., & Ummels, N. (2002). Aanleren van complexe vaardigheden. *Onderwijs Innovatie*, (3), 17-26.

Jong, R. de (2010). *Onderzoek onder deelnemers Fietschallenge 2009*. Verkregen op 17 november 2010 via http://cyclobenelux.com.

Kenter, E.G.H. (2002). Willekeur en leeftijdsdiscriminatie. *Medisch Contact*, 57(43), 1577.

Keulen, H.M. van, Chorus, A.M.J., & Verheijden, M.W. (2010). *Monitor Convenant Gezond Gewicht: nulmeting (determinanten van) beweeg- en eetgedrag*. Leiden: TNO Gezond en leven (TNO-rapportKvL/GB 2010.074).

Kil, A.J. (2007). *Kodani. Analyse instrument voor kwalitatief onderzoek in Microsoft Excel* (Version 1.2). Den Haag: Boom Lemma uitgevers. Verkregen op 8 februari 2014 via www.ontwerpenvaneenonderzoek.nl.

Kohlmann, C. (2003, 2 juni). Vrouw werkt niet zomaar weinig. *de Volkskrant*.

Lampert, M., Haveman, D., Zuur, K., & Sahin, H. (2005). *Young mentality*. Amsterdam: Motivaction/Samona Uitgevers/Young Works.

Likert, R. (1932). A technique for the measurement of attitudes. *Archives of Psychology*, *140*, 1-55.

Lim, B. (2010). *Academic internship at prime educational and social trust Pondicherry, India. To what extent might certain participant self-help groups default on their loans or encounter late payments on accounts?* (onderzoeksverslag). Middelburg: University College Roosevelt.

Lindeman, E. (1996). *Participatie in vrijwilligerswerk*. Amsterdam: Thesis Publishers.

Maso, I., & Smaling, A. (1998). *Kwalitatief onderzoek: praktijk en theorie*. Amsterdam: Boom.

Mayer, B. (2000). *Do unconscious threats give us the shivers? A critical inquiry of Ohman's hypotheses about the pre-attentive elicitation of phobic fear*. Heerlen: Open Universiteit.

Mayo, E. (1933). *The human problems of an industrial civilization*. New York: MacMillan.

McDaniel, M.A., Morgeson, F.P., Finnegan, E.B., Campion, M.A., & Bravermann, E.P. (2001). Use of situational judgment tests to predict job performance. *Journal of Applied Psychology, 86*(4), 730-740.

Meel-Jansen, A.Th. van (1998). *Veelzijdig zien. Het pentagram model voor kunstwaardering*. Rijksuniversiteit Leiden.

Meeren, W. Vander, & Gerrichhauzen, J. (red.) (1993). *Selectie en assessment. Theorie en praktijk*. Utrecht: Uitgeverij Lemma.

Meulen, D. van der (2002). *Multatuli. Leven en werk van Eduard Douwes Dekker.* Amsterdam: SUN.

Migchelbrink, F. (2002). *Praktijkgericht onderzoek in zorg en welzijn.* Amsterdam: SWP uitgeverij.

Miles, M.B., & Huberman, A. (1994). *Qualitative data analysis: An expanded sourcebook.* London: Sage.

NIBUD (1998). Het NIBUD-onderzoek. *TUDELTA, 30*(26). Verkregen op 30 maart 2006 via www.delta.tudelft.nl.

NIBUD (2010). *Leengedrag van studenten. Een vooronderzoek naar studieleningen, schulden en overige geldzaken.* Utrecht: Nationaal Instituut voor Budgetvoorlichting.

Nicis Institute (2010). *De Veiligheidsmonitor.* Verkregen op 26 oktober 2010 via www.veiligheidsmonitor.nl.

Nijdam, B. (2003). *Statistiek in onderzoek. Beschrijvende technieken 1.* Groningen: Wolters-Noordhoff.

Nijdam, B., & Buuren, H. van (1999a). *Statistiek voor de sociale wetenschappen. Deel 1 Beschrijvende statistiek.* Groningen: Wolters-Noordhoff.

Nijdam, B., & Buuren, H. van (1999b). *Statistiek voor de sociale wetenschappen. Deel 2 Inleiding in de inductieve statistiek.* Groningen: Wolters-Noordhoff.

Nijhof, G. (2000). *Levensverhalen. Over de methode van autobiografisch onderzoek in de sociologie.* Amsterdam: Boom.

Oomkes, F.R. (2000). *Communicatieleer. Een inleiding.* Amsterdam: Boom Onderwijs.

Oost, H. (1999). *De kwaliteit van probleemstellingen in dissertaties.* Utrecht: IVLOS.

Oost, H. (2002a). *Een onderzoek rapporteren.* Baarn: HB Uitgevers.

Oost, H. (2002b). *Een onderzoek voorbereiden.* Baarn: HB Uitgevers.

Oost, H. (2004). *Een onderzoek begeleiden.* Amersfoort: Thieme Meulenhoff.

Oosterveer, D. (2013). *Onderzoek: beloningen beïnvloeden online reviews niet.* Verkregen op 6 oktober 2013 via www.marketingfacts.nl.

Parlementair Documentatie Centrum (2005). *Parlementair onderzoek TBS-stelsel.* Verkregen op 28 maart 2006 via www.parlement.com.

Pauchli, W. (2010). *Spijbelen in het MBO, praktijkgericht onderzoek.* Utrecht: IVLOS.

Pieters, J.M., & Jochems, W.M.G. (2003). Onderwijs en onderwijsonderzoek: and ever the twain shall meet? *Pedagogische Studiën, 80*, 407-413.

Ponte, P. (2012). *Onderwijs en onderzoek van eigen makelij.* Den Haag: Boom Lemma uitgevers.

Reijn, G. (2002, 5 november). Roddelbladen scoren niet alleen bij de kapper. *de Volkskrant.*

Rijckheyt. (n.d.). Methodiek van het historisch onderzoek met behulp van literatuur en archieven. Een oriëntatie bij Rijckheyt, centrum voor regionale geschiedenis. Verkregen op 12 november 2013 via www.rijckheyt.nl.

Rooij, E. van, Pass, J., & Broek, A. van den (2010). *Geruisloos uit het onderwijs. Het verschil tussen klassieke en geruisloze risicofactoren van voortijdig schoolverlaten* (onderzoeksrapport). Nijmegen: ResearchNed. Verkregen op 4 oktober 2010 via www.voortijdigschoolverlaten.nl.

Roy, G., & Vanheuverzwyn, A. (2002). *Mobile phone in sample surveys.* Kopenhagen: ICIS.

Sande, J.P. van de. (1999). *Gedragsobservatie. Een inleiding tot systematisch observeren*. Groningen: Wolters-Noordhoff.

Saunders, M., Lewis, P., & Thornhill, A. (2003). *Research methods for business students*. Harlow: Prentice Hall.

Slotboom, A. (2008). *Statistiek in woorden* (4e druk). Groningen: Wolters-Noordhoff.

Spangenberg, F., & Lampert, M. (2010). *De grenzeloze generatie*. Amsterdam: Nieuw Amsterdam.

Staa, A. van & Evers, J. (2010). 'Thick analysis': strategie om de kwaliteit van kwalitatieve data-analyse te verhogen. *KWALON, (15)*1.

Stellinga, M. (2009). *De mythe van het glazen plafond*. Amsterdam: Uitgeverij Balans.

Strien, P. van. (1975). Naar een methodologie van het praktijkdenken in de sociale wetenschappen. *Nederlands Tijdschrift voor de Psychologie*, 30, 601-619.

Strien, P. van. (1986). *Praktijk als wetenschap, methodologie van het sociaal-wetenschappelijk handelen*. Assen/Maastricht: Van Gorcum.

SURFnet. (2006). *Het SURFnet-netwerk*. Verkregen op 21 oktober 2006 via www.surfnet.nl/info/netwerk/nationaal/home.jsp.

Svanum, S., & Bigatti, S. (2006). Grade expectations: Informed or uninformed optimism, or both? *Teaching of Psychology, 33*, 14-18.

Swanborn, P.G. (1987). *Methoden van sociaal-wetenschappelijk onderzoek*. Amsterdam: Boom.

Swanborn, P.G. (1998). *Schaaltechnieken. Theorie en praktijk van acht eenvoudige procedures*. Amsterdam: Boom.

Swanborn, P.G. (2000). *Case-study's. Wat, wanneer en hoe*. Den Haag: Boom Onderwijs.

Swanborn, P.G. (2002). *Evalueren*. Amsterdam: Boom Onderwijs.

Swanborn, P.G. (2010). *Basisboek sociaal onderzoek*. Den Haag: Boom Lemma uitgevers.

Trochim, W.M.K. (2006). *Research methods knowledge base*. Verkregen op 19 december 2010 via www.socialresearchmethods.net.

Tijmsma, J. & Boeije, H. (2011). *Wetenschapsfilosofie in de context van de sociale wetenschappen*. Den Haag: Boom Lemma uitgevers.

Tweevoeter (2005). *Nordic Walking ontlast de gewrichten nauwelijks*. Verkregen op 27 januari 2006 via www.tweevoeter.nl.

Ultee, W., Arts, W., & Flap, H. (1992). *Sociologie. Vragen, uitspraken, bevindingen*. Groningen: Wolters-Noordhoff.

Veerman, J.W., Janssens, J. & Delicat, J. (2005). Effectiviteit van Intensieve Pedagogische Thuishulp: Een meta-analyse. *Pedagogiek*, 25(3), 176-196.

Vereniging Nederlandse Universiteiten. (2012). *De Nederlandse Gedragscode Wetenschapsbeoefening. Principes van goed wetenschappelijk onderwijs en onderzoek*. Vereniging van Universiteiten VSNU.

Verhoeven, N. (1998). *Dienstencentra in de gemeente Soest. Een inventarisatie van de behoeften en wensen ten aanzien van het gebruik van dienstencentra, door 55-plussers in Soest en Soesterberg*. Soest: Bureau voor Onderzoek & Statistiek.

Verhoeven, N. (2003). *ATLAS Ledenraadpleging 2003. Vragenlijstonderzoek naar tevredenheid van de leden van de HIS-gebruikersvereniging met de ontwikkelingen op het gebied van Promedico en Arcos* (onderzoeksrapport). Soest: Bureau voor Onderzoek & Statistiek.

Verhoeven, N. (2010). *Onderzoeken doe je zo!* Den Haag: Boom Lemma uitgevers.

Verhoeven, N. (2012). *Onderzoek in stappen*. Den Haag: Boom Lemma uitgevers. Verkregen op 8 februari 2014 via www.onderzoekinstappen.nl.

Verhoeven, N. (2013). *Statistiek in stappen*. Den Haag: Boom Lemma uitgevers.

Verhoeven, N., Jansen, W., & Tazelaar, F. (2000). Sociaal kapitaal van mannen en vrouwen op de arbeidsmarkt. *Tijdschrift voor Arbeidsvraagstukken, 16*(1), 49-67.

Verhoeven, P.S. (2002a). *AJO, een jeugdorkest in beweging*. Soest: Bureau voor Onderzoek & Statistiek.

Verhoeven, P.S. (2002b). *De deelnemers aan het woord. Evaluatieonderzoek onder deelnemers aan de Sylvestercross 2001* (onderzoeksrapport). Soest: Bureau voor Onderzoek & Statistiek.

Verhoeven, P.S. (2002c). *De medewerkers aan het woord. Evaluatieonderzoek onder medewerkers aan de Sylvestercross 2002*. Soest: Bureau voor Onderzoek & Statistiek.

Verhoeven, P.S. (2009). *Quality in statistics education. Determinants of student outcomes in methods & statistics education at universities and colleges* (dissertation). Amsterdam: Boom Academic.

Vermeulen, M. (2003, 5 februari). Kinderen met een lege agenda zijn pas sneu. *de Volkskrant*.

Verschuren, P.J.M. (1999). *De probleemstelling voor een onderzoek*. Utrecht: Het Spectrum.

Verschuren, P., & Doorewaard, H. (2007). *Het ontwerpen van een onderzoek* (4e druk). Den Haag: Boom Lemma uitgevers.

Verster, J.C., Bekker, E.M., Roos, M. de, Minova, A., Eijken, E.J.E., Kooij, J.J.S., Buitelaar, J.K., Kenemans, J.L., Verbaten, M.N., Olivier, B., & Volkerts, E.R. (2008). Methylphenidate significantly improves driving performance of adults with attention-deficit hyperactivity disorder: A randomized crossover trial. *Journal of Psychopharmacology, 22*, 230-237.

Vierkant, S. (2012). *Hoe betrouwbaar is Wikipedia?* Verkregen op 11 december 2013 via www.stephanvierkant.tweakblogs.net.

Visser, E. de (2003, 5 april). Met Ritalin had ik minder haast. *de Volkskrant*.

Vliet, D. van (2002, 13 november). Alcohol verhoogt de kans op borstkanker bij vrouwen. *Algemeen Dagblad*.

Vrolijk, A., Dijkema, M.F., & Timmerman, G. (1972). *Gespreksmodellen*. Alphen aan den Rijn: Samsom.

VU Medisch Centrum. (2010). *Universitair Netwerk Ouderenzorg*. Verkregen op 19 december 2010 via www.vumc.nl/afdelingen/UNO/.

Wester, F. (1991). *Strategieën voor kwalitatief onderzoek*. Muiderberg: Coutinho.

Wester, F., Smaling, A., & Mulder, L. (red.). (2000). *Praktijkgericht kwalitatief onderzoek*. Bussum: Uitgeverij Coutinho.

Wichers, R. (2005). *Wikipedia net zo betrouwbaar als Encyclopædia Britannica*. Verkregen op 27 oktober 2013 via http://tweakers.net/nieuws/40356/wikipedia-net-zo-betrouwbaar-als-encyclopaedia-britannica.html.

Wikipedia. (2013). *Over Wikipedia*. Verkregen op 11 december 2013 via http://wikimediafoundation.org/wiki/Gebruiksvoorwaarden.

Geraadpleegde websites

buurtwinkels.amsterdammuseum.nl
citationmachine.net
docs.google.com
medischcontact.artsennet.nl
nl.surveymonkey.com
scholar.google.com
scholar.google.nl
www.aanbodpagina.nl
www.amstat.org/publications
www.archeon.nl
www.bedreigdedemocratie.nl
www.big6.com
www.borstborst.nl/leven-met-borstkanker.php
www.bovenaan.nl
www.cbs.nl
nl.checkmarket.com
www.communicatieonderzoek.nl
www.computertotaal.nl
www.delta.tudelft.nl
www.deltawerken.com
www.endnote.com
www.ergonomie.nl
www.fi.uu.nl
www.franklin-square.com
www.geheugenvannederland.nl
www.huygensinstituut.knaw.nl
www.ict-onderwijsmonitor.nl
www.iprospect.nl
www.ir.ub.rug.nl
www.kennisnet.nl
www.knaw.dans.nl

www.kwalitan.nl
www.kwfkankerbestrijding.nl
www.learningsolutionsgroup.com
www.lifescienceshealth.com
www.maxqda.de
www.minvws.nl
www.motivaction.nl
www.netq.nl
www.noviodata.nl
www.nownederland.nl
www.nrc.nl/W2/Lab/Profiel/Provincies/enquête.html
www.online-enquete.net
www.ontwerpenvaneenonderzoek.nl/kodani
www.parlement.com
www.picarta.nl
www.qualiteit.nl
www.refman.com
www.refworks.com
www.rijckheyt.nl
www.sanford-artedventures.com
www.scopus.com
www.sociaalplanbureaugroningen.nl
www.socialresearchmethods.net
www.surfspot.nl
www.trimbos.nl
www.tweevoeter.nl
www.unicef.nl
www.uu.nl/university/Library
www.vandermaessenkoch.nl
www.wikipedia.nl
www.zeepeil.nl

Over de auteur

In 1997 is Nel Verhoeven (1961) afgestudeerd als socioloog aan de Universiteit Utrecht. Sindsdien heeft zij veel ervaring opgebouwd als sociologisch onderzoeker en statisticus. Zo heeft zij een aantal jaren als zelfstandig onderzoeker sociaalwetenschappelijke projecten opgezet en heeft ze als statistic consultant adviezen verstrekt aan bedrijven en instellingen. Ook heeft ze zich beziggehouden met het ontwikkelen en verzorgen van cursussen voor hogescholen en universiteiten.

Momenteel is Nel Verhoeven werkzaam aan het University College Roosevelt (UCR) in Middelburg. Daar is zij universitair hoofddocent Methodenleer & Statistiek; ze verzorgt onderwijs en begeleidt Phd-studenten. Tevens leidt zij het Institute for Undergraduate Research 'Eleanor', het projectbureau van het UCR. Nel Verhoeven verrichtte promotieonderzoek naar statistiekonderwijs aan universiteiten en hogescholen, waarop zij in 2009 is gepromoveerd. Momenteel doet zij onderzoek naar studiemotivatie, leerstrategieën en de inzet van studentenprojecten.

Zij is ook auteur van de boeken *Statistiek in stappen* (Boom Lemma uitgevers, 2013), *Sterk in je werk* (Boom Onderwijs, 2006) en *Onderzoeken doe je zo!* (Boom Lemma uitgevers, 2010), en ontwikkelaar van digitale cursussen over onderzoek en statistiek, zoals *Onderzoek in stappen* (Boom Lemma uitgevers, 2012). Ten slotte verzorgt Nel Verhoeven cursussen in onderzoeksvaardigheden, en geeft zij workshops, webinars en lezingen over het inrichten van de vakken Onderzoek en Statistiek in het hoger onderwijs.

Register